# 出版说明

百年前，张之洞尝劝学曰："世运之明晦，人才之盛衰，其表在政，其里在学。"是时，国势颓危，列强环伺，传统频遭质疑，西学新知亟亟而入。一时间，中西学并立，文史哲分家，经济、政治、社会等新学科勃兴，令国人乱花迷眼。然而，淆乱之中，自有元气淋漓之象。中华现代学术之转型正是完成于这一混沌时期，于切磋琢磨、交锋碰撞中不断前行，涌现了一大批学术名家与经典之作。而学术与思想之新变，亦带动了社会各领域的全面转型，为中华复兴奠定了坚实基础。

时至今日，中华现代学术已走过百余年，其间百家林立、论辩蜂起，沉浮消长瞬息万变，情势之复杂自不待言。温故而知新，述往事而思来者。"中华现代学术名著丛书"之编纂，其意正在于此，冀辨章学术，考镜源流，收纳各学科学派名家名作，以展现中华传统文化之新变，探求中华现代学术之根基。

"中华现代学术名著丛书"收录上自晚清下至20世纪80年代末中国大陆及港澳台地区、海外华人学者的原创学术名著（包括外文著作），以人文社会科学为主体兼及其他，涵盖文学、历史、哲学、政治、经济、法律和社会学等众多学科。

出版“中华现代学术名著丛书”，为本馆一大夙愿。自1897年始创起，本馆以“昌明教育，开启民智”为己任，有幸首刊了中华现代学术史上诸多开山之著、扛鼎之作；于中华现代学术之建立与变迁而言，既为参与者，也是见证者。作为对前人出版成绩与文化理念的承续，本馆倾力谋划，经学界通人擘画，并得国家出版基金支持，终以此丛书呈现于读者面前。唯望无论多少年，皆能傲立于书架，并希冀其能与“汉译世界学术名著丛书”共相辉映。如此宏愿，难免汲深绠短之忧，诚盼专家学者和广大读者共襄助之。

商务印书馆编辑部

2010年12月

严中平

(1909—1991)

科学出版社1955年版《中国棉纺织史稿》封面

# 凡　例

一、“中华现代学术名著丛书”收录晚清以迄20世纪80年代末，为中华学人所著，成就斐然、泽被学林之学术著作。入选著作以名著为主，酌量选录名篇合集。

二、入选著作内容、编次一仍其旧，唯各书卷首冠以作者照片、手迹等。卷末附作者学术年表和题解文章，诚邀专家学者撰写而成，意在介绍作者学术成就，著作成书背景、学术价值及版本流变等情况。

三、入选著作率以原刊或作者修订、校阅本为底本，参校他本，正其讹误。前人引书，时有省略更改，倘不失原意，则不以原书文字改动引文；如确需校改，则出脚注说明版本依据，以“编者注”或“校者注”形式说明。

四、作者自有其文字风格，各时代均有其语言习惯，故不按现行用法、写法及表现手法改动原文；原书专名（人名、地名、术语）及译名与今不统一者，亦不作改动。如确系作者笔误、排印舛误、数据计算与外文拼写错误等，则予径改。

五、原书为直（横）排繁体者，除个别特殊情况，均改作横排简体。其中原书无标点或仅有简单断句者，一律改为新式标点，专名号从略。

六、除特殊情况外，原书篇后注移作脚注，双行夹注改为单行夹注。文献著录则从其原貌，稍加统一。

七、原书因年代久远而字迹模糊或纸页残缺者，据所缺字数用“□”表示；字数难以确定者，则用“（下缺）”表示。

# 目　　录

# 第一章　导　　言

## 一　近百年中国经济的总趋向

近百年中国国民经济史上的根本变化，是从封建经济逐步沦为半殖民地半封建经济；这中间，同时出现了资本主义的发生发展过程。本书企图以棉纺织业的发展历史做典型，分析近百年中国资本主义发生发展过程的特殊性。

棉纺织业乃全体国民经济体系中的一个构成部分，为观察这一构成部分的发展经过，应该先对近百年中国国民经济总体的发展趋势做一简单的叙述。

十九世纪外洋商品所遇到的中国社会，是一个长久闭锁的自给体。这个自给体的中心支柱是封建土地所有制度之下的小农经济。

封建时代，中国农民背负着极端沉重的剥削，地租、赋税不仅夺去了中国农民农业劳动的剩余生产物，并且也夺去他这方面劳动的一部分必要生产物，使农业生产力长期地停留在极低的水平上，于是全国土地被割成千千万万极端零细的小农单位，全国农村遂成为一个庞大的小农集合体。这种小农制度，固然不能成为资本主义发展道路上不可逾越的障碍，但其对于新生产方式的确立，确曾发生异常坚韧的阻挠作用。

零细分割的小农制度，把中国全部的经济活动划成无数的小生产单位。从社会全体看来，这是极端浪费劳动力的生产方式。它使大多数的生产者紧系在土地上，除去极薄弱的城市手工业而外，全部生产工具都分散到农家里去，分工不能离开男女性别与年龄老幼之生理的标准，协作也不能逃出一个小农家庭的规模。在其本性上，这种小生产体排斥资本之集中与劳动社会化，阻碍劳动分工之进展与生产工具之改进，一切自然动力与科学成果都无从获得充分的利用。总之，社会的劳动分工无由发展。

在这种分散孤立的小生产体里，农业与手工业总是以无比的坚韧力量结合在一起的。食料自然是农民自己的田场所生产的，即工业制品也必努力自种原料，由自己的家庭成员来制造。有许多人人必需的工业制品，其原料并不是家家农场都宜于生长的，但为了自给，所需有限，农民不难辟出一小块田地来尽心护养，以补自然条件之不足。过去中国农民对于棉花的种植，便是这样。如此，不独社会的劳动无由发展，即土地特别适宜于某种作物的优越特性，也难得充分发挥，地域的劳动分工遂亦不得开展。

由于某种特殊条件，少数作为农家副业的家庭手工业，或许也能逐渐脱离自给的目的，发展为小商品生产。在背负多种沉重的封建剥削之下，这种小商品生产者为了扩大销路，常常拼命压低售价，几乎不去要求劳动报酬。可是在同一条件之下的农民或小商品生产者，为了维持最低的生活，却又紧缩消费，力避购买。世间绝无只有出卖而不购买的社会，这种小商品生产又那能获得进一步的发展呢？

另一方面，当劳动者脱离自给而进行商品生产时，他们又不得不掉进另一个更深的陷阱——商人的剥削里去。商品生产的增加，亦即是生产者所受商人剥削程度之增加，终极必至演成手工不足自给，必取助于耕作的局面。于是从前企图脱离农业以自立者，终不得不重新紧抓着土地。如此，不论手工业在小生产体的经济结构上，为副业，抑为主业，其在小生产者经济生活上的意义，只在支持他最低限度的生活，延长他破产时期之到来而已。从社会全体看来，这情势就造成社会生产发展历程上的迟滞现象。

十九世纪外洋商品所遇到的中国社会，就是上述那样久经凝滞之庞大的自给体。在这里，每个农家是力求自给自足的，每个村落是力求自给自足的，每个区域不能充分发挥它自然条件对于某种农作物的优越性，同样是力求自给自足的。自给性造成闭关性。这在政治上的表现，对外就成为顽固的闭关政策；对内就排斥工商业的发展，形成以小农经济为基石的东方专制主义。这样，欲求中国经济之进一步的发展，必须打破政治上的闭关政策与经济上的自给结构，方有可能。

道光二十二年(1842 年)后，中国政治的闭关政策终为列强的炮火所打开，经济的自给结构亦不得不随之解体。不过，经济的发展绝不能像对外关系那样简简单单地决定于几场战争、几篇条约，急遽而且彻底，且正由于过去组织的强韧，所以自给经济的解体过程，进行得极为缓慢。经济上，中国是身受比炮火还更惨痛的经历的。

开关后的中国，先为列强商品的宣泄市场，后为列强资本的投放场所，故近百年中国经济史的发展，实为一部半殖民地性经济沉沦史。然同时期内，又先有中国手工业对洋货的抗争与败绩，后有中国民族资本、官僚资本的发生与发展，故同一阶段又成为中国半封建性经济演进史。

1842 年起，欧美资本主义国家在中国取得了自由贸易和协定关税两种权利后，以两种物品向中国倾销，其一为机制日用品，其二即鸦片。这两种物品的流入，前者以机器打击手工，后者则以毒药杀害劳动力。打击手工，直接破坏中国经济的基层结构；杀害劳动力则根本毁灭中国经济的动力源泉。直到二十世纪的三十年代，内地尚有洋货不到之处，因而我们不能说前一过程业已彻底完成；但据各种征象来推测，我们至少可以说早在甲午前后中国自给经济业已根本动摇了。至鸦片之流毒，前后凡百有余年，其所给予中国经济的摧残，是难以测度的！

理论上，资本主义世界商业的发展，必然改变一切落后的生产方式，使其成为资本主义类型，借以适合自己的需要。中国小农经济体既不能永久拒洋货的势力于乡村之外，则中国民族工业资本主义化之终必发生，乃是极自然的事情。在这个意义上我们可以说，中国自给的小农经济体之破坏，乃是中国国民经济进一步发展的前导，经历尽管惨痛，实也是不可避免的进步步骤。不幸的是，当中国民族资本还不能自立时，帝国主义国家已向中国发动更毒辣的攻势——向中国大量投放资本了。

甲午以后，帝国主义对中国的投资侵略，可分为两方面：一为各种借款，其目的在获得种种特殊权益，各自攫取利益范围，以便瓜分这块沃土；一为工商业投资，其目的在建立自己的侵略机构以便掌握中国的经济命脉。这两者同为中国民族资本主义发展道路上的莫大障碍。

甲午以前，满清政府的财政尚能维持收支平衡，所欠外债亦不甚多。《马关条约》规定中国应付给日本军事赔款两万万两，自此中国乃开始陷入于外债的深渊里。统计此后十余年每年应付赔款及外债本息约两千余万两，占国家岁出四分之一以上。庚子之役，中国又被迫付赔款四万万五千万两，外债再增。每年应付赔款及外债本息达四千余万两，占国家岁出三分之一以上。辛亥以后，历届封建军阀，从北洋政府以至蒋当局，连年不断地进行内战，同时也就连年不断地大举外债，这笔滥账，至今还没有人算得清楚。所可知者，其数决不下于满清政府。

从甲午战争到抗日战争这五十年里，没有一笔外债不是用丧失主权的条件去换来的，历届反动政府几乎已把它们所有的税收和祖国的矿山、铁路等等重要资源抵押得一干二净了。五十年愈堆愈高的外债，意味着帝国主义对中国人民作敲骨吸髓的剥削，同时也意味着它们对中国财政、金融、矿山、铁路这些经济命脉的控制。

各种借款以外，帝国主义又大举进行企业投资，其主要部门为航运、工厂与银行等项。帝国主义在华获有设厂制造之权，始于光绪二十一年(1895 年)《马关条约》，航运、工厂、银行诸种投资也大盛于此年以后。五十年来，它们挟其雄厚的资力，已在这些方面取得完全的支配地位。譬如采冶，煤矿以抚顺、开滦为最大，日、英分占之；铁矿以大冶、本溪湖为巨擘，日寇侵占之。于是无限富源，任人囊括，国人用煤反不得不求之于洋商；铁砂运日，授人以杀我之利器，而我一管一钉之微，亦必仰给于欧美。轻工业中，卷烟、棉纱、麦粉、火柴等项部门为规模最大之新式产业，而华商的产量不及总数之半。上海乃全国工厂集中地带，而动力所需大半取之外商电厂。论及交通，浩浩长江，本是天赋我优良的内河航路，而日清、怡和、太古各商鸠占之势已成，舳舻千里，莫非外商帆樯。论及银行，外商的势力尤其庞大，对外汇市，固向不能自主，即国内金融市场，亦在汇丰、麦加利等行控制之中。总之，五十年来，帝国主义对中国的投资侵略，步步紧逼，终至使中国经济沦入半殖民地境地。

在上述情形下，中国近百年经济史的另一个发展方面，为资本主义生产方式之发生。

洋货大量入侵后，中国自给经济，便开始解体。若干手工业部门之毁灭，其一面的意义为替这些部门开辟出商品市场，其另一面的意义则又形成广大的劳动力市场，由此而有资本主义生产方式之发生，乃是必然的结果。

中国民族工业资本的原始积累，是在外洋商品的剥削之下进行的，这个发生过程上的特征，不独使它积累数量不能充实强大，且使它自始便不能作独立的发展。具体地说，外洋商品在其毁灭中国自给经济体的方面，固为中国国内工厂之建立，尽了清道的作用；但关税既不自主，这些商品自仍得继续入侵，结果从前诱导中国自行设厂者，转而亦成为中国工厂之劲敌，劫夺原料，竞争市场，终使国内工厂常停留在出发点上而不能进行扩大再生产以从事资本的增殖。甲午以后，外人对华再作大量投资，于是洋货之外，加以洋资，民族资本即使能敌过远道运来的洋货，也无力与近在咫尺的外资争衡。民族资本不独不能行增殖过程，且常连出发时的规模也不能维持，而终被外资吞并。我们只要回忆 1914—1918 年世界大战以前，中国新工业发展的迟滞状况，大战期中的特殊繁荣及战后的困苦破产情形，便可确认这是近几十年中国资本主义发生史的基本特征。

中国资本主义发生过程之另一特征，在其不得不受制于各种封建势力。

当资本主义、帝国主义对中国进行商品侵略和资本侵略的同时，它们又从政治上经济上支持中国的封建势力，把它们造成封建的、买办的、官僚资本主义的、法西斯的统治势力。从北洋军阀到蒋当局，各据一方，各自建立自己的财政金融系统，支解全国资源，残害统一的国内市场的形成。它们给予洋货与外资工厂的出品以种种特权，任其泛滥全国，而本国人民的货物却必须逢关纳税，过卡抽厘。这结果就使民族工商业的发展，遭到狭隘的地域上的限制。到了蒋当局统治的末期，四大家族官僚资本则更是对民族工商业进行直接抢劫了。

近百年中国封建的、买办的、官僚资本主义的、法西斯的统治者又对中国人民进行着极端沉重的剥削，他们使中国最大多数的人民群众——农民和手工业者长期地在饥饿状态中挣扎。在乡村里，他们利用农民的贫困，无止境地加重地租，地租不成为平均利润以上的余额，而是野蛮地侵夺了农民必要生产物的封建贡赋。因此，农民经常地沉浸在高利贷的深渊里。封建地租、高利贷统治着乡村的一切经济生活。

另一方面，在都市里，特别是在全国工商金融各业集中地的上海，由于租界成为帝国主义的独立王国，成为官僚地主抢劫而来的赃物财产的逋逃薮，于是租界地价特高，租界地产成为投机的对象；由于反动统治者不断地进行内战，不断地以高利滥发债券，于是公债库券成为投机的对象；由于政治经济局势不稳定，货运通塞无常，于是商品成为投机的对象。凡此，都使都市的资本市场产生畸形的发展，不是平均利润统治着资本市场，而是投机利益统治着资本市场；不是工业资本统治着商业资本，而是商业资本统治着工业资本。在这种种情况下，民族资本的现代工业当然谈不上正常的发展了。

棉纺织业，这中国经济上仅次于农业的重要产业部门，就是在上述环境下经历其近百年的历史的。

## 二　棉纺织业与中国经济

中国经济自给性之最坚强的基础、最具体的表现，莫过于衣、食两种生产劳动的结合。这种结合组织之最自然的形态是家庭。在中国神话里，发明耒耜，教民稼穑的是神农；育蚕治丝，创造衣裳的却是黄帝的后妃螺祖。所以在中国人的意识里，耕作是男子的事情，纺织却是女子的责任。这种观念成为封建时代中国劳动人民的生活规范。事实上，一个家庭实现了男耕女织，就是实现了原始的分工；纵使把纺织视为副业，而利用农闲，自食其力，或有剩余，可补田产之不足，不独一家的劳动力从此得有合理的利用，生活上主要的必需物品，也就有了自给自足的可能。耒耜机杼，遂自然成为最经济的自给方法，也就是小生产体之最好的组织方式。这种生产方式不变，男耕女织的分工观念也绝不会动摇。神话，其实正是人话。

宋元以前，中国衣着原料咸取给于丝麻，属国间有棉布入贡，只供皇室玩赏，中土人民是不知有棉花与棉布其物的。宋末元初，中国本土始有植棉[①]。所以棉花之成为“女织”的原料,乃是宋元以后的事情。惟由于种种原因,植棉与棉纺织技术在中国之传布,极为迅速。到了明代末年,棉纺织业显然已成为中国小农家庭不可或缺的生产活动,其在中国经济结构上的地位,亦不过仅次于农业而已。

纺织副业在中国小农经济体里重要地位之开始丧失,乃是开关以后的事情。

前面说过,开关后欧美资本主义国家以两种商品向中国倾倒:一为鸦片,一为机制日用品。所谓日用品,即谓专指棉制品而言,亦不为过。

本来,欧美各国(特别是英国)的产业革命,最先发生于棉纺织部门,而进展最速、其新技术传布至远东之最早者,也正是这一部门。因此,能够负担沉重的运费,远涉重洋来与中国手工业制品争胜者,自以棉纺织品为最;而中国邻邦,最先利用新生产技术以至有力向中国推销的物品,也正是棉纺织品——特别是棉纺业制品。这种情势决定中国落后生产技术之最先遭受外力侵略,而其所受压力最大的部门必为棉纺织业——特别是棉纺业。

从进口贸易上考察,开关后四十余年内中国消费洋货之最大宗,首推鸦片,其次为棉制品。以发展趋势论,则以棉制品——特别是棉纱的增加最为神速。据估计,1842 年顷中国常年的输入物

---

① 中国古有“绵”字,至宋始有“棉”字。大约宋元以前之著作,所谓绵皆指丝绵,所谓布皆指麻布。宋元以后,丝绵与木本草本之棉常混称为绵,麻布与棉布亦常混称为布,而草本之棉又常被误称为木棉。实则木棉在中国,向无经济上之重要性,吾人读宋元以后著作,除特别描述枝干高大如树之木棉外,凡仅称木棉之处,如政府之课征、人民之贸易等等,即直视其为草棉可也。

品约值25,000万元,其中鸦片占55.2%,棉花占20%,棉制品居第三位为8.4%。[①] 棉花地位之高,乃当时广东手纺业尚未衰落之故。二十余年后,棉花地位便被棉制品所取代。按同治六年(1867年)全国进口总值69,300,000两中,鸦片占46%,棉制品占21%,棉制品在一切进口物品中已跃居第二位。自此以后,鸦片的进口因中国自种罂粟而日减,棉纺织品则因中国手工业之衰落而进展特速。到了光绪十一年(1885年)进口净值88,200,000关两中,鸦片占25,400,000关两,棉制品占31,500,000关两,棉制品已以35.7%的优势压倒鸦片(28.8%)而居进口贸易的第一位。棉制品这种无上的高位,一直维持了近五十年的时光,1913年才为棉花所替代。

**棉制品进口值与总进口值之比较**

五年平均,单位:千关两

| 年份 | 洋货进口总值 | 棉制品进口值 | 棉制品占进口总值之百分比(%) |
| --- | --- | --- | --- |
| 1874—1878 | 69,294 | 18,675 | 27.0 |
| 1879—1883 | 80,943 | 23,357 | 28.9 |
| 1884—1888 | 95,097 | 32,834 | 34.5 |
| 1889—1893 | 131,689 | 46,458 | 35.3 |
| 1894—1898 | 189,760 | 68,141 | 35.9 |
| 1899—1903 | 272,245 | 107,377 | 39.4 |
| 1904—1908 | 402,468 | 137,616 | 34.2 |
| 1909—1913 | 479,177 | 147,657 | 30.8 |
| 1914—1918 | 528,907 | 154,912 | 29.3 |
| 1919—1923 | 836,765 | 211,461 | 25.3 |
| 1924—1928 | 1,059,839 | 186,596 | 17.6 |

从绝对数量言,甲午以前中国消费外洋棉制品的价值,虽逐年

① A. J. Sargent, *Angio-Chinese Commerce and Diplomacy*, London, 1909, p. 129.

增高达四五千万关两，其后且超过一万万乃至两万万余万关两，惟以中国人口之众，平均每年每人消费洋货始终不及一元。所以这种进口似乎并不是一个十分庞大的数字。但我们若将进口棉制品与中国重要出口物品来比较，则可知这久已成为一个严重的问题。开关以后的中国，是以出产丝茶著称于世界的，几十年来中国输出物品也以丝茶为大宗。当十九世纪八十年代中，我们消费外洋棉制品不多，丝茶两种出口物品，任何一种都足抵偿棉制品而有余。惟棉制品的输入日盛，丝茶的输出或无进展，或有减退，结果十余年后，任何一种都不足抵偿棉制品的价值；再十余年后，虽丝茶两

**棉制品进口值与各类出口值之比较**

五年平均数，单位：千关两

| 年　分 | 棉制品进口值 | 土货出口总值 | 棉制品进口值相当出口总值之% | 茶类出口值 | 丝类出口值 | 豆类出口值 |
|---|---|---|---|---|---|---|
| 1874—1878 | 18,675 | 70,219 | 26.6 | 35,121 | 22,064 | * |
| 1879—1883 | 23,357 | 71,831 | 32.5 | 33,079 | 21,409 | * |
| 1884—1888 | 32,834 | 77,522 | 42.4 | 31,033 | 20,404 | * |
| 1889—1893 | 46,458 | 100,851 | 46.1 | 28,499 | 27,905 | * |
| 1894—1898 | 68,141 | 145,003 | 47.0 | 30,712 | 37,912 | 2,534 |
| 1899—1903 | 107,377 | 190,595 | 56.3 | 24,924 | 56,257 | 3,455 |
| 1904—1908 | 137,616 | 248,975 | 55.3 | 29,379 | 64,128 | 5,469 |
| 1909—1913 | 147,657 | 374,198 | 39.5 | 35,110 | 74,237 | 21,502 |
| 1914—1918 | 154,912 | 441,140 | 35.1 | 35,751 | 78,288 | 21,415 |
| 1919—1923 | 211,461 | 636,301 | 33.2 | 16,748 | 119,970 | 40,450 |
| 1924—1928 | 186,596 | 864,481 | 21.6 | 27,638 | 142,363 | 94,217 |

作者注：* 关册包括豆饼在内，不录。

种全部输出，也不足够；再十余年后，丝茶之外加上我们另一种大宗出口物品——大豆，还是不足。这样到了民国九年（1920年）棉制品输入达246,813,429关两的最高峰时，为了支付这一笔庞大的外汇，要集合我们生丝、茶叶、黄豆、豆饼、桐油、芝麻、绸缎、豆油、煤、锡、药材等十余种重要出口货的全部收入才能足用。若再将棉制品进口价值和土货出口总值加以比较，可知我们全国各种输出物品所售得的外汇要有四分之一乃至半数以上是要拿去支付这笔衣料账的。而这种情势的形成也不过三十年内的事情。

几十年大量棉制品入侵的直接结果，为手工棉纺织的破坏，而间接的结果，则有大机器棉纺织业的兴起。

**棉工业在上海及全国工业中之地位**

| | | 各类工业全体 | 制棉、棉纺、棉织三部门 | |
|---|---|---|---|---|
| | | | 实　数 | 三部门占全体之百分比（%） |
| 1931年上海选样调查 | 工厂数 | 1,672 | 105 | 6.3 |
| | 资本额（元） | 142,329,494 | 42,595,626 | 29.9 |
| | 工人数（人） | 214,152 | 70,035 | 32.8 |
| | 1930年全年出产值（元） | 439,328,827 | 136,153,457 | 31.0 |
| 1933年上海选样调查 | 工厂数 | 1,186 | 115 | 9.8 |
| | 资本额（元） | 162,685,893 | 53,594,261 | 33.0 |
| | 工人数（人） | 214,736 | 70,370 | 32.8 |
| | 1932年全年已售产品值（元） | 577,690,755 | 151,136,045 | 26.2 |
| 1933—1934年全国选样调查 | 工厂数 | 2,435 | 332 | 13.7 |
| | 资本额（元） | 406,872,634 | 147,134,234 | 36.2 |
| | 工人数（人） | 475,420 | 195,051 | 40.9 |

作者注：所调查者皆为合工厂法之厂家。

以工厂制度的发生时期言,棉纺织业并不是最先开始的部门。惟就发展速率及组织规模言,则棉纺业实为各业之冠。又因为棉纺织业工厂制度之进展,乃引起新植棉事业之推广与制棉、棉织诸业之机械化。近数年来,棉业在中国经济上之地位,可得而言者如下。

据国民党政府中央农业试验所估计民国二十五年二十一省十四种夏季作物面积的结果,共得收获面积738,638千市亩,其中棉花收获面积为61,615千市亩,即占全面积之8.3%。此数在晚稻、早稻、小米、大豆、高粱及玉米六种作物之下,然在中稻、甘蔗、糯稻、糜子、花生、芝麻及烟草七种作物之上。① 若制棉、棉纺和棉织三类工业在中国工业中之地位则如上表。

棉业在中国经济中诚为新产业进展最速、规模最大的部门,然与他国比较,则其落后渺小之相立见。请观察下表:

**英、印、日、华四国机纺织业发展速率之比较(1)**

| 国别 | 机纺业开创时期 | | 机织业开创时期 | | 纺机超过五百万锭之时期 | | | 织机超过五万台之时期 | | | 1890年之纺锭数(单位:锭) | 1890年之织机数(单位:台) |
|---|---|---|---|---|---|---|---|---|---|---|---|---|
| | 年代 | 早于中国之年数 | 年代 | 早于中国之年数 | 年代 | 早于中国之年数 | 总共所需年数 | 年代 | 早于中国之年数 | 总共所需年数 | | |
| 英国(2) | 1785 | 105 | 1806 | 84 | 1811 | 125 | 26 | 1829 | 107 | 23 | 40,512,000 | 615,714 |
| 印度(3) | 1856 | 35 | 1856 | 34 | 1901 | 35 | 45 | 1905 | 31 | 49 | 3,274,000 | 23,000 |
| 日本(4) | 1867 | 23 | 1881 | 9 | 1925 | 11 | 58 | 1920 | 16 | 39 | 277,895 | 490 |
| 中国(5) | 1890 | — | 1890 | — | 1936 | — | 46 | 1936 | — | 46 | 35,000 | 530 |

作者注:(1)所谓机纺织业,指利用机械动力之纺织业而言,凡利用人

① 《农情报告》,第4卷12期,第320页。

力、畜力，或自然力如水力、风力等所发动者，不计。

(2)英国纺织两业之开创年代见 W. Sombart, *Der Moderne Kapitalismus*, München u. Leipzig, 1923, 2. Bd., 2. Teil, S. 1067f; J. H. Clapham, *An Economic History of Modern Britain*, Cambridge, 1923, p. 143; 1890 年之纺锭数见 J. Conrad, *Politische Okonomie*, Jena, 1920, dritte Auf., IV. Teil, Statistik S. 326, 330; 织机数见 S. J. Chapman, *The Lancashire Cotton Industry*, Manchester Univ. Press, 1904, P. 28f; 1811 年之纺锭为 5,066,500 枚，见 Chapman, p. 53；按此中或有一极小部分为水力发动者；1829 年之织机数见 Chapman, p. 28f。

(3)印度纺织两业之开创年代见 M. P. Gandhi, *The Indian Cotton Textile Industry*, pp. 53, 56; 1890, 1901 各年之纺锭织机数见 A. S. Pearse, *The Cotton Industry of India*, Manchester, 1930, p. 22。

(4)日本纺织两业之开创年代见绢川太一著:《本邦绵丝纺织史》，第一卷，昭和十二年，大阪日本棉业俱乐部版，第 9 页，附年谱第 6 页；其他数字见《内外棉业年鉴》，昭和 6 年版，第 300 页。

(5)中国数字详本书第四、第七各章，织机数系仅就纱厂附织厂而言者。

为材料所限，这里我们只找到英国代表先进国，印度代表殖民地，日本代表后进国，将它们棉工业革命的发展状况与中国比较。上表供给我们很多有趣的对比：如果以使用机械动力的纺织工厂之开始运转算为棉工业革命的发动年代，则英国此种突变的发生早于中国足达一个世纪之久。英国是全世界棉工业革命发动最早的国家，我们自不能与之并比。不过我们若记起英国之初有棉纺织业，乃是十七世纪初年的事情，[①]而我们这种产业的发生，至迟亦

① A. P. Wadsworth and J. De Lacy Mann, *The Cotton Trade and Industrial Lancashire, 1600－1780*, Manchester Univ. Press, 1931, p. 15.

不会后于十三世纪中叶，可知我们棉业史之远于英国者至少有四个半世纪，今我们棉工业革命之发生乃晚于英国一个世纪，这实不能不使我们惊异。即就印度和日本而论，我们棉工业革命之发生，也落后二十余年至三十余年之久。

以发展速率论，自初有机纺至纺锭超过五百万枚所需之时间，在中国为46年，这比诸英国之26年自不免相形见绌；然比诸印度之45年，则不相上下；比诸日本之62年，且有过之。织业方面，情形亦相类似。但是，当我们首创的一家机器纺织工厂才开始运转其一部分机器时，英国已有纺机四千余万锭，布机六十余万台；印度已有纺机三百余万锭，布机二万余台；即日本也已有近三十万锭的纺机，这些数字可以充分地表示出我们的棉工业革命的发展必将受制于人的情势。

中国棉工业革命发动时期之迟晚，及其受制于人不得急起直追的局势，形成中国纺织各类在世界棉纺织界地位之卑下。此可从下表窥见之。

由下表可知中国得天甚厚，棉产量可高居世界的第三位，然纺锭数则落为第九位，布机数则又落为第十一位。若以每千人所有之纺锭数及每万人所有之布机数论，则前者为第十一位，后者为第十二位。故中国棉工业现势固不能与英美诸国相比，且亦不能与后进之捷克、巴西并论，并连殖民地之印度、埃及亦不如。另一方面，据我们估计1937年中日战争开始前，中国至少尚存有手纺车七百余万架，手织机六七百万架，这些远古时代的遗物，倒又以我们为最多了。[①]

① 详本书第八章。

**中国植棉纺织各业在世界上之地位**

| 国别 | 棉产量<br>1936—1937<br>年度（单位：<br>千包，每包<br>500磅） | 纺锭数<br>1937年<br>1月31日<br>（单位：千锭） | 动力织机数<br>1936年<br>12月31日<br>（单位：台） | 每千人<br>所有之<br>纺锭数<br>（单位：锭） | 每万人所<br>有之动力<br>织机数<br>（单位：台） |
|---|---|---|---|---|---|
| 美国 | 13,749 | 27,288 | 573,452 | 211.1 | 44.4 |
| 印度 | 5,046 | 9,877 | 201,548 | 26.6 | 5.4 |
| 中国 | 3,760 | 5,103 | 80,000 | 11.7 | 1.8 |
| 苏联 | 3,550 | 9,900 | 250,000 | 56.4 | 14.2 |
| 埃及 | 1,820 | —— | 3,279 | —— | 2.1 |
| 日本 | 212 | 11,853 | 337,060 | 127.3 | 36.2 |
| 英国 | —— | 39,938 | 504,773 | 815.5 | 103.1 |
| 德国 | —— | 10,247 | 200,500 | 150.5 | 29.5 |
| 法国 | —— | 9,932 | 193,900 | 236.8 | 46.2 |
| 意大利 | —— | 5,483 | 146,500 | 129.2 | 34.5 |
| 捷克 | —— | 3,548 | 104,160 | 232.8 | 68.4 |
| 巴西 | 1,712 | 2,714 | 80,903 | 64.0 | 19.1 |
| 其他 | 2,549 | 15,109 | 418,140 | —— | —— |
| 共计 | 32,398 | 150,992 | 2,094,235 | —— | —— |

资料来源：棉产量、纺锭数、动力织机数见 Textile Mercury, *Cotton Year Book*, 1938, pp. 23, 29, 30；每千人所有之纺锭数及每万人所有之织机数，根据本表所列纺锭、布机数与各国人口数计算而得；各国人口数见 *Population Index*, Vol. 4, nos. 2, 3; Vol. 5, no. 1。惟此表中中国之纺锭数根据1937年《中国纱厂一览表》，动力织机数据吾人的估计，详本书第八章；又纺锭、织机数均包括在华日厂之设备在内，辽宁各厂不计。中国人口数据王士达之估计，见《社会科学杂志》，6卷2期。

作者注：除日本数字包括当时朝鲜外，各国数字均指本土而言，不包括殖民地在内；又各国人口数均为1936—1937年之普查或估计；又意大利之纺锭、织机为1935年7月底之数；又苏联纺锭、织机无调查，表列者为估计数。

若从棉布消费量来观察，则如下表所示，中国简直没有地位可言。

**各国平均每人棉布消费量估计**

（1929年） 长度单位：码

| | |
|---|---|
| 美国 | 64.0[(1)] |
| 加拿大 | 37.7 |
| 英国[(2)] | (35.0)[(1)] |
| 阿根廷 | 30.6 |
| 日本 | 21.4 |
| 埃及 | (19.1) |
| 巴西 | 18.9 |
| 伊拉克 | 16.9 |
| 印度 | 16.1[(3)] |
| 中国 | (14.0)[(4)] |
| 苏丹 | 12.6 |
| 锡兰 | (12.1) |
| 荷属印度 | 10.4 |
| 英属西非洲 | 5.9[(1)] |

资料来源：International Labour Office, *The World Textile Industry*, Geneva, 1937, Vol. I, p. 168; cf. Joint Committee of Cotton Trade Organizations, *The Changing Conditions of World Trade in Cotton and Rayon Goods*, I; *Introduction and Survey of Present Trade Distribution*, Manchester. 1935, Statistical Appendix, Table 21。消费量指估计的或实际的生产量加进口量减出口量

与复出口量。

作者注:(1)方码数;(2)1934 年数;(3)包括手工制品,每人 4.4 码;(4)据 1934—1935 年资料估计,包括手工制品每人 10 码。括弧内之数字为部分或全部之估计数。

植棉和棉纺织各业在中国国民经济体系上以及其在世界各国棉业经济上的地位,基本上就是如此。

以下,我们就来叙述造成这种情况的历史发展过程。

# 第二章　鸦片战争前中国棉纺织业的发展

（1289—1840 年）

## 一　植棉与棉纺织技术的传布

公元 1289 年（元至元二十六年），元世祖创立了一个制度：设淛（浙）东、江东、江西、湖广、福建五省“木绵提举司，责民岁输木绵（布）十万匹”①。这是中国封建政府向人民榨取棉布实物贡赋之始。从此直到鸦片战争，五百多年来，中国的棉纺织业，一直是在多种封建束缚之下发展着的。

鸦片战争前，五百多年棉业史上，有三个现象值得注意。第一是植棉和棉纺织业之广泛的分布，第二是纺、织、整、染各业商品生产的发展，第三就是封建剥削对中国棉纺织业的摧残束缚。

植棉和棉纺织各业在中国传布得极其广泛，这是有中国的自然条件和社会条件做基础的。

---

① 宋濂：《元史》，卷 15，《世祖本纪》第 12。

棉株对自然条件的要求,异常宽广。[①] 只要气候温和,雨量适中,任何适于普通农作物生长的土壤,都可成为优良的棉田。而棉株抗咸能力之高,远在一切其他作物之上,这尤其使得棉产能够广布到滨海地区上去。[②] 概括地说,自南纬 25 度至北纬 42 度 30 分之间,世界各地多少都可植棉,不过种收季节各随地域差异而已。[③]

中国地居北纬 18 度与 53 度之间,全国气温与雨量,受水陆分布、山岳高度与风暴三个因素所左右,[④]一律呈由东南向西北渐减的趋势。因此,中国植棉的自然条件,在东南则苦于高热、淫雨,在西北则苦于干旱、酷寒,[⑤]理想的植棉地区惟江、淮、河中下流域。惟这些流域也正是中国经济重心所在,中国绝大部分的人口是居住在这个区域里的。

分别来说,长城以南,淮河秦岭以北,可划为华北棉区。这里的温度仅四月略嫌低下,初霜期在十一月初,生长期是足够短绒棉的需要的。雨量方面,年平均量在 500 至 750 毫米之间,若分配均匀,本足够栽培任何作物。不过各地记录都说明当棉花播种发芽最需要雨水的四、五、六三个月,平均很少在 150 毫米以上的,因此

---

① International Institute of Agriculture, *World Cotton Production and Trade*, Rome, 1936, p. 7; W. H. Johnson, *Cotton and Its Production*, London, 1926, pp. 378 – 379.

② 包容:《关于土壤含盐量与棉树生育之研究》,《中国棉产改进统计会议专刊》。

③ International Institute of Agriculture, *The Cotton Growing Countries, Present and Potential*, London, 1926, pp. XXIV – XXVIII.

④ 竺可桢:《中国气候概论》,《中央研究院气象研究所集刊》,第 7 号,民国二十五年,南京。

⑤ 吐鲁番棉以纤维细长著称。

植棉就需要进行人工灌溉。同时，变率太大，[1]旱潦频仍，常常为害棉作。但纵有这些缺点，华北的黄土高原和各河流域的冲积平原，还不失为优良的棉田。[2] 过去这个区域的棉产是分布得很广，收获得很丰富的。

淮河秦岭以南，东起钱塘江三角洲，中经鄱阳湖而至洞庭湖，构成华中棉区。除去土壤微微感觉氮和磷的缺乏[3]和江浙沿海的台风有时成灾而外，这里的雨量和气温都适于棉作物生长，是理想的植棉区域。

棉花种子，大约是在宋元之际，同时由南部或西部边疆传入中国腹地的。南来一路首先传入广东、福建，然后进入华中棉区；西来一路，首先传入甘肃，然后进入华北棉区。[4] 这样的棉种和棉纺织技术的传播过程，发生于元，而完成于明。

据元朝初年人的观察，说是棉花之为物，“比之蚕桑，无采养之劳，有必收之效；埒之枲苎，免绩缉之工，得御寒之益，可谓不麻而布，不茧而絮。”[5]这就是说，棉种一经传入中国，中国人民便已认识其具有适合广大人民群众消费的优越特性了。像这样一种作物及其简单的加工技术，不用说是极其容易为广大的中国人民群众所欢迎接受的。

---

① Chang-Wang Tu, "Climatic Provinces of China," *Memoir of the National Research Institute of Meteology*, Academia Sinica, No. VIII, 1936, p. 12.

② 华北土壤微感氮素缺乏，不为害。参看杨守珍、朱海帆：《中国棉区土壤之检讨》，《棉业月刊》，第1卷，第5、6期合刊，页667—668。

③ 参看杨守珍、朱海帆前引文，页670—672。

④ 参看冯家昇：《我国纺织家黄道婆对于棉织业的伟大贡献》，《历史教学》，1954年4月号。

⑤ 王祯：《农书》，卷25。

本来,像前面所说,中国小农自给体之最坚强的基础、最具体的表现,便是衣、食两种生产劳动的结合。远在棉种传入中国以前,中国农家妇女久已担负了几千年纺织丝麻的传统任务,具有几千年机杼织纴的技术训练,而丝麻手工纺织业也已成为中国农家不可缺少的家庭副业了。

中国专制王朝一向是依靠人民的实物贡赋来维持其生活消费和统治权力的。吃的,穿的,乃至供皇帝宫中消遣玩耍的珍奇玩好,一概强迫人民用实物的形式贡纳上来。另一方面,专制君王和代表专制君王去统治人民的官僚又很清楚地认识到自给自足的小农制度乃是专制王朝的坚实基础,农家自给经济的破坏也就意味着专制统治基础的动摇。所以他们坚信"一夫不耕,或受之饥;一女不织,或受之寒"的原则,努力推行着要求每个农家都去既耕且织的所谓"劝农"政策。棉种传入中国以后,中国专制君王和他的代表们照样把他们那一套依赖人民供应丝麻,督励人民勤事蚕桑的老办法应用到植棉纺织各事上来,而这就不能不对中国植棉纺织各业的广泛传布产生一定的推广作用。

宋末元初,棉种初入中国,首先成为帝王热烈追求的珍奇物品。当时江南显然尚未大量出产,可是元世祖却创设淛(浙)东、江东、江西、湖广、福建五省木绵提举司的制度,强迫人民每年输纳棉布十万匹之多。这次征派,显然和实际情况距离太远,所以只实行了两年便把官制罢除了。[①] 到了成宗元贞二年(1296 年)定江南夏税制度,又令民"夏税则输以木绵、布、绢、丝、绵等物,其所输之数,

① 《元史》,卷 16,《世祖本纪》,至元二十八年五月"罢江南六提举司岁输木绵"。

视粮以为差。”[①]这大约是中国专制政府把棉布编入常赋之始，其后不久，在科差的代输里也可以看到棉花其物了。[②]

元世祖以后，明太祖也采取过蛮干办法。据说太祖爬上皇座之初（吴元年，1367年）便下令天下，“凡民田五亩至十亩者，栽桑、麻、木绵各半亩，十亩以上，倍之。麻，亩征八两；木绵，亩四两。不种麻及木绵，出麻布绵布各一匹。”[③]这次命令，不分地域，指定农家植棉亩数，将棉花布列为常赋对象，不论自然条件是否适于植棉，人民必须种棉纳棉，不种棉也得纳布，可谓最为野蛮的聚敛政策，同时也是最为严厉的劝农政策。这样的政策推行了二十多年，到了洪武二十七年（1394年），太祖又推行了另一套办法。这年三月，他命令工（户？）部说，“其广谕民间，如有隙地，种植桑枣，益以木绵，并授以种法而蠲其税，岁终具数以闻。”[④]这次命令推行的年代更久，所谓“桑枣田”、“棉田”免税的例子，就是这次开创出来的。一直到了满清中叶，江苏太仓的棉田，还曾援引《赋役全书》上棉田免税的先例，得以蠲缓田赋。

以后我们还要回到专制政府棉花布实物征赋的历史意义上来，这里我们可以明确一点，强迫种棉纳布也罢，免税奖励植棉也罢，或是按税粮比例纳棉也罢，以棉花代输科差也罢，总之，元明两代专制政府时刻都没有忘记向人民榨取棉花棉布，中国农民必须种棉织布来完纳这份负担。

---

① 《元史》，卷93，《税粮》；柯劭忞：《新元史》，卷68，《食货志》。

② 《新元史》，卷68，《食货志一》，“科差”，“天历元年（1328年）……绵72,015斤，布211,223尺”。

③ 张廷玉等：《明史》，卷78，《食货志二》，“赋役”；又卷138，《杨思义传》。

④ 孟森：《明开国以后出制度》，《文史杂志》，3卷7、8期合刊。

如果封建专制政府时刻不忘向人民榨取棉花棉布，那么代表封建帝王去统治人民的官吏时刻不忘督励人民种棉织布，也就是很自然的事情了。

早在元朝大德四年（1300年），我们就看到官吏教民纺织的事例。那年王祯做江西永丰县尹，“买桑苗及木棉子导民分艺。”[①]这时棉种输入中国还不久，王祯该是地方官中提倡棉纺织业的第一人。

王祯以后，地方官吏督策人民植棉纺织的事情，几乎世世代代都有其人。据我们所知，明清两代，上自总督巡抚，下至知州知县；自民政之布政使以至军政之兵备道，任何官吏，不论地位，不拘职掌，人人都可督劝纺织；其地域遍及山西、陕西、河南、河北、浙江、福建、江西、湖南、湖北、贵州和云南十一省。不论自然条件是否宜于植棉，不论社会条件是否宜于发展棉纺织业，处处都有人去提倡。[②] 此中吕坤的例子，记载较详，可摘引如下。

万历年间，吕坤做提督雁门等关兼巡抚山西地方都察院右检都御史，下过这样一道命令：

> 榆次、太原等县，民间纺织最多。府掌印官提取木匠十数名教习省下木匠，令作纺车织机市卖；再行卫县衙门，督令约正先将本约之人，除家道殷实者，男妇有业如卖酒饭等艺者不计外，余不分军民，但系无事妇人，开报到官，先动官银买净绵千斤，每家一斤，掌印官记一簿籍，散令纺线。有先完及线细

① 《江西通志》，卷63，引《元诗小传·王祯传》。

② 严中平：《明清两代地方官倡导纺织业示例》，《东方杂志》，第42卷第8号。

者，花价免追充赏。十日之外完及线稍粗者，赏价一半。二十日之外完及线粗者，花价全纳。一月之外不完者，罚花一斤。花既纺尽，卫县于宽大处所，仍移文榆次等县送织机者二三十人，教民织布。将纺线之家男妇定日向机匠学织。一年而千家能纺织矣。然后犯者以布为赎，罪轻者以布为罚，不二年而省会多纺织矣。①

这样做法，竟是强迫城市贫苦军民人家必须家家纺织了。

一般地说，在自然条件、社会条件两都适宜的地方，任何人的提倡传布，必然极易为人民所接受。在自然条件不能植棉的区域，棉种的传布，应该只能获得暂时的成功，不久当即消灭。可是只要这种地区的社会条件有此需要，那么棉纺织也还是能够依赖外地供应原料，长久地滋长发展下去的。历史上，不产棉而棉纺织业独盛的事情也是数见不鲜的。

综上所述，可知植棉纺织两业在中国有其广泛的分布，乃是很自然的事情。以意推测，大约自元至明，经过一百多年至两百年的传布，中国本部各地都已植棉纺织了。成书很晚的《万历会计录》记载万历六年（1578 年）明政府征收棉花布实物贡赋的区域包括山东、山西、河南、陕西、湖广、四川，江西各布政司及南北直隶各府。此中如西安府，所辖州县仅三十有六，而征纳棉布的达三十州县；②如重庆府，所辖仅二十州县，而征纳地亩棉花绒的达

① 吕坤：《吕公实政录》，《民务》卷之二。
② 王国先、张学颜编：《万历会计录》，卷 9。

十七州县;[①]若南北直隶各府,几乎没有一县不缴纳地亩棉花绒的。[②] 从此可以想见当时植棉纺织的普遍,几乎已广布到全国的每个州县去了。此所以十五世纪末叶邱濬说过,棉花"遍布天下,地无南北皆宜之,人无贫富皆赖之,其利视丝枲盖百倍焉"[③]。而宋应星在十七世纪三十年代竟至说"棉布,寸土皆有","织机,十室必有。"[④]由此可见,元代而后,中国广大人民群众的衣着原料,已经舍丝麻而取给于棉花,棉纺织业已经遍布全国,成为农业以次最重要的生产活动了。

## 二 棉工业生产工具的革新与守旧

就丝麻两业而论,中国纺织生产工具之发展,早在棉花尚未在中国普遍种植以前便已到达手工技术的极高峰了。元人王桢所著《农书》里,绘有大纺厂车图,说是此车阔五尺,长二丈余,昼夜工作可出纱百斤,人力畜力皆可发动。又有类似之纺车,加装水轮,则全机又可赖水力发动,称为水转大纺车。[⑤] 纺纱机器改进上最重要的发明为不需人力的捻纱装置。故我们今日有充分的理由说,世界最先完成此种装置的纺纱机器,乃是中国人发明的,其发明时期

① 《万历会计录》,卷10。
② 《万历会计录》,卷15。
③ 邱濬:《大学衍义补》,卷22,按此书成书于明孝宗朝,即1489—1506年间。
④ 宋应星:《天工开物》,按此书有崇祯十年(1637年)自序。
⑤ 王祯:《农书》,卷20,《农器图谱》14;又王圻:《三才图绘》,《器用门》,卷9,卷10。

至少亦当早于英国吉妮纺机(Spinning-Jenny)四百年之久。不过中国的社会条件不允许此种发明掀起工业革命而已。

织机方面,中国的进步全集中在织品的精致复杂性上,而未能在产量之提高方面有所发明。虽极简单的飞梭装置,还是要到十九世纪的后半才发明的。然中国织机之复杂实也可以说是达到手工织布技术的极高峰了。《西京杂记》曾有这样一段记载:"霍光妻遗淳于衍蒲桃锦二十四匹,散花绫二十五匹。绫出钜鹿陈宝光家,宝光妻传其法,霍显召入其第,使作之。机用一百二十蹑,六十日成一匹,匹值万钱。"①又《明纪事本末》谓:"万历中,陕西秦岁供羊绒四千匹,奉命改织盘绫,又降拓黄暗花二则,每匹长五丈八尺,日织一寸七分,半年得丈(?),岂能加额?"②尽全日之力,只得一寸七分之长,想见此机之复杂,当较汉代之散花绫机尤有过之。据王桢所绘提花织机图,知提花机之工作,一人织纬,另须一人提经,是则全日一寸七分之长,还不止于是一人的劳动成果呢!

棉纺织生产工具在织机可以直接取用丝麻两业已有的发明,棉工业所当自行创制的只在原棉的加工方面。

原棉的初步加工是去籽和弹松,其次为并条与纺纱。

元朝初年中国开始植棉的时候,"初无踏车椎弓之制,率用手剥去子,线弦竹弧,置案间振掉成剂,厥工甚艰"③。没有比纯用手剥更原始的去籽方法了。元至元十年(1273年)司农司官颁的《农桑辑要》里记载过另一种去籽方法,说是:"用铁杖一条,长二尺,粗

① 按霍光为纪元前一世纪时人。

② 据清姚之骃撰:《元明事类抄》卷24所引。

③ 陶宗仪:《辍耕录》,卷24,"黄道婆"条。

如指，两端渐细，如赶饼杖样；用梨木板长三尺，阔五寸，厚二寸，做成床子逐旋；取棉子置于板上，用铁杖旋旋赶出子粒，即为净棉。”①这样的铁杖赶搓法，自然比手剥法进步了一些，但是可以想像这种生产方法的效率还是很低的。美国植棉面积的大扩张，是伊里·惠特奈（Eli Whitney）发明了新式轧棉机，解除了去籽技术上的束缚以后才有可能的。在封建时代，使用铁杖赶搓法去籽，棉花的种植无论如何也是不会广泛发展的。

弹松方面，前文所谓“线弦竹弧，置案间振掉成剂”，据胡三省《通鉴注》所说，就是“以竹为小弓，长尺四五寸许，牵口弦以弹松”②，不用说，这样的小弓，当然只能用手指去拨，而不能用椎来打的。这样的弹松方法，同样也是棉花广泛种植上的严重障碍。

很幸运的，历史记录让我们得知为中国人民解除这些两项技术束缚，从而有可能使植棉纺织各业成为中国人民最广泛的生产活动者，是一位被称为“黄道婆”的松江府老婆婆。相传黄道婆在年轻时曾流落到海南岛去，在那儿学得一手精良的制棉纺织技术，到了元朝元贞年间（1295—1296 年）又回到松江府来，在松江府以东五十里乌泥泾地方传授“做造捍、弹、纺、织之具，至于错纱配色，综线絜花”之法；她所织成的“被褥带帨，其上折枝团凤，棋局字样，粲然若写”；于是乌泥泾“人既受教，竞相作为，转货他郡，家既就殷。”③后来特别繁盛的松江棉纺织业就是这样开始发展起来的，中国植棉纺织各业所受技术上的束缚，也就是这样初步获得解除的。

① 《农桑辑要》，卷 2。
② 《资治通鉴》，卷 156。
③ 陶宗仪：《辍耕录》，卷 24，“黄道婆”条。

难怪松江人民为了感念她的贡献,特别为她立祠祭祀了。①

黄道婆所传"捍、弹、纺、织之具",就是去籽的搅车,亦称轧车;弹松的椎弓;纺纱的纺车和织布的织机。同一史料还意味着黄道婆所传授的,并不止于平纹织机,还有提花织机,所以才能够"错纱配色,综线挈花",织成"折枝团凤,棋局字样"的。

黄道婆所传轧车不知如何构造,王祯《农书》说去籽工作,"昔用辗轴,今用搅车,尤便。夫搅车,用四木作框,上立二小柱,高约尺五,上以方木管之;立柱各通一轴,轴端俱作掉拐,轴末柱窍不透。二人掉轴,一人喂上棉英,二轴相轧,则子落于内,棉出于外,比用辗轴,功利数倍。"《农书》成书于元皇庆二年(1314 年),上距黄道婆开始在乌泥泾传新法只有八九年的时间,很可能这里所描写的,正是黄道婆所传授的。照这里所描写的形制,则这种轧车只应用辗轴和曲柄两条机械原理,高不过一尺五寸,需要两人或三人协同劳动才能工作,应该说,这是一种最原始的轧车。但王祯说这种轧车比起辗轴来"功利数倍","尤便",纵使"木棉虽多,今用此法,即去子得绵",也"不致积滞"。② 可见当时这种轧车对于植棉的推广确是发生了很大作用的。

当植棉进一步推广,产量更加提高时,两人或三人轧车显然是不够应付,要造成籽棉的"积滞"现象的。实际生产的要求终于创造出新型的、进步的单人轧车来。单人轧车,不知何时何人所发明,明末徐光启说:"今之搅车以一人当三人矣。所见句容

① 褚华:《沪城备考》,卷 1,"黄道婆寺"条;包世臣:《上海新建黄道婆寺碑文》,见《齐民四术》,卷 5。

② 《农书》,卷 25。

式，一人可当四人；太仓式，两人可当八人。”[①]《图书集成》引《太仓州志》所述太仓式轧车的构造说，“高二尺五寸，三足。上加平木板，厚七八寸，横尺五，直杀之板上。立二小柱，柱中横铁轴一，粗如指；木轴一，径一寸。铁轴透右柱，置曲柄。木轴透左柱，置员（圆）木约二尺，轴端络以绳，下连一小板，设机车足。用时右手执曲柄，左足踏小板，则员木作势，两轴自轧；左手喂干花轴罅，一人日可轧百十斤，得净花三之一。他处用碾轴，或搅车，惟太仓式一人当四人。九月中南方贩客至，城市男子多轧花生业。”[②]照这里所述，则太仓式单人轧车已利用了辗轴、曲柄、杠杆、飞轮诸原理，而使一人一日的工作可以出花三十多斤了。

在棉产商品化尚未提高，原棉的生产与消费尚未集中的时代，特殊有效的去籽工具并无必要。因此，中国轧车进步到太仓式便停滞下来，不再有所改进了。[③] 二十世纪所见锯齿式铁质轧车乃是棉产商品化业已提高的结果；在某些棉产较少的区域，我们还是可以看到构造上和太仓式相同的旧式轧车的。

原棉加工的第二个步骤是弹松，如前所述，最原始的弹松方法是用小型竹弓来用指拨弹的，这个方法很快就被黄道婆所传大弓椎击法所代替了。元初王祯说是“木棉弹弓，以竹为之，长可四尺许，上一截颇长而弯，下一截稍短而劲，控以绳弦，用弹棉英，如弹

① 徐光启：《农政全书》，卷35。

② 《图书集成》，《考工典》，卷218，引《太仓州志》。

③ 试参看宋应星《天工开物》所绘图和清初人褚华《木棉谱》所述构造，可知那比这里所述的太仓式轧车并无进步可言。

毡毛法"[①]。到了明末，徐光启所见的，已进步为"以木为弓，蜡丝为弦"[②]。道光年间上海人张春华说，"弹花必坐，其座如椅而矮，几及地，名弹花凳。凳之背贯以竹竿如钓鱼者而曲，竿之极处悬绳，绳下著弓，以左手执弓，右手持槌击之，棉着弓而起，轻如柳絮。其弓弦以羊肠为之。"[③]弹弓之由竹而木，弓弦之由绳而蜡丝而羊肠，都是进步；但是把弹弓悬在弹花凳的竹竿上，而弹花凳又矮得几乎到地面，这样的装置必然运动不灵，并使劳动者坐着工作，极易疲劳。上海是自元以来植棉纺织都极兴盛的区域，直到鸦片战争前夕还使用这样的弹松方法，实在不能不使人惊异。其实舍弃弹花凳，把悬击弹弓的竹竿扎在工作者的腰后就成为立式装置了，这种弹松法就在今天还是很容易见到的。[④]

纺纱的准备工序是把棉花制成管状棉条，称为拼条，这工作只需要一条粗细适宜的短杆就够了，或用竹或用高粱杆，都无不可。

棉工业里纺纱工具之最简单者为手摇一锭纺车。据今人张世文在河北定县之调查，此车每十小时工作仅能出纱四两。[⑤] 按这样的产量至少需要三人同时纺纱，才能供给一架投梭织机的消费，这是织业发展之很大的束缚。不幸的是，至十九世纪洋纱开始输入之时，中国所用纺车仍以这种型式最为普遍。

手摇一锭纺车既如此笨拙，则棉织业较为发达的所在必有改良纺机的要求。这种要求本很容易由纺麻机的经验得到满足。但

---

① 《农书》，卷25。

② 《农政全书》，卷35。

③ 张春华：《沪城岁事衢歌》，按此书成于道光十九年。

④ 参看张世文：《定县农村工业调查》，页389—390。

⑤ 同上。

像大纺车那样庞大的机器，绝不是作为农业附庸的棉纺业所得利用的，于是乃有模仿另一种麻纺车而成的多锭棉纺车。《农书》所载木棉纺车已有三锭，叙谓“轮动弦转，莩维随之，纺人左手握其绵筒，不过二三”①，这还是用手力发动的，不过以当时搅车的构造衡之，则纺纱技术之进步显较去籽技术之进步为速。终明之世，这种纺车的装置，似未超过三锭。② 到了清代仍以三锭为常，特别熟练的女工，则进为四锭，③而发动也由手力改为足力。不过这只是中国棉工业最最繁盛的松江府才有的。④ 单人纺车的改良，始终没有将棉纱的牵伸工作由人手转移到机械上去，棉条既需人手来挟持，则一手绝不能挟持五线，足踏多锭纺车循这样的途径进步到四锭之多，可算已到了手工技术的绝顶了。（马克思说：“要找一个能够同时纺两根纱的纺纱工人，并不比找一个双头人容易。”——《资本论》，卷1，页450——这里指的恐是毛纺。）

三锭纺车的工作效率，大约每日可产纱八两。⑤ 日本东京足利机业家小柴藤四郎曾受该国农商省之委托，于光绪二十五年（1899年）率一考察团至浦东之周浦、新桥、龙华、吴淞等地专事考察乡村纺织业状况，其结果谓三锭纺车产纱的粗细程度约当机制纱的7支至10支，每日产量则如下表。

由棉纱以至成布，在织造之前尚须经过若干准备步骤，其所用

① 《农书·农器图谱》19。

② 徐光启：《农政全书》所载止于三锭。

③ 褚华：《木棉谱》，“善纺者能四维，三维为常，两维为下”，维就是锭子。

④ 张春华：《沪城岁事衢歌》注谓：“纺纱他岁皆有，然以巨轮手运，只出一纱；足车出三纱，惟吾乡倡有之。”按张为上海人。

⑤ 张春华：《沪城岁事衢歌》注谓：“优于纺纱者，日可得八两。”这大约是就三锭纺车而言的。

工具如纬车、拨车、经架、线架、轩床等，都直接承袭丝麻两业所用者，棉业并无特殊的发明。

**足踏三锭纺车每日产纱量**

单位:两

| | 上等女工 | 中等女工 | 下等女工 | 平　均 |
|---|---|---|---|---|
| 最上等纱 | 7.00 | 6.00 | 不能纺 | —— |
| 上 等 纱 | 8.00 | 6.50 | 不能纺 | —— |
| 中 等 纱 | 9.00 | 7.50 | 5.50 | 7.33 |
| 下 等 纱 | 11.00 | 9.00 | 7.50 | 9.17 |
| 平　　均 | 8.75 | 7.25 | —— | —— |

资料来源:光绪二十六年《东西商报》译日本《时事新报》:《中国纺织物情形》文，商50，页11。

织布方面，棉业所用者即是丝麻业所用的投梭织机。这种织机，今日还有存在，其构造久已凝固而无进步了。[①] 一架织机的构造，必须能完成开口、投梭、打纬、移综、放经、卷布六种动作，才能织成布匹。投梭机的构造，未能将司理这些运动的机件组成一个有机体，而由发动机关来领导作联合动作，于是劳动者实行投梭，则不能同时打纬，从事打纬，则不能同时移综，卷布时必须停止一切织纬工作，放经时且非离开机座不可。六项运动，间杂而作，费时久而成布少，费力大而组织不匀，忽此忽彼，手足并用，既未能充分利用机械之利，劳动者遂极易疲劳。生产效率方面，即熟练织工，每日亦不过成布10码左右。[②] 而布幅受双手互相投接的有效

① 试比较今人所用投梭机与王桢所绘者，可知毫无改进。

② 张世文:《定县农村工业调查》，页97。

力量所限,普通仅能宽及一尺左右。[①] 这样的生产效率,在纺织以自足为目的时,固足达其目的,一旦纺织进而为商品生产,则嫌不足。我们甚至还可以说,棉纺织业发展的迟缓,和它所受这样低产量织机的束缚,也是多少有些关连的。[②]

至于提花织机,中国棉业亦曾有极高的成就,[③]然不论中国久已发明的机器多么复杂,其所织成的布匹多么精致,其生产力必远在普通织机之下是无疑的。提花布因织机生产效率之低下而倍增其成本,更因成本之昂贵而成为少数统治阶级的专用品,所以提花织业在全部棉工业里的地位是无足轻重的。

据上所述,可知中国棉工业各种用机生产效率之低下。此外,我们更当注意以下各点。

第一,从轧花以及织布这一串生产工具的制作,除去特别复杂的提花机而外,都是适应个人的工作而造成的。虽则前一加工步骤的制成品,便是下一加工步骤的原料,工作性质必有连续性的相承关系,但生产工具的构造,欲使每一加工步骤都能独立完成,这自然是棉工业进行分工的雏形。但中国过去的分工程度,亦仅止

---

① 往昔中国手织土布,普通仅宽九寸上下。郭廷弼:《松江府志》卷4“木棉布”条引《云间续志》谓“布出沙冈车墩间,幅阔三尺余。”幅既放阔,则投梭速率即减,每日绝不能成布10码。时至十八世纪,中国市场已无此类阔幅棉布矣。

② 棉“工业的转变首先来自纺纱部门,而不来自织布部门。但是这样的事情久已是历史上的常识了:如果在织布部门没有飞梭的刺激,则机械纺纱是不会成功的。”A. P. Wordsworth and J. de L. Mann, *The Cotton Trade and Industral Lancashire, 1600－1780*, Manchester,1931,p.413.

③ “旧传黄道婆能于被褥带帨上作折枝团凤棋局花文,邑人化而为象眼,为绫文,为云朵,为膝襕胸背。明成化间(1465—1487年)流闻禁庭。遂织造龙凤斗牛麒麟袍服,而染大红,真紫赭黄等色。工作胥隶,因缘为奸,一匹有费至白金百两者。弘治改元(1488年),首罢之,此种遂绝。”褚华:《木棉谱》。

于如此而已。这样的分工，并不需要大规模的协作，这即是说，这样生产工具的构造，并不需要集体劳动。此点决定棉工业生产机体的组织，可以为集合多数劳动者于一个工作场所的手工工场形式，但却不必一定采取此种形式。

第二，生产工具如此简陋，则其制造并不需要特殊的生产部门。过去棉工业特别繁盛的地方，这些工具的制造，似已出现专业化的趋势，如青浦县的金泽锭子，谢氏纺车，徐家布机等等，①但普通工匠也极易制出一套完整的纺织机来。且用料粗陋，成本也极低廉。此点决定棉工业生产工具的获得并无困难。② 所以生产体的组织，固可以使用较大的资本，集合多数生产工具以作大规模的经营，即小农家也有可能每家置备一套，作为副业来经营。

第三，生产工具构造既简单，其使用方法当然亦极简单。劳动者的熟练技术，便亦极易养成。农家妇女，生活于常见纺织的环境里，耳濡目染，自幼即习纺纱，长大自会织布。此点决定棉纺织业生产技术的传播，极易推广；以保持技术秘密为手段的手工业基尔特组织，殊无强度发展的可能。③

---

① 详本章第三节。

② 此点重要性在纺织工具较为复杂时便极明显，需知如果要使用进步的机器从事大量生产，首先就必须机械工把这种机器制造出来。英国好些创立机械棉纺织工厂的厂主们如 Kennedy, McConnels, Houldswortls, Robert Owen 等等，都不是棉纺织工业的经营者，而出身于棉纺织机械制造业。参看 Henry Hamilton, *The Industrial Revoluton in Scotland*, Oxford, 1934, 页 132—133。

③ 陆游《老学庵笔记》称："亳州出轻纱，举之若无，裁以为衣，真若烟霞。一州惟两家能织，相与世世为婚姻，惧他人家得其法也。云自唐以来名家，今三百年矣。"又元稹《织女词》云"东家白头双女儿，为解桃纹嫁不得"，亦咏同类事。这类事都在特殊精细的提花织业里始有之，且多限于丝业，在普通棉织业里，是绝不会发生的。

以上种种,都是棉纺织业遍及于中国多数农家的技术基础,事虽简明,意义则甚重大。

## 三 棉纺织业商品生产的发展

我们说过,十九世纪外洋商品所遇到的中国社会,是一个庞大的自给体,这个自给体的中心支柱是结合衣食两种生产劳动的小农经济。棉种传入中国以后,自元至明,由于小农对于自给经济的追求,由于封建政府近乎强迫农民家家机杼的"劝农"政策,棉纺织业久已成为中国人民仅次于农业的最重要最广泛的生产劳动了。

广泛的耕织两业相结合的小农经济,意味着社会分工水平之低下,从而也就意味着商品经济发展水平之低下,从国民经济总体上看,这种制度,根本制约着棉纺织业的发展,使其难以迅速前进。但是,如果从此就判定五百多年来中国的棉纺织业就不曾前进,那也是和历史事实不相符合的。

大体说来,就是在自给自足的小农经济之下,要求人人都穿着自己纺织的衣料,乃是不可能的事情;要说所有纺纱织布的农家一概绝无剩余,决不出卖,也是不可想像的。所谓自给生产,只是就生产劳动的主要目的是为了自己服用而言,这丝毫并不排斥劳动者能够有剩余产品出卖。相反的,在沉重的封建剥削之下,中国农民不独努力争取织布以自用,而且也努力争取织布以出卖,只有这样,才能改善他的生活,甚至只有这样才能维持他的生存。另一方面,历代封建政府以及代表封建政府去统治人民的官吏们所实行的“劝农”政策，其目的固在令其自给，更重要的却毋宁是在其出卖。因此，中国小农制度，一方面排斥商品生产的扩大，另一方面却也不能排斥商品的流通，甚至是需要一定程度的商品生产为其补充的。鸦片战争前五百多年里，中国棉纺织业就是在这种矛盾的夹缝里缓缓发展着的。

首先，历代封建政府就是一个绝大的采购棉花布的主顾。因为专制国家蓄养着几百万的军事政治爪牙，这些人都是需要别人替他们纺织衣料的。

明代内庭宗室的消费，廷臣藩属的赏赐，每年消耗棉布恐不下五六十万匹。边卫军士的饷给，司府州县官吏的俸赏，需量极为庞大。试以军士一项计之。明代常设军士至少达一百七十余万人，[①]按例每人每年给棉布二匹至四匹，棉花一斤有半，[②]所以军士消费一项，每年即不下布五六百万匹，花二三百万斤。又军士家属也得领用布花，史料没有说明家属每人消费量，从低估计，其数至少亦当与军士相等。这样，军用棉布每年即至少消费千万匹以上。如果连同所谓“上供”“公用”诸种消费一并计算，那么明室封建政府每年所需要的棉布大约总不在一千五百万至两千万匹以下。

在成化、弘治以前，朱明政府这么多的棉布需要是用强迫人民缴纳实物的办法勒索来的。成化、弘治以后却逐渐要人民把实物改折白银交纳了。下表说明这种改折制度的发展。

① 吴春晗:《明代的军兵》,《中国社会经济史集刊》,5卷2期,页158。

② 《万历会计录》“各镇冬衣布花则例”载,军士每人年给棉布二至四匹不等,棉花皆为一斤八两。又军士家属亦得领用布花,规定不详。

| 布花消费地 | 布花取给地 | 初有折银年代 | 本折兼收时期 | 全改折银时期 |
|---|---|---|---|---|
| 大同 | 山西布政司 | ? | 正统八年（1443年）始 | 正德元年（1506年）始 |
| 辽东 | 山东布政司 | 成化十四年（1478年） | 成化弘治间 | 正德七年（1512年）后 |
| 密云 | 山东河南布政司顺天等府 | ? | 嘉靖元年（1522年）始 | 嘉靖三十九年（1560年）始 |
| 蓟州 | 山东布政司 | 嘉靖四年（1525年） | ? | ? |
| 蓟州 | 广平府 | 嘉靖六年（1527年） | ? | ? |
| 固原 | 西安等府 | ? | 嘉靖十年（1531年）后 | ? |
| 昌平 | 山东河南布政司顺天等府 | ? | 嘉靖十五年（1536年）始 | 嘉靖中叶 |
| 易州 | 河南布政司广平府 | 嘉靖十年（1531年） | ? | ? |
| 宣府 | 山东山西河北布政司北直隶各府 | 嘉靖十年（1531年） | ? | ? |
| 山西 | 山西布政司 | 嘉靖三十一年（1552年） | ? | ? |
| 甘肃 | 西安凤翔二府 | 隆庆三年（1569年） | ? | ? |

资料来源:《万历会计录》,卷17,18,20,25,28,29。

到了万历六年(1578年),折银制度基本上已经建立,还继续以实物形式缴纳的,不过棉布一百七八十万匹了。这个时代,朱明政府的棉布需要并没有减少,实物折银,自然就意味着政府必须从市场上去买进所需的棉布来。

如果我们的推测不错,那么早在十六世纪后半,单是朱明政府的消费,就已经造成每年一千五百万至两千万匹的国内棉布销场了。到了满清时代，专制政府继续向公开市场上去采购自己需用的棉布，那数量恐怕也不在两千万匹以下。

国外市场曾经成为促进西欧资本主义发展的历史条件。在我们的历史上，这方面也一度有相当程度的发展。

**万历六年各司府实征绵花绵布额**

| 地　　点 | 绵布(匹) | 绵花(斤) |
|---|---|---|
| 山　　东 | 601,937 | 381,985 |
| 山　　西 | 291,000 | 102,500 |
| 河　　南 | 235,850 | 282,169 |
| 陕　　西 | 128,792 | 17,208 |
| 湖　　广 | 10,750 | 50,000 |
| 四　　川 | 140,000 | 70,398 |
| 江　　西 | 10,000 | —— |
| 浙　　江 | —— | 5,004 |
| 南直隶各府 | 312,774 | —— |
| 北直隶各府 | 28,778 | 105,518 |
| 共　　计 | 1,759,881 | 1,014,782 |

资料来源：山西以下各司府据《万历会计录》卷7,8,9,4,10,3,2,16,15；并参考卷30；原书卷6《山东布政司》一卷已佚，兹据《大明会典》卷26《会计》2起运所载数补之。数字除山东外，均已包括存留，起运两京内府库及起运各司府边库三项。

有一个美国资产阶级学者曾经说过，十八世纪乃至十九世纪二十年代，中国棉布的对外贸易，正和其后的情形相反，那棉布是从中国流向西方去的。“土布供给我们祖先以衣料。”①这完全是

① H. B. Morse, *The International Trade and Administration of the Chinese Empire*, London, 1908, p. 282.

事实，当时棉纺织工业尚未发达的美国乃是中国土布在国外一个最大的主顾。[①] 美国商人到中国来贩运货物，也以土布为首要的贩取对象，[②]他们不仅把土布销到美国去，而且也运销到中、南美乃至西欧去。英国东印度公司的记录说1812年“美国人用现银大量购买土布，公开地在欧洲南部出卖，并到西印度去非法出卖。无疑的，他们有利可图，否则他们就会停止这行生意了。”[③]

英国，也曾经大量地销用中国土布。英国东印度公司在十八世纪的三十年代首次贩运中国土布，指定要南京手织品，[④]认为广州货洗后褪色，而真正南京货则不褪色。[⑤] 到了八十年代，公司曾经常地每年贩运土布两万匹到英国本土去。[⑥] 这个数量到十九世初年便扩大到二十多万匹。[⑦] 真正的所谓南京土布，或东印度公司指定订购的所谓棕色土布，不知究竟出产在那个地区，大约即江南苏松一带所织的一种紫花布。这种土布在英国曾风行一时，如今人们还可以在伦敦博物院里看到十九世纪三十年代英国绅士的时髦服装，正是中国的杭绸衬衫和紫花布的裤子。

根据英国东印度公司档案所能查出的英、美、丹麦、荷兰、瑞典、法国和西班牙等国在十九世纪前三十多年间从广州运出的土布，最多的一年(1819年)曾经到达三百三十多万匹，价值一百多

---

① Shu-Lun Pan, *The Trade of United States with China*, N. Y. 1924, p. 8.

② 卿汝楫:《美国侵华史》，第1卷，页49。

③ H. B. Morse, *The Chronicles of the East India Company Trading to China, 1635—1934*, Oxford, 1926, Vol. III, p. 181.

④ H. B. Morse, *Chronicles*, Vol. I, p. 224.

⑤ H. B. Morse, *Chronicles*, Vol. I, p. 254.

⑥ H. B. Morse, *Chronicles*, Vol. II, p. 61.

⑦ H. B. Morse, *Chronicles*, Vol. I, p. 391.

万元;[①]长期说来,几乎每年平均都在一百万匹以上。整个土布出口,在广州对欧美海上贸易中竟在茶叶、生丝以次高居第三位的重要地位。这些数字不够完整,真实情况应该还较这个记录为高。不用说,除去对欧美的海上输出而外,陆路对帝俄,和海路对日本、南洋各岛也是有大量的土布出口的,只不过我们没有统计数字可查罢了。

从下表可以看出十九世纪前三十年中国的土布输出数量,由英籍商船运出的,一直保持着缓缓增加的趋势,直到三十年代初叶才跌落下去。如果我们就中英之间棉纺织品的对流情况来分析,则发现1831年前,中国是保持出超的,只是出超量日小,到了1831年就转变为入超了。这种入超,以后即成为长期趋势。所以单从国外市场方面去考察,则1831年的转变,意味着中国棉纺织业的发展,在中途遭受到外力的摧折,不得遵循它原来的道路前进。

**广州对欧美海上贸易中的土布出口量**

分组平均数,单位:匹

| 年　份 | 英籍商船出口 | 美籍商船出口 | 出口总计 |
|---|---|---|---|
| 1800—1804 | 353,280 | 930,320 | 1,353,400 |
| 1805—1809 | 232,800 | 855,000 | 1,209,500 |
| 1810—1814 | 497,020 | 195,880 | 692,900 |
| 1815—1819 | 527,180 | 771,160 | 1,301,200 |
| 1820—1824 | 596,686 | 731,541 | 1,328,227 |
| 1825—1829 | 632,540 | 470,340 | 1,102,880 |
| 1830—1833 | 348,463 | 71,759 | 422,721 |

资料来源:前引摩斯《编年史》,卷2—4。

作者注:总计项内包括英美以外其他各国商船出口量在内。

① H. B. Morse, *Chronicles*, Vol. III, p. 347, 366.

**广州对英国本土棉纺织品贸易的趋势**

单位:两

| 年　份 | 自英输华 | 自华输英 | 中国的出入超 |
|---|---|---|---|
| 1817—1818 | —— | 395,237 | 395,237 |
| 1818—1819 | —— | 488,640 | 488,640 |
| 1819—1820 | —— | 265,987 | 265,987 |
| 1820—1821 | —— | 433,734 | 433,734 |
| 1821—1822 | 9,807 | 367,651 | 357,844 |
| 1822—1823 | —— | 337,264 | 337,264 |
| 1823—1824 | —— | 451,434 | 451,434 |
| 1824—1825 | —— | 321,162 | 321,162 |
| 1825—1826 | 1,895 | 366,750 | 364,855 |
| 1826—1827 | 36,144 | 145,172 | 109,028 |
| 1827—1828 | 124,983 | 467,876 | 342,893 |
| 1828—1829 | 183,338 | 469,432 | 286,094 |
| 1829—1830 | 215,373 | 355,295 | 139,922 |
| 1830—1831 | 246,189 | 386,364 | 140,175 |
| 1831—1832 | 360,521 | 115,878 | -244,643 |
| 1832—1833 | 337,646 | 61,236 | -276,410 |
| 1833—1834 | 451,565 | 16,304 | -435,261 |

资料来源:前引摩斯《编年史》,卷2—4。

封建专制政府的消费,国外市场的开拓,说明鸦片战争前中国手工棉纺织业曾经生产过相当数量的商品布匹。此外,我们不可忘记,在我们所讨论的时代里,中国拥有相当数量的城市人口,这些人里,除城市手纺织业者而外,都是需要购入棉布来消费的;中国又拥有人数众多的边疆兄弟民族,这些人是需要腹地布匹的供应以补其不足的;明清两代,各省都有封建官僚提倡过植棉纺织,这事实本身便说明就在腹地区域,中国也还存在着某些不事植棉不事纺织的地区，这就是说，微弱发展的地域分工也是需要一定程度的棉纺织业生产商品化相适应的；最后，中国封建主义又是不断地加重对劳动人民的剥削，把他们剥离生产手段，使他们根本断绝纺织以自给的可能，从而成为商品棉织物的消费者的。总之，从多方面加以推测，鸦片战争前五百多年里，中国存在过某种数量的商品棉纺织物的流通，乃是确切无疑的。

很不幸的，关于棉纺织业生产情况的史料，极端缺乏，我们所找到的资料，也零碎不足说明问题。以下所述，只是排比史料略作初步的推测而已。

我们且从处于低级发展阶段的纺织副业开始罢。

1844 年英国植物学家复庆（Robert Fortuane）在上海近郊看到这样的情况：

> 各小农户，各乡居人家，都保留他自家田地所产棉花的一部分以备家用。妇女家居，清（轧?）之纺之，织之成布。我国古时所习见而今日已被机器所代替的纺车和小手织机，遍布此地各乡村，随处可见。此等织机，都由妻女操作，有时不能做田野工作的老夫幼童也帮助工作。如果家庭人口众多，且善于生产，除自家服用外，还能余布很多，便将剩余布匹送至上海或近郊市镇出卖。本城（上海）各门，每天都有集市，便是此辈聚集出售小捆布匹的所在。①

又 1869 年海关报告册记载浙江棉纺织情况说：

① Robert Fortune, *Three Years Wandering in China*, Shanghai, 1935, pp. 251 – 252.

浙江土著农夫自种棉花,或以自己田里的物产直接换得棉花;自制其简单的机械,自行梳棉、纺纱与织布,除去他的家庭成员而外,不须任何外人来参加。每个农家,每个村落,就这样不仅能供给其自身的需要,或许还有剩余来卖给邻镇的手艺人和店伙。而其售价之高出原料成本者亦微乎其微。①

这两段描写虽然时间已在鸦片战争以后,可是我们相信它可以代表鸦片战争前中国手工棉纺织生产的一种类型,并且这还是那时分布得最广泛,在发展历程上属于最低级的一种类型。这正是耕织两业相结合的所谓家庭副业形式的手工棉纺织业。在这里,有下列几点值得注意。

首先,在这里,自给是生产的主要目的,出卖只是在自给有余时的偶然的事情。上海的记述且明说在"家庭人口众多,且善于生产"的条件下才能自给有余。可是对于个别农家是偶然的事情的出卖,对于社会却集合成经常性的商品流通,形成经常的集市,并且,也正构成社会发展的一定条件,构成一定程度的社会分工,解决了集镇上手艺人和店伙的衣料问题。在这里,我们看到了以自给自足为基本特征的中国小农经济,不独并不排斥商品的流通,而且从其内部就产生着生产商品化的必然性。

其次,在这种耕织相结合的小农经济体里,手工棉纺织副业是在农家内部完成其全部生产工序的。从纺纱到织布,甚至连种棉、轧花、弹花,乃至各种生产工具的制造也包括在内,这一串生产工

① *Returns of Trade and Trade Reports*, Part II, 1869, p. 54.

作全由一个家庭成员,特别是妇女成员来操作,而不需要任何家庭以外的人来参加。这就是说这里没有工钱劳动,没有雇主与工人的分野。而各加工步骤所使用的生产工具,所消费的原料,所完成的制品,以及工作场所,都归生产者所有,而不须仰给于任何外人。这就是说,如果这个生产体没有剩余产品去销售,则他们在进行棉纺织业生产活动上就不受任何资本家的指挥剥削,而有完全独立自主的权利。

更次,在农舍里进行工作,其一切生产工具都由自备,所以这生产体不能、也不必置备体积大价值高的生产工具,正由于一切加工步骤都由一个家庭成员来操作,所以分工便不能超出男女性别与年龄老幼这纯生理的标准,因此便没有特殊技术之可言;协作也不能超出一个家庭的范围,简直是无所谓协作。这就是说,生产能力的发展,不得不受到限制,而一切新生产工具之发明或旧生产工具之新的使用方法,都将无法实现。

最后,棉纺织业既作为农家副业,则其生产活动就必须在农场劳动比较闲散的季节去进行。这一方面使得国民经济上这一重要的产业部门成为带有季节性的生产活动,另一方面也给商人提供了压低市价、加重剥削的便利条件,此所以浙江的记载说,棉布"售价之高出原料成本者亦微乎其微"。

家庭副业形式棉纺织业之进一步的发展,表现为生产目的由自给到出卖的转变,同时,也就表现为由副业到主业,由耕织结合到耕织分离的转变。这全部过程中,是经历着无数程度不等的各种发展序列的。这在棉纺织业比较繁盛的地区可以看出一些迹象来,以下我们辑录一些松江府的史事来观察。

自从元朝以后,松江由于棉产特盛,棉纺织技术的传习最早,一直维持着相当繁盛的棉纺织业。明朝正德年间（1512年）所修府志说松江“俗务纺织，……线绫、三棱布二物衣被天下，虽苏杭不及也”①。松江府属县中，尤以上海为特盛。清初上海人叶梦珠说上海外销棉布凡有三等，“上阔尖细者曰标布，出于三林塘者为最精，周浦次之，邑城为下，俱走秦、晋、京、边、诸路。……其较标布稍狭而长者曰中机，走湖广、江西、两广诸路，价与标布等。前朝（明朝）标布甚行，富商巨贾，操重资而来市者，白银动以数万计，多或数十万两，少亦以万计。……中机客少，资本亦微，而所出之布亦无几。至本朝（清朝）而标客巨商罕至，近来多者所挟不过万金，少者或二三千金，利亦微矣。而中机之行转盛，而昔日之作标客者今俱改为中机，故松人谓之新改布。更有最狭短者曰小布，阔不过尺余，长不过十六尺，单行之于江西之饶州等处。”②乾隆时上海人褚华则说上海“布有小布、稀布。小布以十九尺为率，稀布亦不过二十三尺。布之精者为尖，有龙华尖，七宝尖名目。龙华、七宝皆吾邑镇名，七宝今分隶青浦。其行远者为标布，关陕及山左诸省，设局于邑广收之，为坐庄”，又说“凡布密而狭短者为小布，松江谓之扣布；疏而阔长者为稀布，产邑中；极细者为飞花布，即丁娘子布，产邑之三林塘；文侧理者为斜文；文方胜者为整文；文绫起者为高丽，皆邑产，他处亦间有之。若染成而以刀刮布，有芒如氆氇者为刮机，非女红也”。③ 这些记载可以说明松江府，特别是上海县的棉织品在明清两代曾经获得非常广阔辽远的销场，并且织成种种

① 宋如林：《松江府志》，卷5，引明正德壬申（1512年）顾清《府志》。

② 叶梦珠：《阅世编》，卷7，《食货》5。

③ 褚华：《木棉谱》。

名色，发展出若干特产来。

在长期的发展、大量的外销情况下，松江的棉纺织业出现了生产商品化、专业化和农工业分离与纺织业分离的现象。

本来，黄道婆在松江府东乌泥泾地方传授棉纺织技术的时候，那儿的农家就不是把纺织业当作纯粹为自给而进行的生产活动的。陶宗仪记述这件事情的经过，说是乌泥泾人因为"土田硗瘠，民食不给"，所以才开始植棉纺织的；到了黄道婆传授纺织技术以后，人们对于棉纺织业便"竞相作为，转货他郡"①。很显然，松江之有棉纺织业，从开头起就带着浓厚的商品生产的性质，尽管这种生产还没有和农业分离，且其目的是为的补充田产之不足，但从生产目的之为出卖而非自给有余以后始出卖这一点而论，这种类型的生产显然是比我们前面所述上海、浙江两例前进了一步的。

元初乌泥泾类型的棉纺织业，在明清两代还继续存在着。《正德松江府志》说松江"乡村纺织，尤尚精敏。农暇之时，所出布匹，日以万计。以织助耕，红女有力焉"②。满清政府于康熙年间在上海采买青蓝布三十万匹，苏州织造李煦上奏说，"民间于秋成之后，家家纺织，赖此营生，上完国课，下养老幼"，若在"春间采办"，则"正值农忙"，价格便要高腾。③ 凡此所说，都是尚未完全脱离农业而独立专业化，但却已经生产商品化的情况。

在这里，纺织生产还是在农舍里进行的，农家收入中织业收入的比重将随织业劳动所占农民全部劳动时间的比重而定；而织业

① 陶宗仪：《辍耕录》，卷24。

② 宋如林：《松江府志》，卷5，引明正德壬申（1512年）顾清《府志》。

③ 《文献丛编》，第32辑，"康熙三十四年九月苏州织造李煦请预为采办青蓝布匹折"。

劳动在农民全部劳动时间中所占的比重则又随耕织两业的分离程度而定。这里包含着以耕作为主业而以纺织为副业的组织型式，也包含着以纺织为主业而以耕作为副业的组织型式，其中间形态则是千差万别的。

有人记述道光年间北直隶巨野县有一种风俗，说是“庄民娶妇，入门即给木棉斤许，令其纺织，得有赢余，以为添补衣履之用”①。约在同时，山西寿阳县也有同样风俗，说是“新妇入门，给绵十斤，织纴而售，展转滋生，不再授衣”②。这在耕织结合的类型中，要算是一种特殊形态，但其为商品生产则是一样。

耕织两业相结合，而织业生产又已商品化的组织型式，恐怕是鸦片战争以前仅次于以自给为主的一种最广泛的形态。

手工棉纺织之更进一步发展，便是耕织两业之进一步的分离和纺织两业之专业化。这一切，我们也可以在松江府和其他地区看到种种迹象。

《正德松江府志》说松江“纺织不止乡落，虽城中亦然”③。《浙江通志》说明代嘉善县“地产木棉花甚少，而纺之为纱，织之为布者，家户习为恒业，不止乡落，虽城中亦然”④。《康熙长洲志》也说该地“产木棉花甚少，而纺之为纱，织之为布，家户习为恒产。不止乡落，虽城中亦然”⑤。中国城市里往往也还有大片农田，城市居民

---

① 黄维翰等:《道光巨野县志》，卷23。

② 董醇:《度珑记》，卷1，页22，道光二十九年十月二十三日记事。

③ 宋如林:《松江府志》，卷5，引明正德壬申(1512年)顾清《府志》。

④ 《浙江通志》，卷102，引《涌幢小品》。按今本朱国桢《涌幢小品》无此条，引文且与《松江府志》很相类似，姑且录以待查。

⑤ 《民国吴县志》，卷51，引《康熙长洲志》。

从事纺织固不能直接说明纺织已完全脱离农业，但一般说来，城市居民和农业的联系究竟是比较微弱的；若是“习为恒业”，“习为恒产”，那显然是说纺织已成为维持生计的专业了。

历史上，也有明说专赖纺织以为生的例子。乾隆时有人记上海“有止卖纱者，夜以继日，得斤许即可糊口”①。同时代里，有人说某寡妇“每日纺纱十二两，得工资五十文，除一姑两孩食用外，尚能积蓄以还所欠之债”②。有些地方，甚至男子游手好闲，不事劳动，专赖家庭妇女纺织为生。《康熙上海县志》说“游手之徒，有资妇女（纺织）养生者”③。乾隆时有人说到松江也有同样风俗，说是“俗多游手，藉妇工苟活”④，此所谓妇工，无疑的，当包括纺织在内。

伴随耕织两业的分离，同时就有纺织两业分离独立的事情出现。本来，中国所通行的手工纺织工具，需要三人纺纱才能供应一架织机的消费原料，当织业生产脱离自给而进行商品生产时，原料的供应就不是在一个家庭内和织业相结合的纺业所能满足的，因此，纺业便也有分离成专业的必要。道光时代贵州《遵义府志》说，遵义“东乡多以织布为业。盖其棉花由湖南常德府贩买，至郑家场火烧舟列肆坐卖。织家买此以易纱线，纺家持线与易，一两花纺成可多得（花）二钱，贵时可三钱。故纺织互资成业。他乡纺者仅为线供缝纫之用，业织则线无所出，业纺则棉不能继，非妇女有巧拙

① 褚华：《木棉谱》。

② 曾纪芬：《崇德老人八十自订年谱》，附录，页5。

③ 史彩：《康熙上海县志》，卷1，《风俗》。

④ 陈金浩：《松江衢歌》。

之殊，以市场无相资之便也。”[①]当织业已成专业时，“业织则线无所出”，所以必须“纺织互资成业”。至于“业纺则棉不能继”，乃是遵义地不产棉的原故。我们前面所举上海“止卖纱，得斤许即可糊口”，和某寡妇纺纱以养一姑两孩的例子，便是专纺纱而不织布的。又《正德松江府志》说：“里媪晨抱纱入市，易木棉以归，明旦复抱纱以出，无顷刻间，织者率日成一匹，有通宵不寐者。”[②]《正德金山卫志》说：“妇善织麻为网，织棉布粗不及松人，故纺木棉为纱者，市线不自织。”[③]道光间有人在南京孝陵卫传习织布，“在常州奔牛镇及浙江石门斜桥等处雇觅织工，设机织布。织布所用棉纱，必得崇明、通州所产者，绪理紧密，绵绵不断。”[④]从此可知，在某些地区，纺业不独已与织业分离，并且还形成地方特产，获有相当远的销场了。

以上叙述从自给生产的所谓“家庭副业”到商品生产的纺、织专业的发展过程，此中有一个现象值得注意。以松江地区而论，早在元代黄道婆传授纺织技术之初，就已出现目的在于补充田产不足的商品性生产了；其后松江棉布获得辽远广阔的销场，棉纺织业也经历着脱离农业并分立为专业的发展过程。但是到了1844年，还有人亲眼看到以自给为目的的低级形态。这一现象决不能理解为历史的倒退，而恰足以说明封建时代中国经济发展的复杂性、曲折性。就棉纺织业而论，在城市里可能已出现与农业完全割断联系的类型，同时，在乡村也一并存在着和农业保持各种不同程度的

① 郑珍：《道光遵义府志》，卷17。
② 宋如林：《松江府志》，卷5，引明正德壬申（1512年）顾清《府志》。
③ 《正德金山卫志》，卷2，《风俗》。
④ 甘熙：《白下琐言》，卷8。

联系的类型。以手工技术为基础的棉纺织业，是不可能和农业完全脱离联系的。

前述各种发展序列上的手纺织业是在怎样的生产关系之下进行的？除去最低级的自给生产可以肯定其为完全独立自主的"农家副业"而外，其他几乎没有找到一句史料可作说明。以理推测，纺织业商品生产的程度越高，织工对商人供应原料、推销成品的依赖程度也越大，因而商业高利贷对于织工的剥削也越是沉重。这在纺织业比较发达的地区是可以看得很明显的。

例如明代松江人徐献忠的《布赋》，就曾这样描写过商业高利贷对织工的剥削情况：

> 长夜凄然，得尺望咫。寒鸡喔喔，解轴趋市。……织妇抱冻，龟手不顾。匹夫怀饥，奔走长路。持莽莽者以入市，恐精粗之不中数。饰粉传脂，护持风露；摩肩臂以授人，腾口说而售我。思得金之如攫，媚贾师以如父。幸而入选，如脱重负。坐守风檐，平明返顾。……妇辞机而望远，子牵裳而懟饥；先洁釜以待米，旋汲水而候炊；语少待以相慰，既久伫而始归。夫嘤嘤以掮涕，云攘攘者在途；索子钱而不释，并布母以如飞。夫狼攫虎噉，肉寒骨解；无一语之抗击，犹三号而称怪。握两手以授之，拂空拳而吞欸。虽卒岁之靡从，完小信而不怠。是岂但一妇织而衣拾人，殆所谓一室肥，而众俱瘠者也。

这段文字，把织工受制于商业高利贷者的情状描写得很生动。须知当织工进行商品生产，等待出售布匹以买米举火时，他们就必然陷于商人的控制剥削之下。而小商品生产的盲目竞争，则又逼使他们“摩肩臂以授人,腾口说而售我”,乃至“媚贾师以如父”。加之高利贷者攘攘在途,“索子钱而不释,并布母以如飞”,那么,织工之终必失去生产资料,成为商人或资本家雇佣之下的工钱劳动者,当然是很自然的事情了。

在文献里,我们还没有发现商人直接控制生产的记录,但是工场手工业的存在却是可以证实的。例如,1833 年有人记述广东佛山镇的棉纺织业状况说:“织造各种布匹的工人共约五万人,工作需要紧急时,工人就大量增加。他们大约在二千五百家织布工场中工作,平均每一工场有工人二十名。”①毫无疑问,这里所说已是资本主义工场手工业的组织形式了。

除去手织业而外,和织业有关的其他手工业部门也还有一些现象值得注意。

随着棉纺织业商品生产的发展,松江地区纺织工具制造业似乎也出现了专业化的现象。松江有一句俗谚,说是“金泽锭子谢家车”,意指金泽所出铁质纺锭和同县谢姓所制纺车特别著称。《光绪青浦县志》说谢氏“业此”(纺车制造)已有百年之久。又金泽黄渡徐氏所造布机也特别著称,“机之横木必书某年某月某房造”②,这恐怕也是徐氏世袭很远的一行专业了。

乾隆时人描写上海的染坊有这样的话:“染工有蓝坊,染天青、淡青、月下白;红坊,染大红、露桃红;漂坊,染黄糙为白;杂色坊,染黄、绿、黑、紫、古铜、水墨、血牙、驼绒、虾青、佛面金等。其

① “Description of the City of Canton,” *Chinese Repository*, Vol. 2, Aug. 1833, pp. 305 -306.

② 熊其英等:《光绪青浦县志》,卷 2。

以灰粉渗胶矾涂作花样，随意染何色而后刮去灰粉，则白章烂然，名刮印花。或以木板刻作花卉人物禽兽，以布蒙板而砑之，用五色刷其砑处，华采如绘，名刷印花。有踹布坊，下置磨光石板为承，取五色布卷木轴上，上压大石如凹字形者，重可千斤，一人足踏其两端，往来施转运之，则布质紧薄而有光。"[①]这里说明上海布匹整染业不独已经生产商品化，而且有了蓝坊、红坊、漂坊、杂色坊、踹布坊等等的专业分工。所谓坊，有些很可能已经是资本主义的工场手工业了。

浙江嘉善有这样一个故事："康熙初，枫泾多布局。局中所雇染匠、砑匠皆江宁人，往来成群，扰害里闾。民受其累，积愤不可遏，纠众敛巨资，闭里门水栅，设计愤杀，死者数百人。"[②]这几百个被愤杀的染匠、砑匠当然都是布局从江宁招来的雇佣劳动者，在这里，无疑的是存在着资本主义的生产关系的。

不管史料怎样缺乏，怎样零碎，历史现象显得怎样复杂，怎样曲折，前面的叙述已经可以说明，鸦片战争前五百多年里，中国棉纺织业是在商品经济的道路上发展着的。广东佛山棉织业工场手工业的出现，浙江嘉善染工砑工雇佣劳动的出现，分别说明在棉织业和布匹整染业里都已出现了资本主义的生产关系。毛主席说"中国封建社会内的商品经济的发展，已经孕育着资本主义的萌芽，如果没有外国资本主义的影响，中国也将缓慢地发展到资本主义社会。"(《毛泽东选集》，页596）从棉纺织业发展史的角度来体会这个英明论断的具体内容，情况就是如此。

---

① 褚华：《木棉谱》。

② 顾福仁等：《光绪重修嘉善县志》，卷35。

## 四　封建剥削下的棉纺织业

鸦片战争以前，中国棉纺织业里已经出现了资本主义的生产关系，但是分布得最为广泛，在全国棉布供应上占着绝对优势地位的，仍旧是和农业多少保持着联系的家庭手工业。这种耕织结合的小生产构成封建时代中国国民经济的基础，也是所谓东方封建暴君进行政治统治的基础。在这里，作为小生产之组成部分的棉纺织业，起过极端重要的作用。

和农业相结合的棉纺织业，从开头起，就是中国封建统治者进行剥削的对象。

当棉种输入中国之初，棉花布被视为珍奇衣料时，中国封建暴君向尚未普遍植棉纺织的中国人民勒索实物贡纳，供其玩赏；当棉花布业已普遍服用，不复受到皇室珍视时，中国封建暴君向人民勒索更多的实物贡纳，用来畜养替他统治人民的政治军事爪牙；到了国内棉布流通已达一定数量，封建政府认为自己采购布花比较有利时，于是他们就要人民把实物改折白银，并不放弃对人民的这项勒索。为了满足自己的需要，中国封建暴君，有时命令人民用棉花布代纳田赋，而在田赋负担过重，人民逋欠难完时，他们也命令人民用棉花布代纳田赋，甚至在田赋以外，另行派征布花，直接加重人民负担。在植棉纺织较为繁盛的地区，中国封建暴君常集中派征，大量地勒索布花；但是在并不植棉纺织乃至根本不事农耕、不能耕作的地区，他们也会派征布花。总之，棉纺织业始终是中国封建统治者进行剥削的对象。

前面说过，元世祖在至元二十六年（1289年）曾经创设木绵提举司制度，强迫江南五省人民每年缴纳棉布十万匹，这个制度只实行了两年便罢除了。但是过了不久，即元成宗元贞二年（1296年），元政府却又更广泛地向人民勒索棉布，把棉布定为人民缴纳夏税的一种实物，其数按田赋之多寡为比例。大约这个时代，棉布还未通行，元政府勒索棉布，目的在于皇室自己服用。

不论如何，到了明代初年，棉布必已不复是皇室玩赏的珍贵衣料，明太祖那次强迫人民必须种棉纳棉，不种棉也得纳布的诏令，想必已是为供应官吏和军士的服用着想了。因为三年以后（洪武三年，1370年），户部就曾明确地"奏赏"军用棉布。①

随着棉花布由皇室玩赏的珍贵物品变为大量的军需衣料，中国人民对于棉花布的负担也就加重起来。前面说过，朱明封建政府每年需要支出棉布一千五百万至两千万匹，在成化弘治以前，这大量的棉布供应都是用实物贡纳的办法从人民手里勒索来的。勒索的办法，大别可以分为两类，其一是在田赋负担以外的额外派征，其二是由田赋或其他税课改折。

在田赋负担以外去强迫人民贡纳棉花布，其数量、其时限、其派征区域完全视封建政府的需要而定，有时偶一征派，不为常例，这叫做"坐派"；有时则定为常例，每年都得照数缴纳，这叫做"岁派"，亦称"额派"；还有所谓"会派"，大约也是岁有常数的制度。

《万历会计录》说大同镇军用布花，在"国初"时曾"坐派"山西布政司缴纳，这是明代派征棉花布的最早一例。这以后，再无派征。到了正统十二年（1447年）以后，各种派征就逐渐普遍起来，今举数例如下表。

① 《钦定续文献通考》，卷2，引《明实录》。

**明代各边卫军用布花征派情况表**

| 消费地 | 派征时期地点及数量 |
|---|---|
| 大同 | 国初坐派山西布花。 |
| 易州 | 递年坐派河南布政司广平府绵布 29,886 匹,绵花 109,217 斤。 |
| 宣府 | 正统十二年(1447 年)会派山西山东河南各布政司绵布 280,000匹,绵花 220,000 斤。 |
| 密云 | 景泰三年(1452 年)以后历年会派山东河南各布政司及顺天等府布花。 |
| 大同 | 成化十六年(1480 年)坐派(?)绵布 160,000 匹。 |
| 昌平 | 成化十八年(1482 年)会派山东河南各布政司顺天广平大名保定等府绵布 10,000 匹,绵花 10,000 斤。 |
| 宣府 | 成化十八年(1482 年)会派山西山东各布政司绵布 157,000 匹,绵花 100,000 斤。 |
| 昌平 | 弘治八年(1495 年)会派山东河南各布政司保定府绵布10,000 匹,绵花 4,000 斤。 |
| 辽东 | 正德五年(1510 年)会派山东绵布 320,000 匹。 |
| 宣府 | 正德八年(1513 年)会派山东山西河南各布政司北直隶各府绵布 189,618 匹,绵花 37,500 斤。 |
| 宣府 | 嘉靖三年(1524 年)额派山东山西河南各布政司北直隶各府绵布 189,618 匹,绵花 37,500 斤。 |
| 宣府 | 嘉靖六年(1527 年)岁派山东山西河南河北各布政司北直隶各府绵布 189,618 匹,绵花 37,500 斤。 |
| 蓟州 | 嘉靖六年(1527 年)坐派山东布政司顺天真定大名等府布花。 |
| 蓟州 | 嘉靖十四年(1535 年)额派真定府绵布 1,600 匹。 |
| 昌平 | 嘉靖十五年(1536 年)会派山东河南各布政司大名府绵布 20,200匹,绵花 10,000 斤。 |

资料来源:《万历会计录》,卷 17,18,20—24。

所有这些,当然都构成人民田赋以上的额外负担。

把田赋米粮或其他税课改折棉花布的办法,也有临时折征和经常折征两大类。从需要方面说,大体南北两京内府库经常需用的棉花布,都取给于山东、河南、湖广、江西、浙江各布政司及南北直隶各府,①这是每年都得折征的。为了其他理由改折布花的,情况就很复杂,有临时性的,也有经常性的。

洪武三年户部奏赏军用棉布,请在浙西四府秋粮内收布三十万匹,太祖说,"松江乃产布之地,止令一府输纳",这大约是明代田赋折征棉布之始,是临时性的。从这以后,我们有以下这些折征事例。

从下表可以看出自十四世纪末年至十七世纪早期,也即是整个朱明一代,不断地有税粮折布的事情出现。这里面有的是定为经常制度的,例如永乐二年起,江西官田租折布,正统八年起松江府所属各县租粮折布等等便是;也有的是只折纳一年或少数年份的,例如永乐二十二年,苏州、松江、嘉定各府秋粮折布,宣德五年令自宣德三年以前应天、苏州、松江等府拖欠税粮折布等等便是。事实上,明代税粮折布的事情非常频繁,只是只折一年数年不成经常制度的事情,正史里很少记载,所以我们这里所表列的远不足以代表历史上的实际情况,只不过极少数示例而已。

| 令行年代 | 改折地区 | 改 折 缘 起 |
|---|---|---|
| 洪武十八年(1385年) | 两浙及京畿官田 | 未详 |
| 洪武三十年(1397年) | 陕西 | 行人高積称陕西困逋赋,令二十八年以前逋税许以土产折米,布一匹准一石,花一斤准二斗。 |

① 参看《万历会计录》,卷4、3、2、15、16、30,"沿革事例"。

续表

| 令行年代 | 改折地区 | 改　折　缘　起 |
|---|---|---|
| 永乐二年（1404年） | 江西 | 安抚江西给事中朱肇称江西官田租重，十倍民田，请于官田折布，民田输米，从之。 |
| 永乐十一年（1413年） | "各处" | 令各处折征，阔白棉布每匹准米一石五斗。缘起未详。 |
| 永乐二十二年（1424年） | 苏州、松江、嘉定各府 | 该地水灾，令本年秋粮悉折布、钞输纳。 |
| 宣德四年（1429年） | 应天、苏州、松江各府，浙江布政司 | 令该地远年拖欠税粮以棉、钞折纳。 |
| 宣德五年（1430年） | 应天、苏州、松江各府，浙江布政司 | 令该地自宣德三年以前拖欠税粮十之三折布，十之三折绢，十之四折钞。 |
| 宣德五年（1430年） | 山东信阳等盐场 | 该处不通舟楫，客商不肯纳盐，准盐课折布收纳。 |
| 正统八年（1443年） | 松江府、苏州府 | 该府逋欠太多，加耗太重，侍部周忱请将逋欠税粮折布输纳。 |
| 正统十一年（1446年） | 北直隶沙河县 | 秋粮歉收，准税粮折布收纳，但本折听便。 |
| 天顺二年（1458年） | 湖广布政司 | 长沙府库存粮太多，准秋粮20万石折布20万匹。 |
| 成化六年（1470年） | 山东海盈等13盐场 | 陆路运输不便，准盐课折纳棉布。 |
| 正德三年（1508年） | 山东滨州 | 准该处新勘死碱地税粮折纳布钞。 |
| 正德六年（1511年） | 信阳 | 准该处不堪耕种之碱地税粮折纳布钞。 |
| 正德十二年（1517年） | 真定等府 | 令调查该处沙碱地，派与阔棉布与存留。 |
| 万历四十六年（1618年） | 华亭县 | 加征该县边饷银，该县知县请以棉布垫贴。 |

资料来源：《明会典》，卷29；《明史》，卷78；《明书》，卷68；《续文献通考》，卷2；《万历会计录》，卷4，15，39；郭廷弼，《松江府志》，卷6。

首先必须明确，封建政府所强迫人民缴纳的棉布是有一定规格的。洪武二十六年（1393 年）定各处折纳棉布，长三丈二尺，阔一尺八寸，重三斤。[①] 后来在宣德五年（1430 年）的诏令里曾有"布绢不拘形长阔"[②]的办法，但那只是指完纳宣德三年以前拖欠税粮的特殊情形而言的。此外，终明之世，这样的折征规格大约很少更动。

这里我们应该注意到，封建政府所强迫人民缴纳的棉布规格决不同于人民自己普遍织造的一般规格。前面我们叙述中国旧式织机构造时，曾说明棉布的幅宽因受双手互相投接的有效力量所限，一般只能宽至一尺左右。如今封建政府规定需要幅宽一尺八寸，这显然是超出当时织机最有效的织造幅度的。为了满足这样的规格要求，人民就不得不降低织造速度。这样同是棉布，供应封建政府消费时，人民就必须为它比供自己消费时多流多少血汗了。

把税粮改以棉布或棉花折纳，又是有一定改折比例的。洪武十八年（1385 年）令两浙及京畿官田折收税粮，棉布每匹准米一石。[③] 洪武三十年（1397 年）户部议定折征则例，棉布一匹准米一石，棉花一斤准米二斗。[④] 宣德五年（1430 年），再度肯定布一匹准米一石，花一斤准米二斗的比例。[⑤] 大约有明一代，基本上维持这样的比例，很少变动。按照市价折合，这样的改折比例是布贵于米，还是米贵于布，我们没有资料可以讨论。但是，我们相信封建

① 《万历会计录》，卷 30，"内库供应"，"沿革事例"。
② 《续文献通考》，卷 2。
③ 《明会典》，卷 29。
④ 《明史》，卷 78。
⑤ 《续文献通考》，卷 2。

政府是决不会以贱代贵,使自己的收入降低的。更重要的还在何以封建政府实行税粮折布的问题上。

细看前表所列改折缘起一栏,我们就会发现令人十分惊异的事实。

宣德五年(1430 年)山东信阳等盐场因为地方不通舟楫,客商不肯纳盐,所以把盐课改折棉布缴纳;成化六年(1470 年)山东海盈等 13 盐场也因为地方陆路运输不便,把盐课改折棉布缴纳,盐场出盐,那里来的棉布呢?更奇怪的是正德三年(1508 年)准许山东滨州"新勘死碱地"的税粮折纳布钞;正德十二年(1517 年)又令调查真定等府的"沙碱地",派征棉布;正德六年(1511 年)甚至明说信阳"不堪耕种之碱地"也要折纳布钞。"死碱地"、"沙碱地"、"不堪耕种之碱地",一句话,什么都不出产的不毛之地,本来就什么税课都征收不了,但是却可以"折"收棉布!这种折其所折的折布制度充分说明了东方封建政府刮削人民时蛮横到什么程度。

在前表里,出现次数最多的还是赋米折布的事例。本来征收米粮的田赋,有种种理由改征棉布。洪武三十年(1397 年)陕西的例子;宣德五年(1430 年)应天、苏州等府的例子;正统八年(1443 年)松江、苏州两府的例子,都是因为人民拖欠田赋太多,所以把田赋米粮改折棉布。这是一类。永乐二十二年(1424 年)苏州、松江、嘉定各府的例子,正统十一年(1446 年)沙河县的例子,则因为各该地发生水灾或田地歉收,所以把田赋米粮改折棉布。这又是一类。永乐二年(1404 年)江西的例子,正统八年(1443 年)松江府、苏州府的例子,则又因为各该地"官田租重,十倍民田"或是"加耗太多",所以把田赋米粮改折棉布。这又是一类。总而言之,拖欠也罢,灾荒歉收也罢,官田租米或加耗太重也罢,当人民由于田赋负担太重，已经无力缴纳或可能无力缴纳田赋的时候，封建政府就想到了棉布，改征棉布。好像人民无米可吃，却布帛满箱，而大水淹没了五谷，同时又漂来遍野的阔白棉布似的！

田赋之由本色米粮变为折色棉布，当然是包含着极其深刻的历史意义的。要知道，米粮是农业产品，棉布是手工业产品，从米粮到棉布之形式上的改变，意味着封建政府对人民的剥削对象，由农业到手工业的改变，由主业到副业的改变。这就是说，当封建政府发现他们所加在人民身上的农业方面的负担过分沉重，人民已经或可能无力缴纳时，他们就想到人民在手工业副业方面还有一滴油水可挤，于是就把剥削对象转向手工副业方面去。

在人民方面不论本色米粮还是折色棉布，其为人民的劳动成果都是一样。但是这里本色与折色之形式上的差别，同时也就意味着，人民仅仅从事农业劳动并不足以完纳封建政府那样沉重的田赋负担，还必须从事手工副业才能应付。这就是说，中国封建暴君对于从事农业的劳动人民的剥削，已经加重到这种程度，不仅夺去他们农业方面的剩余生产物，而且也夺取他们这方面的必要生产物。因此，中国农民必须不仅仅是一个农业劳动者，还必须同时是一个手工业劳动者，离开手工副业，他们是活不下去的。

中国封建暴君加在人民身上的负担，当然并不限于田赋正额或在田赋以上征派棉布，其剥削形式也并不止于本色米粮或折色棉布，抛开这些形式而论实质，那么我们所面对的历史事实就成为棉纺织业在支持农民背负封建剥削上起着何等作用的问题了。在明代，封建政府派征棉布实物的制度之下存在着这样的问题，在清代，封建政府不复征派棉布的赋税制度之下，也还是这样的问题。

棉纺织业在农民背负封建剥削上的意义，可以从松江府的历史上看得很明显。

松江地区，棉纺织业特别发达。同时，也正因为松江在副业方面有“衣被天下”的棉纺织业，所以在封建剥削方面也就背负了“甲于天下”的重赋，自明以后，四五百年，未尝稍苏。

松江田赋之重，①从明代初年开始。其后历代加增，几于无所底止。明太祖初定天下的时候，各地赋则，每亩不过升斗，独于苏、松、嘉、湖诸府，以租额定税额，重则有每亩科至七斗五升的。宣德中加至一石以上，正统中又加至两石以上。试以洪武二十六年(1393年)极重时论，松江以蕞尔两县之地，垦田占全国面积0.6%，田赋则占全国税粮4%；以弘治十五年(1502年)极轻时论，亦以占全国0.76%之面积，纳全国3.85%之税粮。

与他处相较，弘治十五年松府纳粮百余万石，多于全闽八府一州57县之输将；嘉靖间松府纳粮一百二十余万石，举北直隶八府十八州117县之粮，庶几近之。这还是只就正供而言的。此外漕运则有加耗，征缴则多悉索；松府本无蚕桑而多赋农桑折绢；已有粗布细布之解京，又有内号外号之织造；徭役之繁，冗费之多，实属不可悉数。到了清代，赋额有增无减，②然终明之世，官吏以征足七成者为上考；至清而考成必以十分，于是官吏追迫，酷于前明，而松民实际负担乃更形加重。降至民国犹为国内负税最重之地。

松江如此重赋，在豪族大户可与胥吏书手勾通作奸，飞洒诡奇，以官作民，以民作官，故最重负担还是落在贫民佃户身上的。

---

① 顾炎武:《天下郡国利病书》，卷21，《江南》9；叶梦珠:《阅世编》，卷6；梁方仲:《近代田赋史中一种奇异制度及其起源》；《大公报·史地周刊》，23期，1935年，2月22日。

② 周梦颜:《苏松财赋考》。

贫民佃户又将如何完此重赋呢？最初自然逋欠拖延，继之乃取副业以为补偿。赋税既与日俱增，副业的意义也必随而提高。洪武中，税粮折布，不过偶一行之，未见折征之重要；宣德间令远年拖欠税粮改征棉布，可见封建政府之需索，已渐自正业及于副业，然仍未为常例；至正统八年（1443 年）周忱巡视松府，鉴于税粮拖欠太多，索性奏定折征则例，以布代粮，于是松民遂不得不赖副业之所得以完纳田土之赋税了。这样田土不足，取之手工，在人民不得不二者兼营以求苟活，在封建政府却视为利薮无穷，正好加重剥削。

棉纺织业在松江经济上的此种意义，久已有人道破。《正德松江府志》说，"以织助耕，……田家收获，输官偿息外，未卒岁，室庐已空，其衣食全赖此"①。到了明末，徐光启说，松江纺织之"利今不在民矣。尝考宋绍兴中，松郡税粮十八万石耳。今平米九十七万石，会计加编征收耗剩起解铺垫诸色役费，当复称是，是十倍宋也。壤地广袤，不过百里而遥，农亩之入，非能有加于他郡邑也，所繇供百万之赋三百年而尚存生息者，全赖此一机一杼而已"②。清代也曾有人识破此中关键，道光时包世臣就说，"数百年来，红粟入太仓者，几当岁会十二；朱提（银）输司农者，当岁会亦且三十而一，……凡所取给，悉出机杼"③，又说"木棉梭布，东南杼轴之利甲天下。松太钱漕不误，全仗棉布。"④这就是说，松江人民尽管身为农夫，但却赋税沉重，田土不足以供追迫，还要依靠纺织业来缴纳封建剥削，苟延自己的生存了。

① 宋如林：《松江府志》卷 5，引正德壬申（1512 年）顾清《府志》。

② 徐光启：《农政全书》，卷 35。

③ 包世臣：《上海新建黄道婆寺碑文》。见《齐民四术》，卷 5。

④ 包世臣：《致前大司马许太常书》，《齐民四术》，卷 1。

历史上，敏感的诗人曾经描写过这样的现象："昨日官租科正急，街头多卖木棉纱。"①他们又控诉过："夫广储农积，出自农夫之耕，一丝寸缕，皆从匹妇之手。然而茧丝告成，置蚕不问；耕犁召丰，与牛何有！是固天下之同风，惟江南为丛薮。亩钟之地税从升，涂泥之末路计斗。是以手不停机，而终岁无衣；穷年仡仡，而不赡其口。"②

"茧丝告成，置蚕不问；耕犁召丰，与牛何有！"何等惨痛的景气呵！然而数千年来，在专制暴君的无穷剥削之下的中国农民，正就是这样劳动过来的。

根据事实做分析，可知耕织结合的小农经济体，乃是一种借极端浪费人类劳动力来维持着极端坚韧的生存力的小生产单位。奴隶是需要奴隶主养活的，农民则需要自己养活自己。无产阶级或是完全没有劳动的机会，或是为资本家劳动一定的小时数，农民则有权利去自己掌握自己的劳动时间。为了能够自己养活自己，把工农两业结合起来的农民就利用农业劳动的每个间隙进行手工业生产，并且也动员全部家庭人口，从白发老婆婆一直到开始学习劳动小娃娃，几乎是无限制地延长劳动时间。他们可以利用田地的各种出产作为手工业生产资料，又可以降低自己的生活水平直到只吃树皮草根，全家只穿一条裤子。当已经极端沉重的封建剥削进一步更加沉重时，这种农民就更进一步更加降低自己的生活水平，进一步更加延长自己的劳动时间。离开了家庭手工业，这些农民不可能单靠农业维持他一家的生存；离开了农业他们同样不可

① 顾彧：《竹枝词》，郭延弼：《松江府志》卷5引。

② 徐献忠：《布赋》，郭延弼：《松江府志》卷4引。

能单靠家庭手工业维持他一家的生存。但是农工结合,恰恰就使他们组成一个生存力极端顽强坚韧的小生产单位。这就是说,给中国专制暴君提供了几乎是无限制加重剥削的对象。从此,我们就可以理解,为什么中国的封建暴君以及代表封建暴君去统治人民的文武百官那样热中于所谓"劝农课桑"政策,表现得好像是十分关心人民生活的模样,多方提倡纺织副业,甚至强迫人民家家从事纺织。也正从此,我们才可以理解,为什么中国农民几乎家家都从事某种手工副业,紧紧地抓住手工业不放的理由。

如果"手不停机,而终岁无衣;穷年仡仡,而不赡其口",那么我们怎么可以想像这样的劳动者发展生产力,推动社会生产前进呢?事实上,他们不独没有任何物质条件足以改进生产,而且没有必要的科学知识足以改进技术。在棉纺织业方面,中国人民所经历的路程是相当长远的,但是,进步是迟缓的。归根结底,不能不追溯到,中国封建统治阶级对于人民的惨酷剥削乃是造成这种迟滞状态的基本原因。

# 第三章　中国手工棉纺织业的解体

（1840—1890年）

## 一　英、美、印度近代棉纺织工业的发展

和农业相结合的中国手工棉纺织业，到了鸦片战争以后，逐步解体；就是某些城市里专业性的手纺织业，也多半衰落下去。这是中国棉纺织史上一次巨大的变化。变化的起点发自国外机制纱布的内销。

最先销到中国来的机制棉纺织品来自英国，后来美国和印度的产品也大量来销，这三个国家销来的机制纱布，是绞杀中国古老的手工棉纺织业的主要力量。三国近代棉纺织工业的发展可以简单叙述如下。

事情首先发生在英国。1733年凯氏（John Kay）取得棉织机上的飞梭专利权。这种飞梭装置增加布幅的宽度，提高织布效率，因而产生了旧式纺车的产纱能力和新式织机的消纱能力配合不上的问题。1735年魏亚特（John Wyatt）和保尔（Lewis Paul）两人发明了罗拉纺织（Roller Spinning）。此机已经运用现代纺纱机的基本原理，乃是真正的纺纱"机器"，十八世纪棉纺业里的技术革命就此开始了。不过这种纺机仍然是家庭用手工纺机。

六十年代起，纺织两业的技术革新，进展得都很快。1767 年哈格里夫（James Hargreave）发明吉妮纺机（Spinning Jenny），为多锭结构开辟了途径。1768 年阿克拉特（Richard Arkwright）发明水力纺机，使人类开始有可能摆脱发动纺机的体力劳动，同时也使多数纺工有集合在一个工作场所的必要。三年以后，阿克拉特便在克隆福（Cromford）开设了一个利用水力发动的纺纱工厂。1775 年克隆普登（Samuel Crompton）发明走锭纺机（Mule Spindle），结合吉妮式和阿克拉特式的纺纱结构，提高了棉纱的品质。近代机器纺纱业至此便立下了基础。

近代蒸汽动力的应用经瓦特（James Watt）1782 年复动式（Double Action）蒸汽机的发明而臻于完善，这个发明立刻就被应用到纺纱方面去（1785 年）。1803 年哈洛克（William Harrocks）发明蒸汽力织机，三年后，英国便有使用蒸汽发动的织布工厂出现。至此，近代棉纺织工业机械化动力化的技术革新过程可说已经完成了。①

整个十九世纪里，棉纺织生产技术是在不断地改进革新之中的。纱锭的回转速度提高了，布机的打纬次数也增加了；随着机器的革新，纺织工人的劳动强度也不得不加倍又加倍地增强起来。所有这一切都归结为劳动生产力的提高。下面一表，可以说明这种增加速率。

① 以上参考 A. P. Wordsworth and J. de L. Mann, *The Cotton Trade and Industrial Lancashire, 1600 – 1780*, Manchester 1931, Ch. 21 – 23; L. C. A. Knowles, *The Industrial and Commercial Revolution in Great Britain during the Nineteenth Century*, 1947, London, pp. 47 – 55。

**英国棉纺织工人平均每人产量增加率**

1829—1931 = 100%

| 年　代 | 每周工作（小时数） | 棉纱生产率(%) | | 棉布生产率(%) | |
|---|---|---|---|---|---|
| | | 每　年 | 每小时 | 每　年 | 每小时 |
| 1829—1831 | 100 | 100 | 100 | 100 | 100 |
| 1844—1846 | 87 | 178 | 205 | 323 | 372 |
| 1859—1861 | 87 | 237 | 273 | 615 | 708 |
| 1880—1882 | 82 | 357 | 436 | 775 | 948 |
| 1891—1893 | 82 | 431 | 526 | 762 | 932 |

资料来源：库秦斯基：《1750 年来大不列颠劳工状况简史》（Jürgen Kuczynski, *A Short History of Labour Conditions in Great Britain, 1750 to the Present Day*, 1947, London），页 49。

劳动生产力的提高自然就要形成生产费用的降低，这方面，我们只找到零碎的前期资料可以说明。在纺纱方面，1775 年克隆普登所发明的走锭纺纱机就使棉纱的生产费用立刻降低，由最初的每磅 10 先令落为 8 先令，再落为 6 先令 8 便士；到了 1790 年再落为 4 先令；1792 年，3 先令 1 便士；1793 年，2 先令 6 便士。1795 年机器经过一次改进，并且很快地被人普遍采用，于是在几年之内，棉纱生产费用便从 2 先令 6 便士落到 8 便士，到了 1826 年则低至 6½便士①。这样看来，纺机的进步使得 1775—1826 年这五十年里，棉纱的生产费用由 120 便士跌到6½便士，就是说，跌落了 94%还强。不用说，1826 年后，纺纱机还在继续改进着，棉纱的生产费用也还是会继续跌落的。

① *Encyclopaedia Britannica*, 9th ed. Vol. 6, p. 499.

织机的进步，远不如纺机那样的快，但有一个记载说，从 1820 到 1830 年这十年间，由于动力织机的使用，棉布的市价也跌落了一半左右。[①] 另一个记载说，由于新型蒸汽织机的使用，使得布匹的织造费在十九世纪五十年代开始时本为 2 先令 9 便士的，到了七十年代便减为5⅛便士。[②]

“劳动手段一经采取机器的形态，便成为劳动者自己的竞争者了。”[③]在英国，机器对手工的竞争，把手织工人每周的工资由 1797—1804 年间的 26 先令 8 便士，压缩到 1832—1834 年间的 5 先令 6 便士，[④]是即在三十年左右压低了 97% 还强。而如马克思所指出的，有许多则长期间每日以 2½便士养活一家。所以，到了 1838 年，英国的手工棉织工人便最后消灭了。[⑤]

进步的机器到处被资本家传播着，模仿着，最新式机器棉纺织工厂，不仅在英国的兰开夏飞快地扩张起来，接着也在美国的麻萨诸塞州和印度的孟买飞快地建立起来。英、美、印、三国的棉纺织设备，大体有如下表：

**英、美、印棉纺织工业的生产设备**

| 年份 | 纺　机(单位:千锭) | | | 织　机(单位:千台) | | |
|---|---|---|---|---|---|---|
| | 英国 | 美国 | 印度 | 英国 | 美国 | 印度 |
| 1832 | 9,000 | 1,200 | — | ? | ? | — |
| 1845 | 17,500 | 2,500 | — | ? | ? | — |

① 英国下院蓝皮书，《1830 年小组委员报告书》，卷 5，页 188。

② 《资本论》，卷 1，页 506。

③ 同上书，页 523。

④ L. C. A. Knowles, op. cit. , p. 119.

⑤ 《资本论》，卷 1，页 524。

续表

| 年份 | 纺　机(单位:千锭) | | | 织　机(单位:千台) | | |
|---|---|---|---|---|---|---|
| | 英国 | 美国 | 印度 | 英国 | 美国 | 印度 |
| 1850 | 20,977 | ? | — | ? | ? | — |
| 1860 | 30,388 | 5,236 | ? | 370 | 126 | ? |
| 1870 | 33,995 | 7,132 | ? | 441 | 157 | ? |
| 1880 | 40,351 | 10,653 | 1,463 | 550 | 226 | 14 |
| 1890 | 40,512 | 14,188 | 3,274 | 616 | 325 | 28 |

资料来源:1832,1845,*Transactions of the Manchester Statistical Society*, Session 1876－1877,1877,pp. 232－233;1850－1890,英美数字见 J. Conrad, *Politische Oekonomie*,Jena,1920,pp. 326,330;印度数字见 A. S. Pearse,*The Cotton Industry of India*,manchester,1930,p. 22。

作者注:1860 年英国纺机织机数字缺,以 1861 年数字代之。

1880 年英国纺机织机数字缺,以 1881 年数字代之。

这许多纺织机里,有好些就是专门为中国市场而建设起来的。

## 二　中国市场的开放

### 1. 两次鸦片战争

资本主义棉纺织业的发展,当然不是为的衣被人民,而是为的给资本家赚取利润。十九世纪初年动力织机出世以后,英国的手织工人在冷酷的机器竞争之下,苟延了三十多年,逐渐绝迹了。在这同时,英国的机制纱布也开始向世界各地泛滥。1815 年以后,英国制品开始遇到了欧洲大陆和美洲同样制品的竞争，三四十年代起，欧洲大部分国家都禁止或重税英国纱布，[①]于是英国纱布主要的国外市场便转向远东来。

在印度，英国纺织机器对手织工人的竞争得到和在英国同样彻底的胜利。1815 年以前，英国对印度的贸易是由英国东印度公司专利的。这个公司只须向印度输送海盗和军火，就可以从印度运回大量的金银财宝，因而它对于推销英国货物并没有太大的兴趣。这一点，英国日益强大的产业资本家和出口商人是不能容忍的。于是东印度公司的专利权废止了。果然，从 1814 年到 1835 年这二十一年间，英国输入印度的棉织品从不到 100 万码增加到 5,100 万码以上。从 1818 到 1836 年这十八年间，从英国输入印度的棉纱也增加了 5,200 倍。[②]“棉织工人的白骨，把印度平原都漂白了。”[③]

英国东印度公司也专利英国的对华贸易。到了十八世纪末叶以至十九世纪，这个公司只消在印度种鸦片，再由别的所谓商人向中国运送鸦片，就可以换回大量的茶叶和生丝。不过在推销英国棉纺织品方面，东印度公司确实也做过不少的尝试。计算起来，从 1786 年起，中经 1788，1790，1821，1826，1827，1828，以至 1829 年，前后曾八次推销。[④] 但是，这时英国私商要到中国来做生意，却受

---

① Chapham, *An Economic History of Modern Britain*, Vol. I, pp. 479 – 482.

② 杜德：《今日印度》，上册，页 106。

③ 《资本论》，卷 1，页 525。

④ H. B. Morse, *The Chronicles of the East India Company Trading to China*, Vol. II, pp. 120, 152, 179 – 180, Vol. IV, pp. 1, 124 – 125, 146, 186 – 187.

到东印度公司的种种限制。这一切当然也是英国的产业资本家和海外商人所不能容忍的。于是从1829年起,曼彻斯特、利物浦、伯明罕、格拉斯哥和布列斯特尔等等城市制造家和商人就掀起一个大规模的反对东印度公司对华专利权的运动。① 结果,专利权在1834年废除了。在这次运动里,棉纺织工厂的厂主和棉货商人是起着决定性作用的。

1834年后,英国输至中国的棉纱棉布,也是增加得非常之快的。从下面一表可以看出,拿专利权废止前的1833年和鸦片战争开始时的1840年比较,则平纹棉布增加了将近五倍,棉纱增加了八倍多。只是增加的趋势不很稳定罢了。

鸦片战争以前,中国对欧美的海上贸易,只开放广州一口;并且还有满清政府特许的行商垄断进出口业务;广州地方官吏的贪污勒索也很繁多。这一切都成为英国鸦片贩子鼓动战争的借口。

另一方面,就在英国棉纺织品以空前的速率销入印度声中,英国资本主义体系却在1825年爆发其诞生以来第一次的周期性恐慌;五年后(1830年),大恐慌;又八年后(1838年),再度恐慌。对于英国资本主义体系里要求海外市场最为迫切的棉纺织资本家而言,印度手织工人的白骨显然在拥有三亿人口(当时英国商人相信中国人口数如此)的中华帝国画出一幅极端美妙的图景。于是,以他们为主的英国远东利益群也就配合鸦片贩子煽动侵略战争的活动,狂喊要用一切方法去除中国的“贸易障碍”。从1835年6月以后,曼彻斯特、格拉斯哥、利物浦、伦敦等等都市的产业家和商人就

① Arthur Redford, *Manchester Merchants and Foreign Trade, 1794 – 1858*, Manchester, 1934, pp. 116 – 118.

**英国机制棉纱布输华数量**

| 年代 | 平织棉布(码) | 棉纱(磅) |
| --- | --- | --- |
| 1829 | 910,000 | 500,000 |
| 1830 | 600,000 | 380,000 |
| 1831 | 1,732,000 | 955,000 |
| 1832 | 2,262,776 | 383,600 |
| 1833 | 4,492,563 | 400,000 |
| 1834 | 5,699,106 | 901,120 |
| 1835 | 10,356,047 | 2,344,482 |
| 1836 | 13,049,250 | 3,155,769 |
| 1837 | 10,567,120 | 1,845,977 |
| 1838 | 23,063,784 | 3,733,580 |
| 1839 | 20,567,207 | 1,588,500 |
| 1840 | 21,355,763 | 2,419,560 |
| 1841 | 22,541,855 | 2,914,250 |
| 1842 | 19,358,120 | 4,485,856 |

资料来源:英国下院蓝皮书,《1847 年小组委员会报告书》,卷 1,页 145,147。

作者注:此表系利物浦商人劳生(C. Rawson)提交小组委员会的资料,劳生握有利物浦出口至华商船的每一船记录,此表即系根据英国官方统计并补充他所搜集的资料编成。数字内容包括伦敦与利物浦两港输华量,基本上可以代表英本国全国输华量。

不断地向英国的首相与外交大臣递备忘录,上请愿书,呼吁行动。这里面,以 1840 年 3 月曼彻斯特的纺织巨头、曼彻斯特商会主席莫

克·维卡(MacVicar)致外交大臣巴麦尊的私函最能表达英国纺织资本家的愿望,莫克·维卡说:

> 中国每年从印度输入棉花二十五万包,并出产大量棉花以供自己消费。所有这些棉花都经妇女纺成棉纱,不用任何机械去帮助体力劳动。纱布品质恶劣。尽管中国人勤劳耐苦,劳动价格低廉,其成本总远在我们所能供应他们的成本之上,因为我们是用机械技巧帮助劳动的。……
>
> 在这次对华交涉中,……我迫切地恳求你……注意到将来(对华贸易)可能扩张的程度。中国那么庞大的人口,并且一般也是穿得很好的人民,是能够成为我们制造品之最最重要的大量消费者的。①

接着,莫克·维卡就提出建议要增开口岸、废除行商、调整关税、割取中国的厦门、福州或舟山作为侵略根据地,获致其他便利货物进口的种种条件等等。

1840年所发生的事情是尽人皆知的,那就是英国对中国发动了可耻的鸦片战争。这场战争的结果是,英国强迫满清政府开辟了上海、宁波、福州、厦门、广州五港,允许英国商船得至这五港自由航行通商;割香港给英国;废除行商制度;成立协定关税;给予英国片面最惠国待遇;确立领事裁判权原则;给予英国大量赔款等等。总之,原为鸦片贩子所提出而又为英国远东利益群所鼓吹的要求,几乎样样都满足了。这里面,在协定关税上替英国棉纺织品

---

① 1840年3月18日莫克·维卡致巴麦尊,英国外交部档案,F.O.17/41。

所削减的进口负担如下。

鸦片战争前后进口棉纺织品的关税税率

| 货品 | 旧征税率(%) | 新订税率(%) |
|---|---|---|
| 棉　　纱 | 13.4 | 5.6 |
| 头等白洋布 | 29.9 | 7.0 |
| 二等白洋布 | 32.5 | 7.0 |
| 本色洋布 | 20.7 | 5.6 |
| 斜　纹　布 | 14.9 | 5.6 |
| 纺织品平均 | 19.9 | 6.0 |

资料来源：R. Thom, *Foreign Trade of China, 1844*，见 Sir Henry Pottinger to Earl of Aberdeen, 1844, Feb. 16. 英国外交部档案，F. O. 228/32. 税率是编者根据 Thom 数字计算的。

这个时候，进口棉纺织品只有八种共值2,090,000元，这里所列五种主要货品值1,975,000元。所谓旧征税率是包括进口关税、规费，以及一切额外勒索在内的。从此可知，在鸦片战争前夕，英国棉纺织品的最高负担不过32.5%，经过一次战争，最高的只7%。英国纺织资本家在欧洲到处碰到禁止进入或被高额关税所挡驾，在中国，凭一场龌龊战争，“自由”了。难怪亲手结束这场战争签订条约的英国全权代表朴鼎查(Sir Henry Pottinger)回国以后，洋洋得意，公开告诉英国纺织资本家，说是英国已打开了中国的大门，任听他们自由进入，而“这个国家异常庞大，倾所有兰开夏纺织厂的出产，都不足供给她一省消费之用的。”①

① *B. B. P.*, *Correspondence Relating to the Earl of Elgin's Special Mission, 1857 - 1859*, p. 244.

美国现代棉纺织业的发展,迟于英国,但也在任何其他国家之上。本章第一节统计 1832 年美国有纱机 120 万,1845 年达 250 万;(一说 1840 年美国纱锭设备已达 228 万余枚;)①1841—1845 年间世界纺织工厂消棉量平均每年为九亿四千余万磅,英国独得五亿二千余万磅,美国也达一亿五千余万磅,而全部欧洲大陆也不过两亿六千余万磅,这说明美国纺织业具有世界第二的地位。② 一说在 1830 年至 1840 年间美国输华的棉纺织品曾增加了一倍以上,③但据东印度公司的记录看来,则达三倍以上,其绝对数值且也并不低于英国。④ 因此,美国的资本家对于中国市场同样也是抱着莫大希望的。

鸦片战争之后,美国资产阶级趁火打劫,也迫使满清政府和它签订了《望厦条约》(1844 年)。这个条约除去为美国资产阶级获得了和英国的同等条件外,还增加了十六项以上的有利条款,更进一步明确协定关税的原则,扩大领事裁判权的范围,肯定所谓“利益均沾”的最惠国待遇和修约的固定年限,并创立洋货转口免税制度等等。不用说,《望厦条约》又进一步打开中国的门户了。

《望厦条约》以后不久,满清政府还和法国、瑞典、挪威、帝俄等国订过类似的条约,把中国市场向一切资本主义国家全部开放。

鸦片战争既已打开了中国的门户,资本主义各国机制棉纱布

---

① 美国第六次统计结果,转见卿汝楫:《美国侵华史》,页 50。

② Joseph Spencer, "The Growth of the Cotton Trade in Great Britain, America and the Continent of Europe. during the Half Century End with the Year 1875," *Transactions of the Manchester Statistical Society*, Session 1876 - 1877, 1877, p. 232.

③ 波加特等编著:《美国经济史资料》,页 283。

④ H. B. Morse, *Chronicles*, Vol. II - IV.

之向中国倾倒,乃是很自然的事情了。1840 至 1860 年这二十年间,英货输华的情况如下。

数字说明一二两次鸦片战争之间英国输华货值是增加得相当迅速的。拿这两次战争爆发时的 1840 与 1856 年两年相比,总值增加了将近四倍;来货中棉纺织品经常占 50% 至 81% ,前后比较,增加四倍以上。但是,这和朴鼎查所描绘的图景当然是相差得很远很远的。于是,以纺织利益为中心的英国对华利益群又不耐烦了。

英国资产阶级,特别是纺织利益群对于中国市场扩张速度的不耐烦情绪是很容易理解的。十九世纪三十至七十年代之初,本是英国资本主义飞黄腾达地上升时代,马克思曾经指出 1833—1847 年英国工业的进步,胜过采行工厂制度以后半个世纪的进步;而 1848—1867 年间的进步,则又胜过 1833—1847 年间很多。纺织中心的兰开夏工厂数在 1839—1850 年间增加 4% ,在 1850—1856 年间增加 19% ,在 1856—1862 年间增加 33% 。[①] 棉纺织品的输出价值在 1848 年为两千二百六十余万镑,在 1851 年为三千万镑,在 1860 年则为五千二百万镑。这样“巨大而迅速的工业发展,远远地超过了国外市场的扩大以及需要底增加”[②],所以,经济恐慌那个幽灵时时在英国纺织资本家的眼前摆动。就拿一二两次鸦片战争期间来说罢:1842 年以后不久,1846 年便有了不祥的征兆,到了 1847 年,终于又爆发了危机;1848 年,还是不景气,曼彻斯特要由军队保护;1851 年物价下降,工资低,罢工频仍;1852 年,开始好转,罢工

① 《资本论》,卷 1,页 507。

② 恩格斯:《英国工人阶级状况序言》,中国人民大学《世界通史参考资料》(近代史部分第一辑),页 13。

继续;1857 年,又是危机。[①]

**英联合王国输华货物价值统计**

单位:英镑

| 年代 | 输华货物总值 | 输华棉纱值 | 输华棉布值 | 纱布值占总值之百分比(%) |
|---|---|---|---|---|
| 1840 | 524, 198 | 88, 748 | 238, 389 | 62 |
| 1841 | 862, 570 | 156, 580 | 422, 957 | 67 |
| 1842 | 969, 381 | 245, 965 | 470, 349 | 74 |
| 1843 | 1, 456, 180 | 216, 663 | 655, 276 | 50 |
| 1844 | 2, 305, 617 | 117, 853 | 1, 457, 794 | 68 |
| 1845 | 2, 394, 827 | 99, 958 | 1, 635, 183 | 72 |
| 1846 | 1, 791, 439 | 221, 856 | 1, 024, 662 | 70 |
| 1847 | 1, 503, 969 | ? | 850, 000 | ? |
| 1848 | 1, 445, 959 | ? | ? | ? |
| 1849 | 1, 537, 109 | 1, 001, 283 | | 65 |
| 1850 | 1, 574, 145 | 1, 020, 915 | | 65 |
| 1851 | 2, 161, 268 | 1, 598, 829 | | 74 |
| 1852 | 2, 503, 599 | 1, 905, 321 | | 78 |
| 1853 | 1, 749, 597 | 1, 408, 433 | | 81 |
| 1854 | 1, 000, 716 | 640, 820 | | 64 |
| 1855 | 1, 277, 944 | 883, 985 | | 69 |
| 1856 | 2, 216, 123 | 1, 544, 235 | | 70 |
| 1857 | 2, 499, 982 | 1, 731, 909 | | 71 |
| 1858 | 2, 876, 447 | ? | | ? |
| 1859 | 4, 457, 573 | ? | | ? |
| 1860 | 5, 318, 036 | ? | | ? |

资料来源:输华货物总值,*B. B. P.* ,*Accounts and Papers*,1864,Vol. XIII,p. 23;输华纱布值,1840—1846:*B. B. P.* ,*Accounts and Papers*,1847,Vol. LX,pp. 12 - 13;1849 - 1857:Mischell's Report,F. O. 17/287。

① 《资本论》,卷 1,页 554。

以中国市场而论，鸦片战争后"1843年的条约，不曾扩大美国和英国对华的输出，反而只是加速和加深了1847年的商业危机"[①]。但是，英国棉业资本家计算一下，中国有三亿六千万人口（这时英国商人相信中国人口数如此），1853年消费英国纺织品价值1,129,799镑，平均每人合0.75个便士。于是他们找到了一个大发现：中国人民消费英国纺织品的价值低于小小的海地（每人1先令9.25便士），低于更小的厄瓜多尔（9.25便士），而只有一万四千六百人的英属洪都拉斯却每人消费3镑17先令10个半便士。[②] 结论是很明显的，"中国市场的远景却是广阔的，将来它的销量会比全欧洲还要多。"[③]对于这样的远景，几乎全体英国资产阶级及其政治代言人都确信无疑。

在这里必须指出，第一次鸦片战争里，英国侵略者已经彻底把满清统治者慑服了，他们"在任何情况下连碰都不敢碰到外国人"[④]。因而他们对于条约义务是忠实履行的，对于侵略者的任何非法行为都是不敢干涉的。这一点，就是英国侵略者自己也不得不承认。1847年英国下院特设的调查中英贸易情况的小组委员会就公开承认满清政府是忠实履行条约义务的，英国某些商人说满清政府在内地加重通过税以阻止英国货物的内销是无稽的。[⑤]

---

① 《马恩论中国》，解放社版，页90。

② "34th Annual Report of the Board of Directors of the Chamber of Commerce and Manufactures at Manchester for the year 1854," Appendix.

③ Note on Our Present Position and the State of Our Relations with China, by Consul Alcock, Jan. 19, 1849, Michie, *An Englishman in China*, Vol. I, p. 422.

④ 1861, May 30th, Sir F. Bruce to Lord John Russell, F. O. 17/352.

⑤ Report from Committees, 1847, Vol. I, "Commercial Relations with China," pp. VIII - VX.

1852 年香港总督府秘书密切尔(Mitchell)上英国政府的报告书,则根据过去 21 年的情况强调说:"内地通过税问题,我是不相信此地某些人广为传播的那种说法的。在厦门与广州或其附近,并没有这种税,这是确定的。我曾经就在运输我们货物的船上从厦门溯江北上,这条江是通到人口众多的头等城市漳州去的,我这样走过六趟,我能保证,事实是,那条路一个小钱的税也没有征过。"

另一方面;就是英国女王驻中国的代表也不得不承认在华英商并不依照条约定章纳税,例如英国驻满清公使卜鲁斯(Sir Frederick Bruce)就承认上海海关在开埠后不久就因走私猖獗以致"海关税则实质上已失其作用"①。1853 年英国驻广州领事巴夏礼(H. S. Parkes)承认广州的满清海关"常常被迫经过第三者之手向外商接洽上税,实际外商所纳的税饷只抵得上法定数额的二分之一至三分之二"②。而先后担任过厦门、福州、上海三处领事的阿礼国(A. Alcock)总结他自己的经验,则又"不得不承认……关于忠实征收中国皇帝在对外贸易上应得的一切海关税饷的事情,条约已无异于废纸。……外国人随时准备玩忽法令,以武力抵抗中国官员的干涉"③。这就是说,尽管鸦片战争替英国棉纺织品的关税负担减低到最重也不过是 7%,但实际上英国侵略者连这点进口税都是不纳的。

但是,中国人民并没有像印度人民那样迅速地接受英国纱布,

① 1860, Oct. 26th, Bruce to Lord John Russell, *Correspondence Respecting Affairs in China, 1859 - 1860*, p. 248.

② 1853, Aug. 9th, Bonham to Lord Clarendon, F. O. 228/151.

③ 1854, Apr. 10th, Alcock to Bonham, F. O. 97/99.

而经济恐慌那个幽灵却又是时时在英国纺织资本家眼前摆动的，怎么办呢？阿礼国说得很清楚："战争（鸦片战争——著者）过去了，战争的时机又已到来了。现在我们又再度处在这样的境地上：或者是承受已经扩张了的，但是还是有限度的利益作为最后的结果；或者是我们的政策就是面向那些必然引起改变现状的纠纷，制造那些纠纷，从而试图获得更多的利益。"[①]

在中国的英国侵略者努力于"制造那些纠纷"，在本国的英国资本家就努力于利用那些纠纷，掀动战争。这一次，纺织利益群又是起着很大作用的。

棉纺织中心曼彻斯特的资本家，从1845年起就对中国市场的销售情况感到不耐烦了。起初他们还只是要求英国政府减低茶叶进口税，企图从扩大茶叶消费量，借以提高中国购买力这样的途径去推广英国纱布的销华量。1845、1846、1847年三年，他们就曾几次向首相和外交大臣发出这样的呼吁。[②] 经过1847年的经济危机，他们的腔调改变了。他们还是不断地向首相、外交大臣提备忘录，上请愿书，但是却捏造起种种谣言来。1848年他们说"人们疑心除去在口岸征收的关税而外，在通到内地去的路上还强征一种内地税"，所以，"解救之道，无疑地，乃是进一步深入内地的权利"[③]。1849年他们说"对华商务发展不健全的真正原因"在于"中国政府……努力用秘密的间接的方法蛊惑土人猜忌，庇护土人排

① 1849, Jan. 19th, Alcock to Banham, Michie, op. cit., p. 421.

② Annual Report of the Board of Directors of the Manchester Commercial Association, 1845, p. 11; 1846, p. 7; 1847, p. 1.

③ Annual Report of the Board of Directors of the Chamber of Commerce and Manufactures, Manchester, 1848, p. 16.

外”，解决的办法也是“取得深入这个国家的更大自由”。[①] 1850 年他们说：“广州对茶叶的国内外贸易采取了管理办法，而这办法，本质上……是间接和条约相抵触的。”[②]1851 年他们要求英国政府“注意中国官方的排外态度。”[③]1852 年他们曾把宁波土布四十种各标市价，在曼彻斯特公开展览，以便纺织资本家研究土布的市场竞争力；[④]1854 年他们又曾把五个通商口岸的土布样品和各种染色颜料在曼彻斯特、格拉斯哥等地展览，以便更多的资本家做更进一步的研究。[⑤] 但是，经过研究，他们仍然发现“英国制造品之向内地运销是被不知名的、无限制的内地课税阴险地阻挡住的”[⑥]。当 1856 年英军炮轰广州城的消息传到曼彻斯特的时候，曼彻斯特商会主席特奈尔（J. A. Turner）在商会年会上大喊“教训中国人”，他说“我相信，虽然引起最近冲突的事件本身殊不必小题大做，采取如此严厉的手段，然而，情况是到了这样地步，必须教训中国人，要他们尊重条约的时候已经到了。……而除去用强硬手段以外，好像再也没有其他的办法可以教训他们了。”[⑦]

于是，1857 年，就在这英国资本主义体系再次爆发周期性恐慌的年头，英国资产阶级再次大规模地进行了可耻的侵华战争——

① Annual Report of the Board of Directors of the Chamber of Commerce and Manufactures, Manchester, 1849, pp. 18 – 20.

② Ibid, Annual Report, 1850, p. 15.

③ Ibid, Annual Report, 1851, p. 5.

④ Ibid, Annual Report, 1853, p. 20.

⑤ Ibid, Annual Report, 1855, p. 10.

⑥ Ibid, Annual Report, 1855, p. 6.

⑦ Report of Proceedings of the Annual Meeting of the Manchester Commercial Association held Jan. 19th, 1857, p. 4.

第二次鸦片战争。

第二次鸦片战争的结果是，满清政府被迫和英国及其帮凶（法）分别签订了《天津条约》、《北京条约》。根据这些条约的规定，中国增辟牛庄、登州、台湾府、淡水、汕头、琼州、镇江、南京、汉口、九江、天津等十一个口岸，而外船为运输货物，得自长江内驶，直达汉口，则又开内河航权丧失之始。关税方面，自然仍旧维持协定的原则，并明定修改税则的限期为十年，“期满须于六个月之前，先行知照，酌量更改，若彼此未曾先期声明更改，则税课仍照前章完纳，复俟十年再行更改，以后均照此式此限办理，永行弗替”①。这就是说如果资本主义侵略国不愿修改税则，那么他可以在满期的六个月之前不去“先行知照”，也不同意满清政府的知照，于是旧税则就自动生效另一个十年限期。事实上，这次所订税则就是照“此式此限”一再自动生效了四次，经过四十四年，直延至1902年才被修改的。

这份长寿的海关税则，名义上是按值百抽五的原则拟定的。实际上英国代表在议定税则时，压低市价，减低税则，满清政府则唯命是从，原封接受，所以结果是不足百分之五的。这可以从下表看得很清楚。

下表是用英国和议代表报告英国政府的各货市价，分别按照1843年和1858年两次协定的进口税则结算所得的进口税率。从此可以看出经过第二次鸦片战争，棉纺织品的进口关税负担又减轻了。除去斜纹布一种新税率为5.05%而外，其他各种都不足5%。此中负担减轻得最多的是印花布，计自14.25%减至4.98%。

① 中英《天津条约》第二十七款。

**进口棉纺织品新旧关税税率之比较**

| 货品 | 市价 | 按1843年税则应征税率(%) | 按1858年税则应征税率(%) |
|---|---|---|---|
| 棉纱 | 每担20元 | 6.94 | 4.86 |
| 斜纹布(英制) | 每匹2.2元 | 7.89 | 5.05 |
| 斜纹布(美制) | 每匹3.0元 | 4.63 | 4.63 |
| 印花布 | 每匹1.95元 | 14.25 | 4.98 |
| 袈裟布 | 每匹1.95元 | 10.68 | 4.98 |

资料来源:*B. P. P.*, *Correspondence Relative to the Earl of Elgin's Special Mission to China and Japan, 1857－1859*, pp. 418－423。

这样的低率进口税,不用说,对于英国纺织品之销入中国市场是毫无阻挡能力的。

但是英国纺织品跨过中国的海关,并不等于就可以自由进入中国的腹地——农村,中国政府仍旧有可能对洋货征收通过税或其他税课来阻止洋货的内销的。这项主权掌握在中国政府手里,对洋货总是一种可能的阻碍。所以侵略者还需要更进一步。

这个关系英国货物“进一步深入内地”的问题,在子口税制度上获得了彻底的解决。依照《天津条约》的规定,洋货内销可以在口岸一次缴纳值百抽二点五的子口税,此后即任凭销至中国的任何角落,都不再缴纳任何的税。土货出口,也可在首次经过的子口缴纳同等子口税后,享受同等待遇。这样的规定,破坏了中国的内国税制度,损害了中国的主权,使洋商贩运货物,不论进口出口,少则只纳一次海关正税,多亦不过加纳子口半税,便可通行无阻。后来为了使子口税制度推行得更加彻底,英国侵略者又在1872年逼迫满清承认中国商人贩卖洋货，也得享受子口税的保护，免予重征其他任何的税。于是创立了一种制度，为洋货内销提供了无所不至的保护条件。而另一方面当土货在国内销售时，反而逢关纳税，遇卡抽厘。这就形成了土货负税反较洋货为重的奇异现象。

必须说明美国也是第二次鸦片战争中的一个凶手。

棉纺织业是美国资本主义体系里发展得极其迅速的部门，因而也是要求海外市场特别迫切的部门。美国棉纺业消棉量在1841—1845年间是152,000,000磅，到1856—1860年间是358,800,000磅，[①]十几年内增加了135%，这当然并不是为的给美国人民消费的。

第一次鸦片战争以后，美国棉纺织品也进一步向中国市场倾倒。我们所找到的数字说明1850至1853年四年里，美国棉布输华值从1,203,000美元升至2,801,000美元。棉布的价值在美国本国一切输华货物总值中占到81%至89%。输华棉布值在美国棉布出口总值中也占到32%至40%的地位。[②] 无疑地，棉纺织品是美国急于向中国推销的最重要商品，而中国也正是美国纺织品最大的国外市场。美国驻华专使马沙利（H. Marshall）认为中国乃是“美国企业的一个广大领域，美国商业的一个无涯市场”[③]。因此，我们就听到了美国侵略者唱着和英国侵略者同样的腔调：进入中国内地。所以马沙利的继任人麦莲（R. M. Mclane）在第二次鸦片战争中就大喊：“只要整个内地都开放，中国就会成为美国

---

① Joseph Spancer, op. cit.

② Shü-Lun Pan, *The Trade of United States with China*, 1927, p. 206.

③ 美国众院档案，第123号，页208—209，转见卿汝楫：前引书，页118。

工业产品之最有价值的市场。其价值大于美国现时所能进入的全世界一切市场之总和。"①当时所谓工业产品,基本上就只是棉纺织品。

就是为了这样的侵略目的,在第二次鸦片战争中,美国强盗便积极地和英法合作,也在1858年胁迫满清政府和他签订了《天津条约》。这份条约同样含有片面最惠国条款,不用说,英法所享受到的一切便利侵略的条件,美国也同样地享受无缺了。

## 2. 棉纱布市场的开辟

第二次鸦片战争以后直到中国第一家棉纺织工厂开始运转的1890年,这三十年间是国际资本主义机制纱布开辟中国市场的奠基时期。在这以前,外洋纱布销入中国,是受到中国那古老的手工纺织业的坚强抵抗的;到了第二次鸦片战争以后,机制纱布在低率关税和子口税的保护之下,逐步由通商口岸深入腹地,由城市深入农村,由少数市民偶一服用的消费物变为广大人民群众的生活必需品,同时,旧式手工棉纺织业的衰退现象也一天比一天显著,经过了三十年外洋纱布狂潮的袭击,中国手工纺织业必归破灭的命运是最后地确定无疑了。

在打破满清政府闭关政策上,两次鸦片战争已经完成了奠基的任务。第二次鸦片战争以后三十年里,满清政府又曾被逼与许多资本主义国家签订了几十份的不平等条约,基本上都是扩大两次鸦片战争所已经失去的主权,进一步便利资本主义的对华侵略

① 美国参院档案,1858—1859年,页55。

的，这里我们就不去细述了。

另一方面，在国际资本主义体系里却发生了一连串的重大事件，对于中国市场产生深刻而长远的影响。

首先，1857 年经济恐慌以后，英国棉纺织工业的发展至 1860 年达到繁荣的顶点。1861 年，起初还是繁荣的，但不久美国内战就造成了棉花荒，到 1862，1863 两年，就完全崩溃了。① 美棉荒延长了五年，就不得不使英国纺织厂向印度和埃及去搜集原料，同时，也刺激资本家进一步改进设备，提高生产效率。②

英国厂家收购印度棉花，抬高了印度棉价。这一方面就使一向以中国为主要国外销场的印度棉花转向到欧洲去，因而减低了中国手纺织业的原料。另一方面，则替孟买的棉商造成空前的良机，使他们大大地赚取了战时利润，形成了第一批发展孟买棉纺织厂的资本积累。③ 而这些纺织厂里，有许多却是专门以中国市场为销售对象的。

关于英国厂家受原棉荒的刺激而提高生产效率的事实，马克思曾经特别提出来分析过，他说"自 1861 至 1868 年间，有 338 个棉工厂消灭了，……。蒸汽织机减少了 20, 663 架，但同时期蒸汽织机的生产物反而增加了，可知改良织机比旧织机是更有效率的。纱锭数增加了 1, 612, 541 个，职工数则减少 50, 505 名"④。提高了生产效率，当然同时就降低了生产费用，增强了对中国手工制品的竞争能力，这对于我们当前的问题，意义是非常重大的。第一节

① 《资本论》，卷 1，页 554—555。

② 同上书，页 528—529。

③ H. J. Day, *The Indian Tariff Problem*, London, 1933, p. 91.

④ 《资本论》，卷 1，页 529。

里，我们曾表列英、美、印三国生产设备的统计和英国纺织工人生产效率统计，从马克思的分析来看这些资料，就可知第二次鸦片战争后三十年里，销入中国市场的机制纱布，一直是在降低生产费用、提高竞争能力的。

美国内战以后，英国曾在1866年发生金融恐慌，结果使上海十一家外商银行中有五家倒闭，①这当然影响到英国纱布的对华输出。但这次挫折延续的时间不久，市场景气很快就恢复了。到了1869—1873年又连续发生了以下几项事件。

1869年11月17日沟通地中海与印度洋的苏彝士运河正式开始通航。这条运河不仅缩短了中英之间的海程28%，因而降低了英国货物来华的运输成本；而且因为帆船通过运河必须用人力背牵，所以间接地也大大促进了远东航线上轮船的使用。

到了1871年4月，上海香港间和同年6月香港伦敦间的海底电线又接通了。“交通的迅捷减少了获取大笔利润的机会，但也减少了严重损失的危险”②，所以上海外商一致欢迎这种发展。

1869和1871两年所发生的事情，意味着古老的手工业的中国，更进一步地卷入了资本主义的世界市场。“机器生产物的便宜，与变革了的运输方法、交通方法，……是征服外国市场的武器。”③从此，上海的行情将不得不紧随着伦敦行情的波动而波动，而中国经济也就逐步走上为资本主义经济服务的道路了。

时间到了七十年代，世界自由资本主义的发展已经到了顶点，

① “History of External Trade, 1834－1881,” Chinese Maritime Customs, Decennial Reports, 1922－1931, Vol. I, p. 63.

② *North China Herald*, Restropect, 1868－1872, p. 138.

③ 《资本论》，卷1，页549。

开始走上了垄断的、腐朽的、垂死的道路——帝国主义道路了。1873年世界资本主义爆发了空前大危机，从那以后，资本主义就害上了长期萧条的病症，达22年之久，只在八十年代之初稍有间断和1889—1890年有过短期高涨而已。①

长期萧条，决不会阻止资本主义世界向中国倾倒过剩商品，相反地，那更其逼使资本主义拼命地向中国倾销。在降低了生产费用和运输费用的条件之下，资本主义各国在这次长期萧条中长期地降低纱布市价，推广钞布销路。这情况有下列数字可作证明。

物价统计，非常难得，下表是根据香港通行市价计算的结果。我们以为香港行情，基本上可以反映中国行情。这里，数字表现得最为惊人的是棉纱，自从大恐慌以后，几乎每年都在跌价，和大恐慌前一年（1872年）相比，最低时曾跌去三分之一以上（1886年）。

与跌价相应的就是进口棉纱量之不断地提高，1872—1890年这十八年里竟增加了2,064%！棉布方面，价格指数所用本色市布、标布和粗斜纹布三种都是当时销路最广的布匹，这个指数所表示的趋势和棉纱相像，其跌落的程度尤有过之。但是用各种棉布进口总匹数所计算出来的指数，则显然不如棉纱增加得迅速。增加得最多的一年（1889年），也不过提高了66.2%。这个现象且留待下节去说明。

---

① 列宁：《帝国主义是资本主义的最高阶段》，《列宁文选》（两卷集），卷1，页931—932。

**进口棉纱布价格指数及其进口量指数**

以 1872 年为基期

| 年代 | 进口棉纱 | | | 进口棉布 | | |
|---|---|---|---|---|---|---|
| | 价格指数 | 进口量（千担） | 进口量指数 | 价格指数 | 进口量（千匹） | 进口量指数 |
| 1872 | 100.0 | 50 | 100 | 100.0 | 12,241 | 100.0 |
| 1873 | 95.7 | 68 | 136 | 86.4 | 8,989 | 73.4 |
| 1874 | 91.5 | 69 | 138 | 78.8 | 9,763 | 79.8 |
| 1875 | 83.2 | 91 | 182 | 82.1 | 10,720 | 87.6 |
| 1876 | 77.2 | 113 | 226 | 75.5 | 11,870 | 97.0 |
| 1877 | 75.5 | 116 | 232 | 68.5 | 11,117 | 90.8 |
| 1878 | 72.7 | 108 | 216 | 66.8 | 9,158 | 74.8 |
| 1879 | 74.0 | 138 | 276 | 65.8 | 12,772 | 104.3 |
| 1880 | 79.6 | 152 | 304 | 68.5 | 13,561 | 110.8 |
| 1881 | 74.9 | 172 | 344 | 65.8 | 14,931 | 122.0 |
| 1882 | 74.3 | 185 | 370 | 64.7 | 12,159 | 99.3 |
| 1883 | 70.4 | 228 | 456 | 66.3 | 11,500 | 94.0 |
| 1884 | 70.8 | 262 | 524 | 72.3 | 11,229 | 91.7 |
| 1885 | 67.7 | 388 | 776 | 66.8 | 15,706 | 128.3 |
| 1886 | 66.9 | 383 | 766 | 67.4 | 14,041 | 114.7 |
| 1887 | 73.7 | 593 | 1,186 | 77.2 | 15,267 | 124.7 |
| 1888 | 83.8 | 684 | 1,368 | 77.7 | 18,664 | 152.5 |
| 1889 | 79.1 | 679 | 1,358 | 77.2 | 14,275 | 166.2 |
| 1890 | 75.6 | 1,082 | 2,164 | 76.6 | 15,561 | 127.1 |

资料来源：价格见 The Chinese Manitime Customs, Decennial Reports, 1882 - 1892, appendix, p. XX；进口量见 Decennial Reports, 1922 - 1931, Vol. I, pp. 113, 182。

作者注：价格为香港市价；棉布价格指数系由本色市布、标布、粗斜纹布三种市价结算而得。

## 三　中国手工棉纺织业的解体

在资本主义机制纱布长期跌价的竞争之下，中国那古老的手工棉纺织业的解体乃是很自然的。但这个解体过程也是相当曲折的。

在第二章里我们曾经说明鸦片战争前，分布得最广，在衣料供应上占着最大比重的棉纺织业生产形态是和农业相结合的家庭手工业。这种耕织结合的小农经济是一种浪费人类劳动以维持其极端坚韧的生存力的小生产单位。鸦片战争以后，正是这种和农业相结合的手工棉纺织业，给予机制纱布以极端坚韧的抵抗。对于"穷年仡仡而不赡其口"的小农而言，是自己纺织衣料，还是购买外洋纱布，几乎是一个关系全家人生存的严重问题。农民是必须拿出一切力量来抵抗外洋纱布的侵袭的。

英国纱布输入中国，和输入印度有所不同。英国资产阶级是印度人民政治上的主宰，但是他们在中国却没"直接的政治权力"来帮助他们推销货物。于是，"由农业与制造业直接结合引起的巨大经济和时间节省，在这里，对于大工业的生产物，提出了极顽强的反抗"①。马克思曾经一再指出这种前资本主义生产方式的内部坚固性和结构，阻碍了资本主义商业对中国经济的分解作用。马克思所摘引过的1852年"密切尔报告书"是这样写着的：

---

① 《资本论》，卷3，页413。

当1842年新贸易开始的时候，我们应该牢记在心的头一件事情是，我们即将和世界上最大的从事制造的民族开始竞争了。远在西方各国还披着羊皮的时代，这个民族已经自行织造布匹了。……（中国）每消费我们的棉布四十码，必然是我们的布正好代替土制棉布四十码。……这个国家十分之九的人都穿这种自织的布匹，其品质从最粗到最细的，通统都是农舍里生产出来的，其成本真正地并不在原料价值以上。……

中国每个小康之家都有织布机，这或许要算是世界各国中独一无二的特殊国家了。别的国家里，人们只是清棉、纺纱，而把纱送到职业织工那儿去织成布匹，中国则自清、自纺、自织，并且很少光是为自己家庭需要而生产的，而且把这项生产当作季节活动的主要劳作，为供给邻近城市与水上船户而生产一定量的布匹。就这样，福建的农民不独是一个农民，而且还是农艺家制造家合而为一的人物。在庄稼收割以后，在下雨天，在田地无工可做或不能做户外劳作的时候，总之，在全年中一切可以利用的空闲时间里，这些农夫就动员自己的妻子儿女乃至雇工在家从事纺织。一位曼彻斯特的制造家看到农舍里那种原始的布机及其笨重的零件是会发笑的，可是这种布机完成了工作。而这个民族之不息的劳动则代替了蒸汽动力，他们人数庞大，因而他们就胜过蒸汽动力。①

**在初期，中国农舍所出产的土布对于英国机器制品的抵抗，表**

---

① Mitchell Report, Lord Elgin to Clarendon, 1858, Mar. 31, F. O. 17/287.

现为非常曲折的现象，迷惑过许多人。例如人们常常看到这样的说法，洋布质地轻薄，不如土布厚重耐穿，所以人们喜爱土布而拒绝洋布。密切尔就是把这种表面现象看作是最后原因的一个。据他说，“没有一个从事劳动的中国人愿意做一件经不起顶粗的粗工磨上三年的新衣服的。而像那样一件衣服，和我们出口到中国来的最重的货物比较起来，其所织进去的棉花，至少要重上三倍。”“对于要求新衣服顶顶耐穿的阶级，不论他们的职业如何轻松不费力气，谁也不穿我们的洋布。你永远遇不上一个中国人会承认我们的料子是和他们的一样好的，而就我对于衣料的知识而言，他这种偏见却也是对的。”[①]1886年英国外交部曾通令驻在中国各口岸的领事收集土布样品，调查洋土布竞销情况，各领事多半也作同样的观察。例如厦门代理领事霍布金斯（L. C. Hopkins）的报告就说，如果问一个中国人何以他不穿洋布而穿土布，那么他的回答就会说是因为土布“比洋布耐穿三倍、四倍或五倍”，因为土布“在冬天暖和得多”。至于土布何以比洋布暖和，则是因为土布所用的纱“和洋布大为不同，天性就暖和”[②]。上海代理总领事阿拉巴斯特（Alabaster）也作同样的说明。[③] 甚至迟至1896—1897年英国一个考察团到四川、云南、贵州去调查时，也到处听到同样的说法。[④]

---

① Mitchell Report, Lord Elgin to Clarendon, 1858, Mar. 31, F. O. 17/287.

② Acting Consul L. C. Hopkins, to the Earl of Iddelsleigh, Report on the Native Cloth in Use in the Amoy Consular Districts, 1886, Foreign Office, Miscellaneous serics, No. 19, 1886, p. 4.

③ Acting Consul-General Alabaster, to the Earl of Iddelsleigh, Foreign Office, Miscellaneous series, No. 20, 1886, p. 2.

④ Report of the Mission to China of the Blackburn Chamber of Commerce, 1896 - 1897, Blackburn 1898, p. 256.

洋布不如土布耐穿而温暖，用洋纱织成的土布自然表现同样的缺点，同样的为劳动人民所不乐服用。据说“下江民间……洋纱初来之时，民间并不喜用。间有掺用者，布庄收买后致销路濡滞，于是庄家必格外挑剔，不收洋纱之布，民间遂亦不敢以洋纱掺用”①。这种现象一直到了1892年还有些地方存在，“其时（南通县）布商收布，凡见掺用洋纱者，必剔去不收”②。

洋布或洋纱布不如土布与土纱布的耐穿温暖因而遭到人民的摒斥，都是事实。但是这现象所反映的，既不是兰开夏的机器不能织造厚重的布匹，也不是中国人民存有任何偏见，不过说明和农业相结合的中国手纺织业实现了“巨大的经济和时间节省”，因而能在市价上能对洋纱布作“顽强的反抗”罢了。

大体说来，外洋机制纱布对于中国手工纺织业的分解作用，就是以低廉价格为武器去进行的，其总的过程则经过这样两个步骤：首先是洋纱代替了土纱，把手纺业强制割离手织业；其次是洋布代替了土布，把手织业又强制割离了农业。具体的历史实际是非常分歧曲折的。大体在沿海、沿江和交通沿线的地区和城市附近，纺织分离和耕织分离的过程完成得最早最快，在交通不便的山区或偏僻乡村，这过程进行得最晚最慢。当然，这并不是说手纺织业在大都市就一定会根本绝迹。须知时至1935—1937年，上海开埠已将近一百年，然而上海近郊还有大量手纺车在纺纱，而公共租界也还有手织机八九千架之多的。③

① 《皇朝经世文四编》，卷42，“利用宜广制造论”。

② 葛渊如：《江苏省纺织业状况》，附录，“张总长季直经理大生纱厂十二年之历史”。

③ 详第八章。

机制棉纱代替手纺棉纺的具体过程,一般都是机纱首先代替土纱用作经线,然后再用作纬线。这显然是机纱远比土纱坚韧,当纱支同等粗细时,机纱更适于用作经线的原故。这种现象,早在鸦片战争前的1828年就已经有人指出过。据说当时"中国人自纺的棉纱不如我们(英商)从英国进口的便宜,只是他们很难用它做纬纱,通常都是用来做经纱。然而时间会克服这种困难的,果尔,那么消费量必然会大大增加的"①。可是就在这只用作经纱的初期阶段,机纱对于中国手纺业的破坏作用,已经显示出来了。当1829年进口棉纱达50万磅时,广州附近的手纺业已经部分地停止纺纱,致使为供应手纺业做原料的印度棉花销路停滞。这一年广州英国东印度公司大班的报告说:"目前广州市场上,棉花几等于死货;有几个行商手上还存有两年前买进的棉花没有卖出。据我们所知,外国棉花主要是在广东消费的,从大不列颠进口来的棉织品与棉纱,对于(广州)市场的影响当然很大。"②

1830年广州英商报告说:"织造家之间,对于(英国)棉纱的评价日益增高。"③很可能,就在这初期阶段,英国机制绵纱已经部分地代替土纱被用为纬线了。如本章第二节统计所示,1831年,英纱输入广州量为955,000磅,广州附近手纺业所受的打击就更加严重了。英国东印度公司大班报告本年广州发生的一次骚动就是这样引起的。据奥伯(P. Auber)记载说:"中国人,特别是沿海居民,

---

① M. Greenberg, *British Trade and the Opening of China, 1800－1842*, Cambridge, 1951, p. 101.

② H. B. Morse, *The Chronicles of the East India Company Trading to China*, Vol. IV. p. 186.

③ M. Greenberg, op. cit., p. 102.

是乐于发展对外贸易的；不过同时他们对于国外贸易之可能损及他们自己利益的事物，也十分敏感。这一点在1831年就已表现出来了。该年从英国输入的棉纱大为增加，大班报告（伦敦）董事会说，进口棉纱在广州近郊的两处和距广州二十里的一处地方居民中间引起了非常严重的骚动。他们家里的妇女儿童过去是从事纺纱的，这次他们大事埋怨进口棉纱剥夺了他们妇女儿童的生计。他们决计不用进口棉纱上机织布，并且宣布决定，要烧毁进入他们村庄的任何进口棉纱。这些地方人口众多，其人也和一般中国人同样的勤劳。——这次骚动是英国机器战胜（中国手工）的一个证明。同时，这也表示，这种成功在其他工艺国家的工人阶级中，亦如其在英国一样，也会造成同样的不满情绪的。"①从史料推测，这次可能是一种手织业者的集体行动，这样的集体行动只有在手纺织业比较集中的区域才会发生。在我们所见的史料里，这是中国手工纺织业劳动者反抗机制货物的很少见的一次集体行动。当然，这种行动可能暂时发生一定的效果，例如1832年广州进口英国棉纱就落为三十多万磅。但是，长期说来，手工业劳动者总是要失败的。从第二节统计里，我们清楚地看到1832年后进口英国棉纱几乎每年都有增加，到了1842年便高达450万磅左右了。

经过了两次鸦片战争，特别是到了七十年代以后，机纱代替土纱的过程就在各个通商口岸及其邻近腹地猛烈地展开了。单纯从机纱土纱市价的对比上，人们已经很明确地可以判断这种代替过程的必然性。例如1887年有人报告洋土纱在牛庄的售价，就是每包300斤的洋纱售价银57两，而同量土纱却要售银87两左右，价

① Peter Auber, *China*, London, 1834, pp. 63 - 64.

格悬殊如此之大，当然土纱是无力和纱洋竞争的。[①] 但是，在这个问题上，我们还必须把棉花的市价和棉花的对外贸易情况，也一并考虑在内。有不少的人看到这样的现象，就是某地进口洋纱布的数量，常随该地棉收的丰歉而涨落。[②] 有人甚至得出这样的结论："事实上，我们在此似乎可对中国纺织品贸易得出一个显著的特征，即中国原棉的价格若廉，在中国广大民众的日常衣着上，我们与土制品的竞争是不可能的。"[③]棉花是手纺业原料，它的价格涨落当然是决定手纺业命运的重要因素。

从这方面考察，则十九世纪七十年代以后的情况说明中国手纺业的命运是极端凄惨的。

前面曾经说过，美国内战期间，一向以中国为主要国外销场的印度棉花不复销入中国而转销到英国去。战后印棉这种西方销路还部分地继续保持着；同时印度纺织业也大为扩张，大量消费印棉，所以印棉销入中国市场的数量，也就继续减少。另一方面，自六十年代以后，日本也发展起纺织业来，开始吸收中国棉花做原料；就是西欧国家，也间或有采购中国棉花的。凡此都说明中国市场上，棉花的国外来源减低了，而国外销场却增加了。[④] 这结果，在棉花的对外贸易方面就形成这样一种趋势：进口日少，出口日多，入超渐少，逐渐形成出超。在棉花市价方面，如果不是抬高，至少

---

① Chinese Martime Customs, Returns of Trade and Trade Reports, Part II, 1887, Newchwang, p. 2.

② 例如上海，Returns of Trade and Trade Reports, Pt. II. 1878, Shanghai, p. 123。

③ A. G. Sargent, *Anglo-Chinese Commerce and Diplomacy*, Oxford, 1907, p. 205.

④ Vakil, Bose and Deolalkar, *Growth of Trade and Industry in Modern India*, 1931, p. 105, C. F. Remer, *The Foreign Investment in China*, p. 94.

也维持一定程度的稳定。自1867至1891年间的统计数字也确切地证明这种长期的、相当一贯的发展趋势。

**棉花进出口量与棉花市价**

五年平均数

| 年份 | 棉花进口（担） | 棉花出口（担） | 棉花出入超 | 棉花市价（每担关两） |
|---|---|---|---|---|
| 1867—1871 | 280,662 | 35,384* | -245,278 | ? |
| 1872—1876 | 165,631 | 40,020 | -125,611 | 8.61 |
| 1877—1881 | 132,361 | 21,794 | -110,387 | 8.72 |
| 1882—1886 | 160,535 | 45,351 | -115,184 | 7.53 |
| 1887—1891 | 140,010 | 286,132 | +146,122 | 8.72 |

资料来源：棉花进出口量见历年海关报告册，棉花市价为香港市孟加拉棉价，见 Decennial Reports, 1882-1891, appendix, p. XX。

* 四年平均。

前面我们曾经指出七十年代以后洋纱的市价变动是一贯下落的，而且下落得极其猛烈。如果在这同时，棉花的市价变动却是提高或维持稳定的，那么，这就对于中国的手纺业形成了一种长期的剪刀攻势了。有许多记载，正面地说明了这种剪刀形夹击正是毁灭中国手纺业的致命性打击。

1868年厦门的海关报告说："从前棉花是本口主要进口货，和1867年相比，本年进口不到一半。这主要是因为棉花价格并无变动，而用棉花纺成的棉纱市价，却每包几乎跌去五十元之多。所以人们把棉花纺成棉纱，就无利可图了。"①这里清楚地可以看出土纱跌价而棉花价格稳定，其结果就使手纺业无利可图。土纱跌价当

① Returns of Trade and Trade Reports, Pt. II, Amoy 1869, pp. 70-71.

然是受洋纱排挤造成的。1890 年宜昌的海关报告写得更清楚，进口洋纱“激增的原因，是由于四川必须依赖东部诸省供给棉花，而现时印度棉纱和（东部诸省来的）棉花的零售价格，相差无几，所以买进棉花再来纺纱，反而比直接使用洋纱更贵”①。1882—1891 年间海南岛文昌县手纺业就因为同样的原故几乎全部停了业。海关报告说：“随着洋纱之大量进口，土纱的纺制业几乎完全停业了。孟买纱的质地本较土纱为劣，但价格上，土纱却不能与孟买纱竞争。土纺业的停歇，使棉花的进口也终止了。”②这一切都说明中国手纺业在洋纱跌价竞争和棉花相对昂贵的夹攻之下，不得不放弃纺车的必然性。中国手工棉纺业具体的解体过程就是这样。如果从事手纺业的劳动者原是农民家庭里的妇女儿童，纺纱以自织，那么他们的纺业就这样被强制地剥离了农业，从而不得不买进洋纱来织布；如果手纺业劳动者原是城市里依赖纺纱为生的独立生产者，那么他们自然就成为被强制地剥离生产手段的劳动力了。

洋纱是凭借低廉的价格渗入中国社会的，洋布也走着同样的道路。但是洋布代替土布的过程，比起洋纱代替土纱来，却是缓慢得多的。

洋布销入中国，最先成为城市里某些市民的消费对象。前引“密切尔报告书”说：“沿海城市里一部分富裕阶级穿用我们的布匹，在夏天，为的节省丝绸与绉纱；在冬天，则加上棉絮，节省皮衣和厚重的缎子。商店的账房先生和店员穿用我们的布匹也相当普

① Decennial Reports, 1882 - 1891, Ichang, pp. 131 - 132.

② Decennial Reports, 1882 - 1891, Kiungchow, pp. 620 - 621.

遍。洋布比同等的土布好染色而显得光彩。……富裕阶级之所以穿洋布,也不是因为洋布好,而是因为做起所需衣服来,碰巧洋布比他们土布便宜罢了。"①

洋布"碰巧"比土布便宜时,城市富裕市民舍土布采用洋布了。当洋布贱于土布的差价扩大时,舍弃耐穿的土布而服用便宜的洋布的消费者自也必然跟着扩大起来。

第一次鸦片战争之后,英商对于中国市场抱着莫大的野心,运囤太多,造成呆滞,终于不得不亏本推销,结果遂使土布遭受沉重的打击,1846 年,有人记述手织业素称繁盛的松江太仓情况说,"木棉梭木,东南杼轴之利甲天下,……今则洋布盛行,价当梭布而宽则三倍,是以布市消减,……商贾不行,生计路绌"②。又说"近日洋布大行,价当梭布三之一,吾村专以纺织为业,近闻已无纱可纺。松太布市,消减大半"③。这里我们看不到洋布轻薄不如土布耐穿温暖的问题。起着决定作用的是洋布"价当梭布三之一"。七十年代初头海关报告说明宁波进口本色市布的增加理由时这样讲:"中下层阶级的人,从前是偏爱他们自己土布的,因为土布比洋布便宜而又耐穿,如今这第一层理由可说是不存在了。"④1881 年镇江的报告也说:"尽管人们已经发现洋布不如土制品的耐穿,但是因为洋布便宜,所以还是多买洋布。"⑤事情甚至演变到这样程度,劳动人民本来是因为土布耐穿而宁穿土布不穿洋布的,如今则因为土

① Mitchell Report, Lord Elgin to Clarendon, 1858, Mar. 31, F. O. 17/287.

② 包世臣:《致前大司马许太常书》,见包世臣:《齐民四术》,卷 1。

③ 包世臣:《答族子孟开书》,《齐民四术》,卷 1。

④ Returns of Trade and Trade Reports, 1871 – 1872, Ningpo, p. 133.

⑤ Returns of Trade and Trade Reports, 1881, Chinkiang, p. 14.

布太贵而必须穿着洋布了。1884 年九江的海关报告就有这样一段:“手工织品要出较高的价钱,这种情况常常使得比较穷苦阶级的人必须买用那比较起来并不耐穿的进口货。”①事情就是这样明显,洋布正是凭借低廉的价格代替了土布的。

在后果上,洋布代替土布和洋纱代替土纱有某些类似之处。那就是说,如果因为洋布的竞争而放弃织机的生产者原是农民家庭里的任何成员,织布以自给,或有剩余以出卖,那么,他们的手织业就是这样强制地被剥离了农业,从而使他们不独无以自给,无剩余可卖,亦且不得不成为棉布的买主,如果他们原是城市里依赖织布以维生的独立生产者,那么他们也就成为被强制地剥离生产手段的劳动力了。

但是,在这里,我们必须认识洋布代替土布的具体过程和后果,毕竟是和洋纱代替土纱有所不同。

前面说过,在 1872—1890 年这十八年里,进口洋纱增加了 2,064%,而进口洋布最多也只增加了 66%。

就在资本主义社会里,机器代替手工,丝毫不是没有限度的事情。资本家所关心的,决不是机器能够节省多少人类劳动力的消耗,而是机器能够为他节省多少劳动力价值的支出。资本家是否采用机器代替手工,要看机器价值能够为他代替多少劳动力价值而定。② 在我们的问题上,纺机和织机所代替的劳动力价值是有极大的差别的。这方面,我们找不到英美直接的数字,可是据我们根据中国资料所做的估计,可知一个机纺工人的出纱能力约

① Returns of Trade and Trade Reports, 1884, Kiukiang, p. 107.

② 参看《资本论》,卷 1,页 474。

相当于一个手纺工人的出纱能力的80倍，而一个机织工人的出布能力只相当于一个手织工人的出布能力的4倍。[①] 从此不难推断，纺纱机器为资本家所节省的工资开销是远大于织布机器的。因此，纺织两业的发展速度必然产生了差异。人们可以翻遍一切资本主义国家现代棉纺织工业的发展史，要想找到织业的发展速度能够和纺业相一致，而不是落后于纺业，就连一个例子也是很难发现的。[②] 这种纺织两业发展速率上的差异说明十九世纪销入中国市场的洋纱和洋布，其本身对中国土货的竞争潜力就是不相同的。

进一步说，中国人民对于洋纱和洋布，也必然要采取不同的态度。

1887年芝罘的海关报告说，山东的“土纱纺制业几乎全部停顿了，因为纺工每天只能得到二十个制钱的工资，而他们如果打草帽缏，却能得到加倍的，甚至是更多的工资”[③]。这就是说，纺工转入和纺织无关的其他行业了。1882—1891年海南岛文昌县的纺纱女工也放弃纺车了，但是她们都“转移她们的力量于织布，以为补偿”[④]。这就是说，纺工专力织布了。

马克思指出：“劳动者阶级中间因机器而被转化为过剩人口（即在资本价值增殖上不复被直接需要的人口）的部分，一方面，是在旧式手工业经营和手工制造业经营对机器经营的不平衡的斗争

---

① 详第八章。

② 1934—1935年中国全国棉布产量中有61%是手织的，手纺纱则极少。详第八章附录。

③ Returns of Trade and Trade Reports, 1887, Chefoo, p. 42.

④ Decennial Reports, 1882-1891, pp. 620-621.

中消灭掉了，一方面，是泛滥入各种比较容易接近的产业部门，拥挤在劳动市场内，从而使劳动力的价格低于它的价值。"①又说："在旧的发展的国家，机器在若干产业部门被使用时，会在其他部门生出这样的劳动过剩，以致在其他各部门，工资跌到劳动力的价值以下，从而妨碍机器的采用，使其采用，从资本的立场说，成为不必要，乃至不可能的。"②

研究半封建半殖民地的中国经济发展史，永远不该忘记马克思这种分析，这是了解近代中国经济发展史上许多现象的钥匙。尽管在中国造成过剩劳动力的是资本主义的机制商品，而不必是中国境内的现代工厂；尽管这些过剩劳动力所将泛滥进去的也不必是现代工厂，而是各种手工业部门，然而，根本原则都是一样：过剩的劳动力，宁愿以低于价值的价格出卖的劳动力泛滥着。

在我们的具体问题上，英国的机制棉纱棉布同时销入中国市场，人们对于纱布所采取的态度却是大有差异的。人们迅速地接受了棉纱，但是却缓慢地接受棉布，或根本拒绝接受棉布。这丝毫不是因为洋布不耐穿，而是因为英国的纺纱机代替了中国的手纺车，造成了大批的过剩劳动力。这些过剩劳动力宁愿以低于价值的价格出卖自己，寻求任何劳动生存的机会（如果他们原来是以纺业为生的话）；或者，他们就宁愿降低生活水平以从事某种副业性的家庭手工业（如果他们原来是以农业而兼事纺纱的话）。山东的纺工放弃纺车以后变为草帽缏的编织者，文昌的纺工则变为土布的手织劳动者。事实上，中国手纺业者放弃纺车以后，很

① 《资本论》，卷1，页523—524。

② 同上书，页475。

多是转入"比较容易接近的产业部门",转入洋纱土布的织造业去了。这就是说,中国人民在外洋机制纱布的侵袭之下,一部分固然是把手中的纺车和织机一并放弃了,一部分却仅仅放弃纺织业的一半工序——纺纱,同时又抓紧了另一半工序——织布。这就等于说,中国人民就利用了输入的机制洋沙来抵抗输入的机制洋布了。这就是为什么进口洋纱的数量增涨得远比洋布迅速的理由。

以上所述,就是两次鸦片战争以后直到九十年代这期间内,资本主义机制纱布对于中国那古老的棉纺织业所发生的分解作用。这一过程,在九十年代以后,还是继续深入扩大的,但就这三四十年的历史已经足够给我们得出结论说,在机制纱布的分解作用之下,中国固有的手工棉纺织业之必归解体的命运是确定不移的了。

## 四 洋货对中国棉货市场的争夺

随着中国棉货市场的开辟,进口洋货彼此之间在这块新市场上的竞争,也就必然不可避免了。

最先把棉货向中国市场推销的是兰开夏的资本家。惟中国市场的开辟,除十九世纪的开首几年外,却从不曾由他们单独霸占过。当英国初次的武装侵华还没有发动的时候——十九世纪的三十年代,我们便已开始消费美国棉布了。六十年代后英美棉布的竞争未已,印度的棉纺业又接踵而起,于是英纱在中国市场的销路又遭到了猛烈的竞争。这种英美棉布与英印棉纱的竞争局面,到十九世纪的八十年代告一段落，即是英美两国分别在粗布、细布两个领域里各占优势，而棉纱市场，则为印度所独占。

## 1. 英、印棉纱

印度机纱业的发展，开始于1856年，[①]1861—1865年美国内战期间，得到了进一步的发展；同时，也就乘着英国无暇东顾的机会，在他们的出产还不足自给的时候，便开始把棉纱向中国市场推销。1871年后，印度纱厂的创设与扩充异常迅速，而其中有许多纱厂的经营，却本着一个共同的目标，那就是忽视国内市场，专为中国市场的消费而生产。[②] 事实上，中国也就成为印纱之唯一的国外市场，其详有如下表：

印度棉纱输华量及输出总量

五年平均数，单位：百万磅

| 年　　度 | 输华量 | 输出总量 | 输华当输出总量之百分比(%) |
|---|---|---|---|
| 1872—1873 | 1.2 | 1.8 | 66.6 |
| 1874—1875至1878—1879 | 0.9 | 10.8 | 83.3 |
| 1879—1880至1883—1884 | 30.1 | 35.8 | 84.1 |
| 1884—1885至1888—1889 | 79.6 | 95.7 | 83.2 |
| 1889—1890至1893—1894 | 141.7 | 159.1 | 89.1 |
| 1894—1895至1898—1899 | 180.9 | 191.8 | 94.3 |

① M. P. Gandhi, *The Indian Cotton Textile Industry*, pp. 53, 56.

② Vakil, Bose, and Deolalkar, *Growth of the Trade and Industry of Modern India*, p. 128.

资料来源：Report of the Indian Tariff Board，1927，p. 94；Vakil，Bose，and Deolalkar，*Growth of the Trade and Industry of Modern India*，Calcutta，1931，p. 120。

为说明印纱来华如此迅速增长，及其击败英纱的原因，可先从中国市场的需求入手。

中国手织业所销棉纱，一向就限于 24 支以下各级粗纱。① 而兰开夏机纺业的发展，却集中于 24 支以上的细纱，所以英国的生产和中国的消费，本是不相为谋的。1887 年（同治十三年），有人向某中国商人探问，何以他偏爱孟买纱而不喜曼彻斯特出品，回答说是“孟买纱较曼彻斯特纱便宜得多，也强韧得多。孟买纱只织造下层阶级所用粗布，除却它的价格低廉而外，它确能做成坚牢的日常衣料。至于曼彻斯特纱，则太细；若论细布，那我们宁用我们自己的手纺纱而不用机纱，因为我们自己的货色更耐穿。”②这是华南的情形。“英纱输入无进展；因为它的支质太细，不合织造西部各省所需用的布匹。”③这又是华西的情形。此外，许多口岸的海关报告册也都说到类似的情况。例如 1872 年厦门报告说该区“主要消费 16 至 24 支，也用 28 至 32 支，但很少很少”④；1887 年九江报告说江西全省最需要的是 16 支和 20 支；⑤1882—1891 年琼州报告海南岛所销的是 16 支、20 支和 24 支；⑥同时期龙

① 迟至二十世纪三十年代，仍然如此，详后。

② Trade Reports，Pt. II，1887，Pakhoi，p. 463.

③ Decennial Reports，1882 - 1891，Ichang，pp. 131 - 132.

④ Trade Reports，Pt. II，1872，Amoy，p. 174.

⑤ Trade Reports，Pt. II，1887，Kiukiang，p. 115.

⑥ Decennial Reports，1882 - 1891，Kiungchow，p. 620.

州报告所销洋纱16支、20支和32支；[①]而蒙自则说10支是进口大宗。[②]总之，中国市场所需要的以24支以下粗纱为主，全国各地莫不如此。

细纱既不合中国市场的需要，竞争就只限于粗纱方面。成本的差异自然是决定的因素。英印两国生产条件的对比，最要者，莫如印度特富棉产，而英国则需自国外运入原料一点，这种对照，常使英国处于不利的地位。若以向中国市场推销而言，则孟买距香港只有3,525浬，而伦敦至香港则有9,799浬。[③] 路程的辽远，必然也加重英纱的运销成本。况且"中国总是一个用银国，中印之间的汇兑既以银计，便能稳定。反之，中英间之汇兑，正也和英印间一样，逐渐变得于英不利。除地理上的邻近而外，此层对印度（棉）工业也给与特殊的利益"[④]。有了这些优越的条件，虽则当时印度创设纱厂的资本须为兰开夏的两倍半，[⑤]虽则印度工人的生产效率特低，致使工资费用比兰开夏特高，[⑥]然24支及其以下各级粗纱就是在印度市场上，英货也不能和印货竞争。[⑦] 因此，印纱终能在中国市场上排挤英纱，乃是必然的趋势。

具体地说，纱支之粗细，成本之高低，终会使英印纱在中国市

---

① Decennial Reports, 1882 - 1891, Lungchow, p. 654.

② Decennial Reports, 1882 - 1891, Mentsz, p. 456.

③ *Journal of Royal Statistical Society*, 1887, p. 526.

④ Vakil, Bose, and Deolalkar, op. cit., p. 130.

⑤ G. M. Broughton, *Labour in Indian Industries*, 1924, p. 23.

⑥ "The labour cost of production in Indian mills, ...was in 1888 far higher even for the coarser counts than the labour cost in Lancashire." S. J. Chapman, *Work and Wages*, Pt. I, p. 151; cf. M. P. Gandhi, op. cit., p. 75.

⑦ M. P. Gandhi, op. cit., p. 64.

场上售价悬殊。1884 年,琼州税务司的观察谓:"此地需要几尽限于孟买纱,和英货相较,这种纱之低廉的售价,实是它获得稳定市场的主要原因。"①或谓十九世纪九十年代英印纱价格贵贱之差,每担约达一两至二两。② 各地确数虽未必皆然;要之,英纱远较印纱为贵,确是普遍的现象。③ 当时输入洋纱既以织造下层阶级所消费的棉布为主,则这种价格之差自有决定的意义。所以在印度棉纺业兴起之前,十九世纪的七十年代,英纱尚能独占中国市场;④八十年代起,中国各通商口岸的销量,便无不以印纱为主了。⑤

## 2. 英、美棉布

十九世纪中,印度机纺工业虽有急迅的进步,机织业方面却并未能作比例的发展。印度棉布纵有输出,一向也以印度洋沿岸各地为主,像纺界之专为中国市场而设厂的事情,在织界是始终不曾发生过的。因此,依当时各国棉业发展情势看来,有力与英国争夺

---

① Trade Reports, Pt. II, 1884, Kiungchow, p. 358.

② Decennial Reports, 1882 - 1891, Chefoo, pp. 43 - 44.

③ 关于英印纱价对比,无统计数字可查,零星记载则甚多,如:Decennial Reports, 1882 - 1891, Swatow, p. 526; Kiungchow, pp. 620 - 621; Canton, p. 549; Trade Reports, Pt. II, 1886, Swatow, p. 331 等。

④ 此点无统计数字可资证明,零细记载则不少,如:Trade Reports, Pt. I, 1870, Amoy, p. 174; 1872, Amoy, p. 174 等。

⑤ 中国海关报告册自 1889 年起始将英印棉纱分别记载,前此各年印纱代替英纱之文字叙述甚多,如:Decennial Reports, 1882 - 1891, Kiungchow, p. 620; Lungchow, p. 654; 又中文海关贸易统计及报告, 1884, 汕头, 页 312; 琼州, 页 358; 1886, 汕头, 页 331; 1887, 芝罘, 页 43; 九江, 页 115; 九龙, 页 402; 上海, 页 183; 1888, 汕头, 页 360; 广州, 页 380; 琼州, 页 470; 北海, 页 484; 九江, 页 124; 上海, 页 188; 等等。

中国棉布市场者，主要的只剩下了美国一国。事实上，美国棉工业的发展，虽颇迅速，但美国从不曾以棉纱努力向中国推销，反之，棉布方面，中国则常是她的大主顾。

十九世纪的三十年代，中国已开始销用美国棉布。其后美布来华，进展颇速。不过就输华棉布总值论，美国还是远在英国之后的。1860—1865 年，美国商船毁于内战，美布来华，一时遭受很大的打击。但这次内战所给与英国棉工业的打击，也颇为深重。十九世纪常为聚讼中心的英布掺杂问题，就是从这时开始的。① 七十年代起，美布输华，逐渐恢复其原有的数量，②其对英货的威胁，也逐渐严重。

要说明七十年代以后英美势力在中国市场上的消长，须先明了两国棉布的生产条件和中国市场的需要。

英美两国生产条件，最易使人想到的，莫如两国棉产贫富的差异。但十九世纪后半叶，美国若干种输华棉布所以压倒英国棉布，并非因为美国自产原料。③ 据 1902 年曼彻斯特商会秘书杨氏（T.

---

① 美国内战所引起之原棉恐慌，使英国棉工业于 1861 年 4 月开始其不景气。英国厂主们为减低生产成本，乃削减棉布用纱量，而以胶质物（glue）以维持棉布原重量。据 1863 年 10 月的工厂检查报告所述，一匹八磅重的细市布（shirting），计掺涂胶质物二磅。若干他种棉布，胶质物且常占棉布总重量的 50%（《资本论》，卷 3，页 139）。今日棉布的浆纱用物，本有达 100% 的可能，并不致损毁布质；但当时浆纱技术尚未发达，这些加重胶料的棉布运到中国时，即不免霉烂。故 1865 年上海进口英国本色细市布竟有 15% 业已霉烂（Trade Reports，Pt. II，1865，Shanghai，p. 124.）

② S. L. Pan，op. cit.，p. 206.

③ “Mr. Young found that the cost of bringing raw cotton to the mills of New Englang was practically the same as that of conveying it to the Lancashire spinner. In the South，no doubt，some advantage is gained by the saving of carriage，yet even there the advantage is not considerable.” T. M. Young，*The American Cotton Industry*，New York，1903，p. XII.

M. Young)的实地观察,美国具有三个优越条件:第一,美国南部各厂的劳工,均来自附近小农家,求工人数众多,致使工资特别低廉;第二,自纽约至中国的运费较自英国口岸至中国者更为低廉;第三,美国各厂,普遍地采用自动织机,英国则尚未推行此机。[①] 这虽是二十世纪初年的观察,无疑地也可以说明十九世纪八九十年代的实情。[②]

况且,美国所产市布、标布和斜纹布在国内有最好的市场,只有剩余才运到中国来,所以他们能够而且常常是按照成本输出,以控制国外市场。反之,英国出产市布和斜纹布完全是为的输出,国内市场很少,甚至全不销用;所以国外贸易的呆滞便逼迫英国制造家囤积制品,以待将来,或是根本停止机器的运转,任何办法,都使他们负担利息的损失,弥补利息的损失便须抬高售价。[③]

不过若就棉纺织技术发展的历史,以及工人的熟练程度说,英国也有优于美国的地方,这种优越之处,只有在细质货品的生产上,才能充分地表现出来。可是当时美国努力输华与英竞争者,却以粗布为主。

中国市场对于输入棉布的需要,也正和棉纱一样,大都以粗货为主。长江流域及东南沿海一带,城市较发达,间有充足资力,可以销用细布者,主要地都是中产以上人家及城市居民,若论农民大

---

① T. M. Young, op. cit. , pp. XIII – XV.

② 中国方面的记载谓:"同样货品来自纽约的运费常较来自英国者每吨低 20 先令。美国制造家已使用诺苏普(Northop)自动织机有年,此机每人可管 20 台。然兰开夏普通工厂中,每人只能管理织机 4 台。故美国制造家与其英国敌手竞争时,每运转织机 20 台,即可节省四个工人的工资成本。"Decennial Reports, 1892 – 1901, Vol. II, Tientsin, pp. 533 – 534.

③ Decennial Reports, 1892 – 1901, Vol. II, Tientsin, pp. 533 – 535.

众，莫不以粗布为衣着原料。至华北、东北两区，尤其不是细布的销场。

英国制造家既受过分的运费担负，又没有国内市场以资调节，更在工资成本的计算上远不如人，所以他们便不得不使用劣等棉花作原料以减轻成本。① 劣棉纺纱需要加上很重的浆料才能织布；中国市场需要粗重的布匹，他们必然地、也是有意地在布匹上加上很重的浆料和其他杂质，以求迎合中国消费者的嗜好。于是1863年美国内战时所出现的掺杂工作，到平时也就继续下来。② 英国制造家们常常实行掺杂，中国市场上的英货，也就常常发现霉烂。1879年输入汕头的一部分漂白细布，其掺用垩粉（Chalk）、面粉和胶料等杂物的重量，竟有达布重的25%者，因此不能做成普通衣着，差不多全部销出去用作丧服之用。③ 这可谓掺杂风气的极至。

英国输华棉布掺杂风气之盛，正表示英国在输华棉布之生产条件方面，不若美国之优越，也正表示在中国市场之争夺上，英不如美。有些人以为中国下层阶级无力购买品质较好的布匹，他们虽明知英货掺杂，但仍不得不购用。④ 这种意见在某地发生水旱灾

---

① Decennial Reports, 1892 – 1901, Vol. II, Tientsin, p. 534.

② "As regards the adulteration of British cotton manufactures with starch, clay, barytes and other substances, thereby render them excessively liable to mildew and rot, Mr. W. Thompson, F. C. S., in a lecture upon the 'Sizing of Cotton Cloth', given before the Society of Arts in London, enumerated the materials used in the adulteration, and said that, 'as a general rule the whole margin of the manufacturers' profits lies within the size used.'" Reports on Trade, 1878, Newchwang, p. 4.

③ Reports on Trade, 1879, Swatow, p. 212.

④ United States Commercial Relations, 1878, p. 212, Report of the American Consul at Shanghai; Reports on Trade, 1879, Hangkow, p. 27; Shanghai, p. 104.

荒时或相当正确。一般的，英制粗布的销路，受掺杂的影响是很大的。[①] 它的售价诚较美货为廉，但中国消费者总是爱好坚牢的美货，而吐弃英制假货。[②] 当时英美竞争的主要货品是斜纹布、市布诸种粗布，大约自 1875 年后，华北、东北两大市场上，美货便已压倒英货而占绝对的优势了。[③] 华中、华南方面，粗布的销路既不若华北、东北之大，英美的竞争，自亦不若华北、东北之猛烈。总之，在粗货方面，或则英货不断地下落，美货不断地上升；或则美货增涨的趋势较英货为速；或则短时期内美货不若英货销数之大，不数年间，美货即进而独占市场。[④] 英美粗布生产条件之优劣，最迟至八十年代，就是在华中、华南市场上也充分地反映出来了。

关于英美两国棉布输华数量没有详细的统计数字可查。大体说来，十九世纪的八九十年代中，英货输华总值较美货为多，增加较缓；美货总值虽较小，增加的速度则较快。粗布方面，以美货占绝对优势，细布及杂类布方面，英又占统制的地位。美货以华北、东北为主要的销售区域，英货则独占华中与华南市场。美货既以下层阶级为销售对象，则中国农产之丰歉及布匹价格之升降极易

① Reports on Trade, 1878, Newchwang, pp. 4 – 5; Chefoo, p. 19; Shanghai, p. 124; 1879, Tientsin, p. 232.

② Decennial Reports, 1882 – 91, Ningpo, p. 352.

③ Reports on Trade, 1878, Newchwang, pp. 4 – 5; Chefoo, p. 19; 1879, Tientsin, pp. 261 – 262; Newchwang, p. 2; Trade Reports, Pt. II, 1886, Newchwang, p. 16; Tientsin, p. 36; Chefoo, p. 54; 1887, Newchwang, p. 1; etc.

④ Reports on Trade, 1878, Hangkow, p. 38; Wuhu, p. 96; Shanghai, p. 123; Ningpo, p. 135; Wenchow, p. 167; Foochow, p. 199; 1879, Chinkiang, p. 81; Shanghai, pp. 105 – 106; Foochow, p. 156; Trade Reports, Pt. II, 1884, Wuhu, p. 138; Chinkiang, p. 143; Wenchow, p. 222; Amoy, p. 305; 1886; Shanghai, p. 166; Decennial Reports, 1882 – 1891; Chingkiang, p. 295; Ningpo, p. 352; etc.

影响其销售数量，故历年输入量之变动甚大；反之英货皆供中产以上之人或城市市民消费，英商又能维持价格不使有剧烈的起落，故历年输入量之变动自较美货为小。英、美两国制品而外，当时中国市场亦销荷制布匹，但为数甚少，不足以言竞争。英、美、荷三国在粗细棉布上的势力分配可从下表中看出。

**英、美、荷三国三种棉布输华净数百分比**

| 年份 | 粗市布 | | 粗斜纹布 | | | 细斜纹布 | | |
|---|---|---|---|---|---|---|---|---|
| | 英 | 美 | 英 | 美 | 荷 | 英 | 美 | 荷 |
| 1886 | 15.0 | 85.0 | 39.4 | 58.7 | 1.9 | 66.1 | 28.7 | 5.2 |
| 1887 | 32.6 | 67.4 | 36.2 | 58.4 | 5.4 | 74.1 | 13.2 | 12.7 |
| 1888 | 40.0 | 60.0 | 49.5 | 45.3 | 5.2 | 77.4 | 6.1 | 16.5 |
| 1889 | 31.8 | 68.2 | 29.2 | 69.2 | 1.6 | 84.3 | 7.5 | 8.2 |
| 1890 | 38.2 | 61.8 | 27.0 | 69.8 | 3.2 | 76.0 | 14.8 | 9.2 |

资料来源：海关贸易报告第二部。

作者注：粗、细斜纹布均以英、美、荷三国合计数为100%；粗市布以英美合计数为100%。

# 第四章 中国近代棉纺织业资本主义生产的发生

(1890—1895 年)

## 一 手工棉纺织业解体过程中资本主义生产的发生

前面说过,鸦片战争以前,中国棉纺织业的主要生产形态,是纺织结合、耕织结合的家庭手工业形式,这构成当时自给自足的封建经济结构的基础;同时,也存在着少量的以纺织为事业的小商品生产和工场手工业形式。鸦片战争以后四十多年里,这一切都受到外洋机制纱布的影响,不得不经历着巨大的变化。在这里,手纺业被洋纱强制割离了手织业,而手织业也同时被洋布或洋纱土布强制割离着农业。越来越少的劳动者自行纺纱织布了,更少的人能以纺纱维生了;同时,许许多多的人连手织机也丢弃了。许多向来自给衣料,或有剩余出卖的人,如今则成为纱布的买主。这就是说,中国商品市场上,棉纱布的流通量扩大了;同时中国劳动力市场上,也必然出现了大量的廉价劳动力——旧日的以纺织为生的小商品生产者和脱离纺织就不得不破产的农民。

毛主席指示我们说:"外国资本主义对于中国的社会经济起了很大的分解作用,一方面,破坏了中国自给自足的自然经济的基础，破坏了城市的手工业和农民的家庭手工业；又一方面，则促进了中国城乡商品经济的发展。”

“这些情形，不仅对中国封建经济的基础起了解体的作用，同时又给中国资本主义生产的发展造成了某些客观的条件和可能。因为自然经济的破坏，给资本主义造成了商品的市场，而大量农民和手工业者的破产，又给资本主义造成了劳动力的市场。”（《毛泽东选集》，页596—597）。

由于资本主义对中国棉纺织业所发生的分解作用而出现的商品市场，是可以用数字说明的。进口外洋棉纱布的销量就是这种市场的一个指标。以1880—1890年这十年的情况而论，则进口棉纱值从3,648,112关两直线上升，到1890年最高达19,391,696关两；棉布进口值，始则在一千六百万关两以上，继则超过两千万关两，最高达30,941,793关两；棉纱布两项合计，以1890年为最高，凡45,020,302关两。这恐怕是中国自有棉纺织业以来，最称庞大的纱布流通量了。而更值得注意的是，这样庞大的纱布流通量首先是集中在少数都市然后发散出去的，此中尤以上海一处集散的数量最大。

就下表可知每年自外洋及各通商口岸汇聚于上海的棉货总值，不断增高，至1890年已达三千余万关两。这些棉货集中于上海以后，除一小部分留为本埠消费及再运外洋外，大部分皆向内地发散。上海于是逐渐成为长江流域各省棉货需求的总供给地。这就是说，当洋货以其低廉的市价将这些省份无数的手纺织业加以破坏之际，上海则以其特殊的地位，将这些省份无数小市场的供给线总揽于一处。上海既已获得这样的地位以后，由上海向内地散发的棉纱布是进口的外洋货物，还是在上海制造的本国货物，都是无所不可的。这就是说，洋纱布的流入上海，为上海资本主义生产的发生造成商品市场的客观条件。

**上海一埠集散外洋棉货价值**

单位：千关两

| 年份 | 汇集价值 | | | 运散价值 | | |
|---|---|---|---|---|---|---|
| | 棉纱线 | 棉织品 | 棉纺织品总值 | 棉纱线 | 棉织品 | 棉纺织品总值 |
| 1875 | 189 | 15, 736 | 15, 925 | 188 | 14, 909 | 15, 096 |
| 1876 | 259 | 16, 194 | 16, 452 | 211 | 15, 290 | 15, 501 |
| 1877 | 164 | 15, 184 | 15, 348 | 157 | 14, 095 | 14, 252 |
| 1878 | 238 | 12, 724 | 12, 962 | 234 | 12, 474 | 12, 709 |
| 1879 | 389 | 18, 406 | 18, 795 | 395 | 17, 615 | 18, 010 |
| 1880 | 574 | 18, 312 | 18, 886 | 554 | 17, 524 | 18, 078 |
| 1882 | 601 | 20, 055 | 20, 657 | 583 | 19, 520 | 20, 103 |
| 1884 | 1, 011 | 14, 877 | 15, 888 | 1, 028 | 15, 531 | 16, 559 |
| 1886 | 3, 276 | 19, 671 | 22, 947 | 4, 319 | 19, 367 | 23, 686 |
| 1887 | 4, 798 | 22, 295 | 27, 093 | 4, 614 | 21, 453 | 26, 067 |
| 1888 | 4, 255 | 30, 038 | 34, 292 | 4, 037 | 27, 233 | 31, 270 |
| 1889 | 4, 638 | 20, 596 | 25, 234 | 4, 453 | 33, 031 | 37, 484 |
| 1890 | 9, 507 | 22, 084 | 31, 591 | 9, 480 | 32, 988 | 32, 468 |

资料来源：Returns of Trade and Trade Reports, Pt. II, Shanghai。

作者注：汇集数即外洋及通商口岸进口总数；运散数即出口至外洋及通商口岸总数。

由于资本主义对中国棉纺织业所发生的分解作用而形成的劳动力市场，是很难估计的。假定以1890年进口洋纱做推测的标准，那么这年进口洋纱共 1,082,000 担，合 143,906,000 斤。第二章里说过和农业相结合的家庭手纺业每人每 10 小时劳动日只能纺纱 4 两，所以这 143,906,000 斤的洋纱就相当于五亿七千六百多万个劳动日的手纺车产量。棉布方面，这个时代最高进口量是 1888 年的 18,664,000 匹，洋布通常长 40 码，宽 1 码；又第二章所述旧式手织机每 10 小时劳动日能织宽 1 英尺的土布 10 码。按这样标准估计，则 1888 年进口洋布 18,664,000 匹便相当于两亿两千四百多万个劳动日的手织机产量。用这样的方法计算被洋纱布剥离生产手段的劳动力数量，当然是很不科学的。但从此我们也可以推测，这个数量必然是很庞大的。事实上，如前所述，早在 1831 年广州进口棉纱还不足一百万磅时，其后果就已经引起广州附近纺织劳动者的骚动了；又 1846 年，即上海开埠后的第三年，全国进口棉布不过值三百多万两，而松江太仓的纺织劳动者就已经因为“布市消减”而“生计路绌”了。到了九十年代，纱销已达一亿九千一百多万磅，布销已达四千九百多万两，那后果之严重，当然是不言而喻的。

被洋纱布剥离生产手段的旧日手纺织业者，不用说，就形成了劳动力市场，而给中国资本主义的发展造成了又一方面的客观条件。

在上述情况下，中国棉纺织业里终必发生资本主义生产，当然是很自然的事情了。

马克思分析资本主义世界贸易在落后国家引起资本主义生产的发生程序是这样的：

资本主义商品生产愈是发展，那些主要以本人直接需用为目的，只把多余生产物转为商品的一切旧生产形态，就愈是不免受到破坏和解体的影响。资本主义生产，是以生产物的售卖为主要动机，在开始的时候，似乎对于生产方式本身无何等影响。资本主义世界贸易对中国、印度、阿剌伯那样的国家的最初影响，就是如此。但在它立稳足跟的地方，它就会把一切以生产者自己的劳动为基础，或只把多余生产物当作商品出卖的商品生产形态，尽行破坏。它起初是使商品生产普遍化，然后逐步把一切商品生产转化为资本主义的商品生产。①

所谓"逐步把一切商品生产转化为资本主义的商品生产"，首先就表现为手工业生产关系的转化。

事实上，当外洋纱布对中国古老的旧生产形态进行着纺织分离和耕织分离的分解作用时，中国手工棉织业里是不得不同时酝酿着生产关系的蜕变过程的。

广大的耕织兼营的中国农民被迫放弃纺车织机以后，他们自然就成为棉布的买主。他们所消费的棉布一部分是由洋货来供应的，一部分则由那些仍旧顽强地紧抓着织机的小农户或城市手织业者来供应。广大地区手织业的破坏，恰恰为少数地区造成了提高商品生产的条件。一般说，那些拥有长期的纺织传统，纺织收入在农家总收入中的地位较高，在地域上接近于交通路线，在时间上接触洋纱较早的地区，比较容易发展成这样的区域。在初期，人们只看到向日纺纱以织布的农家，买取洋纱来织布，掌握生产资料的还是那个农民，从事劳动的还是那些农家妇女，唯一的新因素——

① 《资本论》，卷2，页19—20。

洋纱，对于生产方式本身，正如马克思所说，似乎并不发生影响。

但是市场的要求促进这样的地区提高其商品生产的数量，于是以手织为副业的农家便更多地织造布匹，逐渐把副业提升为主业。这就是说，只把多余生产物当作商品出卖的商品生产形态，逐渐转变为以出卖为主要目的的商品生产形态。正在这个时期，生产关系就开始蜕变了。

手织业生产者取用洋纱织布，这意味着他们需要依靠商人供应原料；而手织业者以出卖为主要的生产目的，就意味着他们需要依靠商人推销成品。这样，手织业生产者就不得不陷入商人的罗网了。他们越是提高产量，更多地依赖织布为生，他们就越是逃不了商人的掌握，越是更多地遭受商人的剥削。在商人剥削之下的手织业者，总是要消瘦下去的。于是他们始则偶或向商人赊购原料，终则经常向商人领纱织布，原料、成品两项都不是自己掌握所有权的财产，而成为商人榨取剩余价值的手段了。于是，手织业生产者就从一个独立自主的小生产者，沦为一个资本主义生产关系之下的工钱劳动者。

在手工业范围内，上述蜕变过程的最高形态，是集合多数工钱劳动者在一个工作场所，而遭受一个资本所指挥剥削的工场手工业形态。

我们理解马克思所说资本主义世界贸易破坏旧生产形态，而使一切商品生产逐步转化为资本主义的商品生产的一种表现形式，基本上就是如此。当然，我们这里所说的，远不全面，有许多问题是没有涉及到的。

有一件事实很值得注意。中国的土布输出，自十九世纪三十年代起，本有衰落之象，这趋势一直继续着，到七十年代以后，却又逐年增加起来。这就是说,正当资本主义进一步把中国卷入世界市场,大举向中国廉价推销机制品的时代,中国手织业却也从衰落中复苏了。根据我们在第八章所做的估计,则1934—1935年间中国全国棉布生产量中还有61%是由手织机生产出来的。这就是说手织业不仅仅是短期的复苏,而且还长期地保有着广大的活动领域。

中国土布出口统计

平均数字

| 年代 | 担 | 关两 |
|---|---|---|
| 1867—1870 | 5,038 | 218,575 |
| 1871—1875 | 3,903 | 192,532 |
| 1876—1880 | 9,328 | 486,589 |
| 1881—1885 | 12,917 | 526,153 |
| 1886—1890 | 28,086 | 1,036,502 |
| 1891—1895 | 88,528 | 3,288,673 |
| 1896—1900 | 139,188 | 5,854,983 |
| 1901—1905 | 129,932 | 6,123,523 |
| 1906—1910 | 178,346 | 8,547,804 |
| 1911—1915 | 221,917 | 11,454,165 |
| 1916—1920 | 258,596 | 15,698,048 |
| 1921—1925 | 315,516 | 19,736,902 |
| 1926—1930 | 201,486 | 13,494,139 |

资料来源:海关报告册,转见方显廷:《中国之棉纺织业》,页328。

手织业衰而复苏和大量存在的理由,可留待第八章里去讨论。这里我们所注意的是手织业的生产关系问题。根据我们考察河北高阳与宝坻、山东潍县和江苏南通等等手织区域发展史的情况而论，可知手织业里自乡村家庭副业以至城市工场手工业，各种过渡阶段的生产形态是同时并存的。但是，如果那里手织业是在提高商品生产的比重，长期地发展手织业，那里就必然走上我们前面所说的发展路线——逐步转化为资本主义商品生产的路线。

在目前所讨论的时代里，有关手织业生产关系发展史的资料，我们几乎连一个文件都没有找到。所以我们不能肯定在那个区域已经进行着资本主义的商品生产。从手织业的复苏现象和晚期资料推测，我们相信，在七十年代以前，资本主义绵纱布对中国旧式生产形态的作用，可能还是处在“似乎对于生产方式本身无何等影响的阶段”。到了七十年代以后，当洋纱已经大量进口，已经在中国市场“立稳足跟”的时候，那么，某些区域的手织业生产关系就必定走上“逐步”“转化为资本主义的商品生产”的阶段了。

由此可见毛主席的指示说外国资本主义对中国社会经济的分解作用的一个方面，是“破坏了中国自给自足的自然经济的基础，破坏了城市手工业和农民的家庭手工业”，丝毫不是说，棉织业里，城市手工业和农民家庭手工业是同时全面地破坏无遗的。不是的，许许多多的城市手织业和农民家庭手织业确实是破坏了，但某些地区的手织业却还继续保持着，继续发展着。并且，正是因为如毛主席所说，自然经济的破坏，给资本主义生产的发展造成某些客观的条件和可能，所以那继续保持着的农民家庭手织业就循着马克思所说的道路逐步转化为资本主义的商品生产。

另一方面，在前述客观条件和可能之下发展起来的资本主义商品生产形态，则是使用大机器生产的现代棉纺织工厂。

# 二　几家棉纺织工厂的创立经过

## 1. 上海机器织布局

中国第一家棉纺织工厂是1890年开车生产的“上海机器织布局”。这个厂最先是由一个姓彭的候补道在1878年呈请开设的，后来历经郑观应、龚寿图、龚彝图诸人接办，经营了十二年才部分开车。

上海机器织布局的最初创办人彭某的事迹不详，我们只知道他在1878年做四川候补道，1879年做湖北候补道。根据种种迹象推测，这彭某大约和上海英国商人很有关系，很可能是一个买办，候补道的头衔是纳捐买来的。

1878年10月5日，彭某给北洋通商大臣直隶总督李鸿章和南洋通商大臣两江总督沈葆桢上过一个禀帖，请求李、沈两人奏准他设立上海机器织布局；其后不久，彭又特别到天津去面谒李鸿章，并再上禀帖，说明设厂计划。[①] 这个计划得到李鸿章的奖许以后，他就回到上海着手筹备了。

在两次禀帖里，彭某说明他的设厂目的，为的是抵制洋货。他说富强之道，不外两件事，凡外国所需于中国的货物，由中国人自己来贩运；凡中国所需于外国的货物，由中国人自己制造。这样，

① 彭某上李、沈禀帖有两次，一次在1878年10月5日，一次日期不详，禀帖原文及李、沈批示均见 *North China Herald*，1879，Feb. 21，pp. 168－171。

中国就可以国富民丰，臻于强盛。中国所需自行制造的货物，以毛织品和棉织品为最重要，二者在外国都是用机器制造的。如果要用机器制造棉织品，那么，“再没有比上海更方便的地方了”，因为上海“万商云集，百货流通，实不愁行销的太少，而只怕出产的不多”。本此，所以他计划在上海设立一个机器棉纺织工厂。

彭某向李鸿章和沈葆祯提出八条设厂章程，并开列预算细目二十四项。按照这个计划，则上海机器织布局将集资五十万两，成一轧花、纺纱、织布兼营的大厂，拥有布机 800 台，雇用英国工匠传习纺织技艺。据他估计，全套机器，连同机价、运脚、保险各费，共需银 255,000 两：在上海买地基、建厂房、造码头以及支付资本利息等等共需银 65,000 两；另 180,000 两则作为棉花、煤火、工货以及其他各项杂支之用。将来工厂开工生产以后的第一年，工人技艺未熟，只可出布 260,000 匹；第二年，出至 330,000 匹；第三年，技艺完全熟练后，即可出布450,000匹。按照通行市价估计，450,000匹，可获利 150,000 两。这就是说，到达最高产量时，这个厂的“红利”率将达 30%。

厂既是为抵制洋货而开的，所以设计当然以仿造洋货为目标。彭某说这个厂将能织造任何式样的洋式布匹，不论长宽、轻重、厚薄、精粗都和洋货无殊。甚至在成本估计里，他还列上高岭土、浆料达两千担，打算把当时英国织布厂所流行的织布掺杂办法，也一模一样地模仿过来。此外，既然为了抵制洋货，那么在税捐方面自然也不能比洋货为重，妨碍与洋货竞争，因此他要求按照洋货进口税的税则完纳出厂税，销入内地时，则按洋货子口税办法完纳子口半税，此外更不缴纳任何厘捐。照此办法，他认为在中国制造，就比洋货省去运脚、保险等等开销，布价就可以卖得比洋货便宜而夺得洋货市场。

资本的筹集方面，彭某说这个厂将采取股份公司的形式，按照轮船招商局的办法集股。股票额定年利9.6%，遇有盈利，以60%留作扩充设备的准备金，以40%分派红利。他说筹募股本，“困难不在积少成多，而在难以得到公众的信任”。实际上，他说他的资本已经大部分筹集齐全了，完全不要官厅的帮助。至于资本的来源，则以得自湖南、广东、直隶、山西者为多，得自浙江、江苏者较少，安徽、湖北亦有少许。这大约是指出资人的籍贯而言的。我们细看彭某的集股办法，实在并不像是用股票劝募股金，而是拿股票当作借据，进行借贷。这不仅表现在股票负有固定利息上，而且表现在股票的还本付息办法上。据他说，“借款人出资必有时限”，“按年付息不难，还本却不易。”他所定的还本办法是：凡一万两以下者，三年还清；两万至五万者，在第三、四、五各年分三次还清；五万以上者，自第三年至第七年，分五次还清。这显然是一种借贷了。

彭某的设厂计划，说明他是懂得不少资本主义新鲜事物的，也说明他和上海的英国商人有着密切的联系。他说他购买机器是和“经手并作保”的洋行订有合同的，当机器在英国制造时，就有“我们在英国的代表(Legation)派人”去监视制造，以防偷工减料；各套机器都是“最新式、最灵巧、最坚固、最合用的”，不如约，则经手洋行即受重罚。又英国工匠五人，负责教习中国工人技艺，订有合同；若三年内还不能使中国工人完全熟习纺织技艺，也将受罚。据他说，“知名的外国工匠已经找到了。这种人，在英国商人中要多少就有多少。”这些说法，表现彭某很像是一个买办，因为一个和英商完全没有联系的商人，则不独彼此不能信任，订不了合同，就连订什么机器，请什么工匠也都是茫然的。

还有一点值得注意，彭某八条章程的头一条就说，设立上海机器织布局是一项开创性的事业，事关中外利益，“未经皇上恩准，不有官委经理，则尽责无权，尽心无保障”，所以他要求李鸿章委派一个官员和他以及他的三位同道共同经理上海织布局。

李鸿章对于彭某的设厂计划，非常欣赏，他说：“上海是一个庞大的商业中心，通联江浙诸省，无所不到。而织布局所出布匹尚不敌进口洋布的十分之一，所以必将随产随销，逐步扩充”，“本大臣与沈大臣将保障你不受任何方面的干阻。”至于委派官员，李鸿章即指派候补道郑观应充任其事，说郑乃是“久已获得中外各方信任”的人物。

在创办上海机器织布局的十来个人中间，惟有对于郑观应，我们知道得比较详细。而郑观应的事迹，恰好也正可以当做研究的典型。

郑观应，广东香山县人，大约出身于一个相当大的地主家庭，但1860年以后，就已“弃举事，学西人语言文字，隐于商”了。据1892年他自己所说，他所“隐”的商是“总理宝顺及太古轮船公司事务，嗣又与洋人创办公正轮船公司及各口揽傤行”凡“三十余载”。[①] 这就是说，当买办。太古轮船公司毋须介绍，宝顺洋行就是英商“Dent & Co.”，乃是十九世纪三十年代以来，仅次于怡和洋行的一家最大的鸦片公司。郑观应长久地“总理”这两家洋行的生意，不仅赚得相当雄厚的资财，也在和外国人的接触中得到不少资

① 郑观应：《盛世危言》，卷3，商务，附录“论招商局及肇兴公司事略”。

本主义新鲜事物的知识，使他成为名噪一时的洋务通。他所著《盛世危言》一书的初版，早在七十年代初头就已经流传到日本和朝鲜去，到后来则和冯桂芬的《校邠庐抗议》与汤寿潜的《危言》齐名，同为当时讲究"洋务"者必读之书。

凭着有些资财，郑观应在1869、1870、1878各年先后三次捐买官衔，由员外郎而郎中而候选道。1878—1879年因为经办山西赈捐得到李鸿章的赏识，曾经李特别在慈禧面前保举过，也就在这个时候，李鸿章委他和彭某共同经理上海机器织布局。1869年以后，郑观应成为当时封建统治头目里热中洋务的人争相罗致的红人，总计先后给李鸿章、张之洞、左宗棠、刘坤一、盛宣怀、彭玉麟乃至醇亲王奕譞经办过上海电报局、轮船招商局、上海汉口电线、开平矿务局、汉阳铁厂、铁路公司、江西萍乡和安徽宣城煤矿、吉林三姓矿务局、上海医局、粤汉铁路；中法战争时，且曾到暹罗去做过军事活动，在香港与厦门办过援台事宜，至于代各方在上海采办军械军火，尤其干得长久。① 凡此种种，又说明郑观应不单单长于当买办，和外国人拉关系，并且也长于跑衙门，和封建统治阶级的大头目拉关系。

上海机器织布局的建厂工程，在1878年就已开始了。② 1879年春天，最初创办人中间起了分裂，③从此再也听不到彭某的姓氏，全厂的擘画主要地依靠郑观应经手。

---

① 吴尹全撰：《偫鹤山人事略》，见佚名辑印：《罗浮偫鹤山人节略》，光绪排印本。

② "工厂建设工程约在二年前即已开始"，China Maritime Custom，Trade Report，1880，p.7。

③ *North China Herald*，1879，Apr. 4，p. 319.

郑观应在筹建上海机器织布局事务上，远比彭某老练得多。为了要使纺织机器能够采用中国棉花做原料，郑观应首先致函当时驻在美国的香山人容闳，聘请一个纺织工程师到上海来进行实地考察。这个纺织工程师丹科（A. D. Danforth）①在上海研究结果，认为中国棉花纤维较短，恐怕和现成的外国纺织机器不合；于是郑观应就派翻译员梁子石携棉花数十担随丹科一同到美国去试织。后来试织布样寄回上海，郑等认为和洋布一模一样，于是决定仍请丹科到上海主持选订机器，规划厂房诸事。计划中，拟先定织机二百台，俟人手娴熟以后，再增机扩充。同时，郑观应并令翻译梁子石继续留在美国学习纺织技术和植棉方法，为上海机器织布局的将来发展作长久打算。

1880年夏秋之间，丹科再度来华，主持建厂；11月李鸿章即奏上“试办机器织布局以扩利源而敌洋产折”②，为织布局请得优厚的特权。李鸿章说：“溯自各国通商以来，进口洋货日增月盛，核计近年销数价值，已至七千九百余万两之多。出口土货，年减一年，往往不能相敌。推原其故，由于各国制造均用机器，较中国土货成于人工者，省费倍蓰，售价既谦，行销愈广，自非逐渐设法仿造，自为运销，不足以分其利权。盖土货多销一分，即洋货少销一分，庶漏卮可期渐塞。查进口洋货，以洋布为大宗，近年各口销数至二千二三百万余两。洋布为日用所必需，其价又较土布为廉，民间争相

---

① 中文史料称丹科，西文原名见 Decennial Reports. 1892－1901, Vol. I, P. 514。

② 吴汝纶编：《李文忠公全书·奏稿》，卷43载此折日期在光绪八年（1882年）三月六日，据前引《罗浮偫鹤山人节略》为光绪六年十一月。

购用,而中国银钱耗入外洋者,实已不少。臣拟遴派绅商在上海购买机器,设局仿造布匹,冀稍分洋商之利。……查泰西通例,凡新创一业为本国所未有者,例得畀以若干年限。该局用机器织布,事属创举,自应酌定十年以内,只准华商附股搭办,不准另行设局;其应完税厘一节,该局甫经倡办,销路能否倡旺,尚难预计,自应酌轻成本,俾得踊跃试行,免为洋商排挤。拟俟布匹织成后,如在上海本地零星销售,应照中西通例,免完税厘;如由上海径运内地及运通商地口转入内地,应照洋布花色,均在上海新关完一正税,概免内地沿途税厘,以示体恤。"

李鸿章为上海机器织布局所邀得的特权,非常优厚。照此办法,则织布局将获得专利十年,其出品在上海零星销售,不负任何税厘,是即比洋货少负5%的进口税;销入内地时,只完一正税,又比洋货少负2.5%的子口税。对于和洋货竞争而言,织布局在负税上是处在优势地位了。但这里我们不可忘记,手织土布并不享受任何免税减厘待遇,那是要逢关纳税,遇卡抽厘,背负着远超过7.5%的沉重负担的。

就在同一封奏折里,李鸿章还给上海机器织布局委派了六个经理人员。这六人的职务是,三品衔候选道郑观应,专办"商务",三品衔江苏补用道龚寿图专办"官务",编修戴恒、郎中蔡鸿仪、主事经元善和道员李培松则会同郑龚两人筹办。这六个人都是上海机器织布局的投资人,没有一个不戴着官衔的。尽管官衔并不代表实际官职,但是这是需要的。惟有戴着这些头衔的人,才有方便跑衙门,进行"官务"活动。当然这些头衔同时也就足以表示这些人物和当时的封建统治政权保有某种联系。

1881 年 12 月的消息说，上海机器织布局的股本已经招足了。[①]查股本总额，初按郑观应的计划，定为四十万两，后因不够周转，又续招十万两，共五十万两。此中郑观应一人所招的最多，所以局中银钱账目也就归他一人独揽，不料郑观应却就借这个机会做起自己的买卖来。据说当时五十万股本中，郑观应所收现银凡 352,800 两，余 147,200 两则“全系股票存局作为押据”。这三十五万两的现银，“不数年间，除付机器、基地、栈房、码头价值银两（209,000 两）外，其余尽变为各项股票及借纸押据（143,000 两）”[②]。于是物议沸腾，有人说任事人买空卖空，[③]郑观应办事不实；[④]同时也有人说任事人“任意挥霍，局事未完，而用途已至四万余两”，[⑤]这显然是指“专办官务”，“办事不妥”[⑥]的龚寿图而言的。在这里，我们可以看到买办和官僚经办新式企业的某些作风，这当然是和他们的出身有密切联系的。

织布局所订的机器，在 1883 年运到上海，[⑦]同年，郑观应脱离织布局。其后主要负责人由龚寿图一变为郎中龚彝图，再变为海关道盛宣怀，三变为经元善，最后又变为龚寿图、龚彝图兄弟。“维

---

① *North China Herald*, 1881, Dec. 6, p. 596.

② 曾国荃：“光绪十五年十月二日查复织布局务疏”，《曾忠襄公全书·奏议》，卷 31。

③ 徐蔚南：《上海织布局的始末》，《上海研究资料续集》，页 306。

④ “光绪十四年十一月四日李鸿章致张之洞电”，《张文襄公电稿》，卷 10。

⑤ 徐蔚南：《上海织布局的始末》，《上海研究资料续集》，页 306。

⑥ 龚寿图“办事不妥”，见左宗棠“与苏松太道邵小林观察书”，“与李少荃傅相书”，（均见《左文襄公全书·书牍》，卷 26，光绪八年作）；又李鸿章“致左相书”，“复左相书”，均见《李文忠公明僚函稿》，卷 20，光绪八年时作。

⑦ *North China Herald*, 1883, Sept. 28, p. 388.

时洋匠羁留日久,购存外洋机器及应付薪资延不付价,势将兴讼。"[①]到了1887年终于不得不重订章程,革新局务。按照新章程,旧股百两者,限三个月内续交三十两,换发新股票百两,[②]这就是说,机器尚未安装,原来资本已经亏折了30%。

上海织布局的厂址设在杨树浦临江地方,是由郑观应和丹科勘定的,共占地三百余亩,每亩价银50元。[③] 织布局机器包括轧花、纺纱、织布各机全套,大约是依照纺机35,000锭,布机530台[④]配制的。辊轴式轧机和织机为英国制品,环锭纺机和五百匹马力的汽炉则为美国所造。厂房为一长550英尺,宽80英尺的三层楼房,至1891年尚未全部竣工,[⑤]但一部分已装机器则于1890年便已开车生产。[⑥]

上海机器织布局各项机器本是按需要配制的,不知何故,开车后却又需要添购机器。有一个消息说,1891年春织布局曾由李鸿章作保,向汇丰银行借债一百万两,向英美订购新机价值750,000两。[⑦] 但到了6月,又感资本不足。李鸿章"欲在津筹借,但人皆不信"[⑧]。织布局拟在上海举借,德华银行可借十万两,索息七厘;钱

① 曾国荃:"光绪十五年十月二日查复织布局务疏",《曾忠襄公全书·奏议》,卷31。

② 章程见光绪十三年六月七日《申报》。

③ 郑观应:《盛世危言》,卷3,《纺织》篇,附记。

④ 徐蔚南:《上海织布局的始末》。

⑤ "Cotton Cloth Manufacture at Shanghai," *North China Herald*, 1891, Apr. 10. pp. 443 – 444.

⑥ Decennial Reports, 1892 – 1901, Vol. I, p. 513.

⑦ *North China Herald*, 1891, May 22, p. 619.

⑧ "光绪十七年五月二九日李鸿章复沪局马道",《李文忠公电稿》,卷13。

庄可借十万,索息在一分以上。①

织布局开车后,营业非常兴盛,纺纱的利润尤高。到了1893年的夏天,李鸿章为大利所诱,决定大规模扩充纺纱,致电出使英国大臣薛福成购置能造14支、15支纱的纺机百部,每日夜可出纱50包,说是此举是"为国家商务兴大利"②,要薛福成速办。不料新纱机尚未订购,织布局忽于1893年10月因清花间起火,全部延烧。当时租界会审堂蔡某曾要求租界当局饬令水龙驰救,而外人竟坐视不救,以致除监工女监房屋外,全厂房屋货物用具等等,靡有孑遗。③ 事后清查该局官私股本及债款约一百一十万两上下,④所余砖石、锅炉、机器、烟囱、房屋并地基等等值银十万两,⑤所存花布等项合银三十余万两,⑥两相抵除,估计损失不下七十余万两。

上海机器织布局被焚后,其优厚利润诱使李鸿章不独急图恢复旧厂,而且急图全面开设纺织厂。就在1893年的11月,李鸿章便调天津海关道盛宣怀会同上海海关道聂缉规负责规复织布局,说是"此事断难中止,亦难缓图",立意在上海设一个机器"纺织总厂",筹集款项,"官督商办",而由华商多设分厂,"力保中国商民自有之利权"。⑦ 这个自保利权的总分厂全面计划,除总厂外,拟另

① "光绪十七年五月二十八日马道来电",《李文忠公电稿》,卷13。

② "光绪十九年五月二十五日寄伦敦薛使",《李文忠公电稿》,卷14。

③ "光绪十九年九月二十四日寄江海关聂道、招商局沈道电",《李文忠公电稿》,卷15;又徐蔚南,前引文。

④ 盛宣怀:《规复织布局禀稿》,见《新辑时务汇通》,卷83;又薛福成:《出使日记续刻》,卷9,光绪十九年十二月二十一日记。

⑤ 薛福成:《出使日记续刻》,卷9,光绪十九年十一月十日记。

⑥ 参看薛福成前引日记,盛宣怀前引禀稿,又"光绪二十年三月二十八日李鸿章推广机器织布局折",《李文忠公奏稿》,卷78。

⑦ "光绪十九年十月二十六日李鸿章重整上海织布局片",《李文忠公奏稿》,卷77。

在上海、宁波、镇江等处设十个分厂，加上当时还在筹建中的湖北纱布官局，共有纺机 40 万锭，布机 5 千台。“如果纱布畅销，机器全行开办，约计每日夜可出纱一千包，出布一万匹；每纱一包，通扯售银六十两，每年约得纱价银一千八百万两；每布一匹，通扯售银二两五钱，每年约得布价银七百五十万两。……每年所出纱数，较之近年进口数已得十之八九，所出粗布、斜纹布二项较多（于进口之数）。而外洋纱布仍不能不入内地互争销售；况洋布各色，除粗布、斜纹布之外，中国棉花尚不合用，若不酌示限制，则跌价倾挤，华商资本有限，亏折堪虞。应请饬下总理各国事务衙门立案，合中国各口综计，无论官办商办，即以现办纱机四十万锭子，布机五千张为额，十年之内，不准续添，俾免壅滞。”①至各厂纳税免厘章程，则仍照上海机器织布局旧案办理。不过上海机器织布局商股554,900两，因火灾损失十分之八，则归以后各厂每出纱一包，提银一两，陆续归还。

上海织布局的规复，进行得异常顺利，至 1894 年便已部分开车，计纺机 64,556 锭，布机 750 台，厂名则依李鸿章之意，改为“华盛纺织总厂”②。

中国第一家棉纺织工厂的简单历史就是如此。有一点应该说明，上海机器织布局原来纯粹是商办的，大约就在 1887 年那次整顿以后，李鸿章曾指拨了若干“官款”和商股合办。从此，这个厂及

① 前引“李鸿章推广机器织布局折”。

② Decennial Reports, 1892 – 1901, Vol. pp. 513 – 514. 棉业统制委员会编：《华商棉纺织厂统计资料汇编》，页 1。按华盛开办得如此迅速，似乎不很可能。作者疑华盛机器久已订购，原来准备为扩充上海织布局之用，后上海织布局被焚，遂即另立名目，称为华盛。

其后身的华盛纺织总厂的资本就官私纠缠不清了。并且李鸿章直接委派总办人员,掌握全厂的管理大权,直是把厂看作自己私产一样摆布的。

## 2. 湖北纱布官局

1888 年上海机器织布局尚未开车,两广总督张之洞也起意创办纺织厂。他说:“洋布销流日多,年中以千余万计,大利所在,漏卮宜防。粤拟设织布纺纱官局,工价贱,运费省,应可与洋货颉颃,固有之利,允宜振新。”[①]又说:“自中外通商以来,中国之财溢于外洋者,洋药而外,莫如洋布、洋纱。……今既不能禁其不来,惟有购备机器,纺花织布,自扩其工商之利,以保利权。”[②]是张之洞的建厂动机,也为的是抵制洋货,挽回利权。

光绪十四年十一月(1888 年,阴历,下同)即电请出使英国大使刘瑞芬代为筹划。[③] 厂既为抵制洋货而设,则其设计目标,很自然地便落到织布上去。张氏考察当时广东销售状况,谓以原色扣布(T. Cloths)、原色布(Grey Shirtings)上次两等、白色布(White Shirtings)上次两等、竹布(Linen)、斜纹布(Drills)和提花色布(Dyed Brocade)六种为最通行。遂即将这些布样与中国棉花寄英试织。诸凡各布长宽尺寸与重量磅份,全以洋布为标准,不过另印特殊商

① “光绪十四年十月二十九日张之洞致天津李中堂电”,许同华编:《张文襄公全集·电稿》,卷 10。

② “光绪十五年八月六日张之洞拟设织布局折”,《张文襄公全集·奏稿》,卷 17。

③ “光绪十四年十一月十七日张之洞致伦敦刘钦差电”,《电稿》,卷 10。

标，示为国产。[①] 次年六月，英厂试制结果谓中国棉花只能纺20支至25支之纱，可织原色扣布、斜纹布及原色次等布三种；若织原色上等布、白色上次两等布，则纱缕稍粗，斤量亦重，不能如洋布之纱细而轻，因此三种皆用30支至34支纱所织，至提花布用纱为36支，自更不能织。不过若将中棉与美棉各半搀纺，则纱支可细至36支，各布即全可织造，[②]张之洞以为“中国棉花缕粗质重，布可耐久，甚合销，宜多织，应占六成；参用洋花，出布可多四种，计亦合算，应占四成”[③]，故十五年七月立约订机时即决定机器配制应能织原色扣布、斜纹布及原色次等布各二成，能织其余诸布者各一成。建厂规模，定为布机千台，轧花、纺纱、锅炉、水管各依布机千台[④]需数配制。纱机大约是30,440锭。[⑤] 厂址择定于广州河南，用棉则拟运取南通、嘉定、南翔、松江、宁波一带的出产，与一部分美棉。[⑥] 于此我们可见张之洞之建厂，纯以织布为设计中心，这在他既以抵制洋货为目标，则特重当时进口价值较多之布匹，原是很自然的事情。

张之洞建厂之心，异常坚决殷切，困难却在资本之筹集上。最初计划：机器价值英金84,832镑，[⑦]加上运脚保险，约须银四十余

① “光绪十五年三月初七日张之洞致伦敦刘钦差电”，《电稿》，卷10。

② “光绪十五年六月十五日刘钦差来电”，《电稿》，卷10。

③ “光绪十五年六月十五日张之洞致伦敦刘钦差电”，《电稿》，卷10。

④ Decennial Reports, 1892 – 1901, Vol. I. p. 305.

⑤ 《全国华商棉纺织厂统计资料汇编》，页3。

⑥ 前引“张之洞拟设织布局折”。

⑦ 此据“张之洞拟设织布局折”；另一说谓价值84,388镑11先令11便士，已付定银28,129镑10先令7便士，见“光绪十五年十月十八日刘使致译署电”，《李文忠公电稿》，卷11。

万两;厂基的购置填筑须银数万两;厂房工料须银十万余两;即将开车后的流通资金不计,至少亦须银六十万两。在"成本甚重,商股既不易集;库款支绌,官本亦属难筹"[①]的情况下,张之洞所采的办法是向"闱姓"[②]派捐。计派定光绪十五年份(1889年)者四十万两,作为机价;派定十六年份者五十六万两,作为开办费用及经常开支。至捐款未到,订机须款二十二万九千余两,则由库款暂为垫支。如此办法,张之洞名之为"官为商倡"。

光绪十五年十月,张之洞调任两湖总督。于是棉纺织厂也跟着张之洞调到了湖北,其资本的筹集还是同样的困难。张离粤时本与继任人李瀚章面约,将闱姓捐款亦移鄂应用,作为粤鄂合办,获利两省均分;[③]待张去鄂以后,李瀚章却只交出十五年之四十万两,对于十六年之五十六万两,则借故推辞。[④] 后张之洞自动减为十六万两,并允作为粤方股本,六厘起息,开办后获利则按股于息外分赢,亏折则由鄂方独任,于粤款利息绝不短少,[⑤]始获允准。此

① "光绪十六年二月四日张之洞粤省订购织布机器移鄂筹办折",《张文襄公奏稿》,卷19。

② 广东每于乡会试或岁科试时,盛行一种赌博:博者预卜得中人姓名,各入资若干,各指定若干姓,榜发后,视所卜中者之多寡,定所得之厚薄,是谓之"闱姓"。参看冼宝干纂:《佛山忠义乡志》,民国十二年印,卷4,《舆地略三》,"风俗"。

③ "光绪十五年十二月二十八日张之洞致广州李制台电";又"光绪十六年正月初七日张之洞致李制台电",《电稿》,卷12。

④ "光绪十五年十二月十九日李制台来电";又"光绪十六年正月初十日李制台来电",《电稿》,卷12。

⑤ "光绪十六年正月初七日张之洞致李制台电";又"正月初十日致广州王藩台电";又"正月十六日致李制台电";又"闰二月二十四日致李制台电",均见《张文襄公全集·电稿》,卷12。

款其后曾否付息付利，现无可考。

闱姓捐款既不能全数拨用，鄂厂经费自须另行筹措。光绪十六年三月又自广东拨借山西善后局借款二十万两。[①] 这笔借款，负年息达九厘之重，[②]此后即成为鄂局大累。就在这个时期，张之洞看到上海轧花业获利极厚，便要将原按布机千台配制的轧花机器增加一倍，使鄂局于织布之外，更营轧花副业；[③]后来又看到"中国棉纱销流最广，利亦最厚"，而"前定布机纺纱，仅供织布之用"，于是更"拟添纺纱机一倍，另轧花机炉全副，足供旧定及新添纺纱机之用"[④]，这就是使鄂局于织布之外，再兼营纺纱，当然也使鄂局资本的筹集更加困难。

增购机器是按纱机 10,152 锭配制的，[⑤]要到光绪二十一年才能装竣开车。然轧纺机及厂屋铁料暨运脚保险等费，须银三十余

---

① "光绪十六年正月初十日李制台来电"；又同日"致广州王藩台电"；又"正月十六日致李制台电"；又"闰二月初八日致李制台王藩台电"，《电稿》，卷 12。

② 前引"张之洞粤省订购织布机器移鄂筹办折"。

③ "光绪十六年三月十三日致伦敦薛钦差电"，《电稿》，卷 12。

④ "光绪十六年四月二十二日致伦敦薛钦差电"，《电稿》，卷 12。

⑤ 除上引致伦敦薛钦差一电外，张之洞未再言及增购纱机事，惟吾人根据下举各理由，相信此次确曾增购纱机。1. 张之洞在"光绪十九年六月初四日筹拨织布局官本折"（《奏稿》，卷 21）中称"后又添购轧花机器及厂屋铁料，暨外洋运脚保险等费，增款银三十余万两"，旧购机器不过四十万两，此次若只增轧花机而无纺纱机，价值绝不能如是之多。当时已有人诋张氏好糜费（参看"光绪十六年闰二月二十四日致李制台电"，《电稿》，卷 12），于旧厂尚未开工时再购新纱机，自更招人物议，故张于奏稿中只言增购轧花机及铁料，可指为旧厂需用以为搪塞，于新添纱厂则不敢明言，而用款实已计算在内。2. 据棉业统制委员会之调查，湖北织布官局有纱机两种，一为 Platt Brothers 厂所造，计 30,440 锭，系 1891、1892 两年所设；一为 Asa Leas 厂所造，系 1898 年所设，计 10,152 锭（《全国华商棉纺织厂统计资料汇编》，页 3），不论就制造厂家或设置年份论，此两种纱机显系两批，而非一批订购者。3. 按纺织机生产能力，纱机30,440锭之产纱已足供布机千台之所需，故其余之 10,152 锭显非原计划内之纱机。

万两，却要先行支付。这时布厂已动工而资本无着，于是不得不向各方罗掘，除向商号暂借及挪借善后局闲款垫用外，把湖北藩司善局向来存当生息的“善举”公款十万两也自各当店提来。① 其负息之重，自更不堪闻问。抑尤有进者，李瀚章所允拨之闱姓捐款十六万两，须至十六年冬始能缴纳，粤省不肯先行垫付，而张之洞迫不及待，故在十六年四月间遂向洋商求援：即以此项捐款为担保，由广东善后局向汇丰银行息借十万两，认息五厘。② 这十万两汇到后不久即尽；故拖延至八月间又以同样方法向汇丰续借六万两。③ 如今我们看到，外商资本对于华商纱厂的侵蚀，远在中国第一家纺织厂甫经运转的光绪十六年（1890年）便已开始了。

鄂厂机器订购之初，本约定分五次运粤，十二个月在伦敦交清的，④可是资金难集，厂房之建筑迟延，直到十八年底，始在武昌文昌门外临江地方建成厂屋，开始运转，这就是湖北织布官局。计自订机至开车，费时约三年有半，时间不为不长，惟到了实行开车，却又发现送棉、通气、喷水、救火各机还不够用，而随机雇来的洋匠也不敷分配，以致于“停机待匠”！⑤

湖北织布官局自始便靠高利贷资本来扶持，开车以后，很有盈

① “光绪十九年六月初四日张之洞筹拨织布局官本折”，《奏稿》，卷21；又薛福成：《出使日记》，卷6，“光绪十七年正月二十八日记”。

② “光绪十六年四月十一日致广州王藩台电”；“四月十五日致广州李制台王藩台电”，《电稿》，卷12。

③ “光绪十六年八月一日致广州王藩台电”，“八月初十日王藩台来电”，《电稿》，卷13。

④ 前引张之洞“拟设织布局折”。

⑤ “光绪十八年十二月十七日致伦敦薛钦差电”，《电稿》，14；又薛福成：《出使日记》，卷6，“光绪十七年正月二十八日记”。

利，但张之洞不谈抵制洋货了，他要用布局的盈利来挹注他所办铁厂与枪炮厂的不足。早在光绪十九年(1893年)的二月，他便上奏章说："臣所设织布厂现已告成，陆续加工开织，机势似甚顺利，明年当有盈余，亦可酌量拨补铁厂之费。……总之以湖北所设铁厂、枪炮厂、织布局自相挹注，此三厂联为一气，通盘筹划，随时斟酌，互相协助，必能三事并举，各睹成功，以后断不致再请部款。"[1]果然，此后织布局的资本始终和铁厂、枪炮厂纠缠不清。现在我们仅知截至光绪二十四年(1899年)闰三月间，铁厂确曾拨用织布局股本34万两，布局也曾赖铁厂代付机器运脚保险及机价，两相抵除，铁厂尚净欠布局278,762两之多。[2] 同时，织布局所欠山西的二十万九厘债款，却总是给付利息而不还本，计至光绪二十二年为止，便付了138,000两，足当本金四分之三。到了二十四年前後，织布局终于因棉花岁歉价昂，纱布洋货争利，临到了"每年应付官息商息，入不敷出"的绝境。[3]

光绪十九年(1893年)秋冬之间，张之洞所创织布局已在高利贷的重累之下，新添之一万余纱机尚未装置，他所创铁厂、枪炮厂，则需款孔亟，艰于筹措，于是当时纺纱厚利乃再度引起他的设厂狂热，要大规模增建纺纱厂。据他自己所说，这回建厂的目的，"原为

---

① "光绪十九年二月二十五日豫筹铁局成本折"，《奏稿》，卷21。

② "光绪二十年十月初二日铁厂拟开两炉请饬广东借拨经费折"，《奏稿》，卷22；又"光绪二十四年闰三月十三日查明炼铁厂用款咨部立案折"，《奏稿》，卷29。

③ "光绪二十四年闰三月初七日致太原胡抚台俞藩台电"，又同月十七日"致太原胡抚台电"，《电稿》，卷30，又"光绪二十六年六月十四日札织布局查复借用款案据"，《公牍稿》，卷14。

协济铁厂之用”[①]；“既能辅佐布局之不逮，兼可协助铁厂之需要”[②]，而当时铁厂经费无着，他以为也“惟有扩充布局纱厂，以其盈余，添补铁厂经费之一着”[③]。

新纱厂动意之初，便打算借贷度日。十九年七、八月间，张之洞电请出使英国大臣薛福成与英厂交涉购机，希望能办到分期付款，愿负利息。他说“鄂省布局开织以来，销售甚畅，获利颇丰。……再添纱厂，利息尤厚。按期付价，断不含糊。但得公九鼎一言，或即以布局作保，该厂必可照办。傥必须现银，则此事即不能办，实为可惜”[④]。至于对方索息七厘，他以为并不为多，[⑤]况“纱利甚厚，重息无妨”[⑥]。这样到了九月间，便把订机合同签定了。其条件大约是订约时，交付定价四分之一，其余由湖北织布局作保，分三年六次拨还，自立约后每半年付款一次；交货后按六厘起息；机器分二年交清。[⑦]

新厂规模宏大，计照湖北棉花配制能纺10支至16支纱之纺机九万七百余锭，连同全副配件，价值当在二十万镑以上。当时官库既绝对无力，故“详加筹划，惟有招商助官之一法。……大率系官商合办，将来视官款商款之多少，以为等差；或官二商一，或官一商二，或官商各半，均无不可。官款取给于纱布之余利，或由局自向

---

① 前引“铁厂拟开两炉饬广东借拨经费折”。

② “光绪二十年十月初三日增设纺纱厂折”，《奏稿》，卷22。

③ “光绪十九年八月十七日致伦敦薛钦差电”，《电稿》，卷14。

④ 同上。

⑤ 同上。

⑥ “光绪十九年八月初一日致伦敦薛钦差电”，《电稿》，卷14。

⑦ “光绪十九年八月二十六日薛钦差来电”，《电稿》，卷14。

银号通挪；商款出之于股票。如官款猝难多筹，即全行交商承办，但令按纱每一包从丰抽缴捐款若干，以助布局，统由该局随时体察情形，酌量办理。……目前机器尚未运到，所收股票之款，即可暂拨充铁局枪炮局之用”①。这样，张之洞创办纺织厂的真正目的，便逐步暴露了。

新厂机器太多，预计在布局之旁兴建南北两厂，南厂即归织布局原委湖北试用道赵滨彦兼管；北厂则委江汉关道署理臬司瞿某为督办，委知府盛春颐为总办。② 北厂装机 50,064 枚，③于光绪二十三年(1898 年)完工开车，④是即湖北纺纱官局。

湖北纺纱局开车时，原是官商各出资三十万两合办的，惟工竣之初，张之洞于原委督办总办之外，更奏调广东候补道王某常川驻局督办厂务。如此督办总办，商股以为掣肘必多，难以合作，于是张之洞乃想把全厂推给商办，条件是“官未便再添股本，只能就已拨之三十万两按年取息，不问盈亏”。这等于要商人借债办厂，自然更非商股所愿，所以最后乃不得不全部收归官办。⑤

张之洞所购南纱局机器在湖北始终没有建成，最后是由张謇领去办了南通大生纱厂的。张謇创办大生纱厂的经过，详见他自己的著作，这里就不去细述了。

---

① “光绪二十年十月初三日增设纺纱厂折”，《奏稿》，卷 22。
② 前引“增设纺纱厂折”。
③ 《全国棉纺纱厂统计资料汇编》，页 3。
④ “光绪二十三年六月十五日札纺纱局改归官办”，《公牍稿》，卷 12。
⑤ 《全国棉纺纱厂统计资料汇编》，页 3。

## 三　近代棉纺织厂萌芽阶段的简单总结

以上我们叙述了几家棉纺织工厂的创设经过，这是我们知道得比较详细的几家，此外，在甲午战争以前，还有几家的简单情况如下。

当上海织布局开始运转的次年，上海道台唐松岩所主持由轧花厂改组而成的华新纺织局也完工开车。[①] 这显然是和李鸿章只许附股搭办上海织布局，不准另行设局的奏定章程相违的，其创立经过已不能详，或许是以其规模之小（初设纱机 7,008 锭）[②]而被允许的。当其初成的二三年内，这两个厂都能获得很高的利益，或谓上海织布局在光绪十九年（？）获红利达 25% 之多。“这自然就吸引资本投向这个工业部门上来。”[③]于是光绪二十年，上海又开了一家裕源纱厂，次年更开了裕晋、大纯两厂。[④] 这样截至光绪二十一年为止，中国全国已完成棉纺织厂七家，另在筹建中者两家，集股创办终未完成者三家。[⑤] 已开各厂设备如下：

---

① 本书附录，“中国纱厂沿革年表”，“1891 年”条。

② 《全国棉纺纱厂统计资料汇编》，页 2。

③ Decennial Reports，1892－1901，Vol. I，p. 513.

④ 本书附录，“中国纱厂沿革年表”，“1894 年”，“1895 年”条。

⑤ 一为 1888 年福州拟设之厂，经过见 Decennial Reports，1892－1901，Vol. II，Foochow，p. 95；二为 1893 年天津拟设之厂，见薛福成：“强邻环伺谨陈愚见疏”，《庸盦全集·海外文编》；三为 1893 年重庆拟设之厂，见 Decennial Reports，1892－1901，Vol. I. Chungking，p. 135。

**华商各厂机数及历年全国累积机数表**

（1890—1895年）

| 开车年 | 厂址 | 厂名 | 单位：纱机，锭；布机，台。 | | | | 备考 |
|---|---|---|---|---|---|---|---|
| | | | 本厂纱机 | 全国累积纱机 | 本厂布机 | 全国累积布机 | |
| 1890 | 上海 | 上海织布局 | 35,000 | 35,000 | 530 | 530 | 本厂本年部分开车 |
| 1891 | 上海 | 华新纺织新局 | 7,008 | 42,008 | —— | 530 | 本厂机数据棉统会调查 |
| 1892 | 武昌 | 湖北织布局 | 30,440 | 74,464 | 1,000 | 1,530 | 1893年无新厂开车，机数同本年。本年华新增2,016锭。 |
| 1894 | 上海 | 华盛纺织总厂 | 64,556 | 104,020 | 750 | 1,800 | 累积数中无上海织布局机数。本年华新增50台。 |
| 1894 | 上海 | 裕源纱厂 | 25,000 | 129,020 | —— | 1,800 | 本厂机数据 Dec. Rep. 1892 - 1901, Vol. I. p. 514。 |
| 1895 | 上海 | 裕晋纱厂 | 15,000 | 154,172 | —— | 1,800 | 本厂机数根据同裕源；累积数内湖北布局增10,152锭。 |
| 1895 | 上海 | 大纯纱厂 | 20,392 | 174,564 | —— | 1,800 | 本厂机数据《华商纱厂联合会季刊》VIII,1。 |

假定我们把甲午以前的历史当作现代中国棉纺织工业的萌芽阶段，那么1895年前已开车生产的共七个厂，纺织174,564锭，布机1,800台；已在筹建中而到1895年后开车的共三个厂，纺机88,614锭。现在我们试对这萌芽阶段的历史做一个简单总结。

在本章第一节里，我们曾经说明外国资本主义机制棉纱布的内销，对中国手工棉纺织业产生了分解作用，造成了数量庞大的纱布商品市场和低价的劳动力市场，这就给中国资本主义生产的发生造成了一些客观条件和可能。

前面所述几家棉纺织厂的创立经过，很清楚地说明了纱布商品市场和廉价劳动力市场的存在，如何成为资本主义棉纺织工厂的发生条件。

如前所述，创立棉纺织工厂的发起人或主持人，几乎异口同声地都说明他们的建厂目的，是在抵制洋货、挽回利权。正是为了抵制洋货，所以工厂的设计目标就集中于仿造洋货，并且重点在于仿造当时内销价值较大的洋布，而不在进口增加速率较快的洋纱。李鸿章起初是按照当时进口纱布价值来预测上海织布局的成败的，说是“织布局所出布匹尚不敌进口洋布的十分之一，所以必将随产随销，逐步扩充”；后来则完全按照进口纱布数量来设计他的全国纱锭布机数的总分厂计划了。张之洞在广东订购纺织机器，干脆把“最为通行”的六种英制棉布样品再送回英国去，照样仿造，依式配置机器。最突出的是首创上海织布局的彭道台，按照他的计划，则连英国流行的棉布掺杂办法也都模仿过来了。

我们当然不可被抵制洋货、挽回利权这些动听的说词所迷惑。抵制洋货，其实并不说明工厂创建人就是在为民族利益作打算，那不过说明纱布市场的存在为纺织工厂的建立提供了一方面的客观条件罢了。

上海机器织布局的主要创建人郑观应是一个买办，也是大声疾呼，主张设立纺织工厂的人。他说他看到了“通商大埠及内地市镇城乡衣土布者十之二三，衣洋布者十之八九”，因而“银钱外流，华民失业”，于是他就大为慨叹，曰：“呜呼，洋货销流日广，土产运售日艰，有心人能不愁然忧哉！”因而他说不能“坐视土布失业”，

“筹一暗收利权之策”,就是要“设洋布厂”。[1] 这样说来,好像设洋布厂并不会令“土布失业”,倒反而会使土布就业了。

1893 年上海织布局被焚后,李鸿章说是“多销一分之洋货,即少销一分之土货,小民生计日艰,隐患实在于此”[2],因此他强烈地主张开办织布局的事情“断难中止,亦难缓图”。可是他前后两次为他庇护下的织布局请求专利十年,并请得止纳海关正税,免除子口税和一切厘捐杂派的优厚待遇。早在 1894 年就已经有人指出,“民间土货则逢关纳税,遇卡抽厘,其数尚不止此(指海关正税)。此项土布,出自穷乡妇女,机杼寒灯,厘税重则成本多,成本多则货价贵,以故销路愈滞,杼轴多停,谋食愈艰,生计益蹙,李鸿章为局商计,未为小民计”[3]。这样说来,李鸿章热中于纺织工厂,结果是必得使小民更加“生计日艰”的。

其实“土布失业”与“小民生计日艰”都是事实,不过这并不意味着买办如郑观应和封建统治阶级大头目如李鸿章真的因此就“愸然忧哉”。这不过反映当时中国已经存在着低廉的劳动力市场,具备了兴办纺织工厂的又一方面的客观条件罢了。用张之洞的话说,就是“工价贱”!

1890 年有人估计在孟买开设纺纱厂,把棉纱运销到中国市场上来,可以获得利润 13.33%;如果在上海开设同样的纱厂,只是因为节省了运费和煤火费两项开支,利润率就可以提高到 24.44%。[4] 实际上,有人说 1893 年上海织布局的利润率为 25%;而据这个厂

① 郑观应:《盛世危言》,卷 3,《纺织》篇。
② 前引李鸿章“推广机器织布局折”。
③ 刘岳云:《农曹案汇》,“布棉税厘”文引“光绪二十年御史杨农奏”。
④ *North China Herald*,1890,July,11.

的发起人彭某的计算，则分派了 9.6% 的官息以后，还可以获利 30%。揭穿来看，挽回利权者，获取利润罢了。

前述各厂的创办经过也充分说明了，尽管创办人以抵制洋货相号召，可是他们还是不得不和洋货洋人发生千丝万缕的联系。大约许多创办人之中，谁都没有见过纺织机器是甚么样子。因而，中国棉花能织何种布匹，就需要洋厂代为试验；工厂装配何种机器，也需要洋工程师代为设计；不用说，机器是必须到外洋去买的；技工也是必须到外洋去请的。总之，纺织工厂是一套完全陌生的事物，那里面有关技术设备的种种，都必须依赖洋人，缺一不可。那怕就是工厂已经建成，机器已经安妥，就像湖北织布局那样，只是因为随机而来的洋匠人手不足，也不得不“停机待匠”。

正因为办厂和洋货洋人必须有千丝万缕的联系，所以以洋务通的姿态出现的买办就身价百倍。这方面，我们只找到上海织布局郑观应一个人的资料，我们相信其他各厂，也多半会有同类的人物主持其事的，只不过一时难以查考他们的身世罢了。

如果在这个时代，谁要创办纺织工厂，他就不得不和洋货洋人发生千丝万缕的联系，那么，他和封建统治政权尤其不得不有千丝万缕的联系。

郑观应可以作为中国现代工厂开创时期典型的代表人物看待，他是买办——和洋货洋人有着千丝万缕的联系；他又一而再，再而三地用金钱去捐买官衔，奔走于各大封建统治头目的门下——和封建政权保持千丝万缕的联系。这一洋一土的联系，缺一不可。上海机器织布局虽不成于郑观应之手，但是经营擘画基础是郑观应建立的，惟有多少具备郑观应这样条件的人，才最适于创办现代工厂。

创办现代工厂之必须和封建政权保持联系，首先是因为那是工厂必须通过的一个关口。彭道台发起创办上海机器织布局，再三强调他已经筹足了资本，不需要官款协助，但是他所拟的八条创办章程的头一条，就说明这个厂必须要奏请诏准，由官厅委派一个官员和他共同经理，否则他就“尽责无权，尽心无保障”。后来上海织布局的股本，主要地依靠前述那六个人筹措，那六人无一不戴官衔，固不用说，就是他们之经办这个厂，也是要经过李鸿章委派的。六人之中，郑观应“专办商务”，另外却又有龚寿图“专办官务”。由此可见“官务”之重要。

1878年李鸿章接见了上海织布局发起人彭道台以后，答应他将和沈葆桢“保障”彭某“不受任何方面的干阻”。这句话透露了“官务”的内容，那就是工厂需要某种权势的支持庇护。南通大生纱厂创办人张謇总结他和衙门打交道的经验说：“官场积习，通一语，须钱也；行一牍，须钱也；求一见，亦须钱也。”①在那个必须通过的关口，无往而不须钱；可以想见，某种权势的庇护，对于拥有数十万资金的现代工厂该是何等的重要。

同光之际，有不少的封建统治大头目依靠办“洋务”起家。办工厂，开矿山，架电线，筑铁路，李鸿章搞一套，张之洞也搞一套。这些显赫一时的奴隶总管都靠“洋务”一箭双雕：一则拿“洋务”当政治资本，依以自重；一则拿“洋务”当营私窟穴，装填自己的荷包。棉纺织厂也是“洋务”之一，他们之热中于棉纺织厂，也正为此。李鸿章身在北洋，但是他的“洋务”根据地则在江宁、上海，所以有人

① 张謇：“答南皮书论兴商务改厘捐开银行用人才变习气要旨”，《张季子九录·实业录》，卷4。

在上海创办纺织厂，南洋大臣两江总督沈葆桢做不了主，彭道台需要到天津向李鸿章去求助，而李鸿章也就乐于包揽这个工厂，支持庇护这个工厂。张之洞原是用广东的资金在广州办厂的，可是当他调任两湖时，厂也就跟他搬到了武昌，一部分资金却还在广东筹捐。湖北织布局开车以后，张之洞再不谈抵制洋货了，始则要用布局的盈余拨补铁厂经费，使布厂、铁厂、枪炮厂“联成一气”，继则大规模筹建新纱厂，“原为协济铁厂之用”，最后则干脆把新厂股票拨交铁厂、枪炮厂应用。谁都知道，铁厂、枪炮厂乃是张之洞的政治资本，三厂“联成一气”，棉纺织厂者，张之洞政治资本中的一笔罢了。

李鸿章、张之洞怎样用“洋务”装填自己的荷包，当然没有人可以查账，但是这几乎也是一件无须证明的事情。

现代工厂必须通过封建衙门这个关口，这个关口是由一系列的大小封建头目把守着的。张謇的经验已经证明了这道关口的“须钱”。“须钱”当然不分官办私办，不过突出的表现是在“官”对于私营各厂的侵吞上。

上海织布局本来是纯粹商办的，在开车以前，“专办官务”的龚寿图就“任意挥霍”，“办事不实”，所以在还没赚到那 30% 的红利时，就已先亏折了 30% 的资本。1887 年李鸿章进一步插手织布局以后，由他指拨加入的官款不足全厂资本的一半，但他所委派的经理人员却掌握了全厂的管理大权，称为“督办”。1890 年开车以后，本有极高的利润，但是直到被焚的时候为止，股东却丝毫未分得红利。①

① “光绪十九年十月十九日盛宣怀规复织布禀稿”，《新辑时务汇通》，卷 83。

上海织布局被焚以后，李鸿章拟定了更大的计划，开办一个华盛纺织"总厂"，把上海完全商办的裕晋、大纯诸厂强收为"分厂"；更开设一个纺织稽查公所，委派"提调"一员，常川驻所，专门向各分厂去勒索捐款，每纱一包，提银一两，用来抵补上海织布局的火灾损失。这就叫做"官督商办"。这个纺织稽查公所，后来还是因为外籍纱厂抗不纳捐才寿终正寝的。① 至于华盛总厂，则由盛宣怀一手包办，据他所说，不独无利，且历年亏折。到了光绪二十七年另行招商顶替时，竟亏银达十六万多两。② 但我们确知，所谓招商顶替，实是盛宣怀把官厂变为私厂的一套诡计，股票始终还是握在盛家手里的。到了民国以后，这个官厂果然成了盛家私产，为了掩人耳目，乃屡屡更改厂名，并雇用英人出名向香港政府注册，而英旗也就飘扬厂室了。③

湖北织布本来是纯粹官办的，既成以后，招商股以济官力之穷，然其经营管理却始终握在官府手里，其资本也始终和官办的铁厂纠缠不清。湖北纺纱官局，初议本是官商合办的，既成之后，就是因为与商人争夺管理权而逼得商人退股。我们又知道纺纱官局的北厂，营私舞弊的事情很多，④拖延到光绪二十八年便失败出租了；⑤其南厂筹办不成，并所招商股也没有着落。⑥ 苏州还有一个苏纶纱厂，是苏州商务局所集商股创办的。按光绪命令，商务局只是

① Decennial Reports, 1893 - 1901, Vol. I, p. 514.

② "光绪二十九年二月十九日张之洞查明盛宣怀等参款折"，《张文襄公奏稿》，卷36。

③ 《纺织时报》，第782期，页663。

④ 张謇："致王雪澄函"，光绪二十四年作，《张季子九录·文录》，卷11。

⑤ 《时选采新汇选》，光绪三十年，第4卷。

⑥ 《张总长季直经理大生纱厂十二年之历史》。

“官为设局，一切仍听商办”，可是初建人是在籍的前国子监祭酒陆润庠，开车后第三年(1898 年)，陆润庠复职，这个厂也就因而出租。承租人是候选郎中祝承桂，并举在籍的广东候补知府吴景萱为总董，另由翰林院修撰费念慈，内阁中书潘祖谦为理事，遇事则由江苏藩司会同商务局督察商办。[①] 又是一群戴着各色官衔的人物。所以在出租时，契约本规定不论营业损益，必付股东官利的，而实际上，股东也还是得不到股息。[②]

当时人对于官吏侵夺纺织工厂，曾有这样的观察：“中国之纺纱织布局，若云官办，则实招商股；若云商办，则有总办、帮办、提调名目。……商人虽经入股，不啻路人，即岁终分利，亦无非仰他人鼻息。而局费之当裁与否，司事之当用与否，皆不得过问。虽年终议事，亦仿泰西之例，而股商与总办分隔云泥，亦第君所曰可，据亦曰可；君所曰否，据亦曰否耳。且商人惟利是趋，不待官之督责而始知求利也。一自官为督责，则所用司事皆官场(引)荐之人，情面太多，必有履满之患；商人沾染官气，则凡达官过境，下临布局，亦多方酬应，献媚取怜，而局用浩繁矣。”[③]并且“司账又由总办延聘，只有随声附和，谁敢发伏摘奸?”[④]就是满清政府的商部也不得不承认，“不肖官吏或且牵掣抑勒，甚至报关完税，多所需索；商船验放，到处留难；遇有词讼，不能速为断结，办理不得其平”[⑤]。所以御史

① 光绪二十四年四月十日，刘坤一：“缫纺两厂承租包办折”，《论折汇存》。
② 张謇：“承办通州纱厂节略”，《张季子九录 · 实业录》，卷 1。
③ 吴佐清：《纺织》篇，《皇朝经世文编》，卷 105。
④ 张骏声：《纺织》篇，《皇朝经世文编》，卷 105。
⑤ “光绪二十九年九月商部奏”，《东华续录》，卷 183。

蒋式理也说："商民愈涉疑惧，一闻官办，动辄蹙额，视为畏途。"[①]所谓"排调恢张，员司充补，视为大众分利之薮，全无专勤负责之人；卒之糜费不赀，考成不及，于财政上有徒然增预算溢出之嫌，于实业上不能收商贾同等之利，名为提倡，实则沮之。"[②]

凡此种种，又说明办工厂，不得不和封建统治政权发生千丝万缕的联系；然而既经有了这样的联系，也就不得不受到封建官僚千方百计的勒索侵吞。这就是中国现代棉纺织厂萌芽时代的又一方面的情况。

① "光绪三十年三月蒋式理奏"，《东华续录》，卷185。

② 张謇：《宣布就任时之政策》，《张季子九录·政闻录》，卷7。

# 第五章　一个国际商品市场上的棉纺织业

(1895—1913 年)

## 一　中国——一个国际棉货市场

外国资本主义棉纱布的内销,为中国棉纺织业资本主义生产创造了某些客观条件和可能。在这些客观条件和可能下,中国棉纺织业自十九世纪七十年代以来,就逐步走上了资本主义商品生产的道路。但是,这是历史发展过程的一个方面,这丝毫并不意味着中国棉纺织业里资本主义生产将能和资本主义国家那样正常地、充分地发展起来。不是的,历史发展的另一个方面,乃是帝国主义和中国封建势力压迫着中国棉纺织业资本主义的发展。

经过了两次鸦片战争,外国资本主义把中国辟成为一个自由销售其过剩工业产品的国际商品市场。到了九十年代,正当中国棉纺织业建立现代工厂的萌芽阶段,国际资本主义却已走入了帝国主义阶段。于是经过了中日甲午战争,外国资本主义又把中国辟成为一个自由投放其过剩资本的国际资本市场。所以甲午以后,压迫中国棉纺织业资本主义之发展的,既有洋货,又有外资。不过衡量起来,在第一次世界大战以前,洋货的压力远比外资为大。所以本章主要地就从这方面来考察中国现代棉纺织业的发展过程。可以说,这个时代乃是中国棉纺织业资本主义的初步发展阶段。

洋货对于中国自设纺织工厂的压力,就在创设纺织厂的买办和官僚身上,也是早已感觉到的。郑观应慨叹"欲禁洋布不来,有所不能";主张在"无可如何之中","设洋布厂","加洋布税",①其实加洋布税,也是"有所不能"的。李鸿章明知"洋货仍不得不入内地",和他庇护下的上海机器织布局"互争销售",②他惟一的办法也只好给织布局专利和免除杂项厘税一途。但是按诸实际,洋货在负税上却又常是轻于国产的。

## 1. 中外厂商的负税轻重

细考中国关税制度,可知国内外同样货品的待遇是不同的。

就纱布制成品而言,根据1858年中英《天津条约》之规定,洋货输入中国时,纳进口税从价5%;自口岸内销时,更纳子口税从价2.5%。所以洋货入中国,负税5%,可在口岸销售;负税7.5%,可任意运销各地,更无其他税捐。反顾国货,同一条约规定了税率:自口岸运出时纳税5%。又光绪六年李鸿章所奏定之优待机制纱布办法为:在口岸零销时免纳税捐;自口岸分销内地时,除正税5%外,更不纳其他税捐。如此,在上海等国货产地市场上,洋货较国货多负5%之进口税;在内地非国货产地市场时,洋货较国货多负

① 郑观应:《盛世危言》,卷3,《纺织》篇。

② 前引李鸿章:"试办织布局折"。

2.5%之子口税；若国货自此一口岸运赴彼一口岸销售，则洋货和国货之负税完全相同。此2.5%至5%之负税差额，本卑不足道，难言保护国货；然实际此种差额究否存在，尚有疑问。

第一，试问洋货所负进口税实际果达5%与否？第二章已经说明了，洋货税则订定之初，本来就不足5%；此种情形，并不独1858年之税则为然，即1902年者亦莫不然。因此，某海关税务司便尝说："中国已开始制造棉法兰绒与棉毯，惟此种货品与同种日货竞争，今已知其全无获胜的可能，盖1858年条约规定土货课从价税5%，而1902年修订之进口税则，使日货负税实不及5%。影响所及，直使国内产业无复生理。"①

第二，舍正税而论子口税，"今试问口岸之洋货，果尽入内地否？即入内地，果尽完子口税否？检海关贸易册，每年子口税能得正税之几成？观其年短一年，不可不深求其故。凡口岸之洋货，就地归商店售卖，化整为零，即多不在应纳之限；名为化厘为税，实多化有为无。盖此子口税之必不能符正税之半，自昔已然。迨今口岸日多，所接近之内地亦日益相悬，驯且洋货只有正税，几无复子口税，则并厘为税之文，将成虚设"②。其实洋货不独随口岸之增辟而日益减低其子口税之负担，即就货物品质言，亦复如此。盖口岸都市的消费物品，远较内地乡村为细致。国内纺织工厂的制品，一则限于国产棉花品质之粗短，再则限于生产技术之低劣，根本不能十分精细。故国内纺织工厂虽设于口岸都市，其产品仍多运销内

① Returns of Trade and Trade Report, Pt. I, 1916, p. 3.

② 张謇："拟请提议照约速定裁厘加税请秘密会议文"，宣统二年作；见《张季子九录·政闻录》，卷3。

地乡村,口岸市场几为洋货所独占。故洋货与土货2.5%至5%之负税差额,亦几于全不存在。

以上是专就纱布制成品立论的,今试比较中外纱厂在原料采购上的负税。1896—1913年间,采购中国棉花最多而棉纱在中国市场亦最占优势者,首推日本,今即以日本为例。中国纱厂,若纺制细纱,必购用美棉。根据条约的规定,进口棉花每担须纳进口税关银六钱,假定外棉每3.45担可纺纱一包,则中国纱厂每纺纱一包,须在原料上负税2.07关两。日本方面,对于棉花进口与纱布出口,完全免税,故此2.07关两便成为华厂较日厂多负之原料成本。再者,通商口岸之纱厂向内地采购棉花,运经另一口岸,据条约规定,自另一口岸运出时须纳出口税每担0.35关两,到达纱厂所在地进口时,更须纳转口税每担0.175关两。假定华棉亦以3.45担纺纱一包,则此包纱之原料负税1.81125关两。而日本纱厂自同一地区采购同种棉花,却只须缴纳出口税每担0.35关两,即每包纱应负税1.2075关两,并不负转口税。由此可见,同以中国棉花纺制粗纱,中国纱厂又较日本纱厂多负原料成本每包0.60375关两。①

以上专论洋货,今更论外资。《马关条约》第六款第四项规定:"日本臣民得在中国通商口岸城邑任便从事各项工艺制造,又得将各项机器任便装运进口,只交所定进口税;"又规定"日本臣民在中国制造一切货物,其于内地运送税、内地税、钞课杂派以及在中国内地沾及寄存机房之益,即照日本臣民运入中国之货物一体办理,

① Cf. Returns of Trade and Trade Report, Pt. I. 1916, pp. 2-3.

至应享优例豁除，亦莫不相同。”[①]次年，《中日公立文凭》第三款又规定：“日本政府允许中国政府任便酌量课机器货物税饷，但其税饷不得比中国臣民所纳加多，或有殊异。”[②]这样，外资在华工厂遂取得和华资工厂及洋货之同等待遇。

不过，事实上，华资工厂即欲求与外厂受同一待遇，亦不可得，其故在华厂所负非法苛捐之繁多。

以上我们比较中国国货与洋货的负税，是仅就合法税捐而言的，洋货于合法税捐之外，不负任何纳税义务，外厂应与洋货受同一待遇，负税义务亦同。又外厂更应与华厂受同一待遇，故亦得享华厂止纳正税的权利。这就是说，华厂所享之优待条件，外厂都得享受；华厂所实负之苛捐杂税，外厂概不缴纳。

华厂实际负担之苛杂，究加重至如何程度？这乃是一个永远无人能够回答的问题。譬如棉花厘金一项，有人估计华厂所纳者约当货价的5%乃至20%，[③]实则厘金之害，固在于关卡之多，税率之重，而尤在于收税吏敲诈中饱之无餍，就连估计实亦无法着手。我们与其寻找税率之高低，倒不如检视当时人的观感，更能得其真象。亲办纱厂多年之张謇曾于光绪三十二年致书张之洞说：“士大夫习闻人言厘捐病民也，时而相语，亦曰厘捐病民也，而不若民之病于厘捐者怨毒之深也。故尝以为过捐卡而不思叛其上者非人情，见人之酷于捐卡而非人之叛其上者非人理。”[④]在满清统治之

① 黄月波等编：《中外条约汇编》，页152。

② 《东华续录》，卷136。

③ 高柳松一郎著，李达译：《中国关税制度论》，页13。

④ 张謇：“答南皮尚书条陈兴商务改厘捐开银行用人材变习气要旨”，《张季子九录·实业录》，卷4。

下，张謇对张之洞埋怨捐卡之酷而至谈到“叛上”，其怨毒之深，可以想见了。

以上所述，可以证明中国是一个完全公开的国际商品市场，也是一个完全公开的国际投资场所；而从税捐言，中国政府对于华商工厂的待遇又远不若对洋货与外资工厂的优厚。

## 2. 英、美、印、日瓜分中国棉货市场

十九世纪九十年代以后，世界资本主义进入了帝国主义阶段，它们对于落后国商品市场的竞争也空前地加剧起来。可是在消费市场上，商品只有价格高下之分，绝无中外国籍之别！所以，资本主义各国彼此之争，另一方面也就是洋货对国货之争。因此，我们为说明华商纱厂的发展经过，先要说明各国在华竞销经过。

### (1) 日、印棉纱

1890—1913 年间，洋货对中国棉货市场的争夺，要以日、印棉纱与日、美棉布之争夺，最为激烈。

十九世纪中，印纱输华，虽有急速的进展，惟印度棉工业的生长，始终不曾摆脱其殖民地工业的特质。早在十九世纪的八十年代，印度此业的兴起，便已引起兰开夏的嫉妒了。从那时起直到 1925 年为止，印度棉工业不特未曾受过关税的丝毫保护；且数度变更关税税率的用意，无一不在戮杀这殖民地的新工业幼芽。1894 年印度政府为增加收入，不得不对输入棉货征收从价关税 5%；但英人深恐印度棉工业乘机兴起，同时对印度国产棉布及 20

支以上的棉纱,也加上同率的"直接抵消税"(direct countervailing excise duty)。然入口税至1896年,因兰开夏之抗争,终于将课于棉布者减为3.5%,棉纱全免。国内棉纱与手制棉布的课税,虽亦同时免除,惟机织棉布税率仍与入口税相等。进口税至1916年增至7.5%,1921年增至11%,惟国内货的内国税则延至1925年始予免除。内国税之征收已使印度棉工业的负担加重,而币制之改革影响亦大。英国为谋汇兑上的利益,于1893年停止卢比的自由鼓铸,使印币与金镑相联,印纱输华立即感应锐减;1910—1911年提高银进口税至17%(原为5%),印商输华的收入,遂随而降低。此外英人复于1881、1891、1911诸年,几次为印度制定劳工立法,禁止童工夜工,缩短工作时间,名为改善劳工待遇,实则意在加重印货的生产费用。他如机器进口税及煤斤运费之高昂,以及畸形的经理制度之剥削,均足以阻挠印度棉工业之发展。① 总之,印度棉工业的生长,横遭压迫;其国外市场之开辟,也不曾受过政府的任何资助,这种环境,当日本尚未出现于棉工业舞台时,尚未显其恶劣;一旦日本政府百般鼓励其棉货输出,而日本纺织界又以卡德尔组织联合向中国市场推销时,便不免相形见绌了。

日本机纺业的开创,始于1867年,惟至1890年起才开始努力于中国市场的攫夺。② 日本是缺乏原料的,此层自不若印度之有

① M. P. Gandhi, op. cit., pp. 58 – 75; Vakil and Others, op. cit., pp. 129, 132; H. L. Dey, op. cit., pp. 44 – 54, 93 – 98.

② 或谓日纱输华,始于1889年,见井村薰雄著,周培兰译:《中国棉纺织业及其出品》,页29。

利。惟就劳动效率言,日本似早已超过印度。[①] 至于日本政府对于棉纱输出之资助与日本纺绩的强力组织尤非印度可比。

日纱输华最初的尝试,就是资本主义经济恐慌的结果。1890年,全日本纱厂的生产,只供给他本国总消费量的46.6%,[②]但纱价惨落,存货山积,形成第一次的生产过剩。厂主们不愿减低售价去衣被日本大众;却相集讨论如何向外倾销;于是,有减工和输华五项办法的决议。[③] 依照这五项办法,日本纺绩联合会各会员厂,需准备五年的长期损失,由联合会强制输华!可是日本纺绩联合会这个刚形成的组织,事实上并未能强制执行它的决议案。1890年只运了31包纱到中国来。次年85.5包,再次年更减为8包。于是日本纺绩界不得不作更进一步的努力。1892年,日本纺绩联合会与日本邮船会社约定,由日本至上海的棉纱运费每吨由五元减为三元,且有优先装运权;[④]次年,又商订印棉运日办法,打破英商

---

① "1879 Schrieb der enghsche Konsul Brenan in seinen Bericht über die japanische (Baumwoll) Industrie:...Ausserdem würden in Japan fast dreimal Mehr Arbeiter für dieselbe Arbeit gebraucht als in England, die Abnutzung von Material sei ungefähr 25% grosser als dort." Erst Schultze, *Japan als Weltindustriemacht*, Stuttgart, 1935, Bd. II. S. 240;迟至1905年,印度工人效率与英国相较,其比率还远不如日本:"Mr. S. M. Johnson went to the length of saying that the efficiency of the millhand in India and in England is in the ratio of 1∶6." M. P. Gandhi, op. cit., p. 74。此可证明十九世纪印度工人效率较日尤劣。

② 幸田祐道:《本邦棉业の统计的研究》,页209。

③ 五项办法大意为:1. 每年输华棉纱三万包,不论损益,继续五年;2. 各厂输华量依各厂锭数比例分配,一律强制执行;3. 输出纱售价应较在日售价每包减低二钱;4. 卖纱得利,依输出包数分配;有损失,按各厂锭数均摊;5. 纺绩联合会委派三厂组特别委员会,专事集纱、包装、运输与推销之责。(见 Clark, *Gotton Goods in Japan*, p. 88)

④ 村山高:"支那市场お绕る各国棉业の角逐",《大日本纺绩联合会月报》,No. 534, 1937年4月份,页4。

轮船公司的运输垄断，且将运费由每吨 17 卢比减为 13 卢比。[①] 同时，这些厂主们又不断地要求政府予以援助。终于在 1894 年免除棉纱输出税，1896 年免除棉花输入税；[②]1897 年更由政府银行以三百万日元借与横滨正金银行，使其扶植日纱的对中国市场输出；1898 年，为同一用途，又作第二次三百万日元的借款。日本纺绩联合会方面，亦于同年决议以每包二日元之奖励金，给与输出厂家，俾提高输出额，能年达 25 万包；1902 年又将此项奖励金提升为三日元。[③] 1907 年日纱输华不振，次年春纺绩联合会乃决议包内附奖，期以小利引诱华商；冬，复废止附奖法，改设输出津贴制；预定每月输华棉纱 10,400 包，按 1908 年 7 月 1 日至 10 月 31 日各厂输出量分别规定其输出额，凡能超过此额者，准许其开转已停歇之纱锭，或每包给与三元至五元之津贴。此法实行后，颇有成效，因于 1909 至 1912 年间曾五度决议继续实行，制造厂家与输出商人，均各获得津贴自一元至五元不等。[④] 正值这政府、银行、厂家，乃至运输业联合抢夺中国市场的期间，日本又在外交上抢得不少收获：由于 1895 年中日《马关条约》，日本除攫取中国台湾、朝鲜两大市场外，又从中国得了一大批赔款，有助于日本棉工业之发展者甚大；1905 年，由于日俄《朴资茅斯条约》，日本把帝俄的侵略势力逐出南满，而自己继承帝俄在南满的一切权利；由于 1913 年中日会订《朝鲜南满往来运货减税试行办法》，日本又获得鲜满陆运货物在安东关减税三分之一之利益，进一步独占东北市场。总之，直至大

① Clark, op. cit., pp. 34 - 35.

② 村山高：引前文，页 4。

③ Clark, op. cit., pp. 89 - 90.

④ Clark, op. cit., pp. 92 - 102.

战爆发为止，二十余年间日纱一意侵夺中国市场，无微不至，无年或止，可算是帝国主义对华倾销的典型。

为说明日纱倾销政策的成果及其与印纱在中国市场上的竞争实况，我们按消费港口的地位，把中国市场列为华南、华中、华北及东北四部来观察。中国海关报告对棉纱进口之分国家、分港口统计，向来残缺不全。所以欲求各国棉纱在中国各部市场上销售势力的全貌，势不可能；现在我们根据历年海关"贸易统计及报告"，从各部全体口岸中选出几个统计完整的代表口岸来，计算其直接自外洋进口和自各通商口岸进口总数，再除去复出口至外洋与复出口至各通商口岸的数量，然后得各口消费外洋棉纱净数。我们选择的结果，华南为广州、汕头两港；华中为上海、宁波、芜湖、九江、宜昌五港；华北为天津、烟台、胶州三港；东北为牛庄、大连、大东沟、安东四港。严格言之，通商口岸内销区域常互相综错重叠；惟主要市场的分布，无疑地可以这些口岸来代表。今分别述之如下：

华南区域为洋纱最初侵入之地，在本时期中，销售洋纱亦最多。自三都澳以南先后开辟通商口岸十七处（本部），内销区域包括福建、广东、广西、贵州和云南五省。如此广大的消费区域始终被印纱以先入的资格与邻近的便利独占着。十七个口岸中，以三都澳、九龙、拱北、三水、梧州、琼州、腾越等口，在此时期中，不曾见有日纱来销的企图；在南宁则迟至1911年始有少量日纱进口；在蒙自日纱销路始终甚少。在十七个口岸中进口最多的为广州、汕头两处，进口日纱数量十余年来，均在一二百担至四五千担之间，1912年曾达万担以上。并英纱的销售数量也不及，反之，印纱则常在二十万担以上，其在印、英、日三国间的相对地位常在90%以上，而绝无在83%以下的。今更列五年平均数如下表：

**华南两港销售洋纱净量**

五年平均数

| 年　份 | 英　国 | | 印　度 | | 日　本 | | 总计（担=100%） |
|---|---|---|---|---|---|---|---|
| | 担 | % | 担 | % | 担 | % | |
| 1894—1898 | 28,501 | 11.0 | 229,484 | 88.2 | 2,204 | 0.8 | 260,189 |
| 1899—1903 | 17,677 | 8.5 | 187,106 | 90.9 | 1,133 | 0.6 | 205,916 |
| 1904—1908 | 135 | 0.1 | 235,138 | 99.8 | 358 | 0.2 | 235,631 |
| 1909—1913 | 104 | 0.1 | 199,005 | 97.1 | 5,772 | 2.8 | 204,881 |

华中区域包括长江流域各省，不过汉口输入洋纱，亦销河南、陕西；镇江入口者亦销山东、河南；甚至在云南、贵州或广西有时也从四川或湖南转运少量洋纱销售；惟江海各口进口洋纱，主要地都以大江主流所经各省为销场。华中市场，区域广大，手织业尤为发达，所以其销用机纱的潜力也极大。自重庆以下，直至温州计有通商口岸十五处，其中以重庆、宜昌、汉口、芜湖、九江、镇江、上海、宁波诸口，销量较多。依海关统计所载，沙市仅销日纱而无印纱，南京仅销印纱而无日纱，两者数量都极微小；此外各口，都得见印、日纱互相竞销的现象，其情势可以用所选取五港的合计数为代表。1894 年前，华中区所消费之洋纱，除少量英纱外，全部都是印纱。1894—1899 年间，日纱在其政府资助厂家联合倾销的推进之下，由 27,481 担，突增至 118,277 担，可见倾销政策，极为成功。但日本纱业在 1900 年已现不振之象，1901、1902 两年，继续在萧条期中，屡屡决议停工。1903 年春，此种景气的征兆又因日俄战争的恐慌而归于乌有。日俄之战，日本侥幸获得胜利。这对于华中日纱市场，并未有何开拓。1908 年，日本纺织界既感战后萧条的压迫，又受华汇跌落之不利影响，输入华中之纱几乎落至最低纪录。总之，1899 年后日纱在华中的市场飘摇不定，虽然有了政府的许多资助

与同业的奖励,时时有威胁印纱的企图,终于因为印纱在华中市场的历史悠久,势力雄厚,始终未能获得坚定的地位,这种情势若从英、印、日三国相对地位的比较来看,更为显见,印纱所占三国输入华中总数的比数常在70%以上,可见印纱在华中始终维持其独占的地位。兹列五年平均数如下表:

**华中五港销售洋纱净量**

五年平均数

| 年份 | 英国 | | 印度 | | 日本 | | 总计(担=100%) |
|---|---|---|---|---|---|---|---|
| | 担 | % | 担 | % | 担 | % | |
| 1894—1898 | 6,838 | 4.4 | 96,956 | 62.8 | 50,635 | 32.8 | 154,429 |
| 1899—1903 | 3,939 | 1.3 | 215,895 | 71.4 | 82,578 | 27.3 | 302,412 |
| 1904—1908 | 6,624 | 2.2 | 216,441 | 76.6 | 75,213 | 25.2 | 298,296 |
| 1909—1913 | 4,456 | 1.4 | 223,815 | 68.5 | 98,505 | 30.1 | 326,776 |

印纱之侵华,初到华南,继至华中,迨日纱起而谋夺中国市场的时候,长江、珠江两流域的市场,已不是轻易可以侵入的了。他方面,印纱势力薄弱而市场尚待开发的,莫如华北与东北。前面我们已经说过,十九世纪末叶以来印度棉纺业的发展,横遭压迫,而日本此业则不断地受有多方的资助,结果,以纺锭增加速度言,印度总落于日本之后。① 这样,在中国市场的争夺上,印度只能维持其已得的市场,若华北、东北这种新辟的区域就不得不让给日纱。

华北各口以山东、河北为主要的销售区域,山西、河南次之。冀鲁两省几乎每个农家都以纺织为副业。由于洋纱的采用,这两省发展了许多的手织区域;本来棉产不丰的山西,接受洋纱自易;

① 参看王子建:《日本之棉纺织业》,附录第一表;又,A. S. Pearse, *The Cotton Industry of India*, p. 22。

纺织未甚发达的河南，手织也渐普遍。所以本时期中，华北进口洋纱之增长极速，而这新增殖出来的销量，大都为日纱独占。

1899 年前天津、烟台两港的入口数量即为华北区所销洋纱的总量。我们若将 1894—1896 年间这两港的日纱输入量和华中五港的日纱输入量相较，可知华北全区，尚不及华中五港之多。这就是说明了日纱来华竞销的最初目标，不在华北，而在华中。但 1894—1899 年间的事实证明：印纱业已先入的华中区域，绝不若尚待开发的华北区域之易于销售日纱。1899 年后，日本本国棉业的兴衰与中国市场之旺疲，常使日纱之运销华中，起了很大的变动，这在华北则影响很小。长期言之，日纱始终在急速增长之中，而印纱则仅能维持其既得的销售数量。用比数所表示的日印竞销情形，最能说明这时期中日纱在华北的进展。盖印纱在英、印、日三国中的地位由 1894 年的 92. 8% 逐年降落而为 1912 年之 33. 8% ，英纱亦由 5. 8% 降为 0. 1% ，反之日纱则由 1. 4% 升为 66. 1% 。这种相对地位的变更，表示出华北区域在这时期中纯粹为日纱的消费者。如果华南、华中的手纺业是由印、英机纱来摧残的，则剥夺华北手纺业者的生机的，无疑的为日纱。

**华北三港销售洋纱净量**

五年平均数

| 年　份 | 英　国 | | 印　度 | | 日　本 | | 总计（担 = 100%） |
|---|---|---|---|---|---|---|---|
| | 担 | % | 担 | % | 担 | % | |
| 1894—1898 | 12,721 | 4. 1 | 212,602 | 67. 4 | 89,954 | 28. 5 | 315,278 |
| 1899—1903 | 10,797 | 2. 5 | 173,856 | 41. 1 | 239,094 | 56. 4 | 423,747 |
| 1904—1908 | 9,174 | 2. 0 | 213,867 | 46. 6 | 235,420 | 51. 4 | 458,461 |
| 1909—1913 | 1,936 | 0. 4 | 201,539 | 36. 1 | 354,470 | 63. 5 | 557,945 |

最后我们略述东北市场上洋纱的竞争。东北市场是一个很大的棉布消费区域,但没有普遍的手织业,故不是一个大的棉纱销售地。

1894 年以来,东北市场的棉纱消费,没有多大进展,日纱对这个市场的抢夺,最初似不曾有何努力,至少,事实上没有成功。惟日俄战争后日本在南满获得许多特殊的利益,对于日货的运销便利殊多,因此自 1908 年起日纱的地位突然提高,卒至 1912 年以 54.7% 的优势压服印纱。但以数量言,亦不过数万担,与整个日纱对华贸易无甚重要。

东北四港销售洋纱净量

五年平均数

| 年 份 | 英 国 | | 印 度 | | 日 本 | | 总计（担 = 100%） |
|---|---|---|---|---|---|---|---|
| | 担 | % | 担 | % | 担 | % | |
| 1894—1898 | 661 | 0.5 | 114,040 | 93.5 | 7,253 | 5.9 | 121,954 |
| 1899—1903 | 274 | 0.2 | 142,667 | 85.7 | 23,502 | 14.1 | 166,443 |
| 1904—1908 | 706 | 0.6 | 87,425 | 77.4 | 24,772 | 21.9 | 112,903 |
| 1909—1913 | 1,038 | 0.7 | 68,288 | 51.5 | 63,469 | 47.8 | 132,595 |

**(2) 日、美棉布**

1890 年起日本政府与商人努力于棉纱之输华,已如上述。棉布方面,同时并未有所作为。本来,日本机织业之发达,也和印度一样,并未能和机纺业同时并进。中日战后,日本棉织业开始迅速发展,棉布输华,亦同时扩张。1902 年纺绩同业联合会决议将日本邮船会社所给与输日印棉运费回扣,津贴日纱输华,同时亦与输华日布以津贴,计每 300 斤得 1 元 1 钱,[①]是为日商力谋争夺中国棉

① Clark, *Cotton Goods in Japan*, p. 90.

布市场之始。

按当时日美两国生产条件观察，在原棉之运输费用、燃料成本以及固定资本之利息负担方面，日本皆逊于美国，惟在工资上日本则低于美国甚多，足以抵补上项各种负担而有余，①故日方潜力甚厚，特机械之装备尚未能追及美国而已。日俄战争巩固了日本在中国东北三省的政治势力，同时亦奠定日本棉布在东北市场上的倾销基础。日本棉布生产因得中国市场——特别是东北市场之消纳，而加速机械化过程。另一方面，此种机械化过程之加速度进展，亦助长日布在中国市场上的竞争力量。此中尤有值得特别注意者，厥为日本输出卡德尔的形成。

明治三十九年（1906年），大阪纺绩、金巾制织、天满织物、冈山纺绩和三重纺织五公司，在三井物产会社的策动之下，以“共同一致在满洲市场开拓贩路为目的”，结成了日本棉布输出组合。这五公司拥有当时全日本纺织兼营各厂织机总数的68%的织机设备，强力地实行对华倾销政策。凡运销南满之布匹，由三井物产选择其种类，检查其品质，举凡原料、织法，皆须一律，五公司出品在同一商标之下向东北输送。第一年内，不论损益如何，其在东北市场上的售价必较同类美布为廉，输出额至少每月达一千包，各公司之输运与推销，概由三井负责办理，在最初二年内，概不收受手续

① 据藤野龟之助的计算：假定日本织布技术与欧美相等，日本织厂亦装设与欧美同样之机械，日本所用原料，且取给于北美，则就重14磅长40码之粗市布生产费用言，日本与美国相较，须损失原料运输成本6钱8厘，燃料成本1钱1厘，固定资本之利息负担6钱6厘，但日本工资成本较美国低廉25钱，两相抵除，日本总成本尚低于美国10钱5厘。见藤野龟之助：《本邦棉业事情の将来》，《大日本棉系纺绩同业会月报》，明治三十五年1月号。

费。组合成立不久，日政府又命令正金银行特别给予金融上的援助，满铁会社亦同时对该组合的输入品减低运费。① 如此，日本的棉布侵华，便在三井财阀的策动之下，积极地向东北市场推进。

日本棉布的对华倾销，以低廉的工资成本为基础，以强力的卡德尔组织为机构，其能降低售价以与美货竞争，自是可以预卜的。尤有进者，日本在其他方面，尚有许多优胜于美国的地方。大战前日美货竞争最烈的地方为东北粗布市场，日本在东北的政治权力，得在铁路、银行、邮政等方面握有统制的力量，便利于日货之倾销者极大。日货大量地运送南满铁路沿线租借区域，固得逃脱中国的地方租税，即进而运入内地，亦颇多漏税。日货之运销华北、东北，皆直驶天津、芝罘、牛庄、大连、安东等处，纵不能与消费者直接交易，其中间商人之剥削亦远较美货之先运上海再事分销者削减得多。中国商人贩运美货，大都必以现金支付，其贩运日货则常能获得30日乃至90日之信用，有时且直接以土产与日布交换，得以避免现金之支付。中国市场距日既较距美为近，则货物之订购交卸，自亦较美便捷。他如日商之仿制土布，以迎合中国消费者的心理；放长尺码，示中国零售商人以小利；②凡此种种，皆非美商所及，自无不加速美布之没落。待至1913年，中日更订《满韩通商条约》，自朝鲜新义州由铁道运经安东关而入满洲的货物，概得减免进口税三分之一。这种减税办法，虽未明言限于日货，但惟有日货得自由通过朝鲜境而不增加关税上的负担，亦惟有日货经由此路

① 《日本棉布输出组合事历》，改造社，《经济学全集》，第47卷下，美浓部亮吉："ガルテル，トラスト，コンツエルン"，页60。

② Odell, *Cotton Goods in China*, pp. 107, 52, 16, 60, 69.

运入南满最为便捷，故事实上，三分之一减税成为日货的特殊权益。结果，使每包日制市布减低成本1.132日金，粗细布3.35日金，粗斜纹布1.17日金，细斜纹布1.89日金。① 因此，日货在东北市场上的竞争力量又得增厚许多，从此美货便不得不完全败退了。

就中国海关报告册所载粗布进口数量观察，可知1902年前，中国粗布来源全在美国，其比重常在80%至90%之间，日货占数不及1%。1902年后，日本纺绩联合会实行棉布输华津贴制度，日货在中国市场上的比重，立即提高至5%以上。不过美货独占的情势并未因此动摇。迨1906年日本棉布输出组合形成后，日本粗布的比重遂突然跃升至40%至70%，美货则落至50%至20%以下。日本倾销政策之成功极为明显。至于细布市场，向为英国所独占，此时日本尚无力竞争。

## 二　满清政府的奖励设厂政策

中日甲午战争是在中国现代工业比较繁荣的时期爆发的，当时棉纺织厂的利润尤其优厚。所以许给外人在华设厂权的《马关条约》一经签订，朝野哗然，士大夫纷纷呼号设厂自救。例如正在打算利用纱布厂的盈利来扩充政治资本的张之洞就呼号得很紧张。光绪二十一年（1895年），当他一经得悉《马关条约》的内容时，张之洞立刻就打电报给当时总管“洋务”的总理各国事务衙门，说是“苏杭织造丝绸，川楚织造纱布，则各国亦必效尤，改造土货，

① Clark, *Cotton Goods in Japan*, p. 261.

中国工匠生计从此尽矣。……伏望……饬下王大臣等迅速会议，设法补救”①。其他封建头目也多有类似的议论。于是满清政府在各方呼号督策之下，也不得不有所作为。总结起来，满清政府的“补救”之道，不外两件事：一是在各地设立商务局，直接主持设厂；一是明定章程，奖励民营。

1895年12月光绪循御史王鹏运的奏请，通饬各省督抚分别在省会筹设商务局“官为设局，一切仍听商办。……由各商公举一般实稳练素有声望之绅商，派充局董，驻局办事。……再由各府州县于水陆通衢设立通商公所，各举分董，以联指臂”②。这就是其后各省商务局办理各种实业的源起。

首先应命设立商务局来办理棉纺织工厂的是张之洞。光绪二十二年(1896年)正月张之洞奏派苏州在籍绅士前国子监祭酒陆润庠，镇江在籍绅士前礼科给事中丁立瀛，通州在籍绅士前翰林院修撰张謇分别在苏州、镇江及通海一带经理商务局。③ 结果，苏州商务局所办纱厂于光绪二十三年(1897年)完工开车，是即苏纶纱厂。④ 南通所办者于光绪二十五年(1899年)四月完工开车，即大生纱厂。镇江并无筹措。

有清一代，以商务局创设大机器棉纺织工厂而有成效者，只有苏州、南通二处。其他各地商务局或则败于主持非人，创而不成；或则无力集如许巨资，只能办理小规模手织工场，略作点缀而已。

另一方面，对于私人投资设厂，也立法予以奖励。首先，“向

① 《东华续录》，卷126。

② 《东华续录》，卷131。

③ “光绪二十二年正月五日张之洞筹设商务局片”，《奏稿》，卷27。

④ Decennial Reports，1892－1901，Vol. I，p. 545.

来官吏出资经营者，颇不乏人，惟狃于积习，往往耻言贸易，或改换姓名，或假托他人经理”[①]。故满清政府于光绪二十三年正月循给事中褚成博之奏请，明令准许各省“官绅量力附股”[②]。此外，为鼓舞人心，于光绪二十四年（1898 年）五月经总理衙门议定振兴工艺给奖章程十二条，以世职、实官、虚衔、专利或匾额颁给创厂各商；[③]为便利工商各业周转金融，于二十四年四月开设中国通商银行于上海；[④]为统辖全国工商各政，职有专司，于二十九年七月设立商部；[⑤]为使各商有轨可循，于二十九年十二月由商部奏颁商律之公司一门，[⑥]并订商标试行章程二十八条；[⑦]至三十二年四月又颁商律之破产一门；[⑧]又，为吸收华侨资本以济国内货力之穷，于三十年十一月派南洋华侨张振勋为商部考察外埠商务大臣，兼督办闽广农工路矿事宜，劝诱华侨归国投资；[⑨]为自行生产机器不致仰人鼻息，于三十二年闰四月通饬上海制造局、汉阳铁厂、福州船厂、德州机器局诸军火造船工厂筹划自造各项机器；[⑩]为鼓舞国人努力于发明与仿制，于三十二年八月又颁布奖给商勋章程八条；[⑪]

---

① 《商部奖励华商公司章程》第十八条，见《华北译著编》，卷 23（光绪二十九年十月《阁抄汇编》附刊）。

② 《东华续录》，卷 139，《总理各国事务衙门奏稿》。

③ 《东华续录》，卷 145，《总理各国事务衙门奏稿》。

④ 《东华续录》，卷 146，《户部奏稿》。

⑤ 《东华续录》，卷 181，《上论》。

⑥ 《东华续录》，卷 185，《商部奏稿》。

⑦ 《东华续录》，卷 190，《商部奏稿》。

⑧ 《东华续录》，卷 200，《商部奏稿》。

⑨ 《东华续录》，卷 190，《商部奏稿》。

⑩ 《东华续录》，卷 200，《御史顾瑗奏稿》。

⑪ 《东华续录》，卷 202，《商部奏稿》。

为奖励华商踊跃投资，又于三十三年七月再颁华商办理农工商实业爵赏章程十条，[①]及改订奖励华商公司章程；[②]看纸上文章，真好像是“慨然于强弱利钝之故，欲尽取欧洲之新法，变易华夏之旧习”似的。[③]

但是，1896 年中日公立文凭明白规定日本资本家到中国开设工厂，所负各种税饷不得“比中国臣民所纳加多，或有殊异”。所以在各式各样的章程里，我们看不到中外厂商差别待遇的条文。

另一方面，满清政府由于对外战败而负担下来的各种赔款，不用说，又是需要向人民身上去搜括的。这个数量，非常庞大。甲午战争后，《马关条约》规定满清政府应付给日本的军事赔款凡两亿库平两，又威海卫日军驻守费每年五十万库平两；后来，日本交还辽东，《辽南条约》又规定满清政府应付还辽偿款三千万库平两。这些赔款的实际偿还数字，在条约签订后的一年内即达 134,250,000 两，至光绪二十四年三月已将各项赔款及其利息付清，为数达231,500,000两。[④] 这就等于九百万纱锭的价值。

光绪十九、二十年顷，满清政府的全部岁入仅八千二三百万两，今四年内付赔款两万万三千余万两，数额庞大，如何筹措？当时的办法是借外债。在光绪二十一、二十二、二十四各年（1895、1896、1898 年），满清政府先后举借俄、法、英、德及英、德续借款外债三次，为数约三万万两。这样，短期的赔款便一变而为长期的外

① 《东华续录》，卷 208，《农工商部奏稿》。

② 《东华续录》，卷 209，《农工商部奏稿》。

③ 《东华续录》，卷 138，《盛宣怀奏稿语》。

④ 汤象龙：《民国以前的赔款是如何偿付的》，《中国近代经济史研究集刊》，3 卷 2 期。

债。甲午以前一二十年内,中国每年应付外债本息不过三四百万两,今其数不下二千三四百万两!而当时全部岁入亦不过八千八百余万两。①

紧接着付清甲午赔款后之第二年(1900年),中国发生了义和团运动。这回英、美、德、日等十四个国家群起打劫,要索赔款四万万五千万关两,如果按照条约规定方法分39年摊还,年息四厘,这笔大赔款要到1940年才得还清,前后本利当滚集至928,238,150关两!而当时各省自赔者还不在内。为了筹还这笔赔款,各省每年实派总数为二千一百余万两,益以各海关摊还数,则每年实付赔款达二千五百余万关两。总计1902—1910年间,共被各国榨去224,616,339关两。②

以上总计1896—1910年这十五年内中国人民共被帝国主义榨去赔款及外债本息四亿五千余万两,这个数字相当于1895年进口棉织品的14倍强,几等于同年进口棉纱值22倍,举1895年以后十年的棉纱进口总值,庶几近之!其对于中国人民经济生活的灾难之重,可以想见了。

各省负担大量赔款和外债本息,需要用各种方法去向人民身上搜刮,这笔滥账至今还没有人算得清楚。我们这里只找到滥发纸币一项的若干数字。

光绪二十年(1894年)以后十几年里,全国各省无不设立官钱局、官银号之类机构,发行不兑现纸币。总计1894—1908年这十

① 昌言报馆编辑:《度支简识》,所载光绪二十八年数。

② 汤象龙:前引文。

四年里各省共创设了这类机构 29 处，发行纸币九千六百万元。[1]辛亥革命失败以后，各省军阀或接收原有机构，或另挂牌号，仍旧继续发行，到了 1914 年，全国发行额计达一亿八千多万元。[2] 当时有人说："市面出入，惟余空纸。"[3]四川省钞价值竟跌至额面三成左右。试想在这样情况下，金融、商业如何能够不紊乱，工厂如何能够得到正常的运转！

仅从上述几件事实去了解，已经就可以认识满清政府那一套奖励设厂政策是如何地无补于棉纺织工业的发展了。此所以就连张之洞也不得不承认"空言劝导，终恐无益"[4]。

## 三　华商纱厂的扩大再生产过程

以上我们从洋货、洋资和满清政府的政策三个方面，观察华商纱厂的发展环境，今更根据史实，探讨其实际发展经过。

甲午以后，在朝野喧嚷设厂自救声中，真能促进华商纱厂创立者，自然还是纱厂的获利。自光绪二十二年（1896 年）至民国二年（1913 年）这 17 年内，中国计建成纯粹华资的纺织工厂 16 家，中外合资者三家。分析其创立时期，显然形成两个浪潮。第一是光绪

① 《内国公债类编》，卷 1，页 18。

② 《北洋政府国务院统计月刊》，第 7 期。

③ 《度支部通阜司奏案缉要》，卷 5，"度支部厘订专章限制官银钱行号滥发票纸折"。

④ 《张文襄公电稿》，卷 24，"光绪二十一年七月十八日致总署电一"及"电四"。

二十二年至二十五年(1899 年),在这四年内,适当日货的对华倾销尚在试验时期,初创各厂颇获厚利,于是中日甲午战后,士大夫投资谋利的热望,遂借抵制洋货的美名,造成一个强烈的设厂运动,一鼓作气,完成了纱厂八家。此时上海一地中外纱厂计有纺锭 331,784 枚,加上通州、苏州、杭州等地各厂,则苏沪杭这小小的地区以内便有纱锭 416,614 枚,较之四年前者几增锭三十万枚之多。这样暴风式的突进,显然是和当时客观条件的发展不能适应的,所以很快的便招来了萧条,更加以庚子之后的打击,遂有若干华商纱厂难以维持,设厂浪潮也就此平息下去。此后六年内(1900—1905 年)全国竟连一家新厂都没有建成。

第二个设厂浪潮在光绪三十一年(1905 年)以后,此次中国市场受日俄战争的刺激,布销大畅,纱利大增,于是乃再度引起投资纱厂的热望,在三年内又增新厂九家。兹列前后两期所成各厂及历年增锭情形如下表:

新开华商各厂设备及旧厂增机情形

| 开车年 | 厂　址 | 厂　名 | 纺锭数 | 布机数 | 增　锭　情　形 |
|---|---|---|---|---|---|
| 1896 | 宁波 | 通久源 | 11,048 | 216 | 本年裕晋改组为协隆,增 5,300 锭,1902 年归日商收买。 |
| 1897 | 无锡 | 业勤 | 10,192 | — | 本厂 1903 年增 2,548 锭;1906 年增 1,092 锭。 |
| | 苏州 | 苏纶 | 18,200 | — | 本厂 1905 年增 4,368 锭。 |
| | 杭州 | 通益公 | 15,000 | — | 本厂 1903 年增 5,320 锭。 |
| 1898 | 上海 | 裕通 | 18,200 | — | 本年裕晋增 3,612 锭。 |
| | 武昌 | 湖北纺纱官局 | 50,064 | — | |
| 1899 | 南通 | 大生 | 20,350 | — | 本厂 1904 年增 20,350 锭。 |
| | 萧山 | 通惠公 | 10,192 | — | 本厂 1910 年增 2,184 锭。 |
| 1905 | 常熟 | 裕泰 | 10,192 | — | |

续表

| 开车年 | 厂　址 | 厂　名 | 纺锭数 | 布机数 | 增　锭　情　形 |
|---|---|---|---|---|---|
| 1906 | 太仓 | 济泰 | 12,700 | — | 本年大纯售予日商。 |
| | 无锡 | 振新 | 10,192 | — | 本厂 1909 年增 2,184 锭；1913 年增 17,920 锭。 |
| | 宁波 | 和丰 | 21,600 | — | 本厂 1913 年增 1,600 锭。 |
| 1907 | 崇明 | 大生第二 | 26,000 | — | |
| | 上海 | 振华 | 11,648 | — | 本厂为中英合资，1909 年归并予华商。 |
| | 上海 | 九成 | 9,424 | — | 本厂为中日合资，1908 年售归日商。 |
| 1908 | 上海 | 同昌 | 11,592 | — | |
| | 江阴 | 利用 | 15,040 | — | |
| 1909 | 安阳 | 广益 | 22,344 | — | |
| 1910 | 上海 | 公益 | 25,676 | 300 | 本厂 1913 年售予英商。 |

作者注：过去估计中国历年纱机数者不下八九家，依我们看来无一可用。此表所列，乃据本书附录“中国纱厂沿革表”中所记资料而作，实估计欧战前华商设备之基本。

甲午以后，欧战以前，华资棉纺织工厂的发展显有两个特征：第一是舍弃初期偏重织布而集中于纺纱之设备上的转变；第二是舍弃上海分向次等都市之地域分布上的转变。

试观前表，可知上述十九家工厂中，只有通久源与公益两家设有织布机，余均专营纺纱。此乃纺业获利远较织业为厚使然，其详留待第八章再讨论。

地域上的分散一层，也极显著。上述十九家中，设于上海者不过五家，其中还有三家中外合资，其中两家不久即售归外商。然分散之势并未普及全国。如果我们在江浙两省地图上作一线，自南通渡江以至江阴、无锡，沿苏嘉、沪杭两路达杭州，更沿当时之杭甬路以至于海，则本时期新建的华资纱厂，差不多全部都位于这小小的长方形地区以内。以设备言，这十余年上海只净增纺机七千余枚，而上述地区则达二十三万八千余枚。造成这种现象的理由，不外三端：一为上海设厂已多，原料采购与制品推销上大约已生困难；二为上述地区都在棉产地，且接近棉纱消费市场，在原料与制品的税厘负担上，当较上海为轻；第三，本期所成各厂，大都是退职官吏或候补官吏所创，他们政治的经济的势力，以在原籍为最大，纺织工厂虽为无省界甚至无国界的资本主义企业，然彼时在此等人手里经营，却还不脱封建的地方色彩。

兹举各地历年纱厂纱锭增加数如下：

我们若将华商纱厂作为一个整体来看，则据下表，可知在1895年全国华厂只有纺机174,564枚，至1913年即达484,192枚，是即在此十七年内，纺机增高了120%；其布机亦自1,800台增至2,016台，即增高12%。资本方面，据我们的约略估计，在1895年华厂投资总数只有9,862千两，至1913年当有26,232千两，即增高了166%。不论这种速率能否与其他国家相比，这总表示一件事实：中国棉纺织部门资本主义生产确在继续进行中。

不过，我们若将各个华厂分别观察，则情形殊难乐观。试观上列两表，可知此十七年中，新增纺机309,628锭里，由已设各厂增加设备而成者仅有59,466锭，其余二十余万锭则全为新设各厂的装置。此即表示各厂既已设立后，殊难进行扩大再生产过程，而全部门资本主义化的进展，实为国民经济中已有资金转移投资部门的结果。此一问题，留待下节详论，现在我们所要记述者，究竟各厂的营运若何？

**华商纱厂纱锭设备的地域分布**

| 年 份 | 上 海 | 苏浙内地区 | 其他各地 | 全 国 |
|---|---|---|---|---|
| 1895 | 133,972 | — | 40,592 | 174,564 |
| 1896 | 133,972 | 11,048 | 40,592 | 185,612 |
| 1897 | 139,272 | 54,440 | 40,592 | 234,304 |
| 1898 | 161,084 | 54,440 | 90,656 | 306,180 |
| 1899 | 161,084 | 84,982 | 90,656 | 336,722 |
| 1902 | 137,172 | 84,982 | 90,656 | 312,810 |
| 1903 | 137,172 | 92,940 | 90,656 | 316,678 |
| 1904 | 137,172 | 111,200 | 90,656 | 341,028 |
| 1905 | 137,172 | 127,760 | 90,656 | 355,588 |
| 1906 | 116,780 | 173,344 | 90,656 | 380,780 |
| 1907 | 127,316 | 199,344 | 90,656 | 417,316 |
| 1908 | 134,196 | 214,348 | 90,656 | 439,236 |
| 1909 | 140,020 | 216,568 | 113,000 | 469,588 |
| 1910 | 165,696 | 218,752 | 113,000 | 497,448 |
| 1912 | 167,596 | 218,752 | 113,000 | 499,348 |
| 1913 | 141,920 | 238,272 | 113,000 | 484,192 |

资料来源:本章,又附录“中国纱厂沿革表”。

作者注:1900,1901,1911 各年锭数无增减。

我们找遍上述十九家纱厂,发现未经改组、出租、出卖,而能继续增机增资者,只有南通大生纱厂一家,其余十八家莫不曾经失败易主。

南通大生纱厂,原来是一个资本五十万两,纱机二万三百余锭的小厂。开车后,所余营运资金不过数万两,所以只能卖纱买花,自转度日。可是大生厂址设在“棉产最优,销纱最多之区,亦即收棉较廉，售纱较胜之区"①；"棉产则供多于求，纱市则求多于供"②；所以对外不致受洋货与外资的过分压迫，所负正杂各税，亦较轻微，而内部"论人工，则通习纺织，女工不待远求"③；论管理，则技术会计都日求进步。结果，开车后，获利至为优厚，资本设备遂亦能图增殖。据我们所得资料，大生自开车以至1913年，一二两厂的成长有如下表：

**大生纺纱股份有限公司之生长**

| 年份 | 纱锭数（锭） | 资本（两） | 公积金累计（两） | 历年纯利（两） | 备　考 |
| --- | --- | --- | --- | --- | --- |
| 1899 | 20,350 | 500,000 | — | — | 大生纱厂开车 |
| 1900 | 20,350 | 500,000 | 10,000 | 52,369.90 | |
| 1901 | 20,350 | 580,000 | 25,000 | 105,978.41 | |
| 1902 | 20,350 | 580,000 | 55,000 | 187,002.40 | |
| 1903 | 20,350 | 1,130,000 | 141,494 | 265,134.21 | 为增锭集股 |
| 1904 | 40,700 | 1,130,000 | 172,908 | 222,253.46 | 增锭开车 |
| 1905 | 40,700 | 1,802,490 | 307,939 | 483,070.47 | 为设分厂集股 |
| 1906 | 40,700 | 1,802,490 | 387,939 | 400,204.64 | 崇明分厂开车，呈商部注册称纺纱有限公司 |
| 1907 | 66,700 | 1,919,390 | 393,939 | 55,904.73 | |
| 1908 | 66,700 | 1,995,790 | 413,939 | 158,852.59 | |
| 1909 | 66,700 | 1,995,790 | 437,939 | 247,447.25 | 以下纯利包括分厂在内 |
| 1910 | 66,700 | 1,995,790 | 443,939 | 75,324.79 | |
| 1911 | 66,700 | 1,995,790 | 453,939 | 172,216.77 | |
| 1912 | 66,700 | 1,995,790 | 473,939 | 442,035.76 | |
| 1913 | 66,700 | 1,995,790 | 522,939 | 530,231.71 | 分厂"自保险"8,000两加入公积 |

① 张謇："大生纱厂股东会建议书"，《张季子九录·实业录》，卷8。
② 张謇："因朱某图在海门设厂呈部文"，《实业录》，卷2。
③ 张謇："大生崇明分厂十年事述"，《实业录》，卷5。

资料来源:佚名撰:《南通地方自治十九年之历史》,上册;又张謇撰以下各文:"大生崇明分厂十年事迹",《张季子九录·实业录》,卷5;"大生纱厂股东会提议书",《实业录》,卷4;"大生纺纱公司二十年纪念会词",《实业录》,卷6。

在1899—1913这十五年中,大生纺纱有限公司共获得纯利3,398,009.09两,此项纯利,乃业已派分"官利"后的营业利益,其真正营业所得净利应为官利与此项纯利之和。官利一项,据我们估计,至少当有二百万两,是即此十五年内,大生得净利五百三四十万两之多。有此厚利,所以大生才能增加设备,扩充分厂。总计两厂纱锭滚积到三倍以上,资本力量(资本及公债)滚积到五倍以上。这是第一次欧战以前华资纱厂中惟一成功的厂。

其他经营失败的各厂,这里不必细述,只要略记其易主的次数便已足够了。光绪二十一年(1895年)所完成的上海裕晋纱厂,经营了二年,1897年便行改组为协隆纺织局。但新局额定资本七十五万两中,实际只收足571,600两,所以流通资本无着,自始便靠银行的透支来维持。到了光绪二十七年(1901年),终因积欠道胜银行(Russo-Chinese Bank)债款近三十八万两而被迫拍卖。① 次年便归日商。这是华资纱厂不胜外商银行的金融势力而被迫拍卖的第一家,也是华资纱厂卖予外商经营的第一家。

裕晋而外,据我们所得不完全的资料,在光绪二十四年(1898年)至民国二年(1913年)这期间,上海华新纺织新局曾出租一次,改组一次;湖北纱布官局至少出租三次;上海华盛纺

① Decennial Reports, 1892－1901, Vol. I, pp. 514－515.

织总局至少改组三次；上海裕源纱厂曾改组一次；上海大纯纱厂曾出租一次，后终出卖；无锡业勤纱厂曾出租两次；苏州苏纶纱厂曾出租三次，改组一次；杭州通益公纱厂曾改组一次；常熟裕泰纱厂曾出租三次，改组一次；太仓济泰纱厂曾出租两次；无锡振华纱厂曾改组一次；此外，上海九成纱厂本为中日合资的，后售归日商；上海公益纱厂本为中英合资的，后终售归英商。[①] 总计这十七年里，新完成的纱厂只有十九家，而新旧厂之改组、出租和出卖者则达29次之多。至于因周转困难而暂时停工者，则不胜枚举。华资纱厂之经常运转且已难于维持，更何论蓄积资本，扩大再生产规模？

## 四　试论民族资本积累问题

### 1. 洋货泛滥下国产棉纱的销路问题

本章第一节业已说明：当中国开始建设棉纺织工厂时，日本纱厂也开始其对华倾销政策，其结果，华南、华中两大市场全在印纱掌握之中，华北、东北两大市场，始则由日、印分占，终则归日纱独揽。印、日两国既已瓜分中国棉纱市场，国内纱厂的产品将向何处推销？为解答这个问题，须分别考察国产纱在各部市场上的销售状况。

① 详附录，“中国纱厂沿革表”。

本时期内，中国国内棉纱的产销状况，没有完备的统计可查。就海关报告册第二部各关统计数字来观察，可知三都澳以南，海陆边境17个关口中，除去福州、厦门、汕头、广州四口而外，其余13个关口都不见有国纱试销的踪迹。就是这四个口岸，每年销量也不过各自数百担至数千担，较之印纱数万至数十万担，实卑微不足道。所以我们可以说，福建、广东、广西、贵州、云南这南中国五省之广大棉纱布场，简直没有国纱的插足地。再检同一关册，可知当中国第一家纺织厂开始运转后的第一年（1891年），便有国产纱向东北牛庄试销，其后东北沿海各口也都不断地运进国纱。然而可注意的是，就在同年或稍后，日纱也开始向这些口岸试销，不数年间，东北且成为日纱倾销最力的市场之一，结果国纱在东北四省的每年销量始终不曾超过一万担，而那里每年的全销量却几达二十万担。东北市场也无国产纱的插足余地。

华南、东北两大市场既无国纱插足地，则国纱的销路自然便挤向华中与华北去。这两大市场关系中国纱厂的资本蓄积过程最为密切，今请用统计数字加以说明。华中方面，芜湖以下沿江沿海各口，因接近上海及其他纱厂所在地，恐有陆路运输及其他因素扰乱海关统计数字的真确性，今弃而不用。芜湖以上沿江各口，仅汉口紧接纱厂所在地之武昌舍而不用，其他各口，都假定其关册统计足以表示洋纱、国纱的运输状况。这样，我们辑录重庆、宜昌、沙市、长沙、岳州、九江、芜湖七口的数字，如下表：

**长江中上游七口岸输入洋纱、国纱净量**

五年平均数

| 年份 | 洋纱 | | 国纱 | | 共计(担=100%) |
|---|---|---|---|---|---|
| | 担 | % | 担 | % | |
| 1894—1898 | 211,935 | 86.4 | 33,424 | 13.6 | 245,359 |
| 1899—1903 | 486,795 | 77.4 | 141,813 | 22.4 | 628,608 |
| 1904—1908 | 537,318 | 83.2 | 108,459 | 16.8 | 645,777 |
| 1909—1913 | 498,415 | 72.0 | 194,167 | 28.0 | 692,582 |

资料来源:Returns of Trade and Trade Reports, Pt. II。

华北方面,天津、芝罘、胶州和秦皇岛四口的净进口数,大体可以代表其全部的销量。今辑其数如下:

**华北四口岸输入洋纱、国纱净量**

五年平均数

| 年份 | 洋纱 | | 国纱 | | 共计(担=100%) |
|---|---|---|---|---|---|
| | 担 | % | 担 | % | |
| 1894—1898 | 315,278 | 93.7 | 20,853 | 6.3 | 336,531 |
| 1899—1903 | 442,955 | 97.1 | 37,866 | 7.9 | 480,821 |
| 1904—1908 | 533,529 | 89.4 | 63,397 | 10.6 | 596,926 |
| 1909—1913 | 581,433 | 80.1 | 144,757 | 19.9 | 726,190 |

资料来源:Returns of Trade and Trade Reports, Pt. II。

上列两表并不能代表华中、华北两大市场上机制棉纱的全部销售情况,但是对于国产机纱的销场问题,却透露出极有意义的消息来。

首先,1894—1913 年这二十年间,外洋棉纱在这两大市场上是占着绝对优势的。国产纱的相对比重,在华中不足 30%;在华北不足 20%。这说明洋纱对于国产纱的压力是经常存在的。但同时也并不曾完全消灭了国产纱的小量销场。

以前我们曾说过，在消费市场上，商品只有价格高下之差，绝无中外国籍之别；我们又详述此时期内，中国市场全无关税障碍而为公开的国际市场，印度纱厂以向华推销为其设厂目的，日本纱厂又屡受政府津贴，来华竞销，然则中国国内纱厂又何所凭借能在此国际大竞赛中分得些许余惠？此中最易使我们想到的自然是运费一层。我们虽没有数字作证明，然洋纱输华因负担运费而稍稍减低其竞争力量，似可确信无疑。其次，我们确信日、印两国棉纺工厂的生产技术、工人效率、管理制度等等，此时也未必较中国纱厂优异；且如华资纱厂的设厂环境特别良好，有如南通大生纱厂那样，则华厂且有胜过外厂之处。然最后，亦是最要者，在于此时期争夺中国棉纱市场之日、印两国，并未发展出足以独占中国全部市场的棉纺业来。印度棉工业发展，无时不受英国的牵制，日本原为一先天贫弱的国家，其棉纺业发展能达到当时的速率与规模，可谓已竭尽全力，达其可能限度内的最高境地了。下列一表，记明日、印两国输华棉纱数量在其全输出中的地位，可知这两国差不多把他们输出的棉纱全部都运到中国来了。

**印日两国棉纱输华及输出总量**

| 年度 | 印度（单位：十万磅） | | | 年度 | 日本（单位：千捆） | | |
|---|---|---|---|---|---|---|---|
| | 输华量 | 输出总量 | 输华占输出百分比（%） | | 输华量 | 输出总量 | 输华占输出百分比（%） |
| 1892—1893 | 1,770 | 1,890 | 93.7 | 1903 | 279 | 307 | 90.9 |
| 1899—1900 | 2,140 | 2,410 | 88.8 | 1905 | 233 | 267 | 87.0 |
| 1905—1906 | 2,820 | 2,980 | 94.6 | 1907 | 191 | 226 | 84.3 |
| 1911—1912 | 1,290 | 1,510 | 85.4 | 1909 | 236 | 259 | 91.2 |

资料来源：印度见 Vakil and Others, *The Growth of Trade and Industry in Modern India*, p. 120；日本见王子建：《日本之棉纺织业》，统计附录，P. LVIII。

前面说过，到了十九世纪的九十年代，外洋棉纱布对中国手工棉纺织业的破坏作用已经奠定了基础，这丝毫不是说，外洋纱布已经完全代替了中国的手工制品。不是的，中国手工棉纺织业还是正在继续破坏之中的。事实上，自1890年后直至第一次欧战爆发时为止，由于通商口岸之增设，由于棉纺技术之改进，以及由于日本的对华倾销政策，中国手纺业之衰落，远较此期以前更为彻底。以前我们还看到手纺业利用棉产丰收棉花跌价的机会企图恢复，而今则凡洋纱可到之地，手纺业已毫无重振的可能，一味消灭下去了。这结果，遂又形成中国机纱市场的再度扩张。从上列两表共计一栏，可以略窥这种市场扩张过程的大势。以绝对数量言，1909—1913年间，华中增出四十余万担，华北增出三十余万担；其速率，华中为282.3%，华北为215.8%。

日本和印度已经把他们能够输出的棉纱几乎全部都销到中国市场上来了，然而中国手纺业继续在破坏着，中国的棉纱市场继续在扩大着，日本和印度的来纱并不足以满足这种正在扩大中的市场要求，这就给予中国纱厂以推销机会。中国纱厂不堪和外来洋纱相竞争，但无论如何，他们是具备了足够的力量破坏国内的手纺业的。

利用洋纱击溃中国手纺业的大势，摭拾洋纱瓜分中国市场的余惠，从而发展自己的棉纱工业，略事再生产规模之扩大，这就是欧战前中国民族资本积蓄过程的第一个特征。

根据第一个特征，我们自然不难理解本期内中国的设厂浪潮是怎样形成的。正因为中国国内纱厂须摭拾洋货销余市场以自存，所以中国国内棉纺业的景气变动便失其独立性，此所以1894—1899年间日货对华倾销尚在试验时期，中国纱厂尚能维持相当的繁荣。可是1899年后，日货并力锐进时，繁荣亦随之消逝；此所以日俄战后，日货无暇东顾，中国进口棉纱因以大减时，中国纱厂又得以恢复繁荣，而其后日货重来，繁荣乃再归消逝。这种跛行的演进过程，非如资本主义国家由于生产过剩与恢复而来的萧条与繁荣之交替，实为市场不能自主的结果。也正因为同一理由，所以国内纱厂的资本积蓄过程，乃亦以跛行状态前进，甚或根本不能前进。

## 2. 外资纱厂的压力

中国原料之丰，人工之廉，市场之广，久在外商觊觎之中。若中国自行设厂制造，其结果自必与外商争利。为尽取中国利源常为己有计，外商最妥善的办法便是改变策略，由投货进而投资。这种情形，远在光绪八年（1882年）上海织布局尚在筹办时代便已发生了。当时外商欲在华建厂者，计有英商之缫丝厂与美商之纺纱厂两起。美商大约是假托华商（买办？）王克明、俞少山二人名义组织纺纱公司的。[①] 华方以外商并无在华设厂权，提出交涉，但“总署虽极力辨争，各使以条约工作二字狡赖”[②]。当时中国在屡败之余，

① 左宗棠：“上总理各国事务衙门函”，《左文襄公全集·书牍》，卷26。

② 李鸿章：“致左相函”，光绪八年十二月二十日，《李文忠公全书·朋僚函稿》，卷20。

虽此种理直气壮的交涉，亦几于不能取胜。左宗棠竟提议为避免洋商借口创设纺纱厂而将上海织布局拟行推广之纺纱部分亦自行停办，[①]李鸿章于无可如何之中，亦谓“以上海织布局拟请推广纺纱，恐洋人借口絜聒，商令缓办。洋商纺纱机局如已停止，自应批驳，免起争端”[②]。其后幸经左宗棠发现王克明有远年诉讼案，将其拿获讯办，美商设厂之议，始行停止。[③]

尽管美商在沪设厂的尝试已归失败，外商夺利之心始终是不能忘怀的。到了光绪十九年，果又发生英商美查洋行在沪设棉子榨油厂，英商怡和洋行运纺纱机及日商运轧棉机要求放行进口各案。[④] 其中尤以怡和纱机案，纠缠最甚。怡和洋行运纱机二万锭，于光绪二十年初到沪，被阻于上海海关，事遂引起正在办纱厂的几个大官僚的注意。中国官绅以为“洋人获利数厘即乐为，如不拒止，华商必被倾轧亏折；”[⑤]“此即改造土货，通商以来向不准行，……此种机器实碍华民生计，万难迁就！”[⑥]“近来中国制造风

---

① 左宗棠：“与李少荃传相函”，《全集·书牍》，卷26。

② 李鸿章：“复左相书”，光绪九年四月五日，《全书·函稿》，卷20。

③ 左宗棠：“与苏松太道邵小村观察书”；“与李少荃传相书”；“上总理各国事务衙门函”，《全集·书牍》，卷26。

④ 各案经过可参看李鸿章以下各电稿：“光绪十九年三月十一日寄译署”，又，“复上海聂道”，见《全书·电稿》，卷14；又，“光绪二十年二月十四日寄译署”，“二月十七日寄上海聂道盛道”，“二月二十四日寄上海聂道”，“二月二十六日寄译署”，“二月二十八日寄上海聂道”，“三月十二日寄上海聂道”，“三月十五日寄译署”，均见《电稿》，卷15；又，张之洞以下各电稿：“光绪二十一年正月初三日致上海道刘道台”，“附正月初一日盛道来电”，“正月初七日致总署”，见《张文襄公电稿》，卷18。

⑤ “光绪二十一年正月初一日盛宣怀致张之洞电”，见《张文襄公电稿》，卷18。

⑥ 王彦威辑：《清季外交史料》，卷89：光绪二十一年三月十七日总署致李鸿章“外商运纺纱榨油机器来沪设厂已照会英使万难迁就”电。

气渐开，从此渐塞漏卮，实为自强第一要著；今该行购机，若不严禁于始，以后各国纷纷开厂制造，改造土货，将至利权尽失，无可补救。”[①]不过，事纵已有先例，交涉又如此简单，英商、英使还是借词狡赖，迁延经年，不得解决。二十一年春，上海华商正筹议出价收买，以为转圜之际，[②]而霹雳一声，中日《马关条约》已正式允准外人有来华设厂权利了！

日商既首获在华设厂权利，随即在上海设立东华公司。并在杨树浦购定厂址，从事填垫厂基，订购机器。锅炉一具且已运到，乃日商忽发觉《马关条约》所给与他们的贸易权利，使他们在本国制造而以制品运华销售，反较在华设厂更为有利，[③]故中途将机器运往神户，建成后来的钟渊第二工厂，而将设厂原议取消了。[④]

《马关条约》签订后，英美诸国商人根据最惠国待遇亦获得同样权利。日商设厂虽中途引退，欧美各商却由此得到一个新的刺激，各怀无限希望，纷纷建厂。结果，至光绪二十三年（1897 年），英商便有老公茂纺织局（Laou Kungmow Cotton Spinning and Weaving Co. Ltd.）及怡和纺织局（Ewo Cotton Spinning and Weaving Co. Ltd.）完工开车。前者资本 715,800 两，纱锭 30,548 锭，[⑤]后者资本 1,500,000两，纱锭 50,000 枚。从公司命名上可知其创立之初便

① “光绪二十一年正月初七日张之洞致总署电”，《电稿》，卷 18。

② “光绪二十一年正月初七日张之洞致总署电”，《电稿》，卷 18；又同年“三月初八日致上海刘道台严小舫观察天津盛道台电”，附“初九日盛道来电”，《电稿》，卷 20；又同年“四月十八日盛宣怀致张之洞电”，《张文襄公电稿》，卷 21。

③ 其故详第一节。

④ Decennial Reports，1892－1901，Vol. I，p. 514；井村薰雄：前引书，页 11。

⑤ 葛渊如：《江苏省纺织业状况》，内编，页 3。

蓄意推广织布的。美国则完成鸿源纺织局(International Cotton Manufacturing Co. Ltd.),德商亦完成瑞记棉纱厂(Soychee Spinning Co. Ltd.),两者资本各一百万两,纺锭各四万枚。[1] 一年之内,外商共开了四个大厂,资本总计4,215,800两,纺锭达160,548枚。其规模之宏大,远不是华商所可比拟的。

外商各厂,初建时亦能获利。如鸿源、瑞记两家在开工之年便派分红利3%与4%。次年,鸿源仍派分3%,老公茂、怡和两厂各分4%。然至1899年,萧条即已开始,其后三年,四家外厂无一家派分红利。[2] 故外商设厂浪潮遂亦停歇下去。直至1907年,始有怡和洋行大班凯福与华人吴祥林合组之振华纱厂出现,不久即归并予华商接办。又1910年开车之公益纱厂,一度曾为中英合资之经营,后亦全归华商。此外,直到第一次欧洲大战开始时为止,英美各商更无发展。

日商来华投资,开始于光绪二十八年(1902年)。是年12月以三井洋行上海支店长山本条太郎为中心之日商,首先收买上海兴泰纱厂。光绪三十一年(1905年)山本等又租办上海大纯沙厂;次年4月,更收买之,改名为三泰纱厂。至光绪三十四年(1908年),山本等更将三泰与兴泰合并,组成后来的上海纺绩株式会社,而将前兴泰改称上海纺绩第一厂,前三泰改称上海纺绩第二厂。[3] 是为日商自立纺织公司之始。

日商上海纺绩会社之经营,似颇成功。故宣统三年(1911

① Decennial Reports, 1892 – 1901, Vol. I, pp. 513 – 514.

② Ibid, pp. 514 – 515.

③ 《上海每日新闻》:《上海日商纱厂之过去与未来》,译文见《华商纱厂联合会季刊》,8卷1期。

年),内外棉会社之川村利兵卫亦来华开设内外棉第三厂,次年又设第四厂。此外光绪三十三年(1907年)所开车之九成纱厂,原为中日合资,不久亦归并予日商独办,改称日信。以上各厂,均在上海。

总观第一次欧战以前外商在华之发展,计英、日各有公司三家,美、德各一家,全体共有纺织机338,960枚,布机1,986台。势力以英商为最大,日商居次。回忆《马关条约》甫经签定时,英、美、德、日各商都怀着无穷的希望,纷纷争夺中国投资市场,仅光绪二十三年(1897年)一年间便完成了四家大厂。这种暴风式的突进,适足表示他们争夺中国投资市场的野心,迫不及待。然事实证明若无完备的投资系统,投资于中国棉纺织工业,亦并不如他们所想像的那样易于获利。故十余年的努力,也不过完成八厂。

**各籍外商纱厂之机器设备**

(1913年)

| 商别 | 公司数 | 纺绽数(锭) | 布机数(台) | 备　考 |
|---|---|---|---|---|
| 英商 | 3 | 138,036 | 800 | 老公茂、怡和、公益三家。 |
| 日商 | 3 | 111,936 | 886 | 上海纺绩、内外棉、日信三家。 |
| 美商 | 1 | 48,200 | 300 | 厂名鸿源。 |
| 德商 | 1 | 40,788 | — | 厂名瑞记。 |
| 共计 | 8 | 338,960 | 1,986 | |

资料来源:详附录,“中国纱厂沿革表”。

八家外资纱厂对华资纱厂的压力是不可忽视的。从相对比重上看:外资纱厂在上海的势力,在1897年就已超过华厂,到1913年竟占上海纱锭总数的70.5%。就以全国纱锭设备而论,外资纱厂也高至40%以上。今列详细数字如下表：

**中外各籍纱厂纺锭数**

| 年份 | 地点 | 华商 | | 外商 | | 全体锭（=100%） |
|---|---|---|---|---|---|---|
| | | 锭 | % | 锭 | % | |
| 1897 | 上海 | 139,272 | 46.5 | 160,548 | 53.5 | 299,820 |
| | 全国 | 234,304 | 59.3 | 160,548 | 40.7 | 394,852 |
| 1913 | 上海 | 141,920 | 29.5 | 338,960 | 70.5 | 480,880 |
| | 全国 | 484,192 | 58.8 | 338,960 | 41.2 | 823,152 |

单纯从纱锭设备的比较上是不能全面认识外资纱厂对于华资纱厂的压力的。首先，据本章第一节所述，满清政府的捐税制度是优待外厂而苛征华厂的。其次，外资来华设厂，其资本力量、机器设备、管理技术等等都不是还在草创时期的华资纱厂所能比拟的；而外资各厂所得外籍银行低利贷款的便利，尤其不是在高利贷重压之下的华资各厂所能比拟的。

外资各厂，集中在上海，可以想像，在上海市场上诸凡原料的采购，制品的推销，就在第一次世界大战以前，外厂已经对华厂构成极大的压力了。这种压力，当以厂址设在棉产丰富而手织业又极普遍的大生纱厂所感受者为最轻，所以我们看到大生经营颇为成功，也能进行相当程度的资本积累，从事扩大再生产。大生的成功，启示新建各厂舍弃上海而转到次级城市里去，此所以在1895—1913年这二十年内，上海华厂只增加七千余锭，而苏浙内地区则净增二十三万八千余锭。

由此可见，由手纺业之破坏而形成的棉纱市场，华厂不能自专，而必时时受国内外资各厂的竞争压迫，以致华厂难以积累资本，进行扩大再生产，这又是第一次世界大战以前中国民族资本积累过程的第二个特征。

### 3. 和内外反动势力保持血肉联系的民族资本

大战以前,华资纱厂的资本是如何形成的,这个问题没有详细的资料可作精确的回答,只能从各厂主要创办人的出身和社会关系上作若干推测。当然,创办人的官衔并不能代表他的真实出身或政治地位,因为这些官衔是可以用金钱去买得的,地主、商人、买办,人人可得。不过,这至少可以说明,这些人在社会关系上,是和封建统治政权保有某种联系的。这个时代,华资各厂都是独资或合伙经营,虽或名为公司,实则未尝公开招股,亦且无从公开招股,所以主要创办人也就是主要投资人。从他们的身份上多少可以推知资本来源的性质。

为了便于分析讨论,我们把1890—1913年间各厂主要创办人的出身和资本来源,列表如后。

**华资纱厂主要创办人的出身与社会关系**

(1890—1910年)

| 开车年 | 厂名 | 主要创办人及其社会关系 |
|---|---|---|
| 1890 | 上海机器织布局 | 候选道衔太古买办郑观应,道员龚寿图等,诸人皆与李鸿章有关;初为纯粹私资,后加入官股[(1)]。 |
| 1891 | 上海华新纺织新局 | 上海道台唐松岩与若干商人合办,官私合资[(1)]。 |
| 1892 | 武昌湖北织布局 | 湖广总督张之洞主办,官款,曾借汇丰银行款十六万两[(1)]。 |
| 1894 | 上海华盛纺织总厂 | 津海关道盛宣怀,江海关道聂缉规,二人与李鸿章有关;大部分为官款[(1)]。 |

续表

| 开车年 | 厂名 | 主要创办人及其社会关系 |
|---|---|---|
| 1894 | 上海裕源纱厂 | 道台朱鸿度。 |
| 1895 | 上海裕晋纱厂 | 创办人不详,1901 年失败时,积欠道胜银行透支 38 万两,创办人可能是和道胜有关的买办。 |
| 1895 | 上海大纯纱厂 | 上海富绅盛某所办。 |
| 1896 | 宁波通久源纱厂 | 上海宁波"富裕中国人"所办,李鸿章幕僚严信厚主持,由轧花厂发展而成(2)。 |
| 1897 | 无锡业勤纱厂 | 杨宗濂、宗瀚兄弟创办,宗濂历官直隶通永道,山西河东道、布政使、盐运使等官(3)。 |
| 1897 | 杭州通益公纱厂 | 候补知府高凤德创办,高与李鸿章有关(4)。 |
| 1897 | 苏州苏纶纱厂 | 国子监祭酒陆润庠主持,资本取自苏州商务局"息借商款"(5)。 |
| 1898 | 武昌纺纱官局 | 湖广总督张之洞主持,官商合办(1)。 |
| 1898 | 上海裕通纱厂 | 道台朱鸿度之子浙江候补道朱幼鸿所办(6)。 |
| 1899 | 南通大生纱厂 | 翰林院编修张謇主持,领用官机,集私资创办(1)。 |
| 1899 | 萧山通惠公纱厂 | 候选同知楼景晖所办(7)。 |
| 1905 | 常熟裕泰纱厂 | 朱幼鸿所办。 |
| 1906 | 太仓济泰纱厂 | 郎中蒋汝坊所办(7)。 |
| 1906 | 宁波和丰纱厂 | 中书科中书顾钊所办(7)。 |
| 1907 | 崇明大生纱厂 | 翰林院编修张謇主办(8)。 |
| 1907 | 无锡振新纱厂 | 茂生洋行买办张若君、怡和洋行买办叶慎斋、荣瑞兴、钱庄主荣宗敬、官僚朱全是等所办(9)。 |
| 1907 | 上海振华纱厂 | 怡和洋行买办吴祥林与怡和大班凯福合办,后全归华资。 |

续表

| 开车年 | 厂名 | 主要创办人及其社会关系 |
|---|---|---|
| 1907 | 上海九成纱厂 | 华人某与日本棉花会社合办,后全归日资。 |
| 1908 | 上海同昌纱厂 | 东方汇理银行买办朱志尧所办,时朱已投资于同昌油厂、申大面粉厂等(10)。 |
| 1908 | 江阴利用纱厂 | 施子美,严惠人所办。 |
| 1909 | 安阳广益纱厂 | 孙家鼐与商人马希援创办,孙历官工、礼、吏、户各部尚书等官。 |
| 1910 | 上海公益纱厂 | 花翎道衔、怡和洋行及上海电气电车公司买办祝大椿主办,时祝已投资于缫丝、五金、面粉等业(7)(11)。 |

资料来源:(1)详各章正文与附录"中国纱厂沿革表"。(2)《上海县续志》,卷21;《海关十年报告》,1892—1901,卷2,页65。(3)《光宣列传》,卷239,《本传》。(4)《支那经济报告书》,第31期,页4;《海关十年报告》,1892—1901,卷2,页27,65;《清国事情》,第2辑,页111。(5)张之洞:"筹设商务局片",《张文襄公全集·奏议》,卷4。(6)张謇:"因朱某图在海门设厂呈部文",又,"咨商部文",《张季子九录·实业录》,卷2。(7)"光绪三十四年正月十日农工商部奏华商集股创办公司汇案请奖折",《经济选报》。(8)张謇:"大生崇明分厂十年事述",《实业录》,卷5。(9)荣德生:《乐农自订行年纪事》,《棉业月刊》,第1卷第4期,页590。(10)《中日实业兴信录》,页241—242。(11)《二十世纪之香港、上海等处印象记》,页548。

观察上表,有几点值得注意。第一,26家纺织厂中,有9家是由现任大官僚或退职大官僚支持援助或直接经手创办起来的,这就是李鸿章之于上海机器织布局与华盛纺织总厂,张之洞之于湖北纱布官局,陆润庠之于苏纶纱厂,张謇之于南通和崇明大生纱厂，孙家鼐之于广益纱厂，杨宗濂之于业勤纱厂。上海道台唐松岩所主持的华新纺织新局算是小官僚支持办厂的一例。此外，和大小官僚有密切关系，以他们为靠山而办厂的，有严信厚之于通久源，高凤德之于通益公，荣宗敬之于振新（详后）。其他没有查出政治靠山的各厂创办人，也多半带有官衔。这个现象，这一步说明我们在前一章里已经提出过的事实，那就是说，谁要创办纺织厂，他就必须和封建统治政权保持密切联系，取得靠山。尽管办厂的资本不须加入官股，也不须政治靠山加入分文，这个靠山还是必须的。

第二，在投资人里，我们已经查出真实出身的，有七个买办，即上海机器织布局的郑观应，振新纱厂的张若君、叶慎斋、荣瑞兴，振华纱厂的吴祥林，同昌纱厂的朱志尧和公益纱厂的祝大椿。此外我们推测其应有买办参加的还有裕晋、九成两家。在已知各厂创办人中，投资规模最大的，恰恰是两个买办。第一个是捐有候补道衔的祝大椿（字兰舫）。祝是怡和洋行和上海电气电车公司的买办，计独资办了源昌机器碾米厂，源昌机器缫丝厂，源昌机器五金厂；又与他人合办华兴面粉公司，怡和源机器皮毛打包公司；同时并投资于轮船运输业、上海地产业、制纸业、榨油业，也握有中国银行股票，[①]可算是这时投资于纱厂业的一个最大的资本家。另一个买办就是东方汇理银行买办朱志尧。朱除去办了同昌纱厂而外，又投资于同昌榨油厂、申大面粉厂、求新铁厂、大通轮船公司、大达

① “光绪三十四年正月初十日农工商部奏华商集股创办公司汇案请奏折”，见《经济选报》，又，《二十世纪之香港、上海等处印象记》，页548。

轮船公司、中西书屋等等企业，[1]祝大椿以次，就要数到朱志尧的资本为最大了。

纱厂创办人中之有买办，是很容易理解的。买办，是鸦片战争以后中国社会里开始形成的一个特殊阶层。他们是外国资本主义剥削中国人民的经纪人。经过五十多年的生长，买办显然已成为一个人数众多而又资力雄厚的显赫阶层了。当外国资本主义对中国的掠夺方式还限于推销工业制品，搜刮农产原料的时代，他们如果不借助于买办，是完全无力进行掠夺的。当外国资本主义在中国开银行，挖矿山，行轮船，办工厂，进行更直接的掠夺时，同样也少不了买办。这个阶层的存在，是人人都会观察到的，但是由于他们隐秘身份，耻言买办，所以人们很难捉摸其势力。假定我们就对外贸易来推测，那么，根据关册记载，1890—1913 年这二十四年里，中国的进出口贸易总值约自两亿一千多万关两增至九亿七千多万关两；而同时期内，中国一切通商口岸的全部外籍商行数最高还不足四千家，各种外籍人员总数不过十六万多人。这么几家外籍商行完全不可能和中国人民进行直接交易到如此庞大的数字。所以洋货在既到通商口岸之后，土货在未到通商口岸之前，自两亿一千多万至九亿七千多万的贸易额，全部必须通过买办之手。而买办以抽取经纪费用为利润，他们又是永远只会盈利不会破产的。就以 1890—1913 年这二十四年而论，对外贸易总值共计 12,491,969,000 关两，从低估计经纪费用，以 5% 计算，那么这二十四年里，全国买办阶层共获利润达六亿二千多万关两之多。这恐怕要算是地主以下一个最富有的社会阶层了。因此，当中国开

① 《中日实业兴信录》，页 241—242。

始发展现代工厂时，买办资本的出现完全是意料之中的事情。

各通商口岸进出口贸易总值和外商商行数与人数

| 年份 | 进出口贸易总值（千关两） | 外籍商行数（家） | 外人总数（人） |
|---|---|---|---|
| 1890 | 214,237 | 522 | 8,107 |
| 1895 | 314,990 | 603 | 10,091 |
| 1900 | 370,067 | 1,006 | 16,881 |
| 1905 | 674,989 | 1,693 | 38,001 |
| 1910 | 843,798 | 3,239 | 141,868 |
| 1913 | 973,469 | 3,805 | 163,827 |

资料来源:《海关报告册》。

买办不独拥有创办现代工厂所必须的大量资金，并且拥有创办现代工厂所必须具备的某些“洋务”知识，而这却是一切官僚、地主、高利贷者等等土财主纵使花费巨额资金也是无从购买的。因此，本期纱厂创办人中之有买办，进一步说明了我们前面已经指出过的事实，那就是说，中国现代棉纺织工厂的创建不能不和洋货、洋人发生千丝万缕的联系。

如上所述，可知在中国棉纺织业资本主义生产的初步发展阶段，民族资本是和外国侵略势力以及本国封建势力都保持着密切联系的，这，我们还可以举两个最具有代表性的事例如下：

据当时人的记载，上海机器织布局最初的六个投资人是这样的：“戴子辉（恒）太史为京口望族，其尊甫富而好善；龚君（寿图）系蔼仁（易图）廉访之介弟，亦八闽殷宦；李君（培松）久业淮鹾；蔡君（鸿仪）业宏沪甬，均当今之巨室；香山郑君陶斋（官应）；上虞经君莲珊（元善）久居沪上，熟谙洋务商情。”①这就是说，从资本构成

① 《申报》，1880年10月16日“书机器织布招商局章程后”。

上看,上海织布局乃是现任官僚、世宦家族、盐商巨贾和洋行买办的混合产物。封建统治政权和外国资本主义势力在这里结合为一了。

又,纺织业里规模最大的一个系统是荣宗敬、荣德生兄弟所办的申新无限纺织公司。1900 年荣氏利用钱庄积累起来的资金和"从事政界数十年"的老官僚朱某合开保兴面粉厂,以高利贷事业为基础而兼营资本主义的新式工厂。五年以后,荣氏开始筹备其第一个织纱厂——振新纱厂。振新共有七个发起人,就是茂生洋行的买办张若君,怡和洋行的买办叶慎斋、荣瑞兴,大丰布号的鲍咸昌,"读书不知生意"的徐子仪和荣宗敬、德生兄弟。荣宗敬兄弟的资本,主要地还是取自钱庄的积累。① 在这里,除去徐子仪身份不明外,我们可以很清楚地看到高利贷资本、商业资本又和买办资本结合而成工业资本了。

从此我们说,在其初步发展阶段上,中国棉纺部门的民族资本和封建势力、外国资本主义势力都有其千丝万缕的联系,不是很确当的么?这可算是第一次世界大战以前中国民族资本积累过程的第三个特征。

当然,有联系,必然就有矛盾。就民族资本和封建势力的关系说,官府积习,无往而不须钱,是矛盾;税捐之酷,使人"过捐卡而不思叛其上者非人情,见人之酷于捐卡而非人之叛其上者非人理",更是矛盾。就民族资本和外国资本主义的关系说,华中国纱销量不足总销量的 30%,华北不足 20%,是矛盾;全国纱锭设备中,华资各厂只占 59%,上海一地,华资只占 29.5% 至 46.5%,当然更是

---

① 荣德生:《乐农自订行年纪事》。

矛盾。凡此种种,在前面已有详细说明,这里就不再赘述了。

## 4. 高利贷资本侵蚀下的民族资本

在民族资本积累过程上,还有一个现象应该注意,那就是高利贷对于产业资本的侵蚀作用。

首先应该明确,在鸦片战争以后经过了五十多年而至我们现在所讨论的时代,中国那古老的生产方式已经遭到了严重的破坏,可是占着统治地位的生产方式,仍旧是封建性的,而不是资本主义性的。自然经济开始走上商品化的道路了,可是商品形态还不是生产物的一般形态。现代资本主义的生产企业,开始由萌芽而进入初步发展阶段了,可是社会生产资料基本上还分散在农民和手工业小生产者的手里。已经有了某些现代交通运输工具,却没有形成统一的国内市场;已经出现了某些现代信用机构,却没有形成平均的利润水准。在这里,掌握全社会剩余生产物的财富所有者是封建国家、官僚、地主、商人、高利贷者,这些前资本主义社会的吸血鬼,而不是掌握工厂、矿山、银行等等资本主义企业的资本家。在这里,资本的一般形态是商人资本而不是产业资本;是商业支配着产业,不是产业支配着商业;借贷利息不是构成产业利润的组成部分,产业利润反表现为利息以上的余额。在这里,在封建土地关系束缚之下的农民不独被地主夺去全部剩余生产物,也被地主夺去一部分必要生产物;在高利贷滚剥之下的那些自有劳动条件的小生产者,也失尽最必要的生活资料以上的全部余额;因此土地、典当、商业高利贷成为社会流动资金之理想的活动场所,借贷利息经常维持在极高的水平上。这就是这个时代中国资金市场上的基本情况。

根据日本人的调查,1910年名义上应该是现代信用机构的中国银行组织在各大城市的放款利率有如下表:

**1910年各城市银行放款年利率**

| 城市 | 利率(%) | 城市 | 利率(%) |
|---|---|---|---|
| 上海 | 7.2—9.6 | 北京 | 6.6—12.0 |
| 镇江 | 8.4—9.6 | 天津 | 8.4 |
| 南京 | 12.0 | 营口 | 9.6 |
| 芜湖 | 12.0 | 芝罘 | 9.6 |
| 九江 | 9.6—18.0 | 宁波 | 6.0—8.4 |
| 南昌 | 11.0 | 福州 | 8.0—20.0 |
| 汉口 | 9.6 | 汕头 | 12.0 |
| 长沙 | 9.6—11.0 | | |
| 宜昌 | 12.0—18.0 | | |
| 重庆 | 10.0—12.0 | | |

资料来源:《支那经济报告书》,第50号,页3。

城市间放款利率的巨大差异,反映中国资金市场的落后性,也说明资本主义平均利润率是不存在的。这就意味着产业资本在资金市场上没有取得独立的优势地位,而商业高利贷资本却统治着利息水平。这种资金市场的落后性,突出地表现在棉纺织工业资本形成上的"官利"制度上。

"官利"亦称"官息",或称"正息"。按照这种制度,公司股票负有固定的"官利"或"官息",不论纱厂盈亏,股东必分官利官息,其数普通总在8%以上。正因为必付官利,所以纱厂年终结账,不是从利润里来提分红利,而是先派官利,然后结算营业利益。不足,即谓之亏损;有余,则再分红利;有时连公积也不提存。这种制度的极致,是股东一经缴付股金,就需要享有官利,虽工厂尚未建成开车,官利也不容拖欠。就其实质而论,这样股东对于公司的关系,并不是单纯的企业投资人,而是投资人又兼债权人;所谓股票,不是单纯的投资证券,而又是借贷字据。在这里,产业利润成为借贷利息以上的余额了。就官利的水准而言,不用说,那当然是受着当地高利贷利率所左右,而不是受平均利润所规定的。产业资本成为高利贷资本的俘虏,成为它的牺牲品了。

最能说明官利制度的性质的事例,是彭道台上海机器织布局的集股办法。彭道台所募集的股份,负有固定年利9.6%,不论织布局盈亏,都必须支付,同时,又定有分期归还股票本金办法,自二年至七年不等,这说明股东实即债权人。但是股东还有分配织布局盈利的权利,所以股东又是投资人。

根据我们所找到的资料来看,官利制度显然是这个时代的通行制度,各公司无不如此。例如湖北织布局所用广东股本十六万两,六厘起息,而开办以后,如果获利,则又"按股于息外分赢"。湖北纺纱官局原是官商合办的,张之洞打算推给商办时,要求"官本"三十万两"按年取息,不问盈亏"。苏州苏纶纱厂是"息借"商务局商股创办的,办法是即以借款作股本,所以债权人也就是股东。

又如南通大生纱厂,规定凡股东一经入股,便按年利八厘起息,在光绪二十一至二十五年(1895—1899年),这筹建期中,集资艰难,几至于不能成厂,然一万七千余两之官利,还是不能拖欠的。[①] 又如崇明大生分厂,各股也都自附入之日起便按年利八厘起息,计自光

① 张謇:"承办通州纱厂节略",《实业录》,卷1。

绪三十年（1904年）集股建厂以至光绪三十三年三月初四实行开车之日止，共当付官利91,470余两，所谓开办费96,540余两，实以官利占最大部分。开车后一年余，虽已营业，并无大利，然官利仍不能减，计自光绪三十三年三月初四日至光绪三十四年年底为止，又当付官利123,790余两。结果，遂使账面亏损120,558.94两。[①]这中间，分厂股东会曾决议递迟二年发给官利，以资周转，然此本来即不当分派的官利，却又成为纱厂的负债，必得利上加利，负息达六厘之多。[②]

官利，在纱厂未开车以前，便要靠股金来支付；在纱厂既开车而失利时，也无非靠股金或借贷来支付，这真是一种奇异的管理制度。然当时所有华商纱厂的共同办法都是如此。张謇甚至说中国"亦赖依此习惯耳，否则资本家一齐猬缩矣，中国宁有实业可言？"[③]如今我们探讨这种制度，可以说当时投资家心目中实将经营纱厂和投放高利贷等量齐观：即是以母钱生子钱，根本无所谓纱厂。这适足表示当时高利贷资本统制中国投资市场的落后情形。

如果纱厂在股本之外需要流通资金，那当然就需要借债。这时，利息水平又成为企业盈亏的决定关键。如前所述，中国资金市场既然为高利贷所盘据，那么利息水平当然就由高利贷所领导，虽然号称现代新式信用机构的银行放款也不能例外。前表所列各城市银行放款利息率最低为6%，最高达20%，一般都在10%左右。

① 佚名撰：《南通地方自治十九年之历史》，上册。
② 张謇："大生崇明分厂十年事述"。
③ 同上。

但这时工厂融通资金的主要对象不是银行，而是钱庄。1906 年张謇曾说："上海资本家挟母财以营汇兑存放之钱庄，基本不出十万金，获利则称是，或十之四五，或十之二三。"①照此说法，则钱庄放款利息，最低亦达20%至30%。另一方面，我们看到资本主义国家的利率，最高也不超过5%。兹举数例如下。

**西欧资本主义国家年利率**

%

| 年份 | 英 | 法 | 德 |
|---|---|---|---|
| 1900 | 3.66 | 3.13 | 4.59 |
| 1905 | 2.58 | 2.08 | 2.48 |
| 1906 | 4.00 | 2.69 | 4.04 |
| 1907 | 4.50 | 3.38 | 4.88 |
| 1908 | 2.31 | 2.13 | 3.63 |

资料来源：《支那经济报告书》，第49号，1910年。

两相比照之下，中国利息水平的高利贷性立刻就显现出来了。

高利贷的利息怎样滚剥产业资本的情况，我们没有找到足够的资料，只有一个例子，那就是湖北织布局所欠山西善后局的债务。这笔债款本金二十万两，负息九厘，据张之洞说，在 1890 至 1896 年付共过利息十三万八千两，而本金依旧。织布局背上这笔和其他债务，到了 1898 年终于到了"每年应付官息商息，入不敷出"的境地。官息，商息，一句话，都是高利贷的利息；"入不敷出"，那里还有产业利润呢？

高利贷统制着资金市场，那么高利贷的利息水平当然就决定

① 张謇："拟组织江苏银行说"，《张季子九录·政闻录》，卷3。

拥资者投资于资本主义企业的态度。姑以二分为通行水准计，很明显的，任何产业，如不能获利达二分以上，则它绝不能号召任何人的投资；且任何产业，如不能年年获得二分以上的利益，则纵使既已招来若干投资，亦将无法以维持此种投资于不去。依同理，假定某项产业，每年能获利二十万两，则其对资本的号召力量绝不能在一百万两以上，——因为以一百万两以上的资本如投于高利贷事业，其每年获利固在二十万两以上。

事实上，本时期内，因若干特殊机缘，纱厂获利曾两度高涨，其数显在钱庄典当的市息以上，所以张之洞才有"纱利厚，重息无妨"的打算，若日俄战争及其以后期内（1905—1907年）的大生纱厂，除分派八厘官利及提存公债、地方公益费而外，股东尚分得红利至八九分之多，因此，拥资者才舍弃别种投资而转向纱厂里来的。

当然，繁荣不是永久的，萧条一到，纱厂获利就落在高利贷之下了。于是，在投资人则最初奢望，顿成泡影，时时受他业高利所引诱，各怀资本回流的打算；结果，纱厂经营未必失败，而改组、出租或出卖等等转手也极其频繁。在纱厂方面，则新股难招，无以为继而又不能不力为之继；结果，遂一面赖借债度日，一面又照付官利，高利滚剥之苦，永无摆脱之一日。

根据以上所述，我们当然不难理解，为甚么中国民族资本主义企业的开创资本总是那样的微小，其故并不在中国社会上资金积累之绝对量的微小，而在资金市场上信用制度和利息水平之前资本主义的本质。同样，我们也不难理解，中国民族资本主义企业资本积累过程之未能顺利开展的一部分原因，并不在这些企业利润率之低下，而在其利润经常地遭受高利贷所侵蚀。这就是民族资本积累过程上的第四个特征。

# 第六章　一个国际投资市场上的棉纺织业

（1913—1931 年）

1914 年欧战爆发后，英国棉货不能续来远东市场。为远东各地的需求所牵引，日、印两国的棉纺织工业遂转向一个新的发展路线：纺业方面，趋向于细支纱的生产；织业方面，则加速机械化过程，其速率且远在纺业之上。欧战结束后，英国虽力图恢复其旧日的销路，惟对于日、印两国这种新趋势则已无力阻遏。日、印两国这种新发展对于中国的影响有二：一为削弱输入棉纱的来势，使中国获得发展机纺工业的机会；一为增厚日本棉工业的资本实力，使日商得以来华大量投资。1914—1931 年间中国棉纺织业之发展，就是在这两个主导的潮流之中演进的。

## 一　欧战与中国棉货市场

### 1. 日、印棉纺织业之新趋向与中国棉纱市场

大战以前，日、印两国的纺业，或为其本国与中国市场的需求所趋，或为生产技术所限，或为其他原因，都是以 20 支以下的粗纱

为主要产品。战后英国退出远东市场,远东细纱的需求遂促使两国纺业都趋向细支纱的生产。譬如日本,1913 年的纱产量中有 80% 是 20 支以下的粗纱,中上级细纱只占 20%。到了 1918 年,粗纱的成份降至 69%,细纱则升至 31%。更至 1928 年,粗纱尚余 58%,细纱却占了 42%。[①] 印度方面,没有详细的数字可查,惟其过细化的趋势,也是众所周知的。[②]

以前我们说过,中国市场上的棉纱需求,向以 20 支以下的粗纱为主,其洋货供给来源,差不多全部来自日、印两国,少量细纱则由英国供给。战后,日、印两国纱支过细化的趋势,与前此专为中国销路而设厂的情势完全相反,所以中国之输入洋纱,绝不能再如前此之迅速扩张,乃是可以想像得到的。惟另一方面,英纱退出中国市场,输华日纱的支数分配也有过细化的趋势。例如 1916 年顷还以 16 支为最多,1919 年顷便以 20 支为多,1924 年顷又以 32 支和 42 支为多,至 1926 年以后则纯以 42 支为中心了,[③]向细的趋势极为明显。就中国纺业前途言,不论细纱来源为英为日,其为阻压中国细纺业的力量都是一样。

舍细纱而论粗纱,欧战对于中国市场的影响尤为深刻。缘英货退出远东棉布市场以后,远东市场上棉布的遗缺较棉纱尤大。因此,日、印两国机织业的发展遂亦较纺业为尤速。譬如日本,试以 1913 年为准,则 1919 年纺锭数只增加了 44.5%,纱厂附设织机数却增加 83.3%;至 1929 年,纺锭增加了 183.1%,而附设织机却

① 王子建:《日本之棉纺织业》,页 147。

② D. R. Gandgli, *Industrial Evolution of India*, London, 1929, 2nd. ed. p. 262.

③ 王子建:《日本之棉纺织业》,页 176。

增加了221.6%。[1] 又如印度，如以1913—1914年度为准，到了1919—1920年度纺锭减少了0.2%，纱厂附设织机却增加了14.4%；到了1928—1929年度，纺锭只增加29.9%，附设织机却增加了68.3%。[2] 如果能把纱厂以外的动力织机数也加入计算，这两国机织业超过机纺业的发展情况，必然还要显著。

日、印两国织业的发展速率超过纺业，也就是说，他们国内机器消纱量之提高速率超过机器产纱量。因此向日为输出而生产的棉纱，今日必自动减低输出，俾留作国内织业原料。[3] 这种情形，可以下表证之：

**日、印两国棉纱之生产消费及输出量**

三年平均数

| 年份 | 日本 | | | 印度 | | |
|---|---|---|---|---|---|---|
| | 生产量（千包） | 消费量（千包） | 输出量（千包） | 生产量（百万磅） | 消费量（百万磅） | 输出量（百万磅） |
| 1913 | 1,518 | 1,049 | 469 | 683 | 476 | 207 |
| 1914—1916 | 1,771 | 1,207 | 564 | ? | ? | ? |
| 1917—1919 | 1,883 | 1,509 | 374 | 626* | 509* | 117* |
| 1920—1922 | 1,952 | 1,622 | 330 | 686 | 606 | 80 |
| 1923—1925 | 2,227 | 1,950 | 277 | 674 | 633 | 41 |
| 1926—1928 | 2,530 | 2,398 | 132 | 754 | 724 | 30 |
| 1929—1931 | 2,628 | 2,575 | 53 | 834+ | 809+ | 25+ |

① 根据王子建前引书统计附录，页I所载数计算。

② 据A. S. Pearse, *The Cotton Industry of India*, p. 22所载数计算。

③ 1919年11月1日起，日本且限制20支以下之粗纱出口。见Trade Reports, Pt. I, 1919, p. 4。

资料来源：日本见幸田祐道：《本邦綿業の統計的研究》，页 209，212；印度见 H. L. Day，*Indian Tariff Problem in Relation to Industry and Taxation*，p. 102。

作者注：* 为 1918 和 1919 两年平均数。

+ 为 1929 年数。

战后日、印两国的织业发展，还未能越过粗质货品的阶段，所以其国内消费最多而输出低减之最甚者，必为粗支棉纱无疑。可是，粗支纱却还是中国市场需求最多的品种。我们以前说过，中国进口洋纱以日、印两国为最大宗，故这两国此种自动降低棉纱输出的形势，必然使中国输入洋纱减少。此可以下表证之：

各部市场上直接进口洋纱量之增减百分率

三年平均数

| 年份 | 东北 | 华北 | 华中 | 华南 | 全国 |
|---|---|---|---|---|---|
| 1913 | 100. 0 | 100. 0 | 100. 0 | 100. 0 | 100. 0 |
| 1914—1916 | 145. 5 | 100. 6 | 91. 4 | 93. 4 | 95. 3 |
| 1917—1919 | 119. 6 | 74. 1 | 48. 2 | 64. 3 | 59. 2 |
| 1920—1922 | 167. 6 | 61. 8 | 27. 6 | 67. 0 | 48. 7 |
| 1923—1925 | 120. 6 | 33. 1 | 9. 5 | 37. 9 | 24. 9 |
| 1926—1928 | 56. 9 | 8. 6 | 4. 0 | 26. 9 | 12. 9 |
| 1929—1931 | 34. 5 | 0. 9 | 1. 2 | 12. 8 | 5. 5 |

资料来源：详统计附录第 3—4 表。

观上表，可知欧战后中国各部市场的输入洋纱，除东北曾有短时期之增加外，无不锐减。所以我们说欧战给予中国纱厂一个发展机会。

## 2. 棉布市场上日货独占地位之确立

就贸易利益言，从四年欧战中获利最厚的国家，首推日本。日本从海外贸易获利最厚的产业部门，首推棉纺织工业。而日本此业获利最大的源泉却在中国。[①] 若再追寻日本财阀既获厚利后。因而大事海外投资的目的地，也还是在中国。而日本对华投资中，势力最厚，因而中国受害亦最深的产业部门，却又是棉纺织工业。穷源溯流，我们对于日本棉纺织业如何在中国市场战胜强敌榨取厚利一事，自不能不予以详细的分析。如前所述战后日本棉纱输华是日益低降的，目前的问题自然专在棉布方面。

欧战后之中国进口棉布，本有跌落。下表指示各类棉布的输入状况，除染色、印花两类尚有增进外，其余各类莫不锐减。

**进口棉布数量分类表**

三年平均数

| 年份 | 本色 | 漂白 | 染色 | 印花 | 杂类 | 共计 |
|---|---|---|---|---|---|---|
| 1913 | 100.0 | 100.0 | 100.0 | 100.0 | 100.0 | 100.0 |
| 1914—1916 | 85.0 | 85.6 | 76.9 | 65.8 | 23.0 | 78.3 |
| 1917—1919 | 76.5 | 71.8 | 79.0 | 102.6 | 27.7 | 73.4 |
| 1920—1922 | 70.4 | 74.5 | 100.7 | 101.1 | 22.7 | 73.2 |

① 日本输华棉布在其棉布总输出中之地位，战前约当 60% 至 80%；1914—1922 年间约当 50% 至 70%；1923 年后因南洋市场之开拓，输华量遂减，惟 1923—1931 年间，仍常在 40% 以上。中国以次日本海外市场之最大者为印度与南洋群岛，然两处合计，不过 30% 上下。王子建：前引书，统计附录，页 LXIV－LXV。

续表

| 年份 | 本色 | 漂白 | 染色 | 印花 | 杂类 | 共计 |
|---|---|---|---|---|---|---|
| 1923—1925 | 51.0 | 73.1 | 132.1 | 172.2 | 22.2 | 71.0 |
| 1926—1928 | 42.6 | 74.1 | 161.2 | 343.2 | 30.7 | 78.7 |
| 1929—1931 | 23.1 | 63.1 | 146.3 | 318.1 | 38.8 | 63.3 |

资料来源:《纺织时报》,No. 1345—1350 合刊,页 5291—5292;1937 年 1 月 1 日出版。原数为长度码数,今据以计算百分数。

在此总的跌落趋势下,日本输华棉布却能不断增高,终于形成独占的局势。更列如下表。

**直接进口棉布价值分口岸表**

三年平均数

| 年份 | 华南 | 华中 | 华北 | 东北 | 全国 |
|---|---|---|---|---|---|
| 1913 | 100.0 | 100.0 | 100.0 | 100.0 | 100.0 |
| 1914—1916 | 67.9 | 67.4 | 69.8 | 82.3 | 69.3 |
| 1917—1919 | 28.7 | 51.7 | 72.6 | 136.8 | 58.7 |
| 1920—1922 | 39.2 | 84.7 | 69.0 | 157.7 | 33.7 |
| 1923—1925 | 44.5 | 75.9 | 72.9 | 155.7 | 78.0 |
| 1926—1928 | 46.7 | 75.5 | 89.5 | 218.1 | 86.4 |
| 1929—1931 | 51.0 | 64.6 | 100.0 | 159.2 | 75.9 |

资料来源:详统计附录第 5—8 表。

**直接进口棉布价值分国(地区)表**

三年平均数

| 年份 | 日本 | 英国 | 香港 | 美国 | 其他 | 总计 |
|---|---|---|---|---|---|---|
| 1913 | 100.0 | 100.0 | 100.0 | 100.0 | 100.0 | 100.0 |
| 1914—1916 | 99.4 | 70.1 | 68.9 | 34.6 | 50.9 | 69.3 |

续表

| 年份 | 日本 | 英国 | 香港 | 美国 | 其他 | 总计 |
|---|---|---|---|---|---|---|
| 1917—1919 | 114. 5 | 52. 5 | 33. 1 | 10. 8 | 9. 5 | 58. 7 |
| 1920—1922 | 124. 0 | 105. 2 | 41. 7 | 26. 7 | 16. 4 | 33. 7 |
| 1923—1925 | 147. 9 | 73. 9 | 44. 5 | 5. 6 | 12. 9 | 78. 0 |
| 1926—1928 | 194. 0 | 53. 9 | 36. 6 | 3. 5 | 24. 4 | 86. 4 |
| 1929—1931 | 177. 0 | 39. 7 | 41. 3 | 3. 3 | 21. 8 | 75. 9 |

资料来源:详统计附录第5—8表。

英货在华优越地位之丧失与日货来华之不断地升高,使英、日两国棉工业的比较研究成为许多论争的主题。依我们看来,英、日的胜负,可从两国棉工业的经营、组织和生产三方面来寻求解说。

战前,兰开夏棉纺业的金融机构,本不健全。那里的习惯:初创一厂,额定资本很高但实收之数仅得其半,甚或仅得四分之一。投资家间的风气,都以为即此已足,无须再缴资本;所以有许多股东,认购股票,根本无力缴足股金。至于厂方不足的资金则全靠向银行透支或举发短期债券来补充。因此,在平时厂方便负担很重的利息。然流行的公司经营政策,于赚利时,却又不愿清偿债务,而尽量分红给股东。结果,积欠的债务未尝减少,股票的市价却因此过分的抬高,投机之风由此加盛,厂方的危机亦由此加深。①

大战期间出品减少,利润提高,股票市价业已激涨。至战后繁荣期,遂有普遍的投机风潮,工厂纷纷换发新股(Refloated),实行资本再估值(Recapitalized),或合并改组,影响所及,以纺制中下级棉纱的美棉区(American Section)为最大——中国市场上的销数全是

① Freda Utley:*Lancashire and the Far East*, London, 1931, pp. 43 - 45; *The American Economic Review*, Vol. XVII, No. 3, Sept. 1928, p. 471.

这区的产品。厂家经此次风波，都大大地膨胀其资本价值，所负短期公债或银行欠款也愈积愈大。其中大多数厂家，负债太巨，绝对无力偿还。于是工厂遂纯为支付利息而开工生产了。到1929年，兰开夏棉业联合公司（Lancashire Cotton Corporation）考察200个纺织厂的结果，发现这拥有纺锭19,750,000枚（占美棉区纱锭数的一半以上），布机24,358台的200家营业共有已缴资本28,239,608镑，其所负债务则达28,890,938镑；所以每镑旧股票只能掉换新股5先令4便士，[①]金融情形之恶劣，可谓已达极点。

兰开夏的棉织工业，大多为小规模的独立织厂。其在金融上直接感受前述纺业投机风潮影响者，仅少数纺织兼营各厂，机数约当全体的14%。[②]然而各独立织厂的金融状况，并不优于纱厂。许多织厂负担银行的欠款极重，有时不得银行的允许且不能购备原料，许多的破产都证明织业也和纺业一样，具有金融上十分严重的弱点。[③]

日本棉工业界的金融政策一向较兰开夏稳健。他们常收足高额的资本，并蓄积丰厚的公债。譬如1913年日本纺绩联合会会员厂152家的额定资本为113,036,401元，已缴者便在76%以上（86,414,059元）。同时尚有公积金33,803,119元，约当已缴资本的38%。经过第一次世界大战，日厂的金融情形更加优异。1919年190个会员厂的额定资本为221,927,650元，已缴者达70%（165,758,695元）；而公积金则达139,073,869元，约当已缴

① Freda Utley, op. cit., p. 58; A. F. Lucas, *Industrial Reconstruction and the Control of Competition*, London, 1937, p. 156.

② Freda Utley, op. cit., p. 52.

③ B. Bowker, *Lancashire under the Hammer*.

资本的83%以上。若论负债，试以1919年下半期46个公司的决算为例，它们的已缴资本，历年公积金和上期结存共计312,169千元，而负债只有25,716千元。[①] 这是就多数普通厂家而言的，若就可以左右整个棉纺业的所谓九大公司而言，其金融基础尤为坚强。[②]

尤有进者，日本是一个金融资本业已高度发达了的国家，几个大财阀运用其金融力量，直接间接地差不多统治了整个日本的生产和交易事业。棉业方面，若经理原棉入口贸易三分之一，经理棉布出口贸易五分之一的东洋棉花会社，四大纺织公司之一的钟渊纺绩会社，制造丰田自动织机的丰田织机厂，以及来中国投资为上海纺绩公司者，都是三井财阀的附属公司。通过东洋棉花会社而获得操纵权的小纺织厂又不知凡几。他如三菱财阀之于富士瓦斯纺绩会社，亦有相当的势力。[③] 这些受统率于大财阀的事业在金融上自即以大财阀为其后盾，其金融力量之强厚，绝不是兰开夏的厂家所可同日而语的。

诚如尤忒莱(Utley)所说："事实上，就只他们这种金融状况已足指明：纵使兰开夏能从生产和运销上讲求经济，使它售价减低10%，可是日本的公司，只消减低他们的红利，仍旧能够制胜裕如，并且他们那种减低后的红利，依然不是英国资本家所可望及的。"[④]

在棉工业生产组织方面，英、日两国实成为极其分散和高度集

---

① 王子建：前引书，页11；XIII－XIV。

② A. S. Pearse, *Cotton Industry of Japan and China*, Manchester, 1929, p. 36.

③ C. C. Allen, "The Concentration of Economic Control in Japan," *Economic Journal*, Vol. XLVII, No. 186, June, 1937, pp. 271, 281.

④ F. Utley, op. cit., p. 107.

中两个最显著的对照。

英国棉工业的生产组织承袭十九世纪的遗风,形成极端自由主义的分立状态。从原棉的贩运以至布匹的推销,棉业的活动部门可大别为六:(1)利物浦原棉之贩卖及经纪业,(2)纺纱业,(3)棉纱之贩卖及经纪业,(4)织布及其他制造业,(5)整理业,(6)棉布贩卖业。以上各部门,不仅依生产过程之不同或交易方法之各异而有许多独立的营业存在,即在同一生产或交易过程中每个营业单位,也都把它的活动领域限制到极小的范围里,各立门户,互不统率。譬如利物浦原棉之贩运或经纪,便有独立营业三百来家,此中纯粹以贩卖为业务者仅约一百余家。此中十家较大的营业总理利物浦棉布的出售额至75%,似已形成集中的情势,但他们之间并没有形成联合。① 又如兰开夏的纺纱业分为专纺中下级纱支的美棉区,和专纺细支的埃棉区(Egyptian Section),此外还有少数专门的纺线工厂存在其间。在这样的部门之下,又有许多更细的分业,某些工厂专纺某几种少数纱支,某些工厂又专制某些种类的棉纱(譬如,正手与反手之别,普通纱与烧茸纱之别等)。在织业界里,同样地依布匹的种类而有许多分离独立的营业,甚至连织布业中准备工作的一个步骤,如"整经"也有独立的小厂专营。至于整理业,则漂白、制光(Mercerizing)、染色、上浆、印花、检验(Proofing)等等步骤,莫不成为专业。若曼彻斯特布商,不独依营业方法而分立门户,且按市场之区别而形成非洲、印度、中国与远东、欧洲与中南

① B. H. Ellinger, "Japanese Competition in the Cotton Trade," *Journal of the Royal Statistical Society*, Pt. II, 1930, p. 196.

美、埃及、希腊、地中海沿岸等七帮之多。①

仅以纺织两业而论，1924 年兰开夏的纺纱厂即在 600 家以上，而织布则超过 900 家，此外尚有纺织兼营者 232 家。若将整理以及贩运商包括在内，则整个棉业界的独立营业在 3,000 家以上。② 这"3,000 多个不调和的小单位，个别看来，或有许多组织得很好的，可是他们之间，全无团结，全无核心，松散，混乱，到处冲突，排挤，角逐与斗争，这整个奇特的景象，实含包着巨大的金钱，效能，时间与生产力的浪费"③。他们受战后长期不景气的压迫也曾企图联合力量，再度抢夺市场；可是如前所述，各家金融情形既如此恶劣，自由主义、个人主义的遗氛又十分浓厚，经多年的努力，直至 1930 年止，独立经营的数目并未较 1913 年有何显著的减少。④ 像日本纺绩联合会那种强力的集团组织终未出现。

日本棉业的生产组织正和英国相反，它是高度集中化的典型。

十九世纪我们业已看见日本纺织界强力的卡德尔组织——大日本纺绩联合会的规定价格、津贴输出等种种向中国市场发展的联合行动；我们于二十世纪之初，又看见三井财阀怎样领导棉业界，组成棉布输出组合，力谋向东北、华北市场进出，终于攘夺美货的销路。欧战以来，大纺织公司随着金融力量之加强，利用不景气的时机吞并小厂的趋势愈为明显。这就是说，其对外联合行动的力量愈为加强。

整个日本棉业，操在两大产销集团手里。担任原棉的输入与

① G. C. Allen, *British Industries and Their Organization*, London, 1935, p. 229.

② Committee on Industry and Trade, *Survey of Textile Industries*, 1928, pp. 24 – 26.

③ B. and H. Ellinger, *Japanese Competition in the Cotton Trade*, p. 211.

④ B. and H. Ellinger, op. cit., p. 211; A. F. Lucas: op. cit., pp. 154 – 168.

棉制品的输出者,为日本棉花株式会社、东洋棉花株式会社和江商株式会社三大棉商;担任棉纱布之制造者为大日本纺绩联合会。这两大集团,因在营业上彼此有不可分离的联系,事实上已结成一体。三大棉商以其遍布全球的贩运网得对纺织界供给低价的原棉;而大纺织厂家能以其左右全国的势力,将制成品以低价售于棉商向外推销。试就原棉之供给论,据皮尔斯(A. S. Pearse)所记录1928年12月至1929年2月间八分之七正牌米得林,(Strict Middling)棉花的美日两国行市比较,除少数例外,大体日本市价均较美国市价为低。① 1930年英国派来远东的经济调查团,曾就大阪和利物浦的原料市价加以比较,结果也是日价低于英价的为多。② 日本棉商之能以廉价原棉供给纺织厂,于此已成为极明显的事实。

从技术的观点看来,机器设备每30至35年,即需更换一过。且纺织器之改革,进步极速。③ 其最要者,譬如环锭纺机、自动织机、高速度整理机都能增加生产,节省人工。④ 所以往往旧机器尚未损破,新机器业已有很大的进步。设备的更换年限当然更短。但兰开夏纺织厂的金融情形,既如此恶劣,不独新型机器无力迅速采用,即业已到达有效年龄之最后限度的旧设备,亦迟迟不能更

---

① A. S. Pearse, *The Cotton Industry of Japan and China*, p. 46.

② *British Economic Mission to the Far East, 1930 – 1931*. Report of Cotton Mission, 1931, p. 19.

③ Cf. United States Department of Labor, *Effects of Mechanical Changes in the Cotton-Textile Industry 1910 – 1936*, United States Government Printing Office, 1937.

④ "An experiment conducted by Laucashire Cotton Corporation indicated that under the conditions prevailing in Lancashire, the ordinary Lancashire loom was more economical for the production of fine cloths than the automatic loom; but this conclusion does not necessarily stand for the bulk lines in which foreign competitors have been most successful." G. C. Allen, *British Industries and Their Organization*, p. 249.

换。当日本纱机倾全力于环锭之装设而走锭则居于无足重视的地位时，[1]兰开夏的走锭尚在全数四分之三以上。[2] 当日本迅速地从事其丰田自动织机之推广改进时，兰开夏自动的或半自动的织机仅当全数的3%。至于高速度整理机之在兰开夏尤寥寥不足道。[3]

机器设备之型式上的新旧和其使用年代之久暂，无疑地都直接影响生产效率之高低。试据尤忒莱所得1929年英、日两国在纺织业方面资料论：[4]就是环锭纱机每锭每10小时20支纱的产量，日本也较英国高出21%。织业方面，即以普通织机论，日本的设备因机式较新且利用自动停梭装置，故日本工人每人所管织机台数能达5.9台，而英国仅及4台。

生产费用中的一个重要项目是工资，日本织业者如何利用破产农村所排挤出来的女工给以最低率之工资，经尤忒莱的揭发，[5]已成为举世闻名的事实。譬如以纺制20支纱而论，英国每磅的工资为1½便士，日本为3/4便士，是日本仅当英国之半；以织造平纹布而论，英国每百码的工资为5先令1便士至5先令8½便士，日本为2先令6便士，是日本亦仅当英国之半，或不及一半。[6] 1929年后兰开夏受不景气的压迫，曾减低工资6.25%，而1930年1月

① 如1919年会员厂共有环锭3,435,932枚，走锭52,330枚；1924年，环锭5,100,056枚，走锭25,150枚；1929年，环锭6,795,502枚，走锭41,014枚。见王子建：前引书，附表，页Ⅱ－Ⅲ。

② J. Ryan, "Machinery Replacement in the Cotton Trade," *Economic Journal*, Dec. 1930, p. 578.

③ G. C. Allen, op. cit., p. 248.

④ F. Utley, op. cit., pp. 195, 215－218.

⑤ F. Utley, *Japan's Feet of Clay*.

⑥ F. Utley, *Lancashire and the Far East*, p. 207, 219.

日本黄金解禁后，日本纺织业也立即实行削减工资，如著名的钟渊纺织会社，且削减至25%之多，故工资费用始终以日本为低。

综上所述英、日两国棉工业的对比，不论在金融状况，产业组织，以及生产设备与工资费用等那一方面，都以日本占优势；至于混棉技术之优良，女工卖身制度之严酷，还是余事。若在中国市场之争夺上，日本又得有市场邻近之便利，贩运组织之广布，有时更得政府的资助奖励，与货币的贬值倾销，其能代替英货自是意料中事。

中国海关，向来不发表分国分口岸的进口统计，兹根据本所在关署所抄录的统计，分析中国各部口岸直接进口国外棉布的来源如下表：

**各部口岸直接进口各国(地区)棉布价值百分比**

三年平均数，以各部各国统计为100%

| 年份 | 华南 | | | | 华中 | | | 华北 | | | 东北 | | | 全国 | | |
|---|---|---|---|---|---|---|---|---|---|---|---|---|---|---|---|---|
| | 日本 | 英国 | 香港 | 其他 | 日本 | 英国 | 其他 | 日本 | 英国 | 其他 | 日本 | 英国 | 其他 | 日本 | 英国 | 其他 |
| 1913 | 0.3 | * | 86.9 | 12.8 | 20.5 | 51.2 | 28.3 | 83.7 | 14.0 | 2.3 | 71.8 | 4.7 | 24.5 | 29.6 | 33.0 | 37.4 |
| 1914—1916 | 1.6 | — | 86.6 | 11.8 | 25.9 | 54.0 | 20.1 | 86.7 | 12.2 | 1.1 | 84.6 | 2.4 | 13.0 | 36.0 | 33.4 | 30.6 |
| 1917—1919 | 6.7 | — | 88.6 | 4.6 | 39.7 | 53.8 | 6.5 | 94.6 | 5.0 | 0.4 | 94.2 | 1.0 | 4.8 | 57.7 | 29.5 | 12.8 |
| 1920—1922 | 5.5 | * | 91.5 | 3.1 | 28.4 | 65.3 | 6.3 | 84.7 | 14.4 | 0.9 | 93.5 | 0.7 | 5.8 | 44.7 | 42.2 | 13.1 |
| 1923—1925 | 7.5 | 0.1 | 89.0 | 3.4 | 45.1 | 52.4 | 2.5 | 96.1 | 3.6 | 0.3 | 91.8 | 0.9 | 7.3 | 56.4 | 31.3 | 12.3 |
| 1926—1928 | 23.8 | 0.2 | 69.5 | 6.5 | 58.5 | 39.0 | 2.5 | 95.3 | 3.3 | 1.4 | 87.8 | 0.7 | 12.5 | 67.3 | 20.9 | 11.8 |
| 1929—1931 | 21.6 | 1.5 | 73.8 | 3.7 | 63.9 | 31.9 | 4.1 | 91.6 | 3.8 | 4.6 | 91.6 | 0.6 | 7.8 | 69.0 | 17.2 | 13.8 |

资料来源：本所抄件，详统计附录第5—8表。

作者注：表中其他一项除华南及全国外，余均包括香港在内。* 不足0.05%。

上表数字，不包括埠际贸易在内。日本棉布的运销方法，一律避免中间人的转手，所以日本在各埠的势力，当尽如表中数字所示。英货颇有先运港沪然后转销各口者，所以英货在各部口岸的势力，实际和表中所示当有些稍微出入。这种差误，在华中、华北、东北三大市场上极其微小，在华南市场则甚大。华南进口棉布记明来自香港者，占数在70%以上至90%。事实上此数大都来自英国，部分地来自日本、美国等其他各国。然除华南而外，其他各部市场上，英国的势力都日渐让渡于日本。若更分类观察，则日货不论在那类品种里，也都占有绝对的优势。曾经独霸中国棉布市场的英国制品，就是这样为日本制品所逐退的。

**直接进口棉布价值分类分国百分比**

三年平均数，以各类各国合计数为100%

| 年份 | 本色 | | | 漂白，染色 | | | 印花 | | | 杂类 | | |
|---|---|---|---|---|---|---|---|---|---|---|---|---|
| | 日本 | 英国 | 其他 | 日本 | 英国 | 其他 | 日本 | 英国 | 其他 | 日本 | 英国 | 其他 |
| 1923—1925 | 78.0 | 11.9 | 10.1 | 45.2 | 41.4 | 13.4 | 65.0 | 26.9 | 8.1 | 25.7 | 40.8 | 33.5 |
| 1926—1928 | 82.2 | 7.7 | 10.1 | 64.5 | 23.9 | 11.6 | 63.3 | 24.0 | 12.4 | 43.3 | 36.4 | 20.3 |
| 1929—1931 | 80.9 | 9.8 | 9.3 | 75.8 | 5.3 | 18.9 | 66.7 | 21.0 | 12.3 | 39.5 | 29.3 | 31.2 |

## 二　日本财阀改变侵华方式

### 1. 从棉布倾销到资本投放

日本资本主义的成长，受中日与日俄两次战争的滋养，原已有猛烈的进展，惟在大战以前，还不足以言大规模的资本输出。就棉工业而论，就是日本国内棉布还多赖手工业去生产，更不用说向外投资了。因此日本虽是第一个获得来华设厂权的国家，在1895—1913年这十八年悠久的岁月里，其主要的侵华方式，始终不得不限于棉纱布倾销。若言投资，得纱机111,936锭，布机886台而已。

欧战给予日本以良机：一面供给日本财阀以庞大的战时利润，使其长成向外侵略的雄厚力量；一面又破坏了远东的均势，使日本得从容操刀。于是中国乃天然成为日本财阀的俎上肉。《二十一条》的提出（1915年），西原借款的成立（1917—1918年），东亚兴业（1910年成立）、东洋拓殖（1908年成立）和中日实业（1913年成立）诸会社的活跃，都足证明日本财阀的侵华方式至此已入于资本投放的阶段。而棉业方面，尤为一切产业投资的翘楚。

如前所述棉工业乃日本因欧战中获利最厚的部门。大战初起，日本纺织界原曾发生恐慌，先后于1914年的8月及12月两次议决减工。1915年11月起，此业便跃入繁荣期：不独限制生产的规定全部撤销，各公司的赚利亦从此飞速增高。试以三十余日本纺织联合会会员公司的纪录论，他们的股息率，由1915年下半期的15.5%，逐步升高为1916年同期23.5%，次年同期的41.1%；又次年，47.7%；至1919年同期则高达51%。除分配如此高厚的利益而外，日本纺织厂又一面积极扩充织机设备，一面堆积起庞大的资本力量来。1914年加入纺联会的42公司157家工厂的已付资本只有85,820,424元，公积金36,639,349元；1919年54公司190家工厂则有已付资本165,758,695元，公积金139,073,869元。[①] 如此，平均每一公司在战前，只分得已付资本及公积金二百

① 《棉丝纺绩事情参考书》，昭和六年，下半期。

九十万元之谱,到了战后,却达五百七十万元之多。这就表明,经过第一次欧战,日本纺织业已获得极为强固的资本力量,足以向外侵略了。而如前所述,战后日本棉布在中国市场上且形成独占的形势,十余年来,不断地带给日本棉工业以丰厚的利润,也就是不断地增强他们这种向外侵略力。

大战期内,日本棉业界正忙于在国内扩张设备,且彼时日本纺织机器的生产尚无根基,扩张所需必求诸英美,但英美同业则忙于军火生产,显然不能适应巨大的需求,所以日商之来华投资并未活跃。总计在1914—1918年四年内,仅战前业已来华设立分厂的内外棉株式会社增设了三个新厂,及收买华商旧厂一家,上海纺绩会社增设纱厂、布厂各一所;另在上海新组一日华纺织公司,收买美商鸿源纱厂一家。同时,日商所经营的日信纱厂则被华商所收买,改称恒昌源纱厂复工。总计这四年日资在华势力只增加了纱锭约二十万枚之谱。

1918年中国对进口棉货按时价重订税则,结果进口棉纱布的负税,都略有增加,这是促使日商来华设厂的第一个刺激。

欧战终了以后,日本棉业界便出现了战后萧条。1920年5月,纺联会会员厂已实行每月停工6天的决议;6月,又变更办法,每月停工4天,每日工作时间由22小时改为20小时,此外更封闭纱锭10%;8月起提高封闭锭数为20%;[1]另一方面,这几年内正是中国纺织业繁荣到达最高潮的时期,于是日本厂家在战时订购而此时方始交货的纺织机器,在国内既无立足地,至此就正好搬运到中国来。[2] 这样,1921—1922年的两年便成为日商来华设厂的最盛

① 王子建:前引书,页11—12。

② 樋口弘:《日本对支投資の研究》,昭和十四年版,页260—261。

时期。

1921—1922年这两年内，日商在上海设立东华、大康、丰田、公大、同兴和裕丰等六个公司；在青岛新设了富士、大康和隆兴三个公司；更增设东华第二、日华第三、上海纺第三、内外棉第十二、第十三等五个纱厂和内外棉一个布厂。① 日阀对中国纺织业投资至此便立下了强固的基础了。

1923年后，日本国内纺织业进入矛盾状况之下：一方面缓缓地增加设备，一方面时时不免于停工减工。这个矛盾之最具体的表现，莫过于利润率之无底止地下落。战后的利润率久已日益低下，到了1927年后，纵实行停工减工等类办法，连1913年下半期那种14.5%的利润率也显有不能维持之势。这事实证明了一点：战后日本国内的棉纺织业的发展，业已日益入于饱和的境地，有利于资本投放的场所已日益狭隘，那些以财阀为资本主的纺织会社对于这个厄运的挽救办法，在国内则实行大刀阔斧的吞并小厂，在国外则继续来华投资。

帝国主义的对外投资，为的是攫取最大限度的利润，日籍纱厂以其雄厚之资本力量、进步的生产技术与合理的工厂管理，能够牺牲华资纱厂而获得厚利，是日资纱厂不断增设扩张这事实本身便可证明的。

时至1923年中国既已入于长期萧条的泥沼，日本长崎纺绩会社和钟渊纺绩会社却来青岛开设分厂，前者名为宝来纱厂，后者名为钟渊纱厂。同年日华更增设第四厂，内外棉增设第十四、第十五厂于上海。1924年，日本棉花会社又在汉口投资，建成泰安纱厂，

① 详附录二，“中国纱厂沿革表”。

而满铁财阀亦会同富士瓦斯设立满洲纺绩于辽阳。同年上海同兴更增设第二纱厂。1925 年,满铁财阀又与富士瓦斯建成满洲福纺于大连;而内外棉也在金州开设支店,建成纱厂两所。同年日华纱厂收买华商宝成一、二两厂,公大更收买英商老公茂一厂。1925 年后直至 1931 年止,日商不再在中国创设新的纺织公司,惟已设各公司之增厂扩充则仍在不断进行中。兹表列日厂历年设备如下:

日商纱厂之机器设备(已开)

| 年份 | 纱锭 | 线锭 | 布机 |
|---|---|---|---|
| 1913 | 111,936 | ? | 886 |
| 1919 | 332,922 | ? | 1,486 |
| 1922 | 621,828 | ? | 2,986 |
| 1924 | 932,728 | ? | 3,929 |
| 1925 | 1,268,176 | 58,744 | 7,205 |
| 1927 | 1,291,974 | 77,632 | 9,625 |
| 1928 | 1,397,272 | 117,544 | 10,801 |
| 1929 | 1,462,160 | 185,484 | 11,467 |
| 1930 | 1,587,776 | 233,504 | 13,554 |
| 1931 | 1,715,792 | 232,236 | 15,983 |

资料来源:《中国纱厂一览表》。

作者注:原表错误处均经改正;1929 年后之数字均为次年春之调查,所指系前年末之设备,普通引用,皆作调查年之设备,误。

日商纱厂此种机器设备在中国纺织工业中占有何等地位,并其意义若何,现在可暂置不论。此处有必要附带提及者,是英、美、德各籍纱厂的变迁。

大战以前在华投资于棉纺织工业者尚有英、美、德各籍商人,英商实力且远在日商之上。欧战发生后,德商瑞纪纱厂首先出售归英商,1918 年美商鸿源纺织厂亦售与日商之日华纺绩会社,故美德商人之投资便完全撤退。英商方面,1914 年曾将原设于香港之香港纺织染厂(The Hongkong Cotton Spinning, Weaving and Dyeing Co., Ltd.)移设上海,改称杨树浦纱厂;1921 年又将杨树浦、公益与怡和三厂合并,改为怡和纺织公司,略事增机,此外更无其他进展。且老公茂一厂反于 1925 年售归日商上海制造绢丝会社。总之,经过一次欧战,中国棉纺织业里的外商纱厂,殆全为日商所有,欧美人的势力则无足轻重,此乃与大战前的形势完全相异者。兹列英商各厂的设备如下表:

**英商各厂之纱布机数**

| 年份 | 纱锭 | 布机 |
|---|---|---|
| 1913 | 135,036 | 800 |
| 1919 | 244,088 | 2,353 |
| 1922 | 257,866 | 2,800 |
| 1924 | 250,516 | 2,863 |
| 1925 | 205,320 | 2,348 |
| 1927 | 205,320 | 2,348 |
| 1928 | 153,320 | 1,900 |
| 1929 | 153,320 | 1,900 |
| 1930 | 169,228 | 2,480 |
| 1931 | 170,610 | 2,691 |

资料来源:《中国纱厂一览表》。

作者注:英厂仅 1919 年有线锭 2,100 枚,余年无线锭设备。

## 2. 以纺织业为中心之日阀在华投资系统

仅从纱机等项设备的增殖上是不能看出中国棉业里日资侵略势力的全貌的。这里,我们更当对于以纺织业为中心之日阀全部投资系统加以检视。惟有根据这种分析,我们才能了解日厂那种优势地位。

日商在华纱厂的投资方式不出由其国内纺绩会社直接来华开设支店,和由日商在华另设独立会社两途。前者如大日本纺织会社之在上海、青岛两地分设大康纱厂;内外棉会社之在上海、青岛、金州三地分设内外棉纱厂;日清纺绩会社之在青岛设隆兴纱厂;或长崎纺织会社在青岛分设宝来纱厂等等皆是。但此中内外棉会社在中国计有纱布厂十四所,在日本本国仅两所,实无异是在华会社。在华创设独立会社从事营业者,是日资在华纺织厂的主要方式。这类会社的出资者大都是日本国内纺织会社或在华商人,尤其是在华棉商。但此中东华纺绩会社在日本兵库县也有一个分厂,上海纺绩会社与上海制造绢丝会社的股票又在上海市场上自由买卖,间或也有西人或华人投资。各日厂与其国内会社的投资关系有如下表。

这里有一个值得注意的现象,就是日商在华纱厂,大都是在华或日本国内的棉花或纺织大会社所投资的,而这些大会社又各以日本大财阀为其母体。现在我们可以看到日阀对华投货与投资的因果联环来了!他们以棉货对华竞销,更以棉货竞销之所得转来投资于中国棉纺织业,全部的秘密,就是如此。

**日商在华棉纺织厂的资本来源 1931**

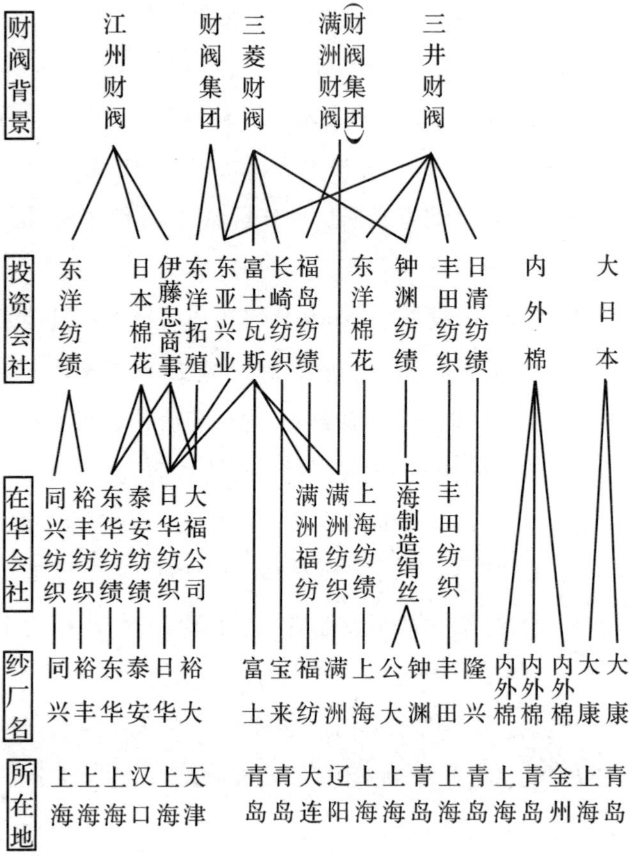


资料来源：附录一，"中国纱厂沿革表"，又，樋口弘著：《日本对支投资の研究》，页266。

在华日商各有财阀为靠山，此点具有双重重要意义：第一，它们的资本力量可以尽量充实雄厚，随心所欲；第二，在这些财阀整个对华投资的系统中，纺织业不乏辅助机构，因此颇得若干很有利的条件。

日商纱厂的资本力量，可从每锭纺锤与每台布机的投资额，及每个工厂和每家公司的规模上，洞察无遗。有人利用1930年资料的估计结果，[①]华商纱厂每锭纺锤投资50.49元，而日商则为81.08元；华商纱厂每台布机投资630.50元，而日商则达1,157.35元。[②]

就资本积蓄速度言，大规模生产组织常能以较低的利润率进行得比小规模之以较高利润率者还要迅速。就生产技术及产业经营言，惟有拥厚资者才能不断地改良设备，增进生产效率，也惟有拥厚资者才能把握购销时机，获得低利信用，使产业得最有利的运行。日商在华纱厂的规模与资力，固不足与其国内者抗衡，但和华商相较则已立于优异的地位。这就是为什么在1922—1931年萧条期中，华商屡有出租、出售，而日商则时有扩充的一部分理由。

日商纱厂优势之形成，得力于日本财阀在其他部门投资网的辅助者甚多。这种投资网的分布，以各种会社、洋行，乃至小商店为爪牙，渗透进中国经济的每个部门中，伸展到每个重要都市，乃至乡村小镇。

有关纺织业的其他投资，可先从棉花的生产和贸易说起。早在1916年，三菱财阀便已插足于华北棉花生产事业。他以石家庄为根据地实行其华北棉作改进计划，分向正定、无极、束鹿、顺德、彰德各县农民发放美种，而以收买农民棉产为条件。经营十余年，这一带的棉花品

① 方显廷：《中国之棉纺织业》，页250，252；按方氏所用资料为《中国纱厂一览表》，故实际应为1929年之情形。

② C. F. Remer估计日本在华棉纺织业直接投资，1914年7,900,000元；1930年195,653,000元（伪满洲12,331,000元，关内183,322,000元）。每锭投资额Odagiri估为150元；K. Uchida估为100元；Prof. Zenichi Itani估为65元，又每台布机450元；Remer系按每锭100元估算者。见C. F. Remer, *Foreign Investments in China*, pp. 433,495。

质是改进了,而原棉也大部被三菱囊括而去。1918 年起专事掠夺殖民地的东洋拓殖会社又在山东展开同样事业。他以二十万元的巨款贷给济南日籍棉花商店和顺泰,令其于胶济沿线之邹平、张店、高密县推广金氏(King)美种,将棉产收买了去,如是经营七八年,至济南惨案发生后始归停顿。① 此外大仓住友诸财阀更在伪满洲设立满洲棉花会社,积极经营辽河流域的棉产改进事业,差不多掌握了全部关外的棉产。这些棉产改进事业的主要目的,自然是为救济日本国内的棉荒,和供给在华各厂原料的。

论及原料的收买贩卖,日商的势力尤为优厚。操纵远东棉货贸易的最大商业组织是日本的东棉洋行(Toyo Menkwa Kaisha)、日本棉花株式会社(Nippon Menkwa Kabushiki Kaisha)和江商株式会社(Gosho Kabushiki Kaisha)三大会社。这三大会社在世界各棉产地和日本棉货销售地都有分支店,其在中国的支店网尤其繁密(他们在中国的支店网,往往变更名称,使人看不出其间的关系来)。就利用这种组织,他们差不多垄断中国全部的棉花进出口贸易,也操纵中国国内的棉产贩运事业。就华棉出口言,他们的直接目的虽在为其国内厂家贩运棉花,然其间接影响却无异掠夺华厂的原料。就运进棉花言,他们既然成为中国全体纱厂的原料供给人,自然便乐得损我助彼,多取华商而优惠日商。就国内贸易言,他们那种操纵跋扈行为为害之深,就不堪闻问了。

譬如就天津来说,这是华北最大的终点市场,也就是中国输出棉花最多的口岸。可是运往日本的棉花,不独一向就占全输出棉

① 《中国棉产改进统计会议专刊》,《报告》,页 19;《国际贸易导报》,VIII,3,pp. 42 - 43;VI,12,p. 113。

花最多数,且一向就占全集散量的最多数。因此天津日本棉商的势力也就特别雄厚。① 据1932年的调查,每年由河北各河流域及山西、陕西、山东、新疆(吐鲁番)各省运集天津的棉花约有一百二三十万担,天津、唐山两地纱厂消费约四十万担,申帮及欧美商约运二三十万担,其余均以日本为销售对象。日商在天津以棉花出口为主要业务者就有十五六家,势力远在华洋各商之上。故日商对华商异常压迫。价格高低以日本金票(即老头票)为转移,各日商互通消息,规定市价,不稍参差。棉商胥迁就之,否则讥讽,或竟侮辱,华商素重商业和蔼,每多让步,日商则得寸进尺,付价剔货,为所欲为。否则各日商即联络停购其货以为抵制。各华商以市场专恃日本为大宗,纵受若干凌辱,尚须勉强应付,"有似乞儿求食,其情可怜殊甚。"②这就是日商在出口市场上操纵一切的实情。

日商怎样在进口市场上操纵中国的外棉供给,我们无详细的资料可考。不过华厂消费外棉,一向多仰赖日籍棉商为之贩运,早为众所周知的事实。1925年冬,正值日商在华大事设厂,而华厂为严重的萧条所袭时,日本纺绩联合会会长,即合同纺织株式会社社长谷口房藏与日本棉花株式会社社长喜多又藏同来上海,从事组织一连合厂家、棉商与运输公司的纵断组织,以便减轻上海日籍纱厂的原棉成本。这个组织即后来所称之"印棉运华联益会"("Indian Cotton Importers' Association"),于1925年11月28日正式成立。③ 成立后即与日本邮船会社及大阪商船会社及大英轮船公司

① 参看大岛让次:《天津棉花之物资集散事情》,天津,昭和五年,页225—226。

② 《中行月刊》,第5卷第3期,民国二十年九月,页130。

③ A. S. Pearse, *The Cotton Industry of Japan and China*, p. 149;聂潞生:《印棉运华联益会之成立及其经过》,见《恒丰周刊》,第80期,民国十五年四月十一日。

三船行订立合同，规定凡厂家或棉商自印度购买棉花时都必交由该三个船行所组之联合船行承运，否则即处以每担七罗比半之罚金；而联合船行承运棉花，则将每吨四十立方尺之货之运费，退回七罗比半（约合每担退规元三钱），交予厂商驻孟买之总代表，以为对交运厂商之特别津贴。① 这样，加入联益会之厂商采买印棉，每担可减轻成本三钱，而上述三船行则获得运棉独占权。这个组织，以中国各地日籍纱厂和上海日籍棉商为骨干，附以上海英籍纱厂和若干外籍棉商。而最值得注意的是华商无力组成类似机构，只得附人骥尾，统计上海棉商加入为会员者五家，上海、天津等地纱厂加入者凡 29 家。②

日籍棉商在进口市场上的操纵情形如此，其在中点运转市场上的情形亦莫不如此。譬如济南，乃是中国最大的转运市场之一。据我们所知，这个棉市在青岛消费市场尚未形成时，其所集棉花大都是运青岛转销日本的。然济青贩运业务却多握在日籍棉商手里。譬如 1921 年，全年集散棉花不过五十万担，而日商隆和公司一家便运去二十万担之多。青岛日厂崛起后，济市的棉花差不多全部运往青岛消费，于是济市遂有代表青岛日厂购办原棉的洋行，如日本、东棉、瀛华、大同、瑞丰等十余家之多。这些洋行大都不须自备资本，只在济南花行或棉商与青岛日厂之间接洽交易。关于棉花品质、市价和数量之决定，完全听命于青岛日厂。青岛日厂以其雄厚的资力，既已吸收济市原棉的大部分（60%），其对济南市场遂操有完全的控制力量。他们与济南日商洋行保持密切的联络，

① 合同见《恒丰周刊》，第 81 期。
② 《恒丰周刊》，第 80 期。

逐日报告青岛市况，济南洋行即本此报告决定当日济南收购价格与数量。而济南全市的棉价升降，亦不得不以此种决定为标准，全市各华商花行亦不得不奔走于日商洋行之间，听取行情，平时如此，新花上市时日商的操纵尤力。彼时上海、无锡等地华商纱厂均派人来济收花，日商洋行乃以青岛日厂为后盾，任意抬高市价，压迫华厂，使其无力购进，一俟华厂停购，则又压低市价，从中渔利。①济南这个新兴的原棉转运市场就是这样处在日商控制之下的。

尤有进者日籍棉商的势力，并不限于大的转运市场，他们且直接伸展到穷乡僻壤中原始市场去，在前述河北正定和山东邹平等地，日商借分发美种为条件，直接从农民手中收购棉花，固无容论。就是在其他产区他们也一样地去直接收购。一位棉业家曾这样说："日人在夏季往往深入腹地，直接贷资予农人，每亩自二三元至七八元不等。农人受此定银，所产棉花概由日人收买，已完全失却自由脱售之权，且因其曾受定洋，致受压迫，货主买客，何方得利不烦言而自见。以故腹地棉业往往受日人控制，轇轕日多，人民不堪其扰；官吏、绅士、棉商均畏惧之，噤不敢声！"②如果日商不入内地直接收购，那么他们就在中点或终点市场上压迫华商，操纵市价。譬如在天津，"日商若遇华商不稍就范，即以派人赴产地收买，剥夺华商生计以为要挟！"③日商势力在一个独立国家的国内市场上能够如此跋扈，类似这样的例子是少见的。

① 徐玉辉：《济南棉业调查报告》，《纺织时报》，第1257—1264期；金城银行：《山东棉业调查报告》，页111—113，122—123，151。

② 穆藕初：《振兴棉业刍议》，见《华商纱厂联合会季刊》，第2卷第1期，民国九年十月，页5。

③ 《中行月刊》，第5卷第3期，页130。

大企业之圆滑的运行，必赖乎完备的金融组织，这使我们想起日商在华的金融投资来。远在明治二十六年，横滨正金银行已来上海设立支店。此后，它的势力逐渐伸张到汉口、青岛、天津诸大埠，成为日本对华经济侵略的重要支柱，其实力几与汇丰、花旗两行相匹敌。正金以外，更有朝鲜、台湾、日本兴业、三井、三菱诸银行的活动，举凡上海、汉口、青岛、天津、沈阳、北京、广州、厦门、福州、汕头等地莫不设有日商银行。于是日籍纱厂和一切棉货贸易机关又不乏融通资金的便利。

原料和制品的运输，日商也自有其独立的组织，日清汽船之于长江沿岸，大阪商船之于华南各口，大连汽船之于华北、东北各口，久已有雄厚的势力，就是包办全部日商纱厂的水运需要也绰有余裕。

以上，是就日商全体而言的。试更缩小范围，专就投资于中国棉工业的几个财阀而论，他们也自有其一串投资的系统。譬如江州财阀，除通过东洋纺绩与伊藤忠商事诸会社来华设立纺织工厂以外，它更通过日本棉花会社来中国经营原棉及棉制品的贩卖。譬如三菱财阀，除通过长崎纺绩、富士瓦斯诸会社在中国设立纺织工厂而外，它更有三菱商事会社以从事贸易的经营，更有三菱仓库会社在上海设立菱华仓库会社，更有三菱银行在上海设立支行，也在河北投资于棉产的改进事业。又如三井财阀，除通过日清、丰田、钟渊诸纺绩会社投资于纺织业外，又有东洋棉花与三井物产各支店从事贸易；又有三井物产船舶部投资于航运、码头与仓库；又有三井银行各支店从事于金融周转。总之从原棉收购运输，经过纺织制造，以至制品的推销，日商形成完整的投资系统，可以不需华商之手而完成其全部过程。

由于日商投资系统的完整，他们可以独立行动不受制于华商；由于他们势力的雄厚，他们更可以立于不败之地，凌驾华商之上。于是尽管市场萧条，日商仍扩充不已。

## 三　华商纱厂扩大再生产过程

欧战发生后，中国进口棉纱布突反数十年不断上升的趋势而为剧烈的跌落，于是中国纱布市价乃突飞猛涨，这正是中国纺织厂赚获厚利的最好机会。

由标棉、标纱价格指数的变动上，可以了解到各年纱厂在采算上的盈亏；大战初起，纱价跌落而棉价上升，形成采算上的不利时期。若依滨田峰太郎所推算的16支纱成本来看，则1914年每生产16支纱一包，尚能获得盈利14两，至1915年便要亏折3.13两，1916年情形转佳，亦不过盈利5.45两。1917年起纱价飞速提高，而棉价则变动转缓，这种相差一直维持到1921年的下半年方始消灭，因此采算上也维持了四年的厚利。照滨田所举数字推算平均赚利额，这四年间每生产16支纱一包，最少可得利15.33两，最多高至50.55两。这可算是中国自有纱厂以来绝未曾有的厚利。

对于欧战繁荣期纱厂的获利状况，我们不妨更举出若干实例来。1906年所建的无锡振新纱厂，经营七八年，并无重要发展，惟到了1919—1920年，股东红利曾高达六分之多。又同年所建的宁波和丰纱厂，战前本难于维持的，但在1919年该厂竟以90万元的资本获净利达1,250,000元，1920年获利尤在此数以上。江阴利用纱厂，一向出租出去，1915年始由原股东收回自办，其后六年内以720,000两的资本,15,792枚的纱锭,获利达三百余万元之多。若天津裕元纱厂,1918年完工时仅有资本二百万元,开工后四年内便盈利六百余万元;又如天津华新纱厂,1918年开工时仅有资本二百万元,1919年便获利一百五十万元;又如南通大生第一厂,在这繁荣期所分派的官利曾高达九分之多。总之,地无分南北,厂无论大小,大都全能获得意外的厚利。

**第一次世界大战前后中国纱厂的盈利情况**

按市价推算之16支纱生产费用及其盈利(规元两)

| 年份 | 棉价(每担) | 生产费用(每包) | 纱价(每包) | 盈利(纱每包) | 申新一厂实际盈利额(元) |
|---|---|---|---|---|---|
| 1914 | 21.00 | 85.50 | 99.50 | 14.00 | ? |
| 1915 | 23.00 | 93.63 | 90.50 | -3.13 | 20,000 |
| 1916 | 24.10 | 97.56 | 103.00 | 5.45 | 110,000 |
| 1917 | 31.25 | 125.60 | 152.00 | 26.40 | 400,000 |
| 1918 | 37.00 | 143.18 | 158.50 | 15.33 | 800,000 |
| 1919 | 34.25 | 149.55 | 200.00 | 50.55 | 1,000,000 |
| 1920 | 33.75 | 147.75 | 194.20 | 46.45 | 1,100,000 |
| 1921 | 32.50 | 143.20 | 150.50 | 7.30 | 600,000 |
| 1922 | 35.85 | 155.25 | 140.50 | -14.75 | ? |

资料来源:据滨田峰太郎:《支那に於けろ紡績業》,页21所载数字结算。申新一厂数字据荣德生:《乐农自订行年纪事》。

作者注:生产费用包括原料及其他费用在内。

意外的厚利,激起了建设纱厂的狂潮。不过,第一,这些高利是1916年后才开始的,集议筹备也得需要相当时日;第二,欧洲战事正酣,英美纺织机器的生产颇受限制,且运输亦极困难,所以建厂风潮要到1921—1922年才达到顶点。

1914—1922年这九年内，纯由民族资本所开设的纱布厂凡54家，仅1920—1922年内所开设的达39家，三年的努力已超过战前前二十余年中外各籍纱厂的总数31家。

由欧战所激起的繁荣，转瞬即逝，接着便是极度的萧条。就前面所揭上海原棉和棉纱价格的变动看来，1921年起纱厂的采算，显然已入于日益不利的境地。据皮尔斯(A. S. Pearse)所得资料，在1921年秋季以前，纱厂每出纱一包尚可获利20—30两，冬季只能得利6两了。1922年则无利可赚，1923年且有折本十余两的可能。① 另据滨田峰太郎的估计，早在1922年，每生产16支纱一包，便已亏折14.75两之多。因此，战后反动可说是在1921年秋便已开始。

萧条进行了一年，华商纱厂已不堪忍受。1922年8月初，华商纱厂联合会乃招集上海厂商共谋对策，结果决议"于两星期内各厂售纱以135两为最低限价"。乃自决议后，纱价仅有微弱的升涨，而至8月下旬竟更跌至124两左右；②影响所及，遂有11家纱厂开始停止夜工，实行生产缩减。③ 同时减工之议也甚嚣尘上。纱厂联合会乃征求全国各厂意见，至12月始有"自十一年十二月十八日起停止工作四分之一，以三个月为限，届时设市面仍无起色，续停四分之一"的决议。④ 这是中国棉工业有史以来第一次的集体限制生产运动。这里我们应记起两点：第一，外商纱厂有领事裁判权为护符，绝不受华商此类决议所束缚，且正可利用华商减工以提高市

① A. S. Pearse, op. cit., p. 157.

② 《华商纱厂联合会季刊》，3卷4期，页219。

③ 滨田峰太郎：前引书，页295。

④ 《华商纱厂联合会季刊》，4卷1期，页63。

价的时机,坐收不劳而获的厚利;第二,华商纱厂的团结极不坚强,联合会的决议虽通告全国,对各地纱厂却并无强制执行的权利,所以这个决议公布后,上海华厂虽一致遵行,外埠响应的却并不多见。

限制生产的集体行动,既先天的必归失败,原棉市价又不断地提高,因此纱厂的采算也日益不利,至1924年乃达于萧条的顶点,再继续两年以后,始渐有转机。此后直至1931年,从棉花、棉纱的市价变动上看,似日益入于有利的采算,惟创痛巨深,全国华资纱厂的发展并没有何等重要的进步。统计1923—1931年这九年内,纯粹华资所新设的纱厂15家,旧厂增设的纱布厂8家,另收买日、英各一厂,共添新厂25家,但华商纱厂之改组、出租、改租者凡19家,归债权人接管者5家,停工者11家,出售者17家。由此可知旧厂的异动实超过新厂的建设,全部说来,实在即是前期萧条的延续,距离繁荣是很辽远的,兹表列历年纱锭布机数的增殖情势如下:

**华商纱厂已开之机器数**

| 年份 | 纺锭(锭) | 线锭(锭) | 布机(台) |
|---|---|---|---|
| 1913 | 499,232 | ? | 2,016 |
| 1919 | 658,748 | 16,436 | 2,650 |
| 1920 | 842,894 | 14,000 | 4,310 |
| 1921 | 1,248,282 | 58,272 | 5,825 |
| 1922 | 1,506,634 | 38,072 | 6,767 |
| 1924 | 1,750,498 | 33,048 | 9,481 |
| 1925 | 1,866,232 | 41,272 | 11,121 |
| 1927 | 2,018,588 | 65,470 | 12,109 |

续表

| 年份 | 纺锭(锭) | 线锭(锭) | 布机(台) |
|---|---|---|---|
| 1928 | 2,059,088 | 68,352 | 13,117 |
| 1929 | 2,146,152 | 68,920 | 15,205 |
| 1930 | 2,345,074 | 70,420 | 15,718 |
| 1931 | 2,453,304 | 113,338 | 17,629 |

资料来源:《中国纱厂一览表》。

## 四　再论民族资本的积累问题

### 1. 从商业资本到产业资本

从资本积累方面观察1914—1931年间,中国民族资本棉纺织业之发展,有三个特征:一为商业资本的产业资本化;二为帝国主义垄断资本对民族资本的侵蚀;三为集中现象之发生,兹依次述之。

有关资本来源的材料,极为难得,这里我们只得到大战及战后繁荣期内若干纱厂的实例,以为说明。1914—1922年这九年间,纯由民族资本所创建的纱厂凡49家,分属于40个公司。此中除大生第三纱厂属于战前所建的大生系统而外,其余都是新创的。以下,就我们所知者,表列新公司创立人或大股东或资本的主要来源32家。

**欧战繁荣期新建华资纱厂创办人资历与资本来源**

| 公司 | 所在地 | 开车年 | 创办人或大股东 | 创办人或大股东资历或资本来源 |
| --- | --- | --- | --- | --- |
| 申新 | 上海 | 1916 | 荣宗敬,荣德生 | 面粉、纱厂厂主 |
| 直隶 | 天津 | 1916 | 直隶省政府 | 公款 |
| 鸿裕 | 上海 | 1916 | 郭子彬,郑培之 | 潮邦商人 |
| 广勤 | 无锡 | 1917 | 周学熙,杨翰西 | 官僚 |
| 厚生 | 上海 | 1918 | 薛宝润 | 棉商兼纱厂主薛文泰之子 |
| 溥益 | 上海 | 1918 | 徐静仁 | 官僚 |
| 华新 | 天津 | 1918 | 周学熙,杨味云 | 官僚 |
| 裕元 | 天津 | 1918 | 王郅隆 | 官僚 |
| 成兴 | 武陟 | 1919 | 鲁连城 | 布商 |
| 裕中 | 芜湖 | 1919 | ? | 商人 |
| 鲁丰 | 济南 | 1919 | 潘复,王占元,靳云鹏 | 官僚,军阀 |
| 统益 | 上海 | 1920 | 吴麟书 | 纱商 |
| 汉口 | 汉口 | 1920 | 李紫云 | 商人 |
| 大丰 | 上海 | 1920 | 吴麟书等 | 纱商 |
| 宝成 | 上海 | 1920 | 刘伯森 | 绅士,曾佐张謇办大生纱厂 |
| 恒源 | 天津 | 1920 | 陈玉亭 | 潮邦商人 |
| 纬通 | 上海 | 1921 | 章瑞廷,曹建亭 | 帆布厂主 |
| 鸿章 | 上海 | 1921 | 郭子彬,郑培之 | 潮邦商人 |
| 振华 | 上海 | 1921 | 余葆三,王启宇 | 布商 |

续表

| 公司 | 所在地 | 开车年 | 创办人或大股东 | 创办人或大股东资历或资本来源 |
|---|---|---|---|---|
| 永豫 | 上海 | 1921 | 许松春 | 棉商 |
| 崇信 | 上海 | 1921 | 邵声涛 | 纱商 |
| 豫康 | 无锡 | 1921 | 李砚臣,华孟英,华幹臣,薛醴泉,贝润生 | 纱商,钱庄主,沪商 |
| 大纶 | 武进 | 1921 | 蒋盘发 | 布商 |
| 大中华 | 上海 | 1921 | 聂云台 | 官僚之后,纱厂主 |
| 华丰 | 上海 | 1921 | 聂云台,李国钦,王行堂 | 官僚,纱厂主 |
| 北洋 | 天津 | 1921 | 黄猷忱,范竹斋 | 资本多来自纱号与银号 |
| 经华 | 长沙 | 1921 | 吴作霖 | 公款 |
| 裕大 | 天津 | 1921 | 王克敏 | 官僚 |
| 恒大 | 上海 | 1921 | 穆杼斋 | 纱商 |
| 裕华 | 武昌 | 1922 | 徐荣廷,张松樵 | 徐为汉口商人 |
| 大通 | 崇明 | 1922 | 杜廷珍,姚锦林,沈世仪等 | 上海花纱丝茧商人 |
| 大兴 | 石家庄 | 1922 | 徐荣廷,张松樵 | 徐为汉口商人 |

资料来源:详附录,“中国纱厂沿革表”。

新建纺织公司之中,以商人的投资为最多,商人中尤以棉纱棉布商人居多数。商人以次,便推官僚军阀,至由工业资本积累而来者则寥寥无几。

严格说来,商人这个名词很含混,以自有资本独立经营贩卖业务的可称商人,只替帝国主义侵略企业做买办的,也可以称为商人;世世以商贩为业的可称商人,地主高利贷者转业为商的也可以称商人。因此,这里所辑的厂主出身殊不够作仔细的分析。不过,大体我们可以说,1914—1931 年这十七年间创建纺织工厂的主要人物，实在就是那些独资或合伙经营贩卖业务的一般商人。他们的资金来源，正和其他资本主义企业一样，也是在第一次世界大战繁荣期积累起来的，只不过他们积累资金的领域是在商品的流通过程罢了。这种从流通过程积累资金的历史根源，同样说明着中国资本市场上商业高利贷资本统制工业资本的落后本质，同一本质又表现在商人经营纱厂的作风上。熟习纱厂情况的人都知道中国纺业界普遍地存在着一种“重商轻工”的经营方策。这就是说，纱厂厂主们重视花纱市场上的买卖，而忽视工厂的生产；前者的极端表现为纱厂参加花纱投机，买卖价格与数量完全脱离工厂需要，后者的极端则表现为不改进技术设备，甚至不提公积。须知商业高利贷资本既然统制着资本市场，那么出身于商人的工业资本家充满了买贱卖贵、重商轻工的思想意识，也就没有什么奇怪了。

如果我们的推测不错，那么在欧战繁荣期，大批商人特别是棉纱布商人从商品的流通过程转入生产过程，可算这个时期民族资本积累过程上的第一个特征。

前面我们已经看到欧战以前纱厂创办人多半戴有官衔，这在满清皇朝已被推翻的战后时期，当然是不会再见的。但民族资本和封建势力的联系却还是保持着的。这从官僚军阀之投资于纱厂上就可以看得出来；当然，商人也不是没有这种联系的，只不过事属隐讳，不为外人所知悉罢了。

### 2. 帝国主义垄断资本侵蚀下的民族资本

1914—1931 年间民族资本积累过程的第二个特征是帝国主义，特别是日本帝国主义垄断资本对于民族资本的侵蚀。

帝国主义，特别是日本帝国主义垄断资本怎样侵入中国棉纺织业，并继续扩大其规模，在第二节里已有叙述。今可对中外各籍纱厂的设备作一综合比较，借以明了帝国主义资本对于民族资本的压力。关于纱、线锭和布机三种设备的绝对数字，读者可参看前列各表，今只比较中外各籍纱厂设备的增加速率如下：

**各籍纱厂机器设备之增殖率**

1925＝100%

| 年份 | 纱锭 | | | 线锭 | | 布机 | | |
|---|---|---|---|---|---|---|---|---|
| | 华商 | 日商 | 英商 | 华商 | 日商 | 华商 | 日商 | 英商 |
| 1919 | 35.3 | 26.3 | 118.9 | 39.8 | ? | 23.8 | 20.6 | 100.2 |
| 1922 | 80.7 | 49.0 | 125.6 | 92.3 | ? | 60.9 | 41.4 | 119.3 |
| 1924 | 93.8 | 73.6 | 122.0 | 80.1 | ? | 85.3 | 54.5 | 121.9 |
| 1925 | 100.0 | 100.0 | 100.0 | 100.0 | 100.0 | 100.0 | 100.0 | 100.0 |
| 1927 | 108.2 | 101.9 | 100.0 | 158.6 | 132.2 | 108.9 | 133.6 | 100.0 |
| 1928 | 110.3 | 110.2 | 74.7 | 165.6 | 200.1 | 118.0 | 149.9 | 80.9 |
| 1929 | 115.0 | 115.3 | 74.7 | 167.0 | 315.8 | 136.7 | 159.2 | 80.9 |
| 1930 | 125.7 | 125.2 | 82.4 | 170.6 | 397.5 | 141.3 | 188.1 | 105.6 |
| 1931 | 131.5 | 135.3 | 83.1 | 274.6 | 395.3 | 158.5 | 221.8 | 114.6 |

上表说明中外各籍纱厂的纱锭设备，差不多以同等的速率发展；而线锭和布机方面，则华资就远落于外资之后。这表示华厂在棉线及棉布的生产上日益不堪和外厂为敌，也即表示华厂之总的相对地位，必然日益低落。

不过，我们这里的数字，是就名义上是华资或外资纱厂的设备计算的，实际上，有许多华资纱厂已经不是真正的华厂，而变成为帝国主义垄断资本的附庸了。帝国主义进行这种隐蔽的侵略，最有效的办法是向华厂发放贷款。

资本主义进入帝国主义阶段的特征之一是大量的过剩资本从宗主国流向殖民地附属国去。这种过剩资本在殖民地附属的投资方式之一,是发放各种产业贷款,一则攫取高额利息,一则侵蚀产权。不用说,这样的投资方式是有宗主国和殖民地附属国间利息水平之巨大的差异为物质基础的。前面说过,第一次世界大战以前,中国的利息水平受高利贷所领导,高至10%以上,而在帝国主义国家最高也超不出5%。所以早在第一次世界大战以前,帝国主义过剩资本就已经开始向中国发放各种产业贷款了。

从棉纺织史上,也可以很清楚地看到,帝国主义以放款方式向中国进行资本输出,是经常以低于中国市场利息水平的利息条件来引诱债务人而攫取高于其本国水平的利息的。例如,1890年张之洞创办湖北织布局所借山西善后局的二十万两债款,负息9%,而同年就以这笔借款(未到期)作抵向汇丰银行所借的十六万两,却只负息5%;1893年张之洞所订湖北纺纱局的机价,也只负息6%。因此,急于要办洋务扩充政治资本的张之洞,内心颇想大借洋债来创办纱丝各厂,只是因为“人多议洞好借洋款,故拟此策而不敢上陈”①。李鸿章卵翼下的上海织布局在1891年打算在上海借债,当时钱庄索息一分以上,而德华银行只索息七厘,李鸿章未尝不想借德华的借款,只是顾忌于“损声名”②而未便伸手。这些事例说明帝国主义在中国的放款对于经常处在高利贷重压之下的

① “光绪二十一年七月十八日张之洞致总署电一”及“电四”,《张文襄公电稿》,卷24。

② “光绪十七年五月二十九日复沪局马道电”,《李文忠公书·电稿》,卷13。

华资纱厂具有多么巨大的诱惑力。在帝国主义方面，不用说，这种放款却是获利极高而又风险极小的投资。所以早在第一次世界大战以前，据我们所已经查明，曾经向帝国主义举借过债务的纺织厂，就已经有湖北织布、纺纱两局，上海裕晋纱厂和南通大生纱厂四家，其中裕晋纱厂且是因为无力清偿债务，而被道胜银行拍卖了的。

第一次世界大战以后，中国资本主义获得了进一步的发展，但是资金市场上的基本情况，并没有改变。那就是说，产业资本并没有建立起独立的优势地位，产业利润还经常处在高利贷的侵蚀之下。

原来辛亥革命失败以后，中国就陷入长期的军阀混战的局面。北洋军阀为了进行内战，除去大量举借外债而外，同时大举内债，计自 1912 至 1926 年北洋政府财政部计发行内债618,069,588元。1927 年蒋介石背叛革命以后，内战更剧，内债也就发得更滥。计 1927—1931 年间，南京国民党政府财政部又发行了1,006,000,000元。[①] 这就是说 1912—1931 年这十九年内，南北反动政府的财政部共发行了内债十六万万元以上，足足抵得上我们前面所说 1896—1910 年间被帝国主义榨去的军事赔款和外债本息的三倍有余。而反动政府各部和各地方政府所发各种债券还不在内。

这样庞大数字的内债，对于我们当前的问题，具有极其严重的意义。首先，这庞大数字标志着反动政府对人民进行着毁灭一切的战争罪行和敲骨吸髓的经济榨取，这就意味着农民和手工业者

① 千家驹：《中国的内债》。

的破产，也就意味着封建性高利贷剥削的更加猖獗沉重。其次，这些内债一般都负有6%至8%的利息，实际向银行抵押时则又按票面五六折发行。于是公债遂成为社会流动资金的主要投资对象。据说公债投资“利息恒在一分五厘以上”。① 不用说，这同样又意味着高利贷的利息水平统制着资金市场，为帝国主义垄断资本造成蚕食民族工厂的绝好机会。

纱厂借债，向来不愿公开，尤其是举借帝国主义的债务，家家都严守秘密，如果不因为债务发生纠纷，人们是很难查知那些纱厂曾经举借过外债的。可是就根据我们所找到的远不完全的资料来看，大战以后帝国主义垄断资本对于华资纱厂的侵蚀已经非常惊人了。

据我们所知1917—1931年间曾经举借过日帝垄断资本债务的华资纱厂凡十四个厂*，即上海的申新第一、第二、裕源、宝成第一、第二、华丰、大中华；天津的华新、裕元第一、第二、裕大；济南的鲁丰和汉口的申新第四。借债的结果，绝大多数都因无力偿还而被日帝吞并过去了。今将所知较详的几家分述如后。

天津裕元纱厂是1918年完工的。日帝说最初就是日商大仓组和日本棉花会社与某华人合办的。其后大仓及日棉退出裕元，但裕元所欠大仓债务并未清偿。第一次借款成立于1921年3月，裕元用第一、第二两厂及纺织机向大仓借得扩充资金2,500,000日金，负息8%（年利，下同），又两笔周转金300,000日金与100,000日金，前者负息10%，后者8%。1923年后，裕元营业失利，债务便

① 《中国银行十九年度营业报告书》。
* 原书如此，疑有误。——编者注

无力清偿。拖到了1926年又成立第二次借款，结清旧债，另订新债，利息抬高至10.8%，同时并由债权人直接经营；再拖到1936年便被日帝钟渊纺绩会社收买吞并了。

天津裕大纱厂是王克敏创办的，建厂时收足资本1,340,000元，工程进行了一半，资本便用尽了，于是便在1921年12月向东洋拓殖会社举借日金1,800,000元，勉强完工开车。东拓的借款条件非常苛刻，按照合同，裕大以全部财产作保还不够，又拉上了北京信托公司做保证人，全部债务负息达12%；此外，东拓为了监督裕大的经营，又强迫裕大聘请东拓推荐的华人监事或理事一名，并日人技师一名在厂监视；而最奇突的是，债务定期四年清偿，合同又规定在到期以前，裕大应相机改为中日合办企业。果然，到了1925年便成立了新合同，由东拓接收过去，名为“委托经营”。谁都知道王克敏是抗日战争中的一个大汉奸，从经济依附到政治叛国，这乃是华资纱厂发展史上最可耻的一例。

上海的宝成第一、第二两厂完工于1920年，第二年的12月便以全部财产作抵向东亚兴业会社借日金5,000,000元，负息12%；到了1925年2月债务本息积至5,300,000元，宝成完全无力清还，于是被东亚所拍卖，买主就是日帝的日华纺绩会社，厂名改称为喜和第一、第二。

上海华丰纱厂在1922年7月向东亚兴业会社借日金1,000,000元，作为归还购机欠款之用。这笔借款按99折付现，负息11.5%，限期二年，如到期后不能清还，可以延期一年，但利息提高至12%，同时债权人又得派人至华丰监督会计。实际上，到了1923年的12月，华丰就已无力偿付利息而不得不和东亚成立新合同，把工厂委托给日华纺绩会社经营了。到了1926年终于被日华所收买吞并，改称日华第八厂，总计自借债至完全丧失所有权，前后不过三年多的时间，可算日帝垄断资本吞并华资纱厂最快的一例。①

华资纱厂中规模最大的是申新纺织无限公司，而和帝国主义垄断资本关系最繁密的也正是申新。在我们所讨论的时期内，申新系统曾先后向帝国主义垄断资本三次举债，第一次是1917年以上海申新一厂向中日实业会社抵借日金400,000元；第二次是1922年以上海申新第一、第二和汉口申新第四各厂向东亚兴业会社抵借日金3,500,000元，第三次是1929年以上海申新第七厂向汇丰银行抵借日金2,000,000元。第二次东亚借款负息11.5%，除以三个工厂的全部厂基、建筑、机器作为抵押品而外，并由福新面粉公司保证偿还利息；但合同又规定东亚应接收三厂全部财产的所有权以代替抵押权；遇有申新不能按合同偿还本息时，东亚即可派人至各厂监督会计；直至欠债本息全部偿清后，申新始有权向东亚收回所有权。申新所欠日帝的债务大约是勉强还清了的，可是所欠汇丰的债务拖到了1935年还无力偿还，因而一度被汇丰拍卖，幸得多方援助，才得收回。

本期内和英帝国主义垄断资本发生债务关系的，除申新第七厂以外，还有汉口第一纱厂、上海统益第一、第二两厂、南通大生第二纱厂和上海三新纱厂五家。

汉口第一纱厂是1920年完工的，开车后获利极厚，所以连年增建新厂，扩充设备。扩充的资金，一部分取自历年盈利，一部分则

① 以上各厂对日帝债务关系资料见经济研究所藏“日本大藏省编对支借款一览表”。

赖借债挹注。不料汇价跌落，至使所欠机价损失极大，而经营又屡次失利，于是欠债也就无力偿还。到了1929年这个厂的欠债已经滚积到超过资产总值的地步，于是便由第一债权人沙逊洋行，第二债权人安利洋行和浙江兴业银行所接管，契约规定旧股东俟债权人分有余利以后可以享得二厘股息。三个债权人中，欠额最大的是沙逊与安利，浙江兴业所占债额甚小，所以1929年后这个厂已经无异于英帝的投资了。

上海统益第一、第二两厂完工于1920年，1927年以后，纺业萧条，乃委托英帝庚兴洋行管理，每年付酬劳金二万两；契约又规定由庚兴无限制垫款经营，取息5%，遇有盈利时，再提20%作为庚兴红利。此项契约，原订二年期满，但直到1937年还在委托经营中。统益和庚兴结成这样的委托办法，当然是由欠债而起的，只不过欠债经过不为外人所知悉罢了。

曾经向英帝垄断资本举债的另外两家纱厂，即南通大生第二和上海三新，都曾因无力还债而被债权人汇丰银行所拍卖。

和英帝有关的崇信和公益两家中英合资纱厂，最后也都是被英帝吞并了的。

本期中曾受美帝垄断资本所侵蚀的也有两家纱厂，即郑州的豫丰和天津的宝成第三。这两家都是因为欠下美帝慎昌洋行的购机债务，到了1922年后纱业萧条期，无力还债而被慎昌所接管。

为了便于分析，今列曾受帝国主义垄断资本所侵蚀吞并的各厂设备如下表：

## 帝国主义垄断资本侵占华资纱厂情况

（1917—1936 年）

| 帝国主义进行投资的机构 | 年代 | 被侵占的华资厂名 | 华厂纱锭数 | 侵占方式 | 帝国主义投资额 | 侵占结果 |
|---|---|---|---|---|---|---|
| 中日实业 | 1917 | 上海申新一厂 | 39,000 | 借款 | 400,000 日元 | 清偿债务。 |
| 中日实业 | 1917 | 天津华新纱厂 | 25,000 | 借款 | 500,000 日元 | 1936 年因无力清偿债务归钟渊收买吞并。 |
| 内外棉纺织 | 1918 | 上海裕源纱厂 | 26,936 | 收买 | 820,000 两 | 可能因积欠内外棉债务无力偿还卖归内外棉，时资产值 1,040,000 两。 |
| 中日实业 | 1919 | 济南鲁丰纱厂 | 16,000 | 借款 | 600,000 日元 | 未详。 |
| 沙逊洋行、安利洋行 | 1920(?) | 汉口第一纱厂 | 88,160 | 借款 | 3,000,000 元 | 1929 年因无力清偿债务被沙逊接管。 |
| 慎昌洋行 | 1920(?) | 郑州豫丰纱厂 | 50,000 | 借款 | 2,000,000 元 | 1923 年因无力清偿债务被慎昌接收经营，名义上为“租办”。 |
| 大仓组 | 1921 | 天津裕元第一、第二 | 70,000 | 借款 | 2,900,000 日元 | 1936 年因无力清偿债务被钟渊收买吞并。 |
| 东洋拓殖 | 1921 | 天津裕大纱厂 | 35,712 | 借款 | 1,800,000 日元 | 1925 年债务滚积至 2,999,000 日元，被东拓接收经营。 |

续表

| 帝国主义进行投资的机构 | 年代 | 被侵占的华资厂名 | 华厂纱锭数 | 侵占方式 | 帝国主义投资额 | 侵占结果 |
|---|---|---|---|---|---|---|
| 东亚兴业 | 1921 | 上海宝成一厂<br>上海宝成二厂 | 111,424 | 借款<br>借款 | 5,300,000 日元 | 1925 年因无力偿债，被东亚兴业拍卖，由日华纺绩买去改名喜和第一、第二厂。 |
| 庚兴洋行 | 1921 | 上海崇信纱厂 | 34,000 | 合办 | 500,000 两 | 原为中英合资，英资占三分之一，后全被英商吞并。 |
| 怡和洋行 | 1921 | 上海公益纱厂 | 25,376 | 合办 | | 1921 年前公益为利用怡和机构推广销路，让一部分股票给怡和，至 1921 年被怡和吞并，独资经营。 |
| 东亚兴业 | 1922 | 上海申新一厂<br>上海申新二厂<br>汉口申新四厂 | 39,752<br>34,934<br>15,000 | 借款 | 3,500,000 日元 | 未详。 |
| 东亚兴业 | 1922 | 上海华丰纱厂 | 25,600 | 借款 | 1,000,000 日元 | 1923 年因无力偿债，与东亚成立合同，委托日华经营，1926 年被日华收买吞并。 |
| 东亚兴业 | 1922 | 上海大中华纱厂 | 45,000 | 借款 | 1,500,000 两 | 未详。 |
| 慎昌洋行 | 1922 | 天津宝成三厂 | 51,073 | 借款 | 3,000,000 元 | 1923 年因无力偿还机价欠款，被慎昌接管，1931 年收回。 |

续表

| 帝国主义进行投资的机构 | 年代 | 被侵占的华资厂名 | 华厂纱锭数 | 侵占方式 | 帝国主义投资额 | 侵占结果 |
|---|---|---|---|---|---|---|
| 汇丰银行 | 1922 | 南通大生二厂 | 35,000 | 借款 | 1,800,000 两 | 1935 年因无力偿债,被汇丰拍卖。 |
| 庚兴洋行 | 1927 | 上海统益一厂<br>上海统益二厂 | 50,688 | 无限垫款、委托经营 | | 因营业不振委托庚兴无限制垫款经营。 |
| 汇丰银行 | 1929 | 上海申新七厂 | 53,844 | 借款 | 2,000,000 元 | 1935 年因无力偿债,一度被汇丰拍卖,赖各华商援助收回。 |
| 汇丰银行 | 1931 | 上海三新纱厂 | 69,000 | 收买 | 4,500,000 元 | 可能因欠债无力偿还,被汇丰收买吞并,厂基作价 4,500,000 两,后汇丰转卖给英商大来公司,得价 5,400,000两。 |
| 纱锭共计 | | | 947,497 | | | |

资料来源:本书附录,“中国纱厂沿革表”。

根据上举已经查得的资料，可知1917—1931年这十四年里曾经向帝国主义垄断资本举借债务的华资纱厂共有22家，日帝占14家，英帝6家，美帝2家。22家借款中，凡是我们知道借款条件的，条件都非常苛刻。譬如利息，一般都在10%以上，常常高至12%。欧战以后，帝国主义国内市场上的利息水平，一般都在3%左右。这就是说帝国主义垄断资本流入中国可以获得高于其本国两倍至三倍的利息。对于帝国主义垄断资本而言，无疑的，向中国民族资本进行高利放款乃是攫取最大利润的方便法门之一了。然而另一方面，如果我们假定中国资金市场上的利息水平受公债投资利息所牵引，停留在15%左右，那么12%的外债利息条件还是差胜于本国贷款的，这就是为甚么举借外债的华资纱厂那样繁多的根本原因。

帝国主义垄断资本对华厂进行放款，其目的当然并不仅止于攫取高额利息，并且还在于利用放款，逐渐蚕食华资纱厂，由放债进而吞并。这在借款条件上表现得非常突出。所有的借款无一不是拿借款纱厂的厂基、建筑物和机器设备等全部资产做抵押品的，有时这还不够，另外又拖上借款纱厂以外的华资企业做担保人。例如裕大对东拓的担保人是北京信托公司，申新对东亚兴业的担保人是福新面粉公司。同时借款合同又常规定一旦债务人不能按合同的规定如期还本付息，则债权人便有权派人至债务纱厂监督会计，这就是说，监视债务纱厂的营业。最奇怪的是申新三个厂向东亚兴业借债时，合同规定是以三厂全部财产做抵押品，但同时却又接收三厂的所有权以代替抵押权；而裕大向东拓借债时，则干脆规定在合同满期以前，相机把纱厂改为中日合办。

事实上，在帝国主义垄断资本的高利盘剥之下，华资纱厂多半一经负债便永远无力还债，到了最后，纱厂就不得不被帝国主义者所接收，或称委托经营，或称租办，或是根本被拍卖而归帝国主义垄断资本所吞并。总计前述曾经举借外债的22家纱厂，除去结果不详的五家而外，能够清偿债务的只有一家，其他都在各种名义之下实质上被帝国主义垄断资本所吞并了。再加上原是中外合办，终于被帝国主义者所独占过去的两家（崇信与公益），则1917—1931年这十四年里被帝国主义者由蚕食而吞并过去的凡18家，其纱锭总数达757,813枚。回溯一下历史罢，从1890至1913年这二十四年里华资纱厂总共才发展到484,192锭，如今战后十四年内，只根据我们所已知的数目，被帝国主义吞并去的便达757,813枚，何等凶猛的兼并过程呵！

细察华资各厂的举债情况，还有一点值得注意。那就是各厂债务多半是在第一次大战后繁荣期举借的，借举的目的，很多都是为的进行扩充，有些厂家，根本就是购买扩充设备所欠下的机器债务。这现象充分说明了民族资本的软弱本质；就是在民族资本历史上空前大繁荣时代，他们也无力独立进行扩大再生产，而必须依赖帝国主义垄断资本的扶持，和帝国主义垄断资本发生千丝万缕的联系。

可是前面已经说明，战后是帝国主义垄断资本大举在华扩充旧厂，增设新厂的时代，在外资各厂的强大压力之下，在中外高利贷的滚剥之下，华资纱厂，不论是在战时繁荣时期扩充新建的，或是具有悠久历史的，只要一经陷入外债的魔掌，几乎全都无力自拔，在或长或短的时期内纯为偿付外债本息而开业。从资本积累的意义上看，这些名为华人投资的纱厂，尽管仍在华人名义下开车生产，但那已经是在为帝国主义垄断资本攫取最大限度的利润服务了。

以前我们计算中外各籍纱厂的设备时，把一切名义上华商投资各厂和中外合资各厂全部列入华资项下。如果我们把名义上为华商投资，实际上已归外商接管经营的各厂，和虽未被外商所接管，但因为积欠外商债务，其营业已直接为外商攫取最大利润而服务的各厂全部列为外资势力，那么其结果是非常惊人的。

姑以1925和1931两年为例，按上述原则，1925年华资纱锭中应剔出天津华新、汉口第一、郑州豫丰、天津裕元第一、第二、天津裕大、上海申新第一、第二、汉口申新第四、上海华丰、天津宝成第三、南通大生第二各厂；1931年应再剔出上海统益第一、第二、上海申新第七、上海三新，但加入天津宝成第三。其他借债结果未详各厂仍列为华厂，但中外合办的崇信在1925年则以三分之一划为外资，在1931年全部划为外资。这样，则中外资的纱锭对比有如下表。

根据下表修正数字，可知1913年华资纱锭数的相对比重还占58.8%的绝对优势；到了1925年，名义上华资也还占到55.9%，但实质上，真正在华资手中的，已经落为44%，而为日帝垄断资本攫取最大限度利润服务的却以45.3%而超过华资占到绝对优势了。这种情况，过了六年而至1931年还是丝毫没有改善。该年日资各厂仍以45.2%而占优势，华资仍旧只占44.1%。必须再度指明我们这里的估计，只是就已经发现对帝国主义发生借贷关系的各厂而言的，就连明知其发生过借贷关系而在1925与1931年是否已经清偿，结果不明的各厂，也还列入华资项下，因此这样的估计方法是极其保守的。事实上，维持华厂名义而实际已因债务关系变成为帝国主义服务的纱厂，必然还不在少数。如果把纯粹华厂的相对比重定为三分之一，或许和事实还更接近些。

**中外各籍纱厂纱锭数之比较**

| 年代 | | 纱锭数 | 百分比（%） |
|---|---|---|---|
| 1913 | 华资 | 484,192 | 58.8 |
| | 日资 | 111,936 | 13.6 |
| | 英资 | 227,024 | 27.6 |
| | 共计 | 823,152 | 100.0 |
| 1925（原数） | 华资 | 1,866,232 | 55.9 |
| | 日资 | 1,268,176 | 38.0 |
| | 英资 | 205,320 | 6.1 |
| | 共计 | 3,339,728 | 100.0 |
| 1925（修正数） | 华资 | 1,469,828 | 44.0 |
| | 日资 | 1,514,174 | 45.3 |
| | 英资 | 355,726 | 10.7 |
| | 共计 | 3,339,728 | 100.0 |
| 1931（原数） | 华资 | 2,453,304 | 56.5 |
| | 日资 | 1,715,792 | 39.6 |
| | 英资 | 170,610 | 3.9 |
| | 共计 | 4,339,706 | 100.0 |
| 1931（修正数） | 华资 | 1,914,664 | 44.1 |
| | 日资 | 1,961,790 | 45.2 |
| | 英资 | 463,252 | 10.7 |
| | 共计 | 4,339,706 | 100.0 |

作者注：1913 年英资包括美、德籍各一家在内。1925、1931 年修正数英资包括美资在内。

旧中国有许多买办文人喊叫过“利用外资”，说是用中外合办或借外债来办厂可以让中国完成“工业化”。上面就是中国纱厂怎样“利用外资”，而反被外资所利用的结果！当然，帝国主义对这样的结果是不满意的。日帝某金融寡头埋怨难于讨债，据说，“追偿华人债务，极为辣手，中国法院全无信用可言！”①另一些帝国主义侵略家则断言“如果他的公司斥资从事直接投资而不把款项出贷给华人企业，那就更好了，因此他主张，只要直接投资比向华商贷款更加成功，那么，领事裁判权就要继续下去，并且也应该继续下去！”②

由上所述，可知第一次世界大战以后，帝国主义，特别是日本帝国主义的垄断资本对中国棉纺织业展开了大规模的侵略攻势：他们不独积极地扩充旧厂，创设新厂，并且运用高利贷的方式把某些华厂变成自己的利息贡纳人，变成为自己服务的买办；最后，则完全把华厂并吞过去。这可算是战后民族资本积累过程上的第二个特征。

## 3. 集中现象的发生

第一次世界大战所造成的中国棉纺织业的繁荣景象，维持到1922年而完全消逝，接着就是长期的慢性萧条，特别是1927年蒋介石背叛革命以后，情况尤其一天比一天恶化。在这中间，一部分华资纱厂沦为帝国主义垄断资本的牺牲品，另一部分则亏累倒闭，被少数华厂所兼并，因而在华资纱厂阵线以内，就发生了集中的现象。不过应该指明，一切民族资本的现代工厂都逃不了帝国主义、封建主义和官僚资本主义这三重灾难。所以全面说来，被华资纱

① C. F. Remer, op. cit., p. 413.

② C. F. Remer, op. cit., p. 512.

厂所兼并的华厂，远不如受帝国主义垄断资本所侵蚀兼并的为多；而从事兼并的华厂，也并不就是发展十分健全得以免除那三重压迫的企业。

本期内从事兼并失败小厂最著称的一个系统是申新无限纺织公司。

申新无限纺织公司以荣宗敬、荣德生兄弟的投资为中心，辅以荣姓和他姓少数股份。这个在中国堪称规模最大的纺织系统是和荣宗敬兄弟的另一项大规模投资——面粉制造业同时发展起来的。

1900年荣宗敬兄弟初次投身于现代企业，利用他们上海广生钱庄所积累起来的资金与人合办保兴面粉厂（后改称茂新），资本只有三万九千元，三年后，扩充至五万元。1905年荣氏兄弟开始投资于纺织业，与别人合股开设振新纱厂，出资六万元。振新是一个只有资本二十余万元，纱机12,000锭的小厂，1907年完工开车后，营业有利，所以到了1912年便以四十三万七千元增购纱机17,000锭。可是到了1915年振新荣姓股东内部发生矛盾，荣宗敬兄弟让出纱厂股份而取得茂新面粉厂，以为补偿。

荣宗敬兄弟经营振新七八年，获得不少经验。退出振新以后，适在第一次世界大战时期，中国纺织、面粉两业都能获得很高的利润。于是他们就又利用钱庄和面粉两业的盈利重新投资于纺织业，在上海创建申新纱厂。

成为申新系统发展起点的上海申新纺织第一厂，最初只有资本三十万元，收买一个油厂的厂基，改装纺机12,960锭，布机250台，另附一轧花厂，容机40部，于1915年10月完工开车，开车两个月，就获得盈利两万余元。

荣氏申新纺织和茂新面粉两项投资，在战时繁荣期都获得极高的盈利。申新一厂以三十万元资本出发，在1916年盈利110,000元；1917年400,000元；1918年800,000元；1918、1919年两年增设纱锭、布机后，1919年盈利高至1,000,000元；次年更高至1,100,000元；就是纱市已经开始衰落的1921年，也还有盈利600,000元。

纺织、面粉两业的战时暴利，造成申新、茂新两个系统扩建新厂、兼并小厂的基础。在纺织方面，计1917年收买上海恒昌源纱厂为申新第二厂；1918年申二增机一万锭；1919年申一增纱机25,000锭，布机400台，同时以资本1,500,000元筹设申新第三厂；1921年新建申三盈利500,000元，于是同年投资于专纺废花的民生纱厂，次年更在汉口筹建申新第四厂，并在第三厂增设布机。这样，当中国纺织业开始其战后萧条时，申新的纱机设备已超过其最初出发点的十倍有余了。

1922年后中国棉纺织业陷入长期萧条的境地，一般小厂，都难逃亏累倒闭的命运，而这也正是帝国主义垄断资本和少数规模较大的民族资本从事兼并的绝好机会。申新在这以后的发展比较以前还要迅速，大略情况是这样的：1923年申新收买上海德大纱厂，改为申新第五厂；1924年申新在第三厂增加布机，并租入常州纱厂，改为申新第六厂；1927投资于上海恒大隆记纱厂，又在第二、第三、第五各厂增加纺机；1928年在第四厂增建布厂，在第五厂增加布机，并在第二、第四、第五各厂增加纱锭；1929年收买英商东方纱厂为申新第七厂，并在上海筹建申新第八厂；1930年在第二、第三、第四各厂增加纱锭，又在第三厂增加布机；1931年租办的常州纱厂由原主赎回，另购入上海厚生纱厂补作申新第六厂，又购入上海三

**申新系统纺机设备的扩张**

（1916—1936年）

| 年份 | 自置<br>纱锭数 | 收买或租入<br>锭数 | 申新<br>纱锭总数 | 收买或租入<br>占总数百分比（%） |
|---|---|---|---|---|
| 1916 | 12,960 | — | 12,960 | — |
| 1917 | 12,960 | 16,992 | 29,952 | 56.7 |
| 1918 | 12,960 | 16,992 | 29,952 | 56.7 |
| 1919 | 21,968 | 16,992 | 38,960 | 43.6 |
| 1920 | 47,008 | 16,992 | 64,000 | 26.6 |
| 1921 | 57,694 | 16,992 | 74,686 | 22.8 |
| 1922 | 117,694 | 16,992 | 134,686 | 12.6 |
| 1923 | 117,694 | 16,992 | 134,686 | 12.6 |
| 1924 | 122,694 | 16,992 | 139,686 | 12.2 |
| 1925 | 115,694 | 57,700 | 173,394 | 33.3 |
| 1926 | 115,694 | 57,700 | 173,394 | 33.3 |
| 1927 | 122,808 | 57,700 | 180,508 | 32.0 |
| 1928 | 133,108 | 57,700 | 190,808 | 30.2 |
| 1929 | 195,708 | 111,544 | 307,252 | 36.3 |
| 1930 | 216,888 | 180,544 | 397,432 | 45.4 |
| 1931 | 287,424 | 239,424 | 526,848 | 45.4 |
| 1932 | 297,384 | 239,424 | 536,808 | 44.6 |
| 1933 | 290,356 | 239,424 | 529,780 | 45.2 |
| 1934 | 316,856 | 239,424 | 556,280 | 43.0 |
| 1935 | 315,562 | 239,424 | 554,986 | 43.1 |
| 1936 | 327,824 | 239,424 | 567,248 | 42.2 |

资料来源：据汪敬虞同志整理数字，见《中国近代经济史统计资料选辑》。

新三纱厂为申新第九厂，并在第一、第三、第四、第五各厂增加纱锭，在第五厂增加布机。① 至此，申新凡自办9个厂，参加投资2个厂。只就在申新直接控制下的九厂设备而论，凡纱机567，248锭，这就是说，在1915—1931年这十六年内纱机发展将近43倍。

申新系统的发展历史，有两点值得注意。首选，分析申新全部纱机设备，可知其中有很大的比例是由吞并其他小厂而来的，这个比重在1925—1929年间占到30%以上，在1929年后则达45%以上。换言之，申新扩大再生产过程的推进，有三分之一乃至几乎二分之一的设备是靠集中方式完成的。此点说明尽管中国纺织业里民族资本扩大再生产过程被帝国主义、封建主义和官僚资本主义所压制，但这却不妨碍在民族资本阵线以内也发生互相吞并的集中过程。

其次，申新从事兼并小厂，这并不表示申新基础特别巩固，更不表示申新可以逃脱敌对势力的侵蚀。申新的发展是带有相当盲目性的。原来申新历年盈利，大部分都在扩充新厂新机上耗费殆尽，旧有各厂的资本力量并不充沛，有些新厂，甚至连机器都是靠欠债订购而来的。因此，申新一面不断地扩充设备，兼并小厂，一面却经常陷在高利贷的拖累之下。前面说，就在大战繁荣期，申新已经向帝国主义垄断资本举借债务了，那就是1917年申新一厂向中日实业会社举债40万日金；1922年又以第一、第二、第四各厂向东亚兴业会社举债350万日金。1929年申新收买英商东方纱厂为第七厂，表面上好像是民族资本吞并帝国主义纱厂，其实申新买得以后，立刻就向汇丰银行进行抵押借款，这笔债务，一直拖到1935

① 荣德生：《乐农自订行年纪事》；《中国纱厂一览表》。

年还无力清偿，名为华厂，实际是在为帝国主义垄断资本服务。凡此，又说明尽管规模较大的民族资本猛烈地吞并小厂，但，这从事兼并的民族资本本身仍不免要被帝国主义所蚕食兼并的。

以上所述，可视为1914—1931年间民族资本积累过程中的第三个特征。

# 第七章　世界资本主义经济危机中的中国棉纺织业

（1931—1937年）

1931年下半年起，中国棉纺织业的发展开始陷入逆境；1932年后，演成危机；直到1936年下半年，才稍稍复苏。这次危机，乃国际与国内各种因素所形成的，表面上似与先进国景气循环中的恐慌或萧条无异，实则这两者全不能等量齐观。首先，在这五年的危机中，受害只是华商，日商各厂可谓始终维持繁荣不衰。其次，棉纺织各业比较起来，织业相当稳定；纺业部门，内地又较几个大的纱厂结集地为稳定。而从民族资本的积累过程上观察，这次危机恰好又促进银行资本对于产业资本的侵夺过程。因此种种，到了1936年下半年，危机一过，中国棉纺织业便出现了种种新的现象。本章目的，便在分析这次危机的成因、经过及其后果。

## 一　中国棉纺织业危机的形成与经历

本来，1929年所爆发的世界经济危机，并没有立即波及中国。那时国外银价与物价齐落，但银价下泻的速率远在物价之上，故中国的物价反有相当的提高。因此,中国工业亦有繁荣之象。① 棉纺织业方面,纱花价格的差额,也一反1925年来的逆势而日益有利于采算,纺织各业都能获利。到了1931年后半,英日诸国先后放弃金本位,世界白银购买力逐渐提高,中国对外贸易亦开始受不利的影响,其结果则使中国物价开始下落。

从世界国际贸易地位说,中国是要输出农产品换取工业品的。世界农产品价格,从1929年起,就因为经济恐慌和生产过剩而跌落,且其跌落程度较之工业品更加迅速,因此中国农产品的输出数量,激烈减退;且在对工业品的交换过程上,愈益陷于不利的地位。这种情势,到1931年各国放弃金本位后,格外严重。统计中国农产品的输出,在三四年内,便削减了半数以上。② 农产品是中国输出的大宗,它的激减,一则在中国国际收支上遗下难以弥补的缺额;一则使中国全国的购买力,不得不随之低落。而中国的进口贸易,在此时期中的减低趋势,却又不如出口那样的迅速,于是中国

① 参看 D. K. Lieu, *The Growth and Industrialization of Shanghai*, p. 67。

②

| 年份 | 输出农产品物价指数(1) | 农产品输出物量指数(2) |
|---|---|---|
| 1931 | 91.1 | 101.6 |
| 1932 | 79.8 | 63.0 |
| 1933 | 69.9 | 46.0 |
| 1934 | 57.8 | 42.9 |
| 1935 | 66.4 | 52.3 |

(1)包括农产品30种,基期1930,见余捷琼:《中国的新货币政策》,页38。

(2)包括农产品65种,基期1930,见《社会经济月报》。

的入超，乃在1932年达空前的高峰——八万万八千余万元。①这就无形中伏下二年后白银外流的危机。

从国内市场的结构来说，一切国外输入的，及国内都市生产的制成品，都必须要靠乡村运出农产品才有销路。1931年下半年起中国物价开始下落，此中农产品因国外销路既大大地缩减，国内市场又外货充实，加之市场供给量更因农产丰收而提高，②所以它的售价，也正和它在世界市场上的趋势一样，跌落得比其他制成品还要迅速。③于是乡村在中国经济结构上的地位，也正和中国在世界国际贸易中的地位一样，卖出者价廉，买入者价贵。④这又形成农村对都市的入超。

① 进出口贸易及入超值（单位：百万元）

| 年份 | 进口 | 出口 | 入超 |
|---|---|---|---|
| 1931 | 2,256 | 1,417 | 839 |
| 1932 | 1,656 | 768 | 887 |
| 1933 | 1,359 | 612 | 747 |
| 1934 | 1,039 | 536 | 503 |
| 1935 | 925 | 576 | 348 |

② 试以1931年北方、中部、东部及东南区粮食的市场供给量为100%，则1932年为136%，1933年为112%。见姚庆三：《农产价格与我国农村经济》，《社会经济月刊》，第1卷第10期，页75—76。

③ 试比较上海、汉口、华北各批发物价指数中之分类指数，结果无不如是。

④

| 年份 | 六省农民所得物价指数 | 六省农民所付物价指数 | 农民所得物价与所付物价之比率 |
|---|---|---|---|
| 1930 | 126 | 142 | 88.7 |
| 1931 | 118 | 152 | 77.6 |
| 1932 | 117 | 154 | 76.0 |
| 1933 | 57 | 108 | 52.8 |

见 Report of the Ministry of Industries，Silver and Prices in China，p.57。

由于乡村对都市的入超遂有都市现银之拥集。1931年后，上海银行的库存逐月加多。1932年4月以后，由二万万余元增至三万万元以上，8月以后，由三万万余元增至四万万元以上，1933年12月以后更由四万万余元增至五万万元以上；到了1934年的5月，差不多达六万万元的最高峰。[①] 白银如此不停地向上海集中，在内地则银根奇紧，信用收缩，市场所赖以活动的金融命脉，异常枯竭。在上海则白银满库，却又找不到出路。

尤有应该注意的，是外商银行的库存。随现银之向上海集中，外籍银行的库存也同时提高。1932年3、4月间外商各行所存现银不及一万万元，比重不及全市的三分之一，8月以后，跃至一万万七千万元以上，比例在40%以上；此后更由一万万七千余万元而两万万元，而两万万五千万元以上，所占沪市存数很少落至40%以下，有时甚至达49%以上，如此大量白银，是储存在中国境内的，但不属于中国人所有！

大量白银集中在上海帝国主义垄断资本家手里，是半殖民地经济发展到了危机阶段的表现，果然，1934年6月美国政府通过了白银国有案，国际白银市价为之大变，接着中国存银便于7月间开始外流了。随着世界银价的日益提高，中国白银的外流，也日益汹涌。是年10月4日至12日一周间，上海流出二千五百万元；13日一日即达九百五十万元。如此，全沪六万万元的库存，也经不起三个月的流泻。于是沪市存底忽枯，市面拆息飞涨，全国信用中心的沪市金融，遂根本动摇了，接着，全国都市也都陷入危机状态。

---

① 张公权估计全国存银22万万元中，可认为流通资金者不足四分之一，《中行月刊》，第5卷第3期。

1927年后的十年里，蒋当局大举借债增税，譬如拿内债来说，有人统计自1927至1936年这十年里，国民党政府计发行内债二十亿元以上。[①] 这些内债债券，不但负息高，而且折扣大。发行时，承购人只要按票面五折七折付现，到期却可以收取十足的本利。例如1927—1934年间内债发行额是十四万六千一百余万元，而国民党财政部实收只得八万二千万元左右。[②] 这就是说承购人单从公债折扣就获取了六万六千余万元的暴利，利息还不在内。不用说，有力承购债券的决不是工农人民，而是财阀大亨，特别是四大家族。

四大家族不独左手发行公债，右手承购公债，拿折扣、吃利息；并且还利用公债吞并异己。四大家族掠取民财的中心机构是中央、中国、交通和农民四大银行，这里面，起点是1928年成立的中央银行。最初，中央银行只有资本两千万元，实力并不算最大。为了吞并旧有金融大亨，蒋当局在1927、1928两年对中国、交通两行加入"官股"，企图控制中国银行界这两家历史最久、资本最大的银行，但所谓"官股"在两行资本中的比重还不高。到了1935年则更进一步，发行所谓"金融公债"一万万元，除增加中央银行的资本达一万万元而外，并以债券提高"官股"在中国银行资本总额中的比重到50%，提高"官股"在交通银行资本总额中的比重到55%。这样蒋当局就凭印刷机的法术，一转手间，把全国最大的两个银行据为己有了。这样，再加上1933年成立而在1935年改名的中国农民银行，四大家族终于形成一个绝大的金融中心，据以建立官僚资本

① 千家驹：《中国的内债》。
② 寿进文：《战时中国的银行业》，页51—52。

的庞大体系。

以四行为中心的官僚资本的膨胀速度是非常惊人的。譬如以中央银行一行的数字来说，该行1928年的资产总值只有47,470,796元，到1936年便达1,231,236,273元，计八年内增加了2,494倍*；同时期内，该行的“纯益”由239,360元增加到17,095,868元，就是增加了7,045倍*；到了1936年，四行共计独占了全国银行资产总额的59%；存款总额的59%；发行纸币的78%，至于其他在四大家族直接间接控制之下各中小银行的数字还不在内。①

四大家族搜刮民财的机构当然并不限于几个银行，官僚资本的触须是伸展到农、工、商各业里去的。但是仅仅从上举数字上，我们已经很清楚地可以看到四大家族官僚资本对于人民的剥削，进行得多么猛烈，多么敲骨吸髓了。在这样猛烈残酷的剥削之下，全国的农民、手工业者乃至许多民族资本家破家荡产，也就是很自然的事了。

除去上述灾祸外，1931年后还有若干特殊事件也直接加深棉纺织业的危机，应该一提。

首先，1931年夏，长江流域发生了六十年未有的大水灾，受灾面广布十余省一百五十余万方里，凶涛所及，毁灭了四万万五千万元的农产。② 武昌、汉口、九江、芜湖的纱厂并有多家被水浸停工。③ 另一方面，就在这大水漫决田野的时候，日本帝国主义发动

① 陈伯达：《中国四大家族》，页22—25。
② “中国银行民国二十年度营业报告书”。
③ 《纺织周刊》，第1卷第17、18、21各期。
* 原书如此，疑有误。——编者注

了“九一八”事变，以武力强占了东北三省，而蒋当局却实行所谓“不抵抗”主义，坐视东北人民沦为殖民地奴隶。紧接着东北事变以后的四个多月，日本帝国主义又掀起了上海战事。战争中，上海沪东、闸北的纺织工厂，有许多就直接受到了炮火的摧残；其因战事而停工者更多，通扯起来，相当于上海华厂一百余万锭全部停工5.98个星期，①而正在春销畅旺的纱布市场则根本停市达三个月之久。并且，沪战正开始于旧历年关，往昔年底清账的习惯全被打破。江浙钱庄因此倒闭者不下数百家。②

上海战事未已，日本帝国主义所导演的伪满洲国便宣告成立了。接着，伪满洲国便劫夺海关，改订进口税则，于是关内棉纺织品的东北销路便全部断绝了。以进口洋货而论，1931年前，东北洋纱市场，久为日货所独占，他国已无插足余地；洋布方面，日货常占80%或至90%以上，他国销数亦极稀少，所以东北市场之关闭，对于外商的损失极小。但国货方面，影响殊为重大。以1926至1930年的五年间平均数计之，东北各关每年进口棉纱计值12,888,977关两，其中国产者得9,906,183关两，即占全数77%；棉布方面，东北进口值53,199,255关两，国货得13,857,174关两，约占26%。③如此广大市场的丧失，对于关内，特别是华北的棉纺织业，实为极严重的打击。

---

① “华商纱厂联合会年会报告书”，民国二十二年四月。

② “中国银行民国二十年度营业报告书”。

③ 此仅就海关所记数字而言，陆路尚有一小部分无法统计。日人的调查谓东北年需棉纱十万包，棉布七百万匹。东北自产者纱三万包，布三十万匹，其余全赖输入品供给。其中国纱占八成，日纱占二成；国布占四成四分，日布占五成六分。见《纺织周刊》，第2卷第23期，页595；1934,6,17。

**‘ 全国纱厂半年间停工锭数及全工开动率**

| 年份 | 停工锭数 | 全工开动率% |
|---|---|---|
| 1931 上半年 | 490,155 | 92.5 |
| 1931 下半年 | 572,021 | 91.8 |
| 1932 上半年 | 2,385,360 | 76.8 |
| 1932 下半年 | 657,790 | 90.9 |
| 1933 上半年 | 2,696,022 | 88.8 |
| 1933 下半年 | 1,119,334 | 87.4 |
| 1934 上半年 | 1,224,267 | 87.4 |
| 1934 下半年 | 963,683 | 90.0 |
| 1935 上半年 | 1,344,986 | 85.1 |
| 1935 下半年 | 1,360,273 | 79.7 |
| 1936 上半年 | 1,555,014 | 77.7 |
| 1936 下半年 | 1,596,224 | 83.8 |

作者注：全工开动率＝(实开锭数×半年开工周数×每周工作小时数* －停工锭数×平均停工小时数)÷实开锭数×3,300×100%。

*25 周，每周 132 小时，即半年 3,300 小时。

实开锭数、停工锭数及平均停工小时数均根据《纺织时报》No. 827；912；962；1013；1164；1211；1261；1310；1367。

1933 年春，日本更侵占热河，进寇长城各口，关外最后一块土布销路，也从此断绝了。加之黄河大决口，江浙米价惨落，蚕事歉收，于是本已紧缩的金融市场，乃更加滞塞，萧条的棉货市场更加凋零。有一位纺织家这样说："内地买纱，必须现款，不能如从前之欠账，事实上造成内地各处不能存搁一包棉纱。四川为销纱最大省区，平时各地存纱总在二万包以上，现时不能超过三千包；南通各纱庄平时存大生纱在三四千包之谱，二十一年以后，存纱不能超过一千包。纱号家信用完全扫地。"①在这种情况下，纺纱业之遭遇危机，当然是很自然的事情了。纺织业恐慌所表现于生产方面的现象，是停工锭数之增加和全工开动率之降低。1931年后，停工锭数经常在百万枚以上，全工开动率，也绝未回复过1931年的水准。

棉业危机所表现于棉货市场上的现象，是交易数量的减少和商品市价的惨落。我们手头所有的材料，只能从上海一埠来对这两点作一考察。

上海的棉纱销路可大别为国外和国内两途。国外市场，不在我们目前的考察之内，国内方面又可依销售方法之不同，分为经过交易市场的客帮销路和不经过交易市场的厂家自运销路两类。在数量分配上，上海棉纱之输出国外者极少，而国内市场之由厂家自运者又极少，所以上海客帮交易量，大体是能代表各地市场的盛衰状况的。

就1931年后的客帮成交统计看来，上海棉纱的国内去路以华南市场的闽、粤、桂、滇、黔诸省为最大，其次为华中之川、湘、鄂、赣与华东之江、浙、皖诸省，华北之鲁、豫、冀、察等省更次之，以东北为最小。若将华中与华东合并计算，则长江流域的销路占全数的一半以上，更加上珠江流域各省，则华北、东北所占不及七分之一。

① "李升伯在南通各界公谦中国纺纱学会会员席上之演说"，《纺织周刊》，第3卷第21期，1933，5，19。

这种市场的分配状况，决定国内地方事件影响上海纱交盛衰的程度。

整个说来，1930 年后的沪纱销路，逐步下落，直至 1936 年都不曾回复到 1930 年的水准，这是这几年中棉业不景气之明显的征象。其详如后。

由于纱销之停滞，自然便引起价格的惨跌。1931 年下半年后，上海纱价的跌风之猛，持续时间之久，都是前所未有的，且棉花与棉纱的趋势，极不一致。棉纱市价的跌落程度，远较棉花为大，于是纱花价格的差数日小，棉纱生产的采算也日益不利。这样情势，开始于 1931 年的后半，至 1935 年的后半而达于顶点，至 1936 年的后半始稍有转机。资力薄弱的华资纱厂当是经受不起这样首尾五年的长期逆势的。

**上海棉纱现货客帮成效指数**

1930 = 100

| 年份 | 华北* | 华东 | 华中 | 华南 | 全国 |
|---|---|---|---|---|---|
| 1931 | 71.1 | 80.1 | 81.4 | 64.2 | 73.7 |
| 1932 | 8.2 | 50.9 | 70.0 | 102.0 | 64.8 |
| 1933 | 2.3 | 56.7 | 42.6 | 55.8 | 42.5 |
| 1934 | 59.5 | 88.7 | 31.8 | 69.1 | 60.7 |
| 1935 | 45.6 | 64.5 | 49.3 | 70.4 | 58.6 |
| 1936 | 44.3 | 126.3 | 52.0 | 55.9 | 67.2 |

资料来源：详统计附录第 9 表。

作者注：* 1930、1931 两年包括牛庄、安东、秦皇岛三东北帮在内，1932 年起此三帮即自沪上绝迹。

## 二　危机期内日籍纱厂的倾轧及其繁荣

### 1. 中日各籍纱厂的实力对比

这次棉业危机期内，最值得注意的现象厥为日籍纱厂的倾轧行动及其相对的繁荣景色。日厂此种情势，乃过去多年积极发展的结果。第六章里，我们已从投资系统、机器设备等方面说明日厂的优势地位，今为明了危机期内日厂的特殊情形起见，更对纱布销量与生产成本两大要素一加分析。

#### (1)纱布销量

**全国纱厂棉纱布销售量分国百分比**

| 年　度 | 棉纱（以各商总计为100%） | | | 棉布（以各商总计为100%） | | |
|---|---|---|---|---|---|---|
| | 华商 | 日商 | 英商 | 华商 | 日商 | 英商 |
| 1932—1933 | 69.1 | 28.5 | 2.4 | 35.6 | 55.3 | 9.1 |
| 1933—1934 | 68.1 | 30.6 | 1.4 | 36.1 | 57.3 | 6.6 |
| 1934—1935 | 69.4 | 29.3 | 1.3 | 35.0 | 59.2 | 5.8 |
| 1935—1936 | 66.1 | 32.6 | 1.3 | 30.2 | 63.7 | 6.1 |

作者注：纱销量中，纱厂附设织厂之销数不在内；布销量为附设织厂之销数；年度自7月1日至6月30日；1932—1933年度统税署之报告不包括冀晋察绥区各厂在内，兹据本所抄件补全；计算百分数之原数，棉纱为公担，棉布为码。资料详统计附录。

据国民党财政部统税署所发表之统计,1932—1935年的四个年度里,全国纱厂所抛售到市场上的棉纱,各为四百余万公担。其中日籍纱厂所产者,在1932年度占28.5%,其后逐年提高,至1935年度便达32.6%。同时,华商的产量则由69.1%落为66.1%。棉布方面,各年度销售总量自八万万至十二万万余万码,其中日厂产量在1932年度占55.3%,至1935年度便提升至63.7%。反之,华厂产量却由35.6%落为30.2%。其详如上表所示。

仅从纱布总销量来观察中外各厂商的势力分配,我们似可得出这样的结论:棉纱市场以华商势力为最大;棉布市场,以日商势力为优厚。不过,若从纱布品质方面观察,则市场上的势力分配殊不如是简单。全国纱厂外销棉纱的支数分配有如下表:

全国销纱量的支数分配

(1932—1935年)

| 支　　数 | 1932年 | 1933年 | 1934年 | 1935年 |
|---|---|---|---|---|
| 1—10支 | 15.7 | 14.6 | 16.4 | 14.6 |
| 超过10—13支 | 4.4 | 4.5 | 4.3 | 3.8 |
| 超过13—17支 | 31.8 | 32.1 | 32.8 | 28.0 |
| 超过17—23支 | 31.7 | 29.8 | 28.8 | 33.7 |
| 超过23—35支 | 7.0 | 7.7 | 8.0 | 9.4 |
| 超过35—42支 | 8.9 | 9.9 | 8.5 | 9.0 |
| 超过42支 | 0.6 | 0.7 | 1.2 | 1.5 |
| 共　　计 | 100.0 | 100.0* | 100.0 | 100.0 |

资料来源:详统计附录第14—17表。

作者注:* 有支数未详者占0.7%。

概括言之，全国棉纱市场上的总销量中，在13支以下及23支以上者，各约占20%；13—17及17—23支者，各约占30%。更从下表可知此各类棉纱里中日各籍纱厂的势力分配：13支以下之粗纱，华商产量占95%以上；23支以上之细纱，日厂占50%以上；13支至23支之中级纱，华日商的势力各占25%乃至35%。而以四年的趋势言，支数愈高，日商的势力也愈有扩张。从此我们可以得出这样的结论：华商所能完全控制的市场只有占全销量20%的粗纱；其余80%的棉纱销量，日商势力或占25%以上而不可轻侮，或占50%以上而占绝对优势。因此，市场情况之变动，全不能由华商独自控制。由此可知，欲将日商纱厂的产品完全逐出于市场之外，固不可能，即使可能，则13支以上之中细级纱便将无以自给。此所以"九一八"事变后，华中、华南抵制日货，封存日厂出纱时，中国终不得不向英国去采购细纱；此所以各地抵货风潮，都不能持久。

**全国各籍纱厂外销棉纱支数分配百分比**

| 支数 | 1932—1933年 | | | 1933—1934年 | | | 1934—1935年 | | | 1935—1936年 | | |
|---|---|---|---|---|---|---|---|---|---|---|---|---|
| | 华商 | 日商 | 英商 | 华商 | 日商 | 英商 | 华商 | 日商 | 英商 | 华商 | 日商 | 英商 |
| 1—10支 | 97.1 | 2.1 | 0.8 | 95.4 | 3.8 | 0.8 | 97.4 | 1.9 | 0.7 | 96.9 | 2.1 | 1.0 |
| 超过10—13支 | 97.7 | 2.3 | — | 96.5 | 3.5 | — | 95.9 | 4.1 | — | 95.4 | 4.6 | — |
| 超过13—17支 | 74.1 | 25.6 | 0.3 | 75.6 | 24.3 | 0.1 | 77.9 | 22.1 | — | 76.9 | 23.1 | — |
| 超过17—23支 | 64.1 | 29.2 | 6.7 | 62.8 | 33.2 | 4.0 | 62.5 | 33.9 | 3.6 | 62.1 | 35.4 | 2.5 |
| 超过23—35支 | 48.6 | 50.7 | 0.7 | 45.5 | 54.2 | 0.3 | 46.8 | 52.5 | 0.7 | 39.4 | 57.9 | 2.7 |
| 超过35—42支 | 25.6 | 74.4 | — | 24.7 | 75.1 | 0.2 | 21.9 | 77.7 | 0.4 | 20.7 | 77.9 | 1.4 |
| 超过42支 | 18.0 | 82.0 | — | 27.8 | 72.2 | — | 15.8 | 84.2 | — | 13.3 | 86.7 | — |

资料来源：详统计附录，第14—17表。

棉布方面,仅就纱厂附设织厂的产量而论,则不论粗布细布,日商都占有绝对的优势。其情形如下:

**纱厂附设织厂外销棉布品质分配及各籍商所占之百分数***

| 年份 | 总销量之品质(%) | | 粗布销量中各商(%) | | | 细布销量中各商(%) | | |
|---|---|---|---|---|---|---|---|---|
| | 粗布 | 细布 | 华商 | 日商 | 英商 | 华商 | 日商 | 英商 |
| 1932—1933 | 82.5 | 17.5 | 40.9 | 48.1 | 11.0 | 17.0 | 79.2 | 3.8 |
| 1933—1934 | 80.8 | 19.2 | 40.1 | 51.7 | 8.2 | 19.4 | 80.4 | 0.2 |
| 1934—1935 | 80.0 | 20.0 | 39.2 | 53.7 | 7.1 | 18.6 | 80.7 | 0.7 |
| 1935—1936 | 78.7 | 21.3 | 32.6 | 61.5 | 5.9 | 21.5 | 71.5 | 7.0 |

作者注:*按码数计算所得。凡用23支以下之纱织成者为粗布,以上为细布。混合织品含23支纱50%以上者为细布,以下为粗布。杂类织品用纱支数不详,不计。资料详统计附录,第13表。

以上所述,乃是此次危机期内,日籍纱厂所以能蓄意倾轧,战胜华厂之销售数量上的根据。以下更论生产成本。

**(2)生产成本**

庞大的产量必须以低廉的成本为基础,方能进行跌价竞销政策。而在这方面,华商与日商的成本,悬殊极大。按照资产阶级成本会计方法所记录的中日籍纱厂的20支纱纺制成本如下。

这里所列数字,没有包括原料成本在内。事实上华商纱厂大都资力薄弱,无力囤积原料;而日商则是拥有雄厚的资力能选择最有利的时机,购储原料的。所以若将原料成本列入,则华日商总成本的差额必将扩大无疑。然而就只从下列数字观察,已可知华商高出日商凡一倍有余,这就是说日商以极高市价出售制品而获大利时,华商或能得些微小之沾润,若日商降低其赚利或竟至按本倾

**华日纱厂纺制20支纱之每包成本比较**

| 成　　本 | 华商(元) | 日商(元) | 华商超过日商(元) | 华商超过日商(%) |
|---|---|---|---|---|
| 工　　资 | 10.50 | 5.80 | 4.70 | 81 |
| 动　　力 | 5.50 | 4.80 | 0.70 | 15 |
| 机械修配 | 1.80 | 0.60 | 1.20 | 200 |
| 营　　缮 | 0.40 | 0.40 | — | — |
| 消 耗 品 | 1.70 | 0.50 | 1.20 | 240 |
| 包　　装 | 1.50 | 1.20 | 0.30 | 25 |
| 薪　　金 | 1.20 | 0.60 | 0.60 | 100 |
| 职工保护费 | 0.20 | 0.50 | -0.30 | -60 |
| 运　　输 | 0.20 | 0.20 | — | — |
| 营　　业 | 2.50 | 2.00 | 0.50 | 25 |
| 捐税及利息 | 15.00 | 2.70 | 12.30 | 446 |
| 保　　险 | 0.20 | 0.10 | 0.10 | 100 |
| 制造及营业杂费 | 3.00 | 1.00 | 2.00 | 200 |
| 总 成 本 | 43.70 | 20.40 | 23.30 | 114 |

资料来源:《纺织周刊》,5卷15期,页400。

销时,则华商便将亏折。日华商这种赔赚的差异每包20支纱竟达23.3元之巨。

上表成本差额之最大者莫如捐税及利息一项。据1933年前社会科学研究所调查七省华商纱厂的结果,20支纱每包负息13.12元,①又某纱厂于1936年度终了之报告为9.12元。②由此可断言上项成本差额的主要原因在利息。

① 王子建、王镇中:《七省华南纱厂调查报告》,页220。

② 《纺织世界》,第1卷第14期,页27。

华商纺纱成本负担利息之重乃是他们资力薄弱的结果。以下我们还要论述华商纱厂的负债情形，这里可先检视他们负债的严重程度。据1933年调查11家华商厂负债结果，情形最好的一家平均每锭负债24元，情形最坏的一家竟达99.3元，普通总在六七十元之谱。若取1931年所估计每锭投资50.49元来比较，可知多数厂家所负的债务已远在资本之上。上述11家纱厂的负债利息，最低也是年利6%，最高达20%，普通总在8%—12%之间。① 欧美资本主义社会里，绝对没有付如此高利的工厂存在。这是中国的特殊现象，这是高利贷！

说及日商，前章我们曾叙明：日商纱厂都有财阀为后盾，且日商在华有完备的投资系统，颇得运用自如，这种优势在危机时尤为明显。1933年春有一位纺织家曾说："我们厂家所负利息，总在八厘至一分，他们（日厂）在三厘以下，所以在抵制日货时期，上海日商纱厂，家家赚钱。而三井银行仍认日厂现在已处困难应特别帮忙，所以放款利息又特别减轻一二厘。且上海日本纱厂营业，完全由江商、东棉、日信三家洋行操纵，此三家洋行有银行为之后盾，而银行背后又有政府为之后盾。近来华商抵制日货，三家洋行授意各厂，请改制行销华北方面织物，由三家洋行负责代为装运销售，一面对各厂购进棉花，从前三十天付款，又延长改为六十天。"②如此种种，那里是华商所可想望的！

上表所列，"捐税及利息"中除去利息上的差额，照理，捐税是应该没有差别的。不过实际上华商的负税也极不一律，而统税显

① 《七省报告》，页221。
② 《纺织周刊》，3卷21期，1933，5，19。

然也没有包括在内。

日商产品，一向受特殊权利之保护，对华商所必须负担之公债、印花、地方保卫经费，以及随地而异之各种非法苛捐，全不缴纳，可置不论，今请一述统税对中外商之待遇。[①] 1930年末，国民党政府裁撤厘金，同时，即对纱布等五项商品筹征统税。日商纱厂既拥有庞大的产销实力，复素有坚强的团结，至此除嗾使其外交人员对蒋当局施加压力外，更派遣代表直接向蒋当局财政部要求给日商以优待。日帝与蒋当局的交涉经过，蒋当局始终秘而不宣。不过这种交涉的结果，是有1931年2月1日所施行的统税税则为铁证的。是年2月8日上海日帝报纸《每日新闻》称诩此次税率的订定，说是使"日商纱厂获得最有利的条件。……日商对华商之优越地位，即在税率之划分，所谓23支为界限是也"。当时风传蒋当局与日商订有密约，允许维持此次税率至少至一年之期。[②] 不论这种风传是否为事实，总之这次税率一直维持到1936年还未修改。

按新税制之规定，23支以下之粗纱，每包征税8.58元，23支以上之细纱，每包征税11.625元。这种固定的两级从量税使纱支愈细，纳税愈轻，纱支愈粗，纳税愈重。譬如以1931年的平均售价结算，华商大发牌10支粗纱负税率4.27%，而日商水月牌42支细纱仅负税2.41%。按统税署所发表之数字计算，日商所销棉纱平均高达26支，华商仅得17支，华日商负税的轻重是极为明显的。棉布之征税情形，略同棉纱，可置之不论。今仅比较粗细纱支的税率如下：

① 统税原不应列入纱布成本之内，惟由市场竞争的意义上看，此乃不可忽视的负担。

② 根据《纺织时报》，1930：752，页413；757，页453；759，页469；760，页477；761，页485；1931：762，页495；772，页581；781，页655。

各支纱应缴统税按各支纱售价折合从价税率表

| 年份 | 大发牌10支纱（华商） | | 人钟牌16支纱（华商） | | 人钟牌20支纱（华商） | | 蓝凤牌32支纱（日商） | | 水月牌42支纱（日商） | |
|---|---|---|---|---|---|---|---|---|---|---|
| | 每包平均售价（元） | 折合从价税率（%） | 每包平均售价（元） | 折合从价税率（%） | 每包平均售价（元） | 折合从价税率（%） | 每包平均售价（元） | 折合从价税率（%） | 每包平均售价（元） | 折合从价税率（%） |
| 1931 | 209.425 | 4.27 | 237.599 | 3.75 | 252.534 | 3.52 | 348.074 | 3.46 | 493.368 | 2.41 |
| 1932 | 206.684 | 4.33 | 220.317 | 3.87 | 233.186 | 3.82 | 232.812 | 5.26 | 275.537 | 4.40 |
| 1933 | 171.667 | 5.26 | 188.769 | 4.76 | 197.810 | 4.53 | 250.125 | 4.87 | 262.958 | 4.63 |
| 1934 | 167.531 | 5.40 | 175.583 | 5.14 | 180.604 | 4.99 | 234.167 | 5.22 | 270.292 | 4.49 |
| 1935 | 162.188 | 5.59 | 176.031 | 5.12 | 184.385 | 4.88 | 229.021 | 5.35 | 272.583 | 4.45 |

作者注：各支每包按年平均售价见《上海物价年刊》。

利息与捐税以外，华商成本超过日商者便在消耗品、制造费、营业杂费、机械修配费和薪金、工资各项上。华商这些成本特高的原因，可以一言以蔽之：资本不足，经营不善所致。资本不足问题，前章已有讨论。今只论经营。

我们在前章里论述华商纱厂资本的积累问题时，除阐明华商资力薄弱外，又得一个重要结论，即华商厂主多半是商人出身。从商品流通里去获取利润，这种实践经验使商人意识里只有买贱卖贵而不知精工生产。这种根源在实际经营上的表现，就是华商纱厂的轻工重商政策。有一位纺织工程师曾这样说："我国之办厂者，每视从工务中所得之利益，既苦而微，不惜以一厂之资本专注意于营业方面。甚至逸出常轨，而经营投机事业者亦有之。年结而盈，则曰此为营业之所益，工务不与有力焉；如其亏也，则曰幸有营业之所益，以稍资补助，否则将更损失不堪；一若工务无有获利之余地也者。"[①]

在资力薄弱与重商轻工政策之下,乃有陈旧的机器不换,破损的零件不配,生产的设备不周,工厂的管理不善,等等现象。

纺织机器的寿命究有多久,各家意见颇不一致;有谓可长至30—35年者,[②]也有估计为20—30年的。[③]实际机器的改进,日新月异,理想的厂家不等旧机用至最后年限,便换新机以求增进生产效能。今姑以最长年限35年计,一部机器,在兰开夏每周工作48小时,且在良好保全的情形下,能使用35年,在中国每周工作134小时,且全然不讲保全的情形下,至多也只能使用15年。可是据1933年调查结果,华商纺纱厂各种机器,有一半以上都已超过15岁;就是放宽年限,以20岁为最高寿命,则粗纺、并条、梳棉、弹棉各机都有四分之一以上超过这个寿限,精纺机超过这寿限者且在三分之一以上。1933年调查曾发现有1886年所造的机器还在使用,[④]屈指计之,这部机器到中国棉业危机开始和缓的1936年已整满五十高寿了。

华商纱厂忽视机器的保全,加之年龄过老,于是华商的机器遂破损不堪。据美国纺织工程师彭考夫(Major H. Bancroff M. C. Ra.)实际考察几个旧厂机器后所说:"各厂粗纱机多磨损不堪,欲其工作完善,修配之费恐不亚于置新机。"又谓:"细纱机大部磨损

---

① 汪孚礼:《我国纱厂未上轨道之实例》,《纺织周刊》,1卷19期,页476—477。

② J. Ryan, "Machinery Replacement in the Cotton Trade," *Economic Journal*, Dec. 1930, p. 578.

③ 王子建、王镇中:前引书,页74。

④ 同上书,页69。

41 家华商纱厂各部机器年龄百分比

| 年龄分组 | 精纺 | 粗纺 | 并条 | 梳棉 | 弹棉 | 开棉 | 给棉 | 松棉 |
|---|---|---|---|---|---|---|---|---|
| 1—10 | 17 | 14 | 15 | 16 | 22 | 49 | 49 | 63 |
| 11—15 | 39 | 45 | 42 | 45 | 42 | 30 | 23 | 23 |
| 16—20 | 10 | 16 | 17 | 11 | 8 | 6 | 13 | 10 |
| 21 以上 | 34 | 25 | 26 | 28 | 28 | 15 | 15 | 4 |
| 共　计 | 100 | 100 | 100 | 100 | 100 | 100 | 100 | 100 |

资料来源:王子建、王镇中:《七省华商纱厂调查报告》,页 70。

甚烈,不值多耗资金以事整理。"①这绝没有言之过甚。然而事实上,华商既无力购办新机,也只得把这种不值修配的机器因陋就简地拼凑起来使用。此中"最显著的是筒管的大小种类之不均齐。……此外,如钢领圈大小与所纺纱支的不合,梳棉机的钢丝针布之经久不换,以及罗拉羊皮之在并条粗纺机上的,须厚硬而失之过薄,其在精纺机上的,须软薄而失之粗硬等等情形,在在表示厂家对于物料之不注意。结果,皆使生产能力蒙到损失"②。

有一位工程师曾这样说:"我们的给湿邦浦三天两头要坏,时而闭塞,时而修理。湿度既不足,空气干燥异常,经纱发脆,断头增多,工作困难。"③又一位工程师说:"织布最关紧要的给湿装置竟不良到极点,一只邦浦的唧筒,已成了椭圆形,几根水管,空心已变成了实心,所以东一只西一只像月明星稀般的喷雾器也喷而不雾了。"④实在一个纱厂或布厂有了给湿装置还算是好的。1933 年所

① 彭考夫:《视察棉纺织厂报告书》,页 6—7。

② 王子建、王镇中:前引书,页 156—157。

③ 祖铎:《申新九厂开工后一年来的回忆和今后的方针》,《纺织周刊》,2 卷 17 期,页 42。

④ 张杰:《从事改善一个资格最老的布厂》,《纺织周刊》,2 卷 28 期,页 770。

调查的30个工厂中，全厂设有喷雾器设备的只有15家，又24家部分地设有喷雾器，其余11家则根本付诸缺如；又这30家中，装有暖气设备的只有27家，装有通风设备的只有14家，而装有冷气设备的只有一家。因此许多以铁皮做房顶的工厂，到了夏天，炎热不堪，只好停止工作！①

在重商轻工政策之下，华商纱厂的管理又极恶劣，其具体的表现就是采购的重价不重质，与出产的重量不重质。

华商纱厂在资力薄弱与多少带着投机性的采购方针之下，向来即不存储原料。工厂用棉花既须随用随买，且必择廉价而买，则对于原棉的品质遂无一定标准，于是纱厂里的“混棉成分表”差不多逐日更换。1933年我们曾在某厂80天的工务记录中抽查8天，结果发现这8天纺16支纱所用的原棉有12种，纺20支者多至16种。② 更换原棉，若前后二者具有相等的纤维长度与同等的清洁程度，则影响尚小；反之，罗拉之隔离（gauge）难校，棉纱的断头机会必因而增多。若品质过于低劣，则纱支稍经张力、捻回，或率伸（drafting）等项工作，也一样的容易折断。③ 其结果不是降低生产能力，便是降低出品的品质。

华商纱厂在棉纱品质上既不能制胜，结果遂不得不挤向产品的复杂性上去求出路，他们总以为各种纱支齐备，此种无销路，他种还可以补足。1933年的调查证明有若干厂家纺纱五六种者为极常见之事，而多至十余种者亦不乏其例。棉纺的机器布置都是按

① 王子建、王镇中：前引书，页81—82。
② 同上书，页40—41。
③ 同上书，页152—153。

某一定纱支预为配合的。若纱支复杂或更动频繁,在技术上,由粗改细,前纺产量必须过剩;由细改粗,前纺产量又必不足。这样前纺后纺必有一部分机器停止运转,其结果自又降低产量。①

机器之陈旧,配件之窳败,设备之不良,棉质之过劣与纱种之过多这种种原因,决定华商纱厂生产能力之低下。

欲知华商纱厂生产能力之高下,最好与日商或别国比较。不过日商与各国生产记录都不易搜集,不得已,现在根据各机器制造厂所定各机产量以为测验的依据。华商纱厂所采用的精纺机以五家工厂(Asa-Lees,Saco-Loweel,Howard and Bollough,Dobson and Barlors,Platt Bros.)的出品最为普通。我们即根据此五厂的规定产量求得一平均的标准产量,更取前社会科学研究所 1933 年调查及棉统会 1934 年调查所得结果,比较华商出产能力如后。

由下表可见华商纱厂的平均产量,不论纺那一种支数的纱,都低于标准产量,能力最低的只及标准产量的四分之三。仅 32 支和 42 支两种,因只有少数几种国产高级棉花与输入美棉可资纺制,根本不能如其他低支纱之乱施混棉,所以其产量比较接近标准。然而华商纱厂的主要产品却是 20 支、16 支和 10 支。所以一般地说,华商纱厂的生产能力只及标准产量的 80% 左右。这样的生产能力如何能减低生产成本?

同样的原因也使布厂的生产能力不及标准,这里可以不必赘述。②

---

① 王子建、王镇中:前引书,页 155—156。

② 同上书,页 177—179。

**华商纱厂每锭每24小时产量及其对标准产量之比率**

| 支数 | 标准产量（磅） | 1933年前社会科学研究所之调查 | | 1934年棉统会之调查 | |
|---|---|---|---|---|---|
| | | 实际产量（磅） | 实际产量占标准产量之百分比（%） | 实际产量（磅） | 实际产量占标准产量之百分比（%） |
| 10 | 2.33 | 1.91 | 82 | 1.87 | 80 |
| 12 | 1.94 | 1.49 | 77 | 1.45 | 75 |
| 14 | 1.65 | 1.39 | 84 | 1.29 | 78 |
| 16 | 1.45 | 1.11 | 77 | 1.09 | 75 |
| 20 | 1.08 | 0.93 | 86 | 0.86 | 80 |
| 32 | 0.60 | 0.56 | 93 | 0.50 | 83 |
| 42 | 0.39 | 0.36 | 92 | 0.36 | 92 |

资料来源：王子建、王镇中：前引书，页151；《全国棉纺织厂统计资料汇编》，页11。

在劳动条件方面，华厂一般都比日厂恶劣，因此，华厂工人的工作效率也较日厂低下。1929年有人考察中日棉纺织业时谓同纺20支纱的情况，结果谓日本纱厂平均每万锭日夜两班需用工人350人，在华日厂需500人，而华厂则需550—600人。织布方面，日本每一工人可管理织机5.5台，在华日厂为3台，而华商只有2台！[①] 1929年以后，华商纱厂在这些方面已有不少进步，不过据1933年的调查结果，纱厂工人效率距离标准还很辽远，而织布厂每人值机数实不及2台。[②] 就是1934年棉统会的调查，也得到了同样的结果。[③] 正因为这个原故，所以华厂尽管拼命压低工资，而生产成本中的工资部分还要超过日厂。

① A. S. Pearse, *The Cotton Industry of Japan and China*, p. 169.

② 王子建、王镇中：前引书，页128—142。

③ 《全国棉纺织厂统计资料汇编》，页52。

以上的分析,虽有若干问题,不能得到日厂材料来对比,可是日厂的资力既厚,管理又好,乃是事实。至于成本中消耗品、制造及营业杂费、机械修配等项,也都是华厂高于日厂,这里就不必细述了。

## 2. 日籍纱厂的倾轧及其繁荣

中日各籍纱厂的实力对比既明,今可叙述此次危机期内,日商纱厂的倾轧行动与其繁荣景色。

此次危机,发端于1931年下半年。该年7月,万宝山事件即引起中国抵制日货运动,是为本期内民族资产阶级企图排斥日籍纱厂之始。然抵货运动展开后,上海方面,各客帮深恐此后采购日货不便,竞买竞囤,一时沪市日纱售价大涨,存货走销一空,输运几于不暇供给,现货不足,争及期货。到9月间,日厂所抛出的期货,从该年10月到次年6月共约十二万包之巨,所以上海日厂,把市上印棉,也就搜罗一空。其结果上海华商反受棉价高昂之累。青岛方面,本无华厂堪与竞争,此时也无所损其繁荣。

沈阳事变发生,华中、华南抵制日货运动扩大,各地纷纷封存日货,先已成交的期货也不能提取。上海日厂至此似应感销售的困难了。但日商对当前的事态,依然是有应付的方法的。他们一面利用华商客帮组织的散漫,暗中改冒华厂商标,努力以大利诱人推销;一面运用日商在华的运输推销机构,把从前销往广州、汉口的,改销天津、大连;一面又改纺细支棉纱,向南洋、印度和日本寻求出路。改冒私销,虽常被发觉,但事实上始终不曾断绝过;东北方面,日货销售自较华商为便;若天津方面,日货也在价格上压倒华商；国外市场上，则利用中国人工的低廉，乃直接继承日本纱厂在南洋的销路。这样上海日厂终能打破难关。至于青岛日厂，因华北抵货松弛，销路根本未见滞塞。因此1931年的抵制日货运动，不论在粗纱或细纱方面，都未能给与日厂以严重的打击。反观华商，华北各厂，既失东北市场，一遭日货威逼，即感销售困难；而长江流域各厂却因封存日货，致使市场资金呆滞，加深萧条。[①] 且沪市与江浙等地丝光棉织业，又因日厂细纱来路短缺，而深受原料缺乏的恐慌，不得不从兰开夏去采购细纱。这就是此次棉业萧条发端时，日厂不甘轻侮的顽强状况。[②]

1932年初沪战所加于上海华商纺织业的损失极大。在沪战期中，贩卖日货者，虽未敢公然购进，但暗中私进白坯，加工润色，冒充西货，或竟改称国货，行销市上者，未尝一日或已。[③] 至于青岛方面，因鲁棉去路狭小，纱贵棉贱，日厂更获得双重利益，对于上海的损失堪以补足有余。[④] 战后复工，日商在南洋印度的市场，被其本国同业利用日元跌价夺去一部；运输日本，也被纺绩联合会所限，所以生产目标不得不转移到中国国内市场上来。于是各厂率以16、32、40为中心纱支，一致向青岛、天津与大连竞销。大连方面，华商产品已全为伪满新税率所阻断，日商则自上海报运大阪，退回统税，再由大阪运往大连，又受税则上的优待，所以依然是通行无阻的。华北方面，青岛早在日商掌握之中，自不用说，就是由天津

① 《纺织时报》，863期，页1315，1932年1月14日。

② 以上根据《纺织时报》1931年：第801；815—817；822；833；851；853；856；860各期；《纺织周刊》，第1卷，7期；9期；16期；31期，33期；35期。

③ 《纺织时报》，918期，页1758。

④ 《纺织时报》，908期，页1678。

内运的销路，日商也靠跌价政策独占了市场。[①] 其结果遂发生了津冀晋各地华商纱厂因固有市场被夺于日商，而把产品运沪求售的奇异现象！[②]

日商竞销政策，既获成功于华北，复于11月间推及华中。[③] 于是长江流域的华商纱厂，立即感到肌肤之痛。华厂纱价，不得不随日货竞销价格而暴落；棉布市价变动，又被日商牵制，难如纱价下泻之甚。于是日货纷纷走销，而华厂则存底日增，无力维持，于是有减工的决议。

华厂减工，也正是日厂乘机扩充的良机，这是我们在前面已经看到的。时势推移，到了1934年春，日商可谓已获得决定的优势。譬如汉口，乃华中最大的集散市场，亦为华厂集中地，日商不过泰安一家，然这个市场却全为沪市日厂所霸占。同年4月间，汉口每日纱交，日货占五分之四，而国货只占五分之一，棉布销场日货更占百分之九十以上。[④] 这种情势，最后就逼成华厂自相火并。譬如申汉两地各华厂的驻渝分销处，共有7家之多。为谋推销起见，各厂都力谋迎合川中用户心理。如永安厂因原有20支金城不合销售，乃新标"改良金城"加装四小绞，每小包合重10.625磅（按标准重量为10磅），后又改纺所谓"红金城"21支，加重至11.125磅之多。又如汉口第一纱厂，亦加重10支纱的磅份至每小包11磅；裕

---

① 《关于运销目的地之转移及其倾销政策》，请参看《纺织时报》，1932:862，页1039；879，页1448；886，页1500；907，页1672；936，页1900；942，页1952。

② 《纺织时报》，979；992。

③ 《纺织时报》，943。

④ 《纺织周刊》，4卷16期，页425。

华纱厂则将同一纱支加至每小包 11.5 磅；他如申新，也采同样办法。[1] 可是，四川市场到底并不能让华厂此类小惠保持下去，上海川帮客商还要运大批日厂出品回川竞销的。[2]

1934 年，纱布仍在危机中，华北日货走私又猖獗起来。天津华厂去路狭小，乃大量运沪销售，于是长江流域的华厂益发没有销路。此后直至 1936 年下半年止，日厂决定的优势已成，华厂也就再无竞争振作的能力了。

1932 年后几年内，日厂如何蓄意跌价竞争，尚可举上海市场上华日商棉纱的售价比较来说明。下表中，以华厂各支纱之品质最好、销路最广者与日厂同支数作比较。自 1930 年之情形观之，日货售价之高于华货者有之，低于华货者亦有之，然此高低之差都不及十元之数。1931 年危机开始时，日货之高于华货者，其差价缩小；低于华货者，其差价甚大，足见日货压价竞争业已开倪端。到了 1932 年因抵制日货之扩大与市场危机之加深，日厂乃一意跌价倾轧，如 16 支纱售价向均高于华纱者，今跌落至低于华纱 30 元；20 支纱亦向来高于华纱者，今跌至低于华纱 37 至 47 元；32 支与 42 支纱之售价，一向相差无几者，今则跌至华纱之下，自 70 余元以至 136 元之多！纱支愈细，此数差价亦愈大。此乃纱支愈细，日商产品在市场供给量中的数量愈大，故其控制市价的能力愈大的原故。1933 年以后，直至 1936 年，此种跌价倾轧现象虽略趋和缓，但始终不曾消灭。

---

① 《纺织周刊》，4 卷 13 期，页 358。

② 《纺织周刊》，4 卷 25 期，页 647。

**上海日华各厂各支纱在上海市场批发市价之比较**

单位:元

| 年份 | 10支 | | 20支 | | 32支 | | 42支 | |
|---|---|---|---|---|---|---|---|---|
| | 水月减宝鼎 | 水月减人钟 | 水月减金城 | 水月减人钟 | 蓝凤减金城 | 彩球减金城 | 水月减金城 | 蓝凤减金城 |
| 1930 | +1.59 | +2.46 | +0.81 | +8.28 | -1.27 | +0.61 | -3.56 | -3.93 |
| 1931 | -0.06 | +0.77 | -6.78 | +2.23 | -9.26 | -0.04 | -17.07 | -17.91 |
| 1932 | -30.85 | -29.73 | -47.29 | -27.03 | -81.92 | -77.69 | -134.03 | -135.70 |
| 1933 | -9.53 | -8.67 | -29.57 | -21.00 | -17.02 | -21.64 | -47.85 | -46.19 |
| 1934 | -4.91 | -5.23 | -15.30 | -6.02 | -7.46 | -5.78 | -21.09 | -21.03 |
| 1935 | -5.97 | -6.28 | -11.66 | -5.20 | -7.54 | -8.94 | -17.86 | -18.21 |
| 1936 | -3.56 | -2.52 | -4.35 | +0.35 | ? | ? | ? | ? |

资料来源:原来市价见《上海物价年刊》。

作者注:水月牌各支纱为日厂内外棉所产;蓝凤牌各支纱为日厂日华所产;彩球牌亦内外棉出品。

金城、宝鼎各牌各支纱为华厂永安所产;人钟牌各支纱为华厂申新所产。

本表数字:系按每大包(420磅)批发价计算而得。

在平时,中日各籍纱厂的营业成绩,久已不能相比,某纺织家便说:"日厂获利优厚时,华厂能得微利之沾有;日纱按本销售,华纱则受排挤而蒙亏折。"①据前文分析华日纱20支的成本,将原料成本不计在内,此种赔赚的差幅为23.3元。今日纱20支售价长期跌在华纱之下,多者自37元至74元,结果,将华纱售价逼向下游,

① 《纺织周刊》,4卷7期,页199。

跌落20余元至50余元之多，[1]华厂如何能不亏折？华厂亏折，然日厂还是能获得厚利的。据上海兴信所的调查，上海八家日商纺织公司在1933年下半期至1936年下半期内，除东华、日华两家偶有几届亏折外，其余六家历届无不获利。总计八家的全部赚利，每届都在七百万元以上。[2] 换言之，上海一处，日商纺织业每年从中国市场所攫取的利润达一千四百万元之巨！

如果只选取若干华厂的盈利情况和外厂相比，有下列各例。

下表外厂部分包括英商怡和、崇信两厂在内其余都是日商纱厂，基本上可以代表日厂一般的盈利情况。从此我们可以看到，当1934—1936三年纺织业危机时期，华商各厂的盈利率是5%，5.1%和7.2%；而外商一般的盈利率则是16.3%，14.6%和17.6%。中外各籍纱厂对于危机的抵抗能力，在这里表现出极其明显的对照来了。

然而事实上，在这次危机期内，能够获有盈利的华厂毕竟是少数，绝大多数都是不堪赔累的。这可从华厂多数厂家都不免停工减工，改组易手等等现象上看得很清楚。

从1932年以后，华商纱厂停工减工的现象是很普遍的。1932年春，上海华厂先后停工的凡一百余万锭，合全体华厂全部停工5.89个星期。这次停工，一部分是上海战争炮火造成的，也有一部分表面以战事为借口，实际上是因为纺纱盈利微薄，有意减产的。到了1933年4月，上海华厂就不得不公开承认危机的压力，而决议减工了。这次决议规定全国华厂自4月22日起至5月21日止全

① 详《上海物价年刊》。

② 张肖梅：《日本对沪投资》，页58—62。

**中外纱厂账面盈利比较**

| 年份 | 华厂 | | | | 外厂 | | | |
|---|---|---|---|---|---|---|---|---|
| | 统计所包括之纱厂 | 资本额（元） | 盈利额（元） | 盈利率（%） | 统计所包括之纱厂 | 资本额（元） | 盈利额（元） | 盈利率（%） |
| 1931 | 青岛华新、唐山华新 | 4,900,000 | 1,085,264 | 22.1 | 怡和、崇信 | 10,349,650 | 3,689,257 | 35.6 |
| 1932 | 豫丰、申新 | 99,354,000 | 9,429,000 | 9.5 | 怡和、上海 | 15,941,608 | 5,011,950 | 31.4 |
| 1933 | 协丰、利用、崇明 | 3,273,000 | 254,000 | 7.8 | 怡和 | 11,540,906 | 676,601 | 5.9 |
| 1934 | 大通、美恒、永安、恒大、宝兴 | 35,675,000 | 1,785,000 | 5.0 | 怡和、崇信、上海裕丰、同兴、内外棉、日华、公大、东华、丰田 | 94,838,808 | 15,493,113 | 16.3 |
| 1935 | 大成、沙市、美恒、永安、民丰、恒大、宝兴 | 38,184,000 | 1,960,000 | 5.1 | 同1934年各厂 | 96,138,808 | 14,074,022 | 14.6 |
| 1936 | 大成、沙市、统益、大生、美恒、永安、民丰、恒大、宝兴 | 62,294,000 | 4,455,000 | 7.2 | 同1934年各厂 | 98,338,808 | 17,307,220 | 17.6 |
| 1937 | 富安 | 1,978,000 | 240,000 | 12.1 | 怡和、崇信 | 13,638,808 | 4,408,869 | 32.3 |

资料来源：汪敬虞同志整理数字，见《中国近代经济史统计资料选辑》。

部实行减工，每星期六及星期日均停止夜工，或减工23%，实际减工情形，外埠或有不及，上海各厂则多遵照实行。到了5月10日，上海各厂又会议决定俟上述减工办法期满后，仍请各厂斟酌情形，自由减工。实际据纱厂联合会6月底之调查，完全停工者凡12厂，计纺锭426,688枚；停止夜工者凡4厂，计纺锭97,288枚，总计全国减工率仍与23%相近。[①] 到了1935年6月底，全国完全停工之华厂便有24家，在减工中者亦有14家，停工减工总锭数超过一百万枚，[②]至1936年新棉上市以前，长期停工者仍有23家。[③] 为比较华日商的减工情形，我们还有下列一表。

各年下半年六个月的停工周期数与全工开动率

%

| 年份 | 停工周数 | | | | 全工开动率 | | | |
|---|---|---|---|---|---|---|---|---|
| | 华商 | 日商 | 英商 | 总平均 | 华商 | 日商 | 英商 | 总平均 |
| 1934 | 3.19 | 0.26 | 16.74 | 2.44 | 87.2 | 99.0 | 33.0 | 90.0 |
| 1935 | 7.51 | 0.19 | 19.11 | 5.08 | 70.0 | 99.2 | 23.6 | 79.7 |
| 1936 | 6.87 | 0.97 | 4.98 | 4.05 | 72.6 | 96.1 | 80.1 | 83.8 |

资料来源：停工周数见1936年度"华商纱厂联合会年会报告书"；全工开动率为吾人自算。

由此可知1934—1936下半年之半年间停工周数，在日厂始终不及一周，在华厂则有高至7周以上者；若论全工开动率，日厂始

① "华商纱厂联合会年会报告书"，民国二十二年四月。

② 蒋迪先：《民国二十四年棉业之回顾》，《社会经济月报》，3卷2期，页42。

③ "华商纱厂联合会年会报告书"，民国二十六年四月。

终在96%以上，而华厂却从不及80%。日华各厂一荣一枯的营业，其悬殊如此。

停工减工而外，华商纱厂因不堪赔累而转移纱厂所有权的也极普遍。据我们所得不完全的资料，华厂出租、改租、改组出售之类的异动，实异常频繁。总计1932年内，改组者一家，改租者两家，归债权人收买者一家，被债权人拍卖至于三次，都无人投标，终归债权人接管者又一家；1933年内，改租者一家，清算者一家，出售者一家，招标拍卖而无人投标者又一家；1934年内，改租者两家，被债权人接管者一家；1935年内，改组者一家，赎租者一家，出售者两家，清算者一家，由债权人接管或改组者四家，被债权人拍卖者一家，被债权人拍卖而无人投标者又一家；1936年内，改租者三家，出租者三家，改组者一家，由债权人接管者两家，出售者两家，被债权人三次拍卖终无人投标者又一家。这样，如果我们将短期或长期停工各厂也计算在内，此次萧条期内始终维持营业而不经失败异动的华厂，恐怕不上十家。这就是日商蓄意倾轧下的华厂经营成绩！

1931—1936年间中国棉纺织业危机发展史，突出地表现出中国经济的半殖民地性发展到了怎样深刻的程度。在这里，我们可以看到帝国主义垄断资本在中国经济上是怎样飞扬跋扈，操纵自如的。举几个突出的例子来说罢。1931年7月，日帝在东北制造万宝山事件，蓄意侵略，引起了许多城市的抵制日货运动。可是就在强烈的抵制日货运动中，上海日籍纱厂的出品却不胫而走，存底销售一空，甚至连半年多以后的期货也都有人抢购，结果，日厂出品没有因抵制日货而感觉销路有分毫的障碍；上海华厂却反而因日厂增加生产，囤积棉花而深受棉价过高的威胁。这现象，不能理解为抵制日货运动的不彻底，需知日厂出品，棉纱占全国的28.5%，棉布占全国的55.3%，日货是根本抵制不了的。到了"九一八"事变以后，发生了另一次抵制日货运动，这次各地普遍地封存日货，估计全国封存的总值约达七千万两。封存，可以说是抵制日货的彻底措施了，但是七千万两资金呆滞在被封日货上却又引起了金融周转上的困难，加深了萧条；而许多使用高级纱支做原料的染织厂且因日货的封存，不得不向英国去采购细纱。对于帝国主义的侵略势力采取抵制货品的方式来反抗，本身已经就是中国民族资产阶级十分软弱的表现，可是日本帝国主义在纺织业上的侵略势力竟已发展到这样的程度，就连抵制日货运动也无法进行了。

## 三　危机之偏向与棉纺织业发展的新趋向

1932—1936年危机期内第二个值得注意的现象，便是纺织整染各业危机程度之不同，因此，遂引起各业发展速率的差异。今分析此种现象的成因。

以前我们说过，欧战后日本对中国棉货市场的侵略方策，已放弃棉纱而专注意棉布；英国方面，也曾尽力与日本竞争，企图恢复其战前的销路，结果，战后十余年内，中国进口棉纱几至全部停止，而棉布却仍有庞大的数量。这乃是中国棉织业不能及早完成机械化过程的一个重要理由。约当此次危机开始时期，中国进口棉布也开始剧烈地跌落，结果遂造成纺业危机期内织业却维持相对繁荣的现象；同时，针织整染各业，也就连带地维持兴盛。

三十年代进口棉织品的锐减,实质上,意味着帝国主义对中国侵略方式的改变,而在表面上,则显示为中国提高棉织品进口税的结果。

自鸦片战争起,资本主义各国就强迫满清政府接受协定关税的原则,把中国进口税率死钉在5%以下的水平上。这种举世无匹的极低的税率水平一直维持了八十多年之久。到了二十世纪的三十年代,资本主义不独已经转变为以资本输出为主要侵略方式的帝国主义,而且已经在中国完成了投资系统的建树,掌握了中国的经济命脉。对于帝国主义而言,那过时的屠刀可以放下了,协定税率可以放松了,于是乃有所谓"关税自主"。

所谓"关税自主",是1929年开始的事情,但以该年所订税则而论,则进口税率并无提高。1930年3月起,进口关税改以海关金单位结算,采用金价未涨时的兑换率,1关两合1.75金单位折算,结果,税则未改,税率稍有提高。1931年国民党政府曾修订税则一次,可是棉布税率并未很高。而另一方面,就在这同年的2月,在华日帝纱厂却已经在蒋政府所订的统税税则上获得优于华厂的待遇了。受到提高棉货进口税率影响最大的日本帝国主义,既在内国税上获得优待,于是也就放松了对关税的控制。因此,国民党政府乃得在1933年修订进口税则。这次税则对于棉布进口税率确实是有所提高的,有若干种加工棉布,竟有较前高至五六倍的,这以后,进口棉布也就剧烈地削减下去了。今列棉布进口税率及其进口量的变动情况如下表:

**进口棉布从价税率与其进口量之增减**

| 年份 | 本色棉布 | | 漂白或染色棉布 | | 印花棉布 | | 杂类棉布 | | 各类总进口量（%） |
|---|---|---|---|---|---|---|---|---|---|
| | 税率（%） | 进口量（%） | 税率（%） | 进口量（%） | 税率（%） | 进口量（%） | 税率（%） | 进口量（%） | |
| 1930 | 7. 30 | 100. 0 | 8. 42 | 100. 0 | 8. 86 | 100. 0 | 8. 79 | 100. 0 | 100. 0 |
| 1931 | 15. 68 | 108. 9 | 16. 63 | 80. 0 | 16. 92 | 95. 0 | 12. 69 | 172. 1 | 91. 5 |
| 1932 | 16. 93 | 107. 0 | 19. 13 | 87. 8 | 21. 18 | 85. 6 | 11. 93 | 122. 3 | 91. 5 |
| 1933 | 28. 68 | 20. 6 | 38. 39 | 43. 0 | 41. 93 | 71. 4 | 41. 45 | 72. 0 | 47. 9 |
| 1934 | 28. 54 | 17. 2 | 36. 14 | 20. 5 | 48. 29 | 32. 6 | 32. 08 | 33. 0 | 23. 3 |
| 1935 | 26. 77 | 22. 0 | 37. 04 | 19. 6 | 38. 57 | 28. 3 | 26. 85 | 23. 7 | 22. 0 |
| 1936 | 25. 19 | 36. 4 | 31. 36 | 7. 6 | 32. 58 | 3. 3 | 26. 02 | 13. 7 | 10. 5 |

资料来源：详统计附录，第 18 表。

作者注：进口量百分数系按长度码数计算而得，其估计法详第八章附录。

从上表可知，1931 年修订进口税则以后，更确切些说，是优待日籍纱厂的统税税则颁布以后，各类棉布的进口税率都有提高，到了 1936 年，其提高程度自三倍余以至四倍余不等，而尤以漂白染色与印花两类为多。同时期内，各类棉布之进口量亦随而锐减，亦以漂白染色与印花两类为最。全体言之，向来高踞中国进口货第一位的棉布进口量，在此短短的六七年内跌落了 90%。用绝对数量说，约合棉布四万万码以上。这四万万多万码国外棉布供应量的削减，对于中国棉布市场产生了很大的稳定力量。这次危机期内，棉纺业所最感苦闷者固在棉纱市价的剧烈下跌，而尤其在于棉花市价的相对稳定。由于花价的跌落远不如纱价的剧烈，所以棉纺业才遭遇原料昂贵而制成品市价过低的困境的。可是在织业方面，由于国外供应的锐减，棉布制成品的市价却是相对稳定的。在作为织业原料的棉纱市价剧烈下跌的情况下，从事织布自然还有若干利润可图。这种情况,可从上海花、纱、布批发物价指数上看得很清楚。

**上海批发物价指数**

| 年份 | 棉花 | 棉纱 | 本色棉布 | 漂染印棉布 | 针织品 |
|---|---|---|---|---|---|
| 1931 | 100.0 | 100.0 | 100.0 | 100.0 | 100.0 |
| 1932 | 83.8 | 81.1 | 88.4 | 89.6 | 100.1 |
| 1933 | 84.3 | 69.9 | 73.2 | 80.4 | 93.8 |
| 1934 | 86.8 | 66.1 | 68.9 | 75.6 | 71.9 |
| 1935 | 84.8 | 65.7 | 86.6 | 70.9 | 68.6 |

资料来源:《上海物价年刊》。

作者注:棉花包括中棉与美棉 5 种;棉纱包括各支纱 12 种;本色棉布、漂染印棉布各包括粗细布 9 种;针织品包括卫生衫、汗衫、袜子共 6 种。公式用简单算术平均。

若仅从原料与成品的价格变动上观察纺织整染各业的盛衰,上表已足充分证明纺业危机期内织业的稳定地位,尤其是漂染印花等整理部门,与针织业更能获利。此所以 1932 至 1935 年四个年度内全国纱厂外销棉纱自 4,160,480 公担落为 3,971,539 公担,而同时期纱厂附设织厂的布销量却自 876,441 千万码增加至 1,249,958千万码;此所以漂染印花以及针织各业亦同时大为扩张。

就观感所及,我们确信 1932 年后所增设之小规模机器织染工厂与针织厂为数极多,尤以上海及京沪沿线各城市为然。可惜有关此类小厂的记述,极为零碎,我们除约略估计其 1936 年的布机数当达两万台以外,无法整理出一幅发展经过的图画来。不过织业决定于纺业的发展,即从纱厂的统计资料中,亦可证实。据《中国纱厂一览表》所载数,可知 1922 年后十年内,纺机数净增

251.2%，织机数却净增459.4%；然1932年后五年内，纺机数只增加17.4%，织机数却增加了57.6%。总之，织业速于纺业的发展至为明显。今列详细数字如下表：

**全国纱锭、布机、线锭之增加率**

| 年份 | 纱锭 | 布机 | 线锭 |
|---|---|---|---|
| 1931 | 100.0 | 100.0 | 100.0 |
| 1932 | 106.0 | 108.5 | 118.4 |
| 1933 | 109.1 | 117.7 | 127.7 |
| 1934 | 114.0 | 129.6 | 128.4 |
| 1935 | 116.0 | 143.5 | 146.4 |
| 1936 | 117.4 | 157.6 | 154.5 |

资料来源：详统计附录。

作者注：辽宁各厂不在内。

## 四　三论民族资本的积累问题

### 1. 日资纱厂垄断地位的强化

1931年以后，中国社会的殖民地半殖民地性更加深化了。经过1931年2月统税税则的制订，日资纱厂获得了特别优厚的待遇；经过同年9月沈阳事变，日本帝国主义侵占了东北三省；再经过1932年春上海战事，日帝的侵略势力由东北而热河，而长城各口，而关内冀东，而平、津、青岛、济南、华北五省，显然已经走上了东北四省的同样道路。在这种情况之下，日本侵略势力在纺织业方面的表现，是积极投资设厂，强化垄断地位，特别是强化其在华北的垄断地位。

华北两大纺织中心是青岛和天津。青岛一向是日本纱厂独霸的地方。1931 年青岛全市共有纱厂七家，内外棉青岛支店、富士纱厂、公大第五厂、隆兴纱厂、宝来纱厂、大康纱厂都是日本的投资，华资只有青岛华新一家。总计全市日本纱机凡 363,652 锭，而华资只有 43,564 锭；日本布机凡 4,436 台，华资连一台都没有。1931 年后，日本帝国主义在青岛积极扩充，计 1932 年有公大五厂增加纺机；1933 年有富士新设布厂；1934 年有大康增加纺机，又有公大五厂增加布机，又有上海纺、丰田两新厂完工开车；1935 年有公大五厂、宝来增加纺机，又有富士、公大五厂增加布机；1936 年有隆兴新建布厂，又新开了一家同兴纱厂。这样，五年之内，青岛日帝纺机增加到 520,340 锭，布机增加到 8,784 台；而华新一厂，不过纺机 48,044 锭，布机 500 台。华资纱厂的实力根本是不堪和日本在华投资的纱厂相比拟的。

天津方面，1931 年以前，没有任何日帝投资的纱厂，不过裕元、华新、裕大各厂早已背上日本的债务，成为日本帝国主义垄断资本的附庸了。1931 年后，这几家纱厂都无力清偿债务，裕元、华新两家于 1936 年卖归钟渊所有，改称公大第六、第七厂；裕大则于 1932 年由日本中古、伊藤忠两会社合组的大福公司所接管。此外，宝成第三厂则因不堪日帝纱布在华北市场上的倾轧，赔累甚巨，于 1936 年卖归东洋拓殖和伊藤忠两会社合组的天津纺绩公司所有，次年改称天津纱厂，成为日本帝国主义在华的一个新纺绩公司的起点。又，唐山华新也鉴于华北日本势力的深入，难以独立存在，也在 1932 年自动接收日本裕丰纺织会社的投资三百万元，成为中日合办，而到了1936年终于归日帝所接收独办。1937年，裕丰并又在天津完成一家分厂。同时，被日本自己的记载，正在天津筹建纱厂的还有大日本、上海、裕丰、天津、福岛、吴羽、仓敷、岸和田及和歌山九家之多，预计纱锭将达430,000枚，布机9,200台。[①] 而华商之在天津筹建纱厂者却达一家都没有！

回忆1931年时，日本在天津并无任何自办纱厂，华资纱厂共有七家。到了1936年，只经过五年的时间，华资纱锭由203,556枚减为104,472枚，布机由1,098台减为490台；而日商则从无到有，凡纺机128,660锭，占到天津全市总锭数的55.2%；布机1,000台，占全市的32.9%。是即在短短的五年以内，日本在天津已形成棉纺织业的独占地位了。

中国棉纺织业的最大中心是上海，早在第一次大战的战后繁荣期，日本在上海的纱厂设备就已经超过华厂了。1931年上海共有华厂纺机1,005,328锭，占全市纺机总数的41.9%，日本纺机1,221,644锭，占全市的51.0%，英国纺机170,610锭，占全市的7.1%。布机方面，华商纱厂附设织机6,914台，占34%；日本纱厂附设者10,742台，占全市的52.8%，英国2,691台，占13.2%。1931年，日本大力向青岛、天津两市扩大侵略，同时也并没有放弃在上海扩张设备。到了1936年，上海共有纺机2,667,156锭，其中华厂1,114,408锭，占41.8%；日本1,331,412锭，占49.9%。前后相比，日本在上海纺业界还维持其高于华商的地位。同时，在纱厂附设织机的扩张上，日本则又远超过华厂。统计1936年上海全市附设织机30,058台，其中华厂只有8,754台，占29.1%，而日本

① 樋口弘：《日本の对支投资研究》，页274。

则达17,283台,占57.5%。是即在五年内,华厂相对地位削减约5%,而日本则提高约5%。

由上所述,可知1931—1936年间,日本在华或吞并华厂,或积极扩张,五年内,在上海、天津、青岛三个最大的棉纺织中心,日本都已取得了或强化了超越华商的优势地位,这是1931年后日本积极侵略的一个方面。

1931年后日本积极侵略的另一个方面是设备偏重于织布,制造偏重于细支品种。

前面曾经说过,1931年后,日本帝国主义蓄意改变侵略方式,所以国民党政府才得提高进口棉布税率的,这种侵略方式的改变——由在日本国内织造棉布转变为在中国设厂织造,具体地表现在日本在华纱厂织机设备的增殖速率上。下表说明1931年后五年之内,日本在华纱厂附设织机增加了76.8%,而同时华厂却只增加了41.7%。就是纺机方面,华厂的速率也远在日厂之下。

**各籍纱厂机器设备之增加率**

| 年份 | 纱锭 | | | 布机 | | | 线锭 | |
|---|---|---|---|---|---|---|---|---|
| | 华商 | 日商 | 英商 | 华商 | 日商 | 英商 | 华商 | 日商 |
| 1931 | 100.0 | 100.0 | 100.0 | 100.0 | 100.0 | 100.0 | 100.0 | 100.0 |
| 1932 | 106.7 | 104.7 | 107.4 | 106.9 | 110.4 | 100.0 | 120.0 | 117.6 |
| 1933 | 111.5 | 105.5 | 108.4 | 117.5 | 119.6 | 100.0 | 126.4 | 127.1 |
| 1934 | 114.2 | 114.4 | 108.4 | 127.0 | 136.3 | 100.0 | 127.3 | 127.7 |
| 1935 | 116.0 | 114.3 | 133.1 | 140.2 | 146.1 | 139.1 | 139.5 | 147.0 |
| 1936 | 111.2 | 125.3 | 129.7 | 141.7 | 176.8 | 139.1 | 153.3 | 151.3 |

资料来源:详统计附录,第2表。

作者注:辽宁各厂不在内。

五年来日本在华发展速率超越华厂的结果,使得华厂在全国范围内的相对地位大为降低。例如1931年华厂纺机2,453,304锭,计占全国总锭数4,339,706锭的57.8%,同年日本在华纺机1,715,792锭,占全国的39.5%;到了1936年,全国计有纺机5,102,796锭,其中华厂2,746,392锭,相对地位落为53.8%,而日本则有纺机2,135,068锭,相对地位上升至41.8%。织机方面,日本相对地位的提高尤其显著。计1931年全国共有附设织机36,303台,其中华厂17,629台,占48.6%,在华日厂15,983台,占44%;到了1936年,全国共有附设织机58,439台,其中华厂25,503台,相对地位落为43.6%;而日厂则有28,915台,相对地位超越华厂而达49.5%。

前面又说过,1931年2月国民党政府所颁布的统税税则是优待细支产品的,在设备上,在技术上有能力利用此优待细支税则的只有日、英纱厂。按照这个税则,纱支愈细,负税愈轻,因此,1931年后日帝纱厂便极力向细支化上发展,这可从各籍纱厂平均纱支上看得很清楚。

**各籍纱厂外销棉纱平均支数**

| 年份 | 华商 | 日商 | 英商 |
|---|---|---|---|
| 1932 | 17.2 | 26.1 | 19.3 |
| 1933 | 17.4 | 26.4 | 19.3 |
| 1934 | 17.0 | 27.0 | 19.3 |
| 1935 | 17.5 | 27.5 | 23.0 |

资料来源:国民党政府财政部统税署统税物品销量统计。算法:以$A$代表各种支数,$B$代表各支之重量,则平均支数$=\frac{\Sigma AB}{\Sigma B}$。

由粗纱而细纱,由纺纱而织布,这是1931年日帝侵略的又一个方面。

在上述情况下，华资纱厂的发展有一点值得注意，那就是避开上海、天津等旧有中心而向内地扩张的趋向。

回忆中国棉纺织业地域分布的变迁，可知将近五十年的历史实经过三次转变。甲午以前，新工业创始时期，纺织厂本以上海为集中地。甲午以后，以至第一次欧战爆发时为止，新设各厂多舍上海而分散于苏浙两省的次级城市里，是为第一次转变。这个转变的原因在第五章里已有说明。第一次欧战后以至1931年为止，纺织厂又重新集中到上海去，同时更将青岛、天津、无锡等地形成为次级集中地，是为第二次转变。这次转变之最大动力在于外商。外商投资，当然须在他们政治的经济的各种势力最为优厚的地方，故他们集中于上海或青岛是无须我们去多求解释的。至华商集中于此等地区，主要地乃是当时反动政府不断进行内战逼使他们托庇于租界的保护所致。目前特别引起我们兴趣的是1932—1936年间的第三次转变。这是一个华商离开上海向次级都市分散，日商向华北扩张的新趋势。

从新厂之创立状况言，华商撤离上海等旧有中心而向内地分散的趋势，发生于1931年。是年无锡、沙市、新绛三地分别新建丽新、沙市、雍裕三家纺织厂，共纺锭31,200枚，布机700台。不过从机器设备之增殖言，是年全国华商计增纱锭108,230枚，上海一地即增54,082枚；全国华商计增布机1,911台；上海也增407台。上海增殖速率，未可认为完全落于其他城市之后。1932年后，此种情势，显已转变。1932年，华商计创新厂三家，达生在天津，晋生在太原，营口在沈阳；1933年，新厂三家，富安在崇明，成通在济南，上海也成立一家上海纺织印染；1934年只有一家新厂，即济南之仁丰；1935年又有新厂三家，广东纺织厂棉纺织部设于广州，嘉丰纺织整染公司设江苏嘉定，大兴第二厂设于西安；1936 年并无新厂完工；1937 年又有昆明之云南纺织厂一家开车。总计 1932—1937 年五年内华商共创立新厂 11 家，位于上海、天津者，只有二家。

华资纱厂为甚么避开上海、天津、青岛这些旧日的集中地而向内地分散呢？事情很清楚，这些地区日本帝国主义已经占据了绝对的优势，其对于华厂的压迫、倾轧已使华厂不堪其苦而难以继续发展下去了。

1934 年著名纺织工程师朱仙舫在中国纺织学会上宣读了一篇论文，题曰"都会纺织工业衰落原因与棉业网之设计"①。据他说："以人口与机数比，以销量与吾国机械产量比，固尚饶有可能发展性，则纱销不畅，非由生产过剩所致，价格不高，非由纱积不销所致"，其主要原因，实缘于外商之倾轧竞争。然内地设厂利益超过上海，故上海华厂应予内迁。譬如，内地地价低廉，则固定资金之利息可轻；杂费较微、工资较低，则经常之开支可减；原棉采购便利，故运输、利息、保险、佣金等费每担可减轻一元以至十余元，而都会纱厂，欲广招徕，每纱一包之售价常较内地低减四元以上。因此，"都会工厂欲求避免在华外厂倾轧，及得地利上之优惠，均必依原料产量，为适应配布，……将集中都会机锭，分散于内地，更依需要，添设新厂……"。此种论调，最足说明华商纱厂趋向内地发展的真实苦衷。

然而，事实上，前社会科学研究所 1933 年的调查，却证明内地利益超过上海之说，有若干项目全属子虚。下表指示上海与他埠之成本比较：不论何种纱支，"直接人工成本"一项，确以他埠为低

① 《纺织年刊》，民国二十三年份。

廉;然"间接生产成本"或"管理及推销成本",他埠概较上海为高,结果总成本高出之数,在12支及20支为38%,在16支为45%,在10支且达74%以上。

各纱支每包成本之地别比较

单位:元

| 成本 | 10支 | | 12支 | | 16支 | | 20支 | |
|---|---|---|---|---|---|---|---|---|
| | 上海 | 他埠 | 上海 | 他埠 | 上海 | 他埠 | 上海 | 他埠 |
| "直接人工成本" | 6.827 | 6.630 | 9.184 | 7.956 | 11.455 | 10.610 | 14.318 | 13.261 |
| "间接生产成本" | 11.710 | 20.367 | 14.725 | 24.710 | 18.736 | 32.589 | 24.420 | 38.310 |
| "推销管理成本" | 0.275 | 0.724 | 0.330 | 0.824 | 0.440 | 1.158 | 0.550 | 1.363 |
| 总　计 | 18.812 | 27.721 | 24.240 | 33.490 | 30.631 | 44.357 | 38.288 | 52.934 |

资料来源:王子建、王镇中:《七省华商纱厂调查报告》,页223。

内地纱厂之最大利益在于原料成本之减低与成品售价之较上海为高。譬如沙市棉花运赴上海,每担应负水脚保险税捐佣金等类费用6.755元,①以每3.5担纺纱一包计,则沙市厂每纺纱一包之原料成本可较上海减低23.643元。假定如朱仙舫先生所云内地纱价常高出于上海4元,则沙市厂每纺纱一包应能从此两方面较上海厂多获利益27.643元。更将前述"直接人工"、"间接生产"、"推销及管理"三项成本之内地高出上海数予以减除,则纱厂此项多得之利益至多可达18.7元,至少亦有12元。

沙市纱厂因地利之优越可较上海华厂减低成本12—18.7元,

① 《纺织年刊》,民国二十三年份,页7—8。

此十余元之差额果足掩护沙市华厂不受外商之跌价倾轧与否？前面我们曾分析20支纱中日各厂的成本比较，结果证明华厂高出23.3元。然则华商纵使躲向沙市去，又何尝能免于日商的倾轧？此所以1932年日商立意倾销华北时，河北、河南、山西各华厂便惶惑无以自存，反把产品运到上海去销售；1934年日商转向华中倾销时，汉口纱交以日货占80%，布交以日货占90%，于是沙市一家新开的纱厂也就感觉销售困难，周转不灵了。

华厂在上海等旧有中心不堪日商的倾轧，企图逃向内地以求生路，而在内地仍然不能免于日商的压迫倾轧，这标志着中国社会的半殖民地性已经深化到了这样的程度，在这里，民族资本根本无地可以自容了。这是1931年后棉纺织业民族资本积累过程上的第一个特征。

## 2. 银行资本对于纱厂的兼并

1931年后，中国棉纺织业里民族资本积累过程上的另一特征是以官僚资本为中心的银行资本对于纱厂的侵蚀兼并。

过去纱厂向外界取得用款之借贷方式，大要有五：一为厂基押款，二为商品押款，三为商品押汇，四为信用透支，五为储蓄存款。前四项取得贷款之对象为华商银行或钱庄，乃至外商银行或洋行。最后储蓄存款一项，即是纱厂创设储蓄部，以厚利吸取厂中职员或厂外戚友之储蓄或存款。1931年后，国民党政府虽禁止厂方创设储蓄部，惟非正式存款几于各厂皆有，其利息恒较银行储蓄部为高。不过，在纱厂全部营运资金中，此种资金来源当不甚多。

纱厂向银钱界取得用款的四种方式中，信用透支一项，只限于信用卓著的纱厂，且数量不大。其余三种，商品的押汇一种只限于外埠没有分庄或批发处的纱厂，且商品亦只限于纱、布两种。因此，在纱厂全部流动资金中，其重要性恐不及商品的押款一项为大。银行所承受的商品抵押，普通以花纱为多，在设有布厂的纱厂，自也可以棉布向银行申请抵押。花纱押款，普通可押至七八折，时期大约均不能超过六个月。[①] 此处应注意的一点，即这类抵押，大多是以商品本身为担保品，而不是以代表商品的单据为抵押品的。这种抵押品对银行是一种账面债权，不能再事流通。

最后，我们当详述纱厂取得贷款之最重要的方式，厂基押款了。厂基押款，是纱厂以地基、栈房、厂房以及各种机器为担保品向银行取得放款的信用方式。这种抵押方式，是银行滚剥纱厂最直接最毒辣也是最普遍的方式。厂基押款，普通只能按估价对折甚或对折以下用款，[②]为期都在一年以上。凡已向银行取得厂基押款的纱厂，不独他的财产契据，必须交给银行收管，就是一切机器和其他财产也必一一点交银行派人管理，非得银行允许，纱厂对其

① 参看上海商业储蓄银行调查部编：《纱》，页139—142。

② 此为一般情形，若信用特好之厂家，亦有在对折以上者。兹举申新四个厂地产建筑及纱布机设备之押款成数如下：(1934?)

| 厂　名 | 抵押品估价(元) | 押款数(元) | 押款当抵押品估价之百分比(%) |
|---|---|---|---|
| 申新第一、第八 | 8,039,016 | 5,400,000 | 67.2 |
| 申新第二 | 2,603,447 | 2,012,000 | 77.3 |
| 申新第五 | 2,374,015 | 2,097,000 | 88.3 |
| 共　计 | 13,016,478 | 9,509,000 | 73.1 |

资料来源："上海银行二十三年度营业报告"。

作者注：抵押品估价系由棉业统制委员会所估计。

财产不得移动拆卸，而银行所派之管理员常川驻厂，其薪给膳宿也得由纱厂负担，若纱厂不能按合同义务归还本息，则银行便对抵押品有拍卖的权利。这样，纱厂对其已抵押的房地机器除尚保留经营使用权之外，其所有权实已属于银行了。然而，尽管银行以如何苛刻的条件加诸纱厂，银行所取得的也只是账面债权而非票面债权。

厂基押款，总是在抵押契约上规定该项厂基不再作另一次借款抵押品的。此外又有在押款合同上规定某厂于承借押款之后，若再另须押款时都必须由该第一次承押银行或银行团独家承办者，甚至该厂营业上之收入也必须储于该银行或银行团。[①] 这就形成银行对纱厂资金来源的独占性。据恒丰纱厂总经理聂云台的表示，该厂对外资金之流通，就是由浙江兴业银行独家负责的，外界即有请求投资或储蓄者也都一概拒绝。[②] 这大约就是上述办法的结果。另苏纶纱厂在1931年4月与上海中国银行所订押款契约，也规定苏纶除以厂基向该行举行三年的长期押款八十万两外，更约定将现在及将来所购之棉花与所出之纱布必与该行订做往来，透支款项，总额以七十万两为限，期亦三年。[③] 利息方面，中国银行与苏纶的押款和透支都受月息七厘，上海银行和沙市纱厂订有这样的契约关系："纱厂向上海银行订做仓库押款五十万元，月息一分一厘，须认足十分之三之长期利息，譬如用款不足十五万元，亦须认十五万元之利息。厂基押款亦由上海银行承做，款额为规元二十万两，月息七厘。"[④]这是因为，"有了一分二厘收益的公债投

① 上海银行调查部：《纱》，页142。
② 《中华日报》，民国二十五年九月二十一日。
③ 《纺织时报》，882，页1470。
④ 《纺织周刊》，1卷5期，页140。

资，（实不止一分二厘——作者）便不能不有七八厘利息的定期存款——否则便没有人肯来存；而有了七八厘利息的定期存款，自然不能不有一分利息以上的放款"①。但同样重要的，即是商品抵押和厂基抵押都抵给银行以账面债权而没有票据可资贴现流通，银行接受一元的厂基押款实即等于冻结一元的运用资金，名为放款，实无异于投资。这样，在银行是增加资金运用的枯涩，利息尤其是不得不高的。

纱厂背负高利的重压，其结果，初则将短期债务延成长期，将长期延成无期。② 在平时，这表现为纱布成本构成中利息一项之非常的高昂；在萧条时，则表现为纱厂对银行资本的依存性之提高。最后或至售出全部财产，还不足以清偿债务。

1932 年棉业危机发生后，纱厂对银行资本的依存性之提高，可以下列数字指示其一般。

**上海银行、中国银行各年度末纱厂放款余额**

| 年份 | 上海银行 | | | | 中国银行 | |
|---|---|---|---|---|---|---|
| | 纱厂放款（元） | 占工业放款总额百分比（%） | 染织厂放款（元） | 占工业放款总额百分比（%） | 纺织厂放款（元） | 占工业放款总额百分比（%） |
| 1931 | 9,840,139 | 42.8 | 210,959 | 0.9 | ? | ? |
| 1932 | 19,978,634 | 57.8 | 1,382,672 | 4.0 | 24,137,446 | 62.8 |
| 1933 | 22,594,723 | 65.4 | 1,673,485 | 4.8 | 25,401,107 | 59.8 |
| 1934 | 24,417,435 | 65.9 | 1,809,285 | 5.0 | 34,243,225 | 62.9 |
| 1935 | 21,103,000 | 62.5 | 1,347,000 | 4.0 | ? | ? |
| 1936 | 24,655,000 | 64.3 | 1,151,000 | 3.0 | ? | ? |

资料来源：两行历年营业报告书。

① 章乃器：《中国货币金融问题》，页 306。
② 《银行周报》，750，页 6—7。

作者注:上海银行1934年前纯为抵押放款,1934年起包括信用放款。中国银行放款额系据该行报告书所载百分数推算而得,包括抵押及信用放款两项,纱厂、染织厂不分。

关于纱厂在银行高利放款的压迫下,怎样把短期押款拖成长期,更拖成无定期,而终至利上加利,无力偿还的演变过程,我们无从得知内幕。这里据国民党棉业统制委员会的调查,开列1936年4月底在停工中各厂的负债情形,略能指示这种利债滚剥的结果。

下列已知负债和资本比例的十五家纱厂中,负债额当资本额一倍以上者凡七家,其余也多在一半以上,由此可见这些纱厂负债之重。不过,这还不足以确切地表示银行对于纱厂的滚剥程度。较好的方法还是拿负债总额和资产总额来做比较。这里我们有以下几个实例。

据1933年5月的清算结果,武昌震寰纱厂的机器房屋等类资产总值不过二百余万元,但所负债务却有三百余万元之巨。[①] 又1933年上海地方法院聘请专家估定上海永豫纱厂的全部财产总值,最低只值1,292,119元,而其所欠中国银行与浙江实业银行的债务却达一百五十余万元。[②] 又1933年上海隆茂纱厂清算时,一切动产不动产总值凡271,231.96元,但其所负中国银行、劝工银行、中南银行、宝大裕庄等家债务则达三十五万两。[③] 又如天津宝成第三厂于1936年破产拍卖,共得价1,375,300元,而其所欠中国及浙江兴业银行债务便达二百余万元,拍卖所得,全部还债都不够

① 《纱织时报》,1222,页4288。
② 《纺织时报》,1023,页2644;《棉业月刊》,1卷7期,页1115。
③ 《纺织时报》,954,页2085;1044,页2816。

分配。①

**1936 年 4 月底在停工中各纺织公司的负债情形**

| 厂名 | 所在地 | 资本总额（元） | 负债总额（元） | 负债占资本额之百分比（%） | 债权人 |
|---|---|---|---|---|---|
| 恒丰 | 上海 | 1,512,000 | 3,600,000 | 328 | 浙江兴业银行 |
| 裕中 | 芜湖 | 1,000,000 | 1,800,000 | 180 | 中国实业，上海中国等银行 |
| 汉口第一 | 武昌 | 5,600,000 | 10,000,000 | 179 | 沙逊洋行，浙江兴业银行 |
| 民生 | 上海 | 700,000 | 1,080,000 | 154 | 中南银行及钱庄 |
| 协丰 | 上海 | 200,000 | 280,000 | 140 | 恒巽钱庄 |
| 裕元 | 天津 | 5,600,000 | 5,908,000 | 108 | 大仓洋行，金城中南等银行 |
| 经纬 | 上海 | 550,000 | 550,000 | 100 | 中国垦业银行 |
| 振华 | 上海 | 420,000 | 400,000 | 95 | 中国垦业银行 |
| 和丰 | 宁波 | 900,000 | 600,000 | 67 | 中国垦业银行 |
| 宝成 | 天津 | 3,000,000 | 2,000,000 | 67 | 中国，上海，浙江兴业等银行 |
| 振新 | 无锡 | 1,250,000 | 814,000 | 65 | 上海银行 |
| 华新 | 天津 | 2,421,000 | 1,492,000 | 62 | 中国银行等 |
| 大生第二 | 启东 | 1,980,000 | 1,100,000 | 56 | 中国，交通两银行 |
| 鲁丰 | 济南 | 1,860,000 | 820,000 | 44 | 民生银行等 |
| 震寰 | 武昌 | 1,710,000 | 281,000 | 16 | 安利洋行 |
| 申新二 | 上海 | ? | 2,012,000 | ? | 中国，上海等银行 |
| 申新五 | 上海 | ? | 2,907,000 | ? | 中国，上海等银行 |

资料来源：“国民党棉业统制委员会之调查”，尚未经公开发表过。

① 《纺织时报》，1302，页 4936；《纺织世界》，1 卷 2 及 3 期合刊，页 16—19。

更如启东大生第二厂，历年积欠中国、交通两行的债款凡一百十余万元，而1936年春举行拍卖三次，限价由200万元减至160万元，再减至130万元，始终无人投标，到底还是作价100万元由两行接受了去。[①] 所有这些，都是纱厂已到清算、破产，或是转让、拍卖时才为世人所知悉的，自然他们负债之超过资产并不是一朝一夕所形成的。因此，我们可以推断此外必还有许多的厂家，其营运也同样的到了上述恶劣的情况，只不过秘而不宣，未为社会所公悉而已。

但是，如果纱厂的欠债已经超过其资本，甚至超过其资产总值，那么，债权人又何以异于所有人呢？如果银行就此由放款进而自行投资，由监督纱厂经营进而自行经营，岂不也是很自然的事情么？

根据我们所已经找到的资料，在1931—1937年间曾经遭到银行资本利用债务关系或其他方式渗透侵占的纱厂凡30家，由银行投资创建的4家。这30家纱厂里，因为无力还债而被债权人接管的有永豫、汉口第一、上海纺织印染、恒丰、北洋第一、振新、申二、申五、恒源、大生第三、振华、裕中12家；因为无力还债而被债权人拍卖或收买的有大生第二、裕元、宝成第三、华新、溥益第一、第二6家；又有被债务拖得停业清算的计隆茂、民生、协丰、经纬、和丰5家；欠债结果未详的计大生第一、大生副厂、沙市、苏纶、豫丰5家；此外，久兴由银行垫款包办，仁丰由银行加入股份，这两家很可能本来就是拖欠银行债务的。

由于拖欠债务而被银行拍卖或收买，不用说，纱厂的所有权根

① 《纺织时报》，1277，页4736。

本转移了。由于拖欠债务而被银行接管的,一般都依下列条件继续营业:第一,纱厂股东仍对纱厂保有所有权,银行则获得经营权,或有定期或无定期,总须股东履行合同义务,方得收回自营;第二,在代管期内,纱厂所欠银行之旧债保本停息,另由债权银行拨借新押款充流通资金,利息照付;第三,纱厂一切管理营运业务完全由债权人派人执行,股东则有监察权,惟营业如有亏损归股东负责,如有盈余,则按协定成数,由债权人与股东瓜分。这就是说,纱厂开业,基本上已经不是为工业资本家积累资本,而为银行资本家积累资本了。

1931年后中国银行资本对于纱厂的侵蚀兼并,是中国棉纺织史上值得特别注意的新的现象。

在资本主义国家,银行资本与工业资本融合而成金融资本,乃是资本主义发展为帝国主义的特征之一。金融资本是在工业和银行已经发展为垄断组织的基础上产生的。当工业和银行已经由彼此独立、各不相谋的分散企业集中而成少数卡德尔、托拉斯垄断组织时,银行便有可能、有必要,通过占有股票的手段、通过个人联合的手段,把工业纳入自己的掌握之中。这样,少数银行资本家便由支付中介人一变而为垄断工业与银行的金融寡头了。

在中国棉纺织业里,1931年前确实出现过集中的现象,例如申新纺织无限公司的兼并其他小厂便是。但是严格说,申新系统并不成为资本主义国家卡德尔或托拉斯式的垄断组织,1931年后,申新不仅不能继续兼并其他纱厂,自己且也难以独立不受兼并。事实上,我们所看到的,在1931年后被银行所兼并的不是卡德尔、托拉斯式的垄断组织,而是分散独立的个别纱厂。这就是说,中国金融资本的生长不是在生产已经集中的基础上产生的。

**银行资本侵占或投资各纺织厂情况**

（1931—1937年）

| 年代 | 从事侵占或投资银行 | 被侵占或投资纱厂 | 纱锭数 | 侵占或投资方式 | 备　　注 |
|---|---|---|---|---|---|
| 1931 | 中国银行 | 南通大生一厂 | 92,520 | 厂基押款 | 因分担大生二厂所欠中国债务，一厂亦陷入债务。 |
| 1931 | 中国银行 | 苏州苏纶 | 51,360 | 厂基押款 | 中国并享有独家经理苏纶商品押款与透支权。 |
| 1931 | 沙逊洋行、安利洋行、浙江兴业 | 汉口汉口第一 | 88,160 | 因债务被接管 | 1933年清算，1936年由复兴实业公司承办中。 |
| 1932 | 四行准备库、中南、金城银行 | 上海溥益一、二厂 | 50,520 | 收买全厂 | 溥益原欠四行准备库债务，无力清偿，被收买后改名新裕。 |
| 1933 | 中国、中南、劝工各银行等 | 上海隆茂 | 17,088 | 因债务被清算 | |
| 1934 | 中国银行 | 郑州豫丰 | 56,448 | 贷款 | 豫丰因债务归慎昌洋行租办，由中国贷款购回。 |
| 1934 | 中国银行、浙江实业银行 | 上海永豫 | 28,592 | 因债务接管 | 接管后改名鼎鑫。 |

续表

| 年代 | 从事侵占或投资银行 | 被侵占或投资纱厂 | 纱锭数 | 侵占或投资方式 | 备　注 |
|---|---|---|---|---|---|
| 1934 | 上海银行 | 九江久兴 | 20,480 | 垫款包办 | 连年亏折停业，由上海垫款包办后，改名利中。 |
| 1935 | 中国银行、交通银行 | 启东大生二厂 | 30,800 | 因债务被拍卖 | 全厂拍卖无人投标，两行将该厂机器拆卖。 |
| 1935 | 日商大仓及金城、盐业、中南三行 | 天津裕元 | 71,360 | 因债务被清算 | 1936 年被债权人拍卖，被日商钟渊买去。 |
| 1935 | 中国、交通、上海、金城、大陆、中汇 | 上海上海纺织印染 | 15,260 | 因债务被接管 | 接管后交由汇业银团经营。 |
| 1936 | 浙江兴业银行 | 上海恒丰 | 54,544 | 因债务被接管 | 浙江兴业接管后与中棉公司合办。 |
| 1936 | 中国、上海、浙江兴业三银行 | 天津宝成第三厂 | 27,028 | 因债务被拍卖 | 1931 年起即欠三行债务，拍卖与日商改称天津。 |
| 1936 | 中国银行 | 济南仁丰 | 15,384 | 加入股本 | |
| 1936 | 中国、交通、金城、大陆各银行 | 天津北洋第一 | 25,232 | 因债务被接管 | 按管后由四行所组诚孚信托公司经营。 |

续表

| 年代 | 从事侵占或投资银行 | 被侵占或投资纱厂 | 纱锭数 | 侵占或投资方式 | 备　注 |
|---|---|---|---|---|---|
| 1936 | 中南银行及钱庄 | 上海民生 | 9,000 | 贷款超过资本 | 1936 年在停工中。 |
| 1936 | 恒巽钱庄 | 上海协丰 | 4,736 | 贷款超过资本 | 1936 年在停工中。 |
| 1936 | 中国垦业银行 | 上海经纬 | 5,120 | 贷款超过资本 | 1936 年在停工中。 |
| 1936 | 中国垦业银行 | 宁波和丰 | 23,200 | 贷款 | 1936 年在停工中。 |
| 1936 | 中国银行等 | 天津华新 | 30,272 | 贷款 | 1936 年先停工，后卖归钟渊。 |
| 1937 | 中国、上海、中国实业各银行 | 芜湖裕中 | 18,400 | 因债务被接管 | 接管后由三行组中一银公司经营，名为租办。 |
| 1937 | 上海银行 | 无锡振新 | 32,024 | 接管 | 大约因积欠债务被接管。 |
| 1937 | 中国银行、上海银行 | 上海申新二厂 | 56,744 | 因债务被接管 | |
| 1937 | 中国银行、上海银行 | 上海申新五厂 | 49,588 | 因债务被接管 | |
| 1937 | 中国、金城、大陆、中南各银行 | 天津恒源 | 35,000 | 因债务被接管 | 接管后交由诚孚公司经营。 |
| 1937 | 中南银行、金城银行 | 海门大生三厂 | 34,340 | 因债务被接管 | 接管后交由扬子纺织公司经营，名义上由大生委托经营。 |

续表

| 年代 | 从事侵占或投资银行 | 被侵占或投资纱厂 | 纱锭数 | 侵占或投资方式 | 备　注 |
|---|---|---|---|---|---|
| 1937 | 中国垦业银行 | 上海振华 | 13,928 | 因债务被接收 | 接收后由债权人出租。 |
| 1937 | 中国银行 | 昆明云南纺织 | 5,200 | 直接投资 | 中国银行与云南经济委员会合办。 |
| 1937 | 建设银公司 | 彰德豫安纺织 | 50,000 | 直接投资 | 1937 年在筹建中。 |
| 1937 | 中国银行 | 常德衡中纺织 | 30,000 | 直接投资 | 1937 年在筹建中。 |
| 1937 | 金城银行 | 北碚嘉陵纺织 | 13,000 | 直接投资 | 1937 年在筹建中。 |
| ? | 中国银行 | 南通大生副厂 | 19,508 | 厂基押款 | 1931 年后抵押,年代不详。 |
| ? | 上海银行 | 沙市沙市纺织 | 20,000 | 厂基押款 | 1931 年后抵押,年代不详。 |

按照列宁的分析，在资本主义国家里，“银行原先的基本业务，便是担任支付方面的中介。于是，银行便把不活动的资本，变为活动的资本，即变为产生利润的资本，把所有一切货币收入集合起来，交给资本家阶级去支配”①。据此，银行资本乃是产业资本的产物。但是在中国，我们只看到银行资本的膨胀与集中，却看不到产业资本的扩张。中国银行的基本业务不是集合不活动的货币收入交给资本家去变为活动的资本，而是承受反动政府的债券，以债券为保证发行不兑现纸币，更以不兑现纸币去吸收资财，从事债券投资。因此，我们也就看不到股票市场和票据市场的正常发展，却只看到债券市场的活跃；看不到产业利润指导投资方向，却只看到公债利息侵蚀着产业利润。这种银行资本家和工业资本家之间关于剩余价值反常的分割方法，在棉纺织业里就表现为纱厂与银行之间的尖锐矛盾：纱厂不能以票据向银行进行贴现，而必须背负过高的利息，忍受苛刻的条件，以厂基向银行抵押借贷；银行却正好借此对纱厂实行高利盘剥，由逐渐侵蚀到全部鲸吞。在这里，我们只看到抵押借款一经成立，纱厂便须把全部财产点交给银行而接受银行驻厂人员的监管，又看到合同上载有独家经理纱厂资金的规定，却没有银行收买纱厂股票的问题。如果我们可以说，依靠承受公债、发行不兑现纸币起家，这是中国银行资本成长过程上政治强制性——半封建性的表现；那么我们也可以说，依靠对折估价，一分以上利息的厂基押款去盘剥纱厂，这便是中国银行资本兼并工业资本过程上前资本主义高利贷性——半封建性的表现。

但是，更其值得注意的还是银行资本中官僚资本对于纱厂的

① 列宁：《帝国主义是资本主义的最高阶段》（两卷集），页941。

兼并问题。

谁都知道,中央、中国、交通和中国农民银行是四大家族官僚资本的核心势力。1931 年后,官僚资本在棉纺织部门出面活动得最频繁的是中国银行。从前面所列银行资本侵占或投资纺织厂情况表上可以看出,1931—1937 年间被银行利用债务关系所侵占的纱厂或由银行投资创设的纺织厂共有 34 家,其中有和中国银行有债务或资本关系者凡 18 家,其中且有 3 家是同时兼有交通银行债务关系的。

四大家族官僚资本怀有囊括全国一切经济资源的野心,他们之侵入棉纺织部门,当然并不能以中国、交通两行的活动为已足;他们除核心银行而外,还指使直接间接在他们支配之下的外围银行进行更广泛的活动。1931 年后,四大家族为了囊括全国重要工商企业,组织了好些银团、信托公司和大规模专业公司。这种融合信贷与生产于一身的大规模组织,虽非生产业已集中的产物,但都具有联系外围银行,形成垄断势力的作用。在棉纺织业里,我们已经查到的这类组织,有中一银公司、汇业银团、诚孚信托公司、中国棉业公司四家,如果把四大家族官僚资本通过这些组织所联系的外围银行及其在棉纺织业方面的活动,用图形来表示,则 1937 年上半年的情况有如下图。

在这里,我们看到了一幅四大家族怎样通过银团、信托公司、专业公司之类的组织,一则联系表面上和自己像是没有资本关系的私人银行,使为己用;一则投资于棉纺织厂,对民族工业进行蚕食盘剥。例如大陆、金城、中南等北系银行,表面上并不在四大家族的系统之内,但是他们都投资于汇业银团、诚孚信托公司或中国棉业公司,而这些公司则又是四大家族的核心中国、交通两行所投资操纵的企业。因此,这些表面上并非四大家族系统的银行便在这几个公司上和四大家族结下了血肉联系,而不得不受其利用。另一方面,四大家族同时又以这几个公司为手段侵入了上海纺织印染、恒源、北洋、新裕、恒丰各纺织厂。这样,融合工业与银行的金融资本便以四大家族为中心而开始形成了。

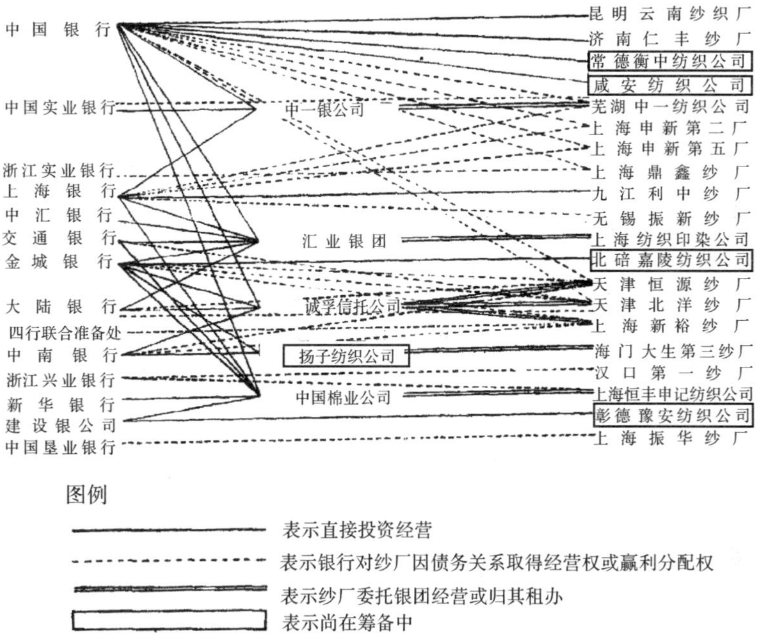


资料来源：附录一,“中国纱厂沿革表”

**中国银行业与纱厂之投资关系图**

**一九三七年**

截至1937年上半年为止,四大家族核心的中国、交通两行已经利用债务关系侵入了七家纺织厂,直接投资经办、创办了四家,而通过银团、信托公司、专业公司所侵入的又有四家。这15家纺织厂已开的纱机设备是35万余锭，约占全国华资纱厂总锭数的13%。而这种局势，基本上，乃是1934年以后两年多的时间以内形成的。

由此我们说，四大家族官僚资本利用纺织业大萧条的机会，以高利贷的方式对民族资本的棉纺织厂进行猛烈的侵蚀兼并，便构成1931—1937年间民族资本积累过程上的又一特征。

# 第八章　手工棉纺织业生产关系的蜕变

（1914—1937年）

鸦片战争以后，中国手工棉纺织业起了很大的变化。一方面，外洋棉纱布的内销，使无数地区古老的手纺或手织业根本消灭了；另一方面，商品经济的发展，则使继续存在的手织业加速其生产关系的蜕变——资本主义生产关系的发生。第二章里已经说明，鸦片战争以前，中国手工棉纺织业里已经出现了商品生产和资本主义生产关系的萌芽。因此，从生产关系的发展历程方面看，我们可以说，资本主义帝国主义的入侵，本质上，并没有改变棉纺织业里手工业的发展方向，但却大大地加速了这原有方向上的发展速度，只不过发展的道路是曲折的，表现形式也是复杂的。以下，基本上只是根据1914—1937年的资料对手纺织业这一发展过程加以分析。

## 一　手工棉纺织业的存在情况

在棉纺织业里，工厂工业和手工业相竞争，无论就制品质量方面说，或就生产成本方面说，工厂都占有绝对的优势，这乃是无须证明的事情。但是在鸦片战争以后将近一百年的悠久岁月里，进口洋货以及国内工厂的机制纱布却始终未曾把中国的手工棉纺织业全部消灭。直到1937年,手工棉纺织业在中国人民衣料的制造上还占有极其重要的地位。

譬如拿输入外洋棉纱布最多而又是中国棉纺织厂最大集中地的上海来说,根据1928年上海特别市对所属30个市区农村所进行的调查,可知棉纺织业还是各区普遍的农家副业。其中如真茹、蒲松两区,年产值且在十万元以上。[①]两年后,国民党市政府社会局调查散布于15市区的140家农户,其中兼营纺织业者47家,共有纺车68架,布机94张。[②] 又潘炳泉君于1934年2月及1935年8月在沪郊农村"改进"区,作了两次精密的调查,发现在944户,4,094总人口中,尚有862人以织布为副业,超出任何其他副业人数之上。[③] 直至抗日战争爆发的前夜,上海公共租界区域内还保有八九千架的手织机,赖以为生者凡50,000人之多。[④]

自签订《南京条约》之1842年,至上海战事爆发之1937年,历时凡95年。起首是《南京条约》开了国外机制棉纱布输入上海之大门;中间有1895年之《马关条约》,引进外商资本在上海之设厂;更有欧战的良机,给予民族资本以发展棉纺织业的好运;到1936年,上海中外纱厂的纱锤数计有3,118,836枚,布机30,058台。但在这近一世纪的悠久历史中,上海这与年俱进的纱锤布机,并不曾绞尽它市区以内农民手中的竹轮木梭,那么中国内地,手纺织业之

① 上海市社会局编:《社会月刊》,第2卷第6至第12期,《上海特别市各区农业概况》。

② 上海市社会局编:《社会月刊》,第2卷第3至第5期,《上海市百四十户农家之调查》。

③ 华年周刊社编:《华年》,第5卷第44期。

④ Shanghai Municipal Council, *Industrial Situation*, International Settlement, Shanghai, May, 1938. p. 7.

更广大的存在,是可以推想得到的。

过去很少有人注意到中国手纺织业的分布情形;事实上,要将如此分散的副业,作精确的统计,也绝难做到。以下所述,是取自1930年以来,各种期刊、报章以及书籍上的纪述与统计而成的。除非特别指明,所述都是指1930—1937年期间的事情。各地手纺织业的盛衰,无时不在变动之中,所述数字的可靠程度,极难估定。不过,在这极端缺乏精确统计的条件之下,我们的工作,至少已足指陈1930—1937年期间,此业在各省是普遍存在的。这里,我们先述乡村家庭工业形态的手纺织业。

1935年前中央农业试验所曾调查19省928县纺纱织布的农家在全农户中的比数。结果发现此种比数在10%以下者,有广东、福建、云南、察哈尔四省;在10%—20%者,有山西、甘肃、江西、安徽、浙江、湖南六省;在20%—30%者,有四川、江苏、湖北、广西、贵州五省;在30%以上者为河北、陕西、山东、河南四省;最高的比数为河南,约达48%之多。总计这19省的纺织农户,平均占全农户的24%,①约达一千四百万家,这不能不说是一个很庞大的数字。

上文所谓纺织农家,事实上并不全是纺织兼营的。依过去机纺织业的发展情形看来,毋宁是专事织布的较专营纺纱或纺织兼营的为多。不过手纺业也不是可以忽略的。1929年,河北全省手织业共消用棉纱529,048公担,其中机制品占了317,412公担,手制品为211,636公担,手纺纱还占全消纱量达40%。② 到1931年,

① 中央农业试验所编:《农情报告》,第4卷第8期,民国二十五年八月十五日。

② 《大公报·经济周刊》,第85期,民国二十三年十月十七日。

有人调查河北定县全县的手纺织业计布产值达2,307,019元，同时手纺纱亦值548,560元，手纺纱还占总值的28%。[①] 1932年，河南南阳全县纱布总产值419,060元中，手纺纱计值105,670元，所占比数在25%以上。[②] 1934年广西78县之调查结果，农民自织布匹者尚占全人口的40%，自织中纯用机纱织造者占69.6%，纯用手纺纱织造者占18.7%，用机纱土纱搀合织造者占11.7%，手纺纱仍有相当的重要性。[③] 大抵现时机纱的势力，只能到达交通比较便利的地方。边远省区，或内地各省的山岭闭塞之地，农民对衣着原料，多还保持自给的状态。只要土质尚可植棉的地方，农民大部自种棉花，自纺成纱；即绝对不宜植棉的区域，他们也能输入棉花来纺纱。例如甘肃的甘谷县，乡村妇女有百分之三十皆以余闲专事纺纱。其所用棉花系由川北或陕南输入天水，而在天水市场购买的。其纺就之纱，则至天水之沿河镇（纱布市场）易布以归。该县每年可以纺出棉纱二十余万公斤，价值二十四万余元。[④] 我们虽没有更多的资料，足以说明手纺业在中国之普遍存在的情形，但手纺业之供给一部分人的衣着原料，乃是无可怀疑的。据我们自己的估计，为全国手纺业消用的棉花，不下1,044千公担，其产纱当有1,000千公担之多。手纺业产纱在全国总产量5,934千公担中，约占16.8%；在全国总消纱量5,787千公担中，约占17%。[⑤] 如依照以手纺为副业者，每年产纱量30磅这标准计算，则中国现存手纺

① 张世文：《定县农村工业调查》，页73,84。
② 冯紫岗、刘端生：《南阳农村社会调查报告》，民国二十三年，上海，页67。
③ 广西省政府统计室：《广西农林》，民国二十五年，页130。
④ 铁道部：《陇海路甘肃段经济调查报告书》，页44—45。
⑤ 见本章附录。

车，当有七百余万架。中国手纺车数量之高，可以居世界第一位了。①

手织业的散布并不限于交通闭塞的区域。大体棉产丰富的区域，过去本存有手纺织副业的，今日多还有相当的生产；若一向棉产稀少，农家都依赖外地土布作原料，而今日能新兴手纺织业的地方，为数极少。今将各省状况概述如下：

**河北省**　河北省是一个棉产极为富庶的区域，也是一个手织业最盛的省份。全省计有129县，1929年所调查之127县中，存有手织者凡89县，产值共达81,360,590元。主要产地几乎全部都分布在滹沱、大清两河上游——即俗所称西河区，以及东河、北河两流域——即俗所称东北河区；这都是极富于棉产的地方。1931年后，东北四省的市场被夺，继之以日货的走私倾销，河北各县的手织业都受很大的打击，但仍有不可忽视的势力存在。著名的织区如高阳，在1926—1929年间，最盛时每年消费棉纱八万包，人造丝二万箱，合计出布不下三百八十万匹；到1932年，仍能消纱二万五千余包，人造丝四千箱，产布一百三十余万匹。如宝坻，1923年最盛时期，消棉纱五万三千余包，产布四百八十万匹，到1933年还能消纱一万三千余包，产布一百六十万匹。如定县，1915年最盛时，输出土布即达四百万匹，值三百余万元；到1931年，全县总产量也还有一百六十余万匹；共值二百三十余万元之多。其次如平山，外销土布约一百余万匹，如正定，仅输山西者，即有二十万匹；如尧山，年产土布二十万匹，销山西凡七万匹；他如曲周，巨鹿、任县、平

① 印度为第二个尚存有大量手纺业的国家，计有手纺车二百万架。见A. S. Pearse, *The Indian Cotton Industry*, p. 25。

县、南和、鸡泽、栾城、新河、沽河、香河，也都能在晋、察、绥、蒙各省，各占得一部分的市场，更次如大城、故城等县，于本邑消费之外，尚有余力运销邻县。自然，我们所未知的各县，也必尚保有相当产量的。①

**山东省**　河北之外，家庭手织业之最盛区域，当推山东。本省棉产，集中于本省西部黄河两岸，及运河、小青河、徒骇河、马河诸流域。所以这一带各县农家兼营纺织者甚多。举其要者如荷泽、定陶、曹县、济宁、滕县、滋阳、东平、汶上、范县、观城、朝城、聊城、临清、临邑、平原、陵县、济阳、商河、桓台等县均有家庭织业之存在。其中尤以滕县、商河、桓台、汶山、临邑、东平、范县、荷泽、定陶、聊城等县为最多，惜无全部调查。本区以东，虽不产棉，但有胶济路横贯其中，青岛、济南两市机纱得以运销，所以在胶济沿线乡村织业也很遍布。1944 年胶济铁路管理局曾调查胶济沿线及南驿至桑园段津浦沿线 45 县经济概况，计有家庭棉织业凡 34 县。这 34 县的土布总产量共 8,034,700 匹，价值 22,867,870 元。年产在

---

① 河北省各县资料来源：高阳见吴知：《乡村织布工业的一个研究》，页 24，25，225；宝坻见南开大学编：《政治经济学报》，第 4 卷第 2 期，民国二十五年一月，页 274；定县见张世文：《定县农村工业调查》，页 113，84；平山见天津《益世报》，民国二十五年四月七日；正定见天津《益世报》，民国二十三年十一月十四日；尧山见《工商半月刊》，第 3 卷第 4 期，民国二十年二月；曲周见《华北日报》，民国二十四年九月二十九日；巨鹿见天津《益世报》，民国二十四年一月十一日；任县、平乡、鸡泽、南和见中国农村经济研究会编：《中国农村》，第 1 卷第 2 期，民国二十四年八月；栾城见《中央日报》，民国二十二年六月二十三日；新河见《工商半月刊》，第 2 卷第 17 期，民国十九年九月；清河见天津《大公报》，民国二十四年二月十一日；香河见天津《益世报》，民国二十四年六月四日；大城见《工商半月刊》，第 2 卷第 11 期，民国十九年六月；任县见《工商半月刊》，第 3 卷第 3 期，民国二十年二月；故城见《工商半月刊》，第 3 卷第 6 期，民国二十年三月。

十万匹以上者，有潍县、即墨、招远、平度、胶县、诸城、安邱、昌邑、临淄、博兴、桓台、莱芜、济阳等十三县，这些都是必要在邻县乃至省外寻求市场的手织区域。年产在十万匹以内者，只有广饶、商河、邹平等县还能销及邻县，其余都是自给的为多。1935 年全国经济委员会棉业统治委员会，又曾调查过 67 县的产量，总计达 17,360,100匹，估计全省可达二千万匹。67 县中计年产在十万匹以上者，有长清、乐陵、邹县、荷泽、定陶、鄄城、堂邑、高唐、临清、武城、德平、临邑、平荫、潍县、即墨、益都、广饶、寿光、昌邑等 19 县。和 1933 年的数字相较，主要的产区，并无很大的变动。19 县之中，最著名的，莫如潍县织区。该区以潍县为中心，包括昌邑、寿光、昌乐三邻县的一部，约有手织机十万架。1931、1932、1933、1934 四年的销纱量，各达 16,280；16,163；17,865；19,090 公吨。其棉布销路，遍及河南、陕西、四川、江苏、安徽、山西、河北、甘肃、浙江、绥远、江西、湖南、福建、贵州、云南、湖北、吉林、黑龙江，及本省等 19 个省份，是全国惟一尚未受“九一八”事变重大打击的手织区域。①

**山西省**　山西省是一个棉产贫弱的省份，它的棉布消费，一向多赖河北供给。近年山西省机纱虽发展至五个纱厂，但机制棉布的产量，仍很微小，不足之数，只能由输入和手织业来补给。不过山西家庭手织业也相当的普遍，只是产量很少。1934 年，伪山西经

---

① 山东省各县资料来源：胶济铁路局编：《胶济铁路沿线经济调查报告》，《总编下》，页 31—32；《分编》，“各县经济概况”，全国经济委员会棉业统制委员会：《山东省棉纺织品产销调查报告》（未发表）；天津《益世报 · 农村周刊》，第 154 期，民国二十六年二月二十七日；又第 156 期，民国二十六年三月十三日；《工商半月刊》，第 4 卷第 22 期，民国二十一年；又第 4 卷第 23 期，民国二十一年；《纺织时报》，第 1306 — 1308 期，民国二十五年八月。

济建设委员会调查64个土布出产县份，总计从事手工纺织业的家庭达41万余家，达全省户数的19%。但全体织机数则不过253,932架；全年产土布2,874,000匹，值5,044,000元。每年产布在十万匹以上者，仅平遥、万泉、临汾、解县、汾西、屯留、垣曲、河津、安邑9县；年产在5万匹以上者，亦不过平陆、新绛、荣河、永济、夏县、猗氏、临晋、闻喜、霍县9县；有力销至省外者更寥寥无几。另一个调查谓平遥年产865,470匹，值1,275,473元；襄陵年产值120,000元，新绛值728,000元，介休值300,000元。与上述调查颇有出入。不过山西全省的家庭手织业之不甚发达，则是可以确定的。①

**河南省**　1933年调查平汉、陇海两路沿线24县的结果，计得家庭织业年产量约90万匹。依全省机纱消用量的估计推算，河南年产土布当在640万匹以上。惟就上面所述南阳手纺业的情形看来，河南西部山地各县恐尚有不少手纺业存在，因此全省的土布产量当不止此数。就我们所知，河南平汉、陇海两路线的主要产区为禹县、新乡、汲县、开封、温县、密县、许昌、孟县、南阳、临颍等县，产量超过10万匹，至少也接近10万匹。其他各县，因接近铁路，容易输入机布，恐尚不及西部山地各县出产之盛。②

**陕西省**　我们对陕西省的情形，所知很少。陕西是一个棉产

① 山西省各县资料来源：太原经济建设委员经济统制处编：《山西统计》；《实业部月刊》，第2卷第6期，民国二十六年六月；《实业统计》，第3卷第5期，民国二十四年；铁道部编：《大潼铁路经济调查报告书》。

② 河南省各县资料来源：棉业统制委员会编：《河南省棉纺织品产销调查报告》（未发表）；禹县见《世界日报》，民国二十二年十二月二十九日；新乡、汲县见《民国十九年河南省建设概况》，页212；开封见《染织纺周刊》，第1卷第10期，民国二十四年十月九日；临颍见《纺织时报》，第1196期，民国二十四年六月二十七日。

相当丰富的省份，陇海铁路深入陕省不久，那里所存的家庭手纺织业必很普遍。全省92县中，曾经调查过的，洛、泾、渭三河流的38县，每年总产量即达8,420,000匹。其中以兴平、武功、扶风的产量为最多。他如镇安、西乡、城固、洛川、甘泉、三原、同官、中部、长武、朝城、陇县、耀县、宝鸡、蒲城、醴泉、鄠县、邠县、大荔、临潼、盩厔、泾阳、渭南、富平、郃阳等县，都有不少的出产。此外陕南、陕北各县，或亦有出产，惟无调查。①

**江苏省**　江苏的机纺织业居全国之首。惟家庭手织业仍很发达。江苏全省计61县，1934年所调查宁沪沿线17县之结果，总产值已达1400万匹，全省产量，自然绝不止此。17县中，南通、江阴、武进、常熟4县，年产均在200万匹以上；崇明年产在100万匹以上；他如松江、海门、吴县、无锡、溧阳、镇江、南京及铜山，年产均在10万匹至90万匹之间。这些地方的手织业，多已使用改良织机，仿制宽幅布匹，其销路不仅遍及大江南北各省，若南通、江阴、松江等地所产，且能远达南洋。因为原料取给近便，生产技术改良，生产组织进步，所以至今还未见为机制品所代替。此外未经调查的宝山、太仓、金山、江浦、靖江、六合、宿迁、萧县、睢宁、邳县、高淳、启东等县亦各有相当产量，惜数字不详。②

**浙江省**　浙省家庭织业，不若江苏之盛。1934年所调查之上虞、余姚、海宁、镇海、鄞县、绍兴、杭县、金华、兰溪豁、平湖、嘉兴、嘉善12县，共计产布约600万匹。其中平湖一县约200万匹，海

① 陕西省各县资料来源：《西北文化日报》，民国二十三年三月十七日；西北实业考察团编：《陕西实业考察》；铁道部编：《陇海路西兰线陕西段经济调查报告书》。

② 江苏省资料来源：棉业统制委员会编：《华东区四省棉纺织品产销调查报告》（尚未发表）；实业部编：《江苏省实业志》，第8编，页89—90。

宁、绍兴两县各约 80 万匹，其余除余姚、镇海两县而外，均在 10 万匹以上。此外，就我们所知，硖石也是一个土布生产中心，每年销出约 100 万匹，惟近年颇有衰落之象。[①]

**江西省** 江西家庭织业，多集中在中部赣江流域。据省政府 1930 年之调查，吉水、丰城两县，每年各产八十余万匹，龙南、峡山、清江、南康、新淦年产各在 10 万匹以上，其余年产数千匹至数万匹者，尚有南昌、东乡、进贤、上饶、新喻、安福等县，合计 13 县年产约 280 万匹，值 340 万元。另据棉统会 1933 年所调查 27 县之状况，以南康县产量为最高，约 500 万匹；南昌次之，约 250 万匹；若临川、南城、丰城、清江、新淦、峡江、上高 7 县产值均在 250 万匹以下，50 万匹以上；他如九江、湖口、鄱阳、余干、进贤、东乡、乐平、上饶、庆丰、崇仁、乐安、新喻、宜春、吉水、永丰、吉安、安福、泰和 18 县，年产均在数千匹至 75,000 匹之间；合计 27 县得 900 余万匹，为数已不为少，但我们以为赣省边境山地各县，当仍留有不少家庭纺织业，故全省产量或不止此。[②]

**安徽省** 安徽素不产棉，昔日常赖苏、浙、赣、鄂等省供给布匹。今仍为苏省南通一上好销场。但安徽家庭织业，也遍布全省，不过产量不足自给罢了。1934 年安徽省府之调查，谓全省 73 县中，存有家庭织业者，有 42 县之多。计产量甚高的县份为合肥，年达 98 万余匹；其次为怀宁、芜湖、舒城，各在 10 万匹至 30 万匹之

---

① 浙江省资料来源：棉业统制委员会编：《华东区四省棉纺织品产销调查报告》（尚未发表）。

② 江西省资料来源：《民国十九年江西建设汇刊续》（第 1 册），调查统计栏，页 41—58；棉统会编：《华东区四省棉纺织品产销调查报告》；《江西年鉴》，民国二十五年份，页 940。

间;更次为桐城、六安、望江、定远,各在5万匹以上,其他如寿县、巢县、当涂、凤阳、广德、潜山、太和、南陵、宣城,亦均在万匹以上;总计42县的总产量约200余万匹,值400余万元。①

**湖北省**　湖北全省计69县,1934年棉统会所调查之17县,已得家庭织业总产量690万匹。其重要产区如黄岗约220万匹。孝感约70万匹;此外光化、天门、宜昌、武昌、麻城、宜都、襄阳、江陵、荆门、应陵、汉阳、云梦等县均在10万匹以上,50万匹以下;不及10万匹者仅鄂城、黄陂、沔阳3县。湖北一向是富于产棉,以土布供给邻省的省份。就我们所知,省外销路,今日还维持不绝。譬如保安土布可销河南、湖南、云南、贵州诸省;阳逻土布可销河南及两广;金台岗、仓子埠、长江埠及葛店土布亦销云贵;董市、江口产品则销四川、巴夔;若团风色布则又遍及川、湘、皖、豫、陕、赣诸省;安陆所产则销陕西、甘肃、青海。其他未经调查的县区,当有更多的产量和更大的销场无疑。②

**湖南省**　1933年棉统会调查湖南湘水沿岸及洞庭西岸17县的结果,计年产在100万匹以上者有长沙、常德两县,年产在10万至40万匹者有桃源、沣县、平江、浏阳、湘乡5县。其余湘阴、南县、益阳、祁阳、攸县、醴陵、衡阳、湘潭、耒阳、邵阳,均在5万匹以下,合计年产370万匹。但欲以这少数县份的数字来指示湖南家庭织业的分布或产量,显然是不够的。据《中国经济》杂志所载,1935年湖南全省布产的总值为16,519,565元,其中为农家手织机所制

① 《二十三年度安徽省统计年鉴》。

② 湖北省资料来源:棉统会编:《华中区四省棉纺织品产销报告》;《汉口商业月报》,第2卷第4期;平汉铁路局编:《老河口经济调查》。

造的达14,465,361元,约占全数的88%。由此可见湖南家庭织业的重要了。①

**四川省** 清末,四川是一个输入棉花和棉布的省份,其后机纱输入日增,手织业遂逐渐普遍地发展起来。四川省共有148县,棉统会只选查了30县,总产量已达300余万匹。重庆、江北、嘉定、巴县、隆昌、资州、成都、万县,都是年产在10万匹以上的重要区域。年产在5万匹以上者有璧山、叙府、江津、朱沱、遂宁、潼川、顺庆、广安、长寿、涪州、荣昌、内江等12县。该会就机纱消用量约略估计全省土布产量为800万匹,我们认为川省四境当仍有不少手纺业存在,故实际或不止此数。②

**广东省** 广东为接受机制棉布最早的省份,境内又不产棉,所以家庭织业极少,就我们所知,仅广州、佛山、兴宁、潮州、南海等处,尚有存在。广州、佛山、兴宁三处最盛,销路远达南洋、湘、桂、赣及本省西江、东北江各地。年产达数百万匹,值1500万元以上。潮州所产,则销石马、梅县、兴宁、五华、大埔等地,想亦甚盛。南海一县,年产约八万匹,值40万元。③

**广西省** 广西也是一个棉产不丰的省份,但家庭织业也很普遍,广西全省94县中,我们得知有49县存有家庭织业。这49县在1932年的产值为530余万元。全县、阳朔两县年产均在100万元以上;贺县、荔浦、蒙山、博白、融县、河池、柳州、隆安、凌云、宁明10

① 《华中区四省棉纺织品产销调查报告》;*Chinese Economic Journal and Bulletin*, May, 1936, p. 745。

② 《华中区四省棉纺织品产销调查报告》。

③ 广东省调查统计局编:《二十三年统计汇刊》;《华北日报》,民国二十四年六月二日;《天津棉鉴》,民国二十年十一月号。

县,年产均在70万元以下,10万元以上;其余各县自数千元至数万元不等。各县产品,大都只销本邑,鲜有能销外县外省的。①

**贵州省**　贵州一向依赖外省供给棉花与棉布,现在有家庭织业的县份,似也不多。就我们所知,贵州年产在十万匹以上的县份,只有贵阳、瓮安、余庆三处;其他遵义、仁怀、湄潭、息烽、紫江、龙里、贵定、平越、麻哈、都匀、八寨、安顺、织金、黔西、修文、息津、三合、独山、省溪、江口、思南等县,均有出产,不过数千匹至四五万匹之数。②

**云南省**　云南主要产区,约有河西、玉溪、开远、蒙自4县。河西乡村织业,年产达60余万匹,约值210万元;玉溪从事家庭织业者约有15,000余户,七万余人每年产布35万余匹,值120万元。开远年产约30万匹,值180万元。蒙自年产40余万匹,值160余万元。这四县的布产,多能向邻县或昆明推销。本省其他各县,当仍有不少家庭织业存在,惟情形不详。③

从以上所述的看来,手织业实是遍布中国各省的家庭工业。大体产量只足自给,或仅能在邻县销售的产区,分布得最为广泛;能远销较远地区或外省的,为数极少。但以全国总产量来说,自给生产的数量,实远不及商品生产的数量。譬如山西、安徽、广西三省的家庭织业,大多是以自给为主要生产目的,他们产值各为5,043,622元,4,452,795元和5,309,777元,这些数字和南通一县的年产17,290,000元或高阳一区的外销值10,740,225元相较,都

① 《广西年鉴第一回》,民国二十二年。

② 《国民经济月刊》,第1卷第1期,民国二十五年五月;《渝柳线川黔段经济调查报告书》;《湘滇线云贵段经济调查报告书》。

③ 《中华日报》,民国二十六年五月十四日。

相差很远。

中国乡村里的家庭手织业是普遍存在的,中国城镇里的工场手织业也颇有可观。各方对于工场织业的调查,大都把动力机和手织机不严格地分别,使我们对此业的分布,无从记述。我们已确知的地方,有下列各处。如四川的成都,有手织工场730家,织机约5,000架;其次如安徽之芜湖,约240家,织机1,450架;四川之重庆,235家,织机2,250架;天津,135家,织机1,390架;北京及广州各105家,织机各2,084架,5,740架,①这些记载虽未必代表各该城市的全部工场数,但已可代表一般。此外如长江沿岸之汉口、长沙、常德,宁沪沿线之无锡、常州、江阴和江西的南昌,浙江的杭州等地,也都是手织工场的集中地。大体说来,手织工场确有不少存在。但手工场出品总是要出卖的,城市总是机制商品最先侵入的门户,而工场手织业所受的压迫也就比乡村自足生产者更为严重。生产组织上,虽较家庭织业具有若干进步性;但那仅适于作进一步的发展,在抵抗机制品的竞争上,却不如家庭织业之强韧有力。就全国说来,其产量似不及家庭织业之多。

手织业之普遍,已如上述。手织业对中国人衣料供给上占何等地位,还需要估计全国的产销量才能说明。方显廷先生估计中国手织业消纱占全国总消纱量的78.64%,②其所用方法忽略手纺业产纱及专营棉织厂动力织机的消纱两项,可谓极不妥当。尤特莱(Freda Utley)女士估计中国每人每年消费棉布13.5码,其中12

① 刘大钧:《中国工业调查报告》,第3编。

② 方显廷:《中国之棉纺织业》,页275。

码为国货，1.5 码为输入品；国货中约有 70% 为手机织品。① 又一估计谓中国每人每年消费量为 10 码，其中 7.1 码为手机织品。这两个估计都不知如何得来的。据我们自己估计的结果，手织业在中国棉纱消费或土布在棉布生产、消费量中的地位，可概括如下：

**手织业在中国棉纺织业中之地位**

（1934—1935 年）

| | 全国生产、消费总量 | 手织业生产、消费量 | 手织业占全国百分比（%） |
|---|---|---|---|
| 棉纺消费量（千公担） | 5,787 | 3,180 | 55 |
| 棉布生产量（百万码） | 5,506 | 3,993 | 73 |
| 棉布生产量（百万方码） | 3,800 | 2,329 | 61 |
| 棉布消费量（百万码） | 5,573 | 3,977 | 71 |
| 棉布消费量（百万方码） | 3,860 | 2,319 | 60 |

资料来源：详本章附录。

## 二　手纺织业的存在条件

中国输入机制棉纱布已有一世纪的历史，国内设厂也已近五十年。很显然的，不论洋货、土货，这些机制品日日都在摧残手纺织业。但如上所述，手工产品在今日中国棉货产销量里还占如此重要的地位；究有何等条件，是使手纺织业者能和大机器生产相竞争？何以机械化的棉纺织业，经如此长久时期，还未能全部摧毁手

① Freda Utley, *Lancashire and the Far East*, London, 1931, p. 237.

纺车与手织机？这实是必须解答的问题。

第二章里，我们曾经指出农村手纺织业在鸦片战争前中国经济结构上的历史意义。简单说，几乎家家机杼的农村纺织业，乃是中国封建社会的自然产物。中国的封建暴君以及地主、商人、官吏、高利贷者这些封建社会的寄生者阶级所加于中国人民的负担是那样的沉重，以致农民“穷年仡仡，而不赡其口”。因此，农民必须在农业之外，还要从事某种手工副业，才能生存。棉纺织业，恰恰就是这样一行支持封建剥削、苟延农民生命的手工业。

鸦片战争以后，中国农民所受的封建剥削不是减轻了，而是加重了，大大地加重了。简单说，现代中国地主阶级不仅剥削了农民从事农业的全部剩余劳动，而且剥削了他的一部分必要劳动。[①] 就连前中央农业试验所也不得不承认，中国有56%的农家必须年年借贷现金，有48%的农家必须年年借贷食粮。[②] 因此，不难想像，现代中国农民仍旧必须在农业之外，从事某种手工副业以求苟活。棉纺织业恰恰还是这样一行支持封建剥削、苟延农民生命的手工业。

如果在乡村里，中国农民需要手工副业来维持生计；那么，在城市里，那不断增长着的庞大失业群，就尤其需要一种职业来维持生计。因此，小规模设备简单的手织工场的存在，也就是很自然的事情了。

社会生产关系为手工棉纺织业的存在提供了充足的条件，这一方面就表现为棉产商品化程度的不足，另一方面则表现为织业

① 参看陈伯达：《近代中国地租概说》，第一章。

② *The Chinese Year Book*, 1937, pp. 776－778.

机械化速度的迟缓。

据1933年前中央农业试验所根据373县的报告所做的估计，这年江西、安徽、四川、浙江、河南和湖南六省的棉产，各有84%、77%、63%、59%、53%和50%是没有出售到市场上去的。就是在商品化程度较高的省份，如山东、河北、陕西、湖北、江苏和山西六省，也还有28%、37%、42%、39%、45%和38%是由农民留下自用的。① 自用棉花中，一部分当然是做成衣被棉胎的，其另一部分，则用作手纺原料。此所以我们根据1934、1935年资料所做的估计，全国手纺产纱还达一百万公担之多。

在织业方面，手工对于机器的抵抗，远比纺业顽强。

在技术上，纺工的加工对象是棉条，把棉条纺成棉纱，只需要完成捻回和牵伸两种生产劳动就够了。另一方面，织工的加工对象则是经纱和纬纱，他需要把经纬交织，才能成布。为了完成交织经纬工作，一架织机需要能做开口、投机、打纬、移综、放经、卷布六种动作。因此，织机的构造就远不如纺机之易于利用机械运动。所以纺纱和织布两种机械构造的进步速率是不相平衡的。

以中国的情况说，纺机平均每锭每十一小时工作日可纺成16支纱六两；普通每纺机万锭，需要工人185名，所以平均每人每十一小时工作日出纱20斤。另一方面，一个熟练的手纺工人，平均每十一小时工作日只可出纱（假定也是16支）四两。这就是说机纺工人的生产能力约当手纺工人的80倍。*

织布方面，普通动力织机织造14磅粗布，平均每十一小时工作

① 《农情报告》，第1卷第10期，民国二十二年十月。

* 原书如此，疑有误。——编者注

日可出布12丈5尺。又织工平均每人可管理织机四台。所以通扯每人每十一小时工作日可以产布50丈。另一方面,铁轮机手织工人每人每十一小时工作日只可出布12丈。这就是说,机织工人的生产能力约当手织工人的四倍。就是动力织机改装自动配件,提高工人每人管理机数至30台,那么,机织工人每人每日也只产布375丈,约当手织工人产布量的31倍。①

有人估计华资纱厂纺机的投资额是每锭50.5元,布机的投资额是每台630.5元。② 按这个标准计算,则一百万元的资本用于建立纱厂,可装纺机约两万锭;用于建立布厂,可装布机约1,586台。由前所述,可知纺机两万锭,需要纺工370名。这370名机纺工人的产纱量和29,600名手纺工的产纱量相等。另一方面,布机1,586台需要织工397名。这397名机织工人的产布量和1,488名手织工人的产布量相等。

"资本所支付的不是所使用的劳动,只是所使用的劳动力的价值。因此,对于资本,机器的使用必须为机器的价值和它所代替的劳动力的价值的差所限制。"③在我们这里,同量价值的资本,它所代替的劳动力人数在纺纱为29,600名,在织布为1,488名。不用说,纺机织机的价值和它们各别所代替的劳动力价值之差是大有悬殊的。在现象上,这一方面就表现为在纺织机械化初期,资本家投资于纱厂所可能获取的剩余价值超过布厂,另一方面则表现为手织业对于机织业的抵抗,远较手纺业对机纺业为顽强。这就是

① 任尚武:《棉纺织实验馆之旨趣及其内容》,《纺织年刊》,民国二十三年份,页13。

② 方显廷:《中国之棉纺织业》。

③ 马克思:《资本论》,卷1,页474。

为甚么一切资本主义国家,在其发展初期,纺业机械化的速度毫无例外地总是超过织业的理由,同时,也是中国机织业的发展一直落后于纺业的一部分理由。

中国机织业的发展速率落后于机纺业——同时,也即是中国手织业对于机织业的抵抗远比手纺业对机纺业顽强坚韧的情况,是可以用数字加以说明的。

中国棉纺织工厂经过将近五十年的发展,到了1936年,全国共有纺机510余万锭。根据1933年调查资料计算,每台布机每24小时工作日可以织造12磅平纹布91码,需用20支纱24.909磅。为生产这24.909磅的20支纱,需要以同样时间运转的纺机27锭。因此,全国510余万锭的纺机产量,足够188,000余台的布机消费。然而事实上,1936年全国纱厂附设织机和专营布厂却只有布机八万台左右。由此可知中国织业机械化速度的落后是非常显著的。我们可以说,绝大多数纱厂的建立,根本就是以手织业当做销纱对象的。

纺织两业,本是棉布生产过程上的两个加工步骤。从一定意义上说,纺业加工工具的革新不独不必其引起织业加工工具之相应的革新,却正足以促进旧有织业加工工具的充分利用。以手纺车和古老的投梭织机而论,至少需要三人纺纱,才能供应一架织机的原料需要的;并且手纺纱的品质,一般都不能细至16支以上。因此,在产量上,在棉纱品质上,手纺车一直成为手织业充分发挥效能的很大障碍。纱厂的建立,恰恰替手织业解除了这些障碍。它不独为手织业供应了足量的棉纱,使无原料缺乏之虞;并且也为手织业制造了高支的棉纱,从而扩大了手织业的活动领域。应该说,作为一行独立的产业部门而言,手织业是在纺业已经机械化以后，才有充分的发展机会的。

在第三章里，我们曾说明进口洋纱对于中国经济所发生的作用之一，就在以机器代替手工，从而造成了大量的相对过剩人口，这些相对过剩人口中有一部分是要转入“比较容易接近的产业部门”，即手织业部门里去的。洋纱的作用如此，国内机纺纱的作用也正如此。从这方面说，中国机器棉纺业的发展，恰恰也正是保持手织业继续存在的条件之一。

## 三　手织业商品生产的发展

### 1. 从自给生产到商品生产

按照发展程序说，手织业从以自给为主而以剩余出卖的农家副业开始前进的第一步，便是生产目的由自给向出卖的转变。完成这种转变，普通都需要具备三个条件。首先，必需有足够的销售市场，从而手织业才有提高产量的余地。手织业既然以出卖为主要的生产目的，这个条件的必要性自然是可以理解的。鸦片战争以后，中国商品经济的普遍发展，无疑的，是扩大了中国的棉布市场的。惟值得注意的是，土布市场的地域性很高，一般都是在那里生产，就在那里附近销售。这说明流通费用上的节省，乃是手织品所赖以和机制品相竞争的有力武器。其次，土布绝少销入城市，尤其不入大城市。土布的主顾都是农民。这说明质地厚重和农民的消费传统也是土布赖以销售的重要条件。

手织业从自给向出卖的转变，还需要具备的第二个条件，就是足够的棉纱供应。必如此，手织业才不至有原料缺乏之虞。这个条件是由输入洋纱或国产机纱来满足的。例如以江苏南通手织区的具体情况来说，该区1933年一年共消用棉纱1,586,053小包，约合21,094,500斤，如果全部由手纺业来供应，则至少需要专业纺工2,344,000人的全年劳动才能生产出来。而同年南通全县的人口总数也不过1,358,461人。[①] 由此可知，没有机制棉纱的供应，南通手织区域的发展，根本是不可想像的。

比较著名的手织区域的发展历史还说明手织业由自给向出卖的转变，需要在生产工具上有所改进。在织机方面，这种进步表现为由投梭机而拉梭机而铁轮机，同时，又有改良提花机的应用。

投梭机的构造及其生产效力在第二章里已有叙述，总之，那是一种效率极低的工具，无论如何是不堪和动力机器相竞争的。如果没有拉梭机和铁轮机的发明，则中国手织业必然早就消灭了。直到现在为止，我们还不知道拉梭机和铁轮机是何时何人发明的。拉梭机为了补救投梭机的缺点，将投梭机的织纬机构加装滑车、梭盒、拉绳等件，便成为拉梭机。由于这种改进，投梭运动已由双手投接变为一手拉绳，一手握纬杆以打纬，如此，生产速率增加一倍以上，而布幅也能加宽至25吋。[②]

但拉梭机尚有一与投梭机同具的缺点，便是做放经、卷布、移综三项工作时，都要停止织布，阻碍布产的速率。铁轮机的装置，

---

① 蔡正雅：《手工业试查报告》。

② 张世文：《定县农村工业调查》，页97；《华商纱厂联合会季刊》，第2卷第4期，页235；又第3卷第4期，页175—177。

就是专为克服这些缺点而设计的。铁轮机是用人力发动的织机之最完美的构造。它利用飞轮、齿轮、杠杆等机械原理，将开口、投梭、打纬、卷布、送经五种运动的机构，相互牵联，形成一个整体，由足踏板来作总发动机关，各部随之自行工作。因此每日的布产能力，提高至30—40码。这较之拉梭机又增加了两倍。[①]

此外还有一种改良提花机。这种织机利用复杂的自动装置可以自动织成任何花纹图案，大大地节省了劳力，提高了产量，因而使手织业超出平纹布的范围，扩大了织造领域。

如果产品有一定销路，原料供应充足，同时更有改良织机的刺激，那么原来从事纺织以自给的农家是很可能扩大经营，专为出卖而生产的。这样发展起来的手织区域，往往拥有织户达数万家之多。以下，我们就略述河北定县手织区域商品生产的发展情况，然后进而分析这种发展过程中手织业所表现出来的诸种特征。

定县的土壤气候，宜于植棉，农村自给生产的手工棉纺织业很早就已存在了。大约在光绪初年，定县农村手织业开始有剩余产品向县境以外销售，到了光绪十八年(1892)，输出到西北各地去的土布凡六十万匹。光绪二十年(1894)以后，山西专营口外贸易的商人在定县开设布店的日多，定县的土布输出也年有增加。光绪二十六年(1900)，京汉铁路通至定县西关，于是土布输出获得极大的便利；四年后，输出土布便增至一百万匹。到了宣统元年(1909)京张铁路完工通车，民国三年(1914)，此路又展至归绥，于是定布输出，又获得更大的便利条件。据估计，1913年定县输入西北土布

---

① 张世文：前引书，页97；吴知：《乡村织布工业的一个研究》，页11；《政治经济学报》，第4卷第2期，页279。

凡二百万匹；1914 年，二百六十万匹；1915 年，四百万匹，约值 2,494,000元。这是定县土布输出的最高峰。①

铁路运输对于进口洋布和定县土布同样便利。当定县土布利用铁路运输大量销出口外的时候，也就是洋布开始在口外大力竞争的时候。外商中如英之仁记，日之三井在张家口、库伦乃至各蒙旗都设有分行和推销处，争夺定布销路。所以到了 1916 年以后，定布的输出量便剧烈地削减下去，至 1921 年更落到一百二十万匹以下，这样，定县手织业的发展便中途被洋货阻断了。

定县手织所消费的棉纱，始终以本县手纺业产品占很大的比重。据 1931 年调查，全县 66,205 户农民家庭中还有 42.9% 的家庭，即 28,367 户从事纺纱，共产纱达 962,345 斤。定县共出产土布七种，除产量很小的一种“细布”采用机纱织纬外，其他六种都是只利用机纱作经，甚至用土纱作经，而全用土纱织纬的。1933 年全县出产土布 1,620,400 匹，只输入机纱 3,710 包，其余用纱全靠本县手纺业供应，估计前者只占全部消纱量的三分之一，后者却占到三分之二。然而尽管定县拥有这许多手纺产纱，在定布外销量日益扩大的时期，定县手织业还是必须依赖外地供应原料的。据说早期定县曾从邻县无极、晋县等地输入手纺纱，后来更由天津运进印度纱。② 我们推算 1915 年最高外销量四百万匹所需要的棉纱，如果全靠手纺业供应，那么就需要从事纺纱的农家八万户，这就超过全县农户总数达一万四千家。所以，没有机纱的供应，定县那四百万匹的外销量乃是不可想像的。在这里，我们看到了输入洋纱对

① 张世文：前引书。

② 《中外经济周刊》，第 192 期，1926 年 12 月 11 日，页 31。

于中国农村社会结构的作用，在一定条件下，并不是单纯地代替手纺纱，相反的，倒是补充手纺纱的不足而成为手织业进行商品生产的必要条件。

另一方面，在手织业发展为商品生产的过程中，改良手织机代替落后织机的现象却极为显著，下列定县某村手织机的估计数字就很清楚地说明了这一点。

**定县某村织机数估计**

（1912—1932年）

| 年份 | 铁轮机 | 拉梭机 | 投梭机 | 共　计 |
|---|---|---|---|---|
| 1912 | — | 20 | 260 | 280 |
| 1917 | — | 45 | 225 | 270 |
| 1922 | 15 | 72 | 168 | 255 |
| 1927 | 36 | 84 | 126 | 246 |
| 1932 | 69 | 122 | 48 | 239 |

资料来源：张世文：《定县农村工业调查》，页447。

有一定的销售市场，有足够的原料供应，并有改良织机的传布，定县手织区很自然就从自给生产发展为商品生产了。据1931年的调查，定县全县28,367个从事纺纱的农家中，只纺纱而不织布者凡24,600余家，占纺纱家庭86%；纺纱而兼织布只有二千余家，这就是说多数农家纺纱都是为的出卖，而不是为的自行织布。再以定县第三区的情况而论，该区共有纺纱农家6,365户，1931年全年出产棉纱223,792斤，值127,570元。其中自己留用织布者30,854斤，值17,590元；出卖者192,938斤，值109,980元。无论数量价值，出卖部分都占到总生产量的86%以上。从此我们可以说，定县手纺业的生产，基本上已经完全商品化了。

织业方面，试以第三、第六两区数字而论。1931 年这两区共生产"庄布"891，300 匹，值 1，069，560 元，这是全部销往口外去的；又生产"大布"238，145 匹，值 428，661 元，其中由织户留备自用的只有53，500匹，值 96，300 元。以庄布、大布两种产品而论，自用部分只占全部生产总值的 0. 36% 。这就是说农家织布几乎已全部是为的出卖而非自给了。

从上所述，可知定县手织业的发展，到了 1931 年，已经全部完成了生产商品化的过程。从生产关系方面说，定县手织业并没有发生本质上的变化。原料、生产工具、制成品都是归劳动生产者自己所有的，这里还没有任何形式的雇佣关系。这说明定县手织业还是处在手工业发展史的低级阶段上的。不过，就在这低级阶段上，我们已经可以看到生产商品化所引起的许多变动了。

### 2. 从家庭内部的劳动分工到社会的劳动分工

第二章里曾经说明，在自给生产的时代，从种棉、轧花一直到布匹的整理，甚至连纺织工具的生产也包括在内，这许多生产工序常常是在一个农民家庭的内部完成的。光绪以前定县的情况也正是这样。在这种形式下，就是家庭内部的劳动分工，也是非常模糊不确定的。因为生产工具的构造既然非常简陋，操作方法极其简单，而生产又只为的自己消费，那么一个劳动者就有可能获得全部生产各个工序的一切生产技术，也并没有专业分工的必要。在这个阶段上，纺织劳动，基本上只是妇女的任务，男子是很少参加的，如果说有所分工，那分工的原则是年龄的差别而不是技术训练。

纺织生产商品化以后，首先在家庭内部的劳动分工上引起了变化。这是因为第一,生产既是为了出卖,那么就需要提高产量才能赚得更多的收入。为了提高产量就需要进行不间断的生产。一般说来,为了维持一架铁轮机的不间断的生产,至少需要两三人经常做织布的准备工作,如果这种工作由农家妇女来担任,则因为妇女常有其他家务的打扰,两三人还嫌不足。这样,一个农民家庭的劳动力就基本上全部投入织业劳动,而没有余力进行其他手工业生产了。第二,织业生产商品化以后,产品就需要有一定的规格,适合市场上对于某种品质、某种花式的需要,同时,手织机也由投梭机逐步复杂化至于铁轮机、提花机,因而在织布技术上就需要一定的训练,和一定的体力,这种训练和体力条件已不是任何一个家庭成员所能满足的了。于是家庭内部的劳动分工便发生了专业化的倾向。这种倾向,在定县某某三村的统计上可以看得很清楚。

**定县某某三村个人手工业工作性质统计**

(1932 年)

| 工作性质 | 男 | 女 | 共　计 |
|---|---|---|---|
| 轧花 | 28 | 8 | 36 |
| 弹花 | 1 | — | 1 |
| 筛棉花 | 2 | 2 | 4 |
| 纺纱 | 86 | 585 | 671 |
| 纺纱兼准备 | 1 | 2 | 3 |
| 纺纱兼织布 | 6 | 103 | 109 |
| 准备 | 191 | 291 | 482 |
| 准备兼织布 | 4 | 41 | 45 |
| 准备兼整理 | 11 | 30 | 41 |
| 准备兼织布、整理 | — | 2 | 2 |
| 织布 | 339 | 191 | 530 |
| 共计 | 669 | 1,255 | 1,924 |

上表说明家庭内部的分工情况,从此,可以得出这样几个结论。第一,就全体手工业劳动者 1,924 人而论,其中女性从业人员

是1,255人,男性是669人,二者约成三与二的比例。这说明各类手工业劳动,基本上还是农家副业,仍以女子为主要的担当者,这就是说,生产目的尽管已经商品化,但还没有发展到根本改变手工业的副业性质,这正表现定县纺织业发展还是在低级阶段上的。第二,就纺纱、纺纱兼准备、纺纱兼织布、准备、准备兼织布、准备兼整理等类工作而论,都是女多于男,独专事轧花或专事织布工作者,男子占绝对优势。这种现象,很足以说明生产商品化以后家内分工的发展趋向。轧花和织布都是需要较大的体力的,织布更是需要较高的技术训练的,这两项逐渐由男子专任了,而女子则放弃几千年来"女织"的传统,专事纺纱和准备等类工作。这不能不说是生产商品化和生产工具的进步对家内分工所引起的极大的变化。第三,不独在准备和织布工作上有从业人员的变更,整个纺织工作的各个工序,也都有独立化的趋势。上表专事轧花的只有36人,专事弹花的只有1人,而专事纺纱的凡671人,专事织布的凡530人。从轧花到织布这各个工序无论如何是配合不上的,往昔自轧、自弹、自纺、自织的完整系列完全破裂了。

轧、弹、纺、织各工序家内分工的完整系列的破裂,说明社会的劳动分工必已加强。

在纺织生产商品化的同时,定县的棉花生产也开始商品化。原来1918年北洋政府农商部曾在定县散发美棉种籽,定县棉产的品质因而有一定的提高,跟着定县棉产商品化的程度也不断提高,到了1921年以后,如春雨适调,则全县农田中往往有60%是种植棉花的。棉花既大量生产,那么轧棉、弹花两道工序自然就不是农民家庭所能兼营得了的,于是便有轧棉、弹花的手工场出现。据1931年的调查,定县全县共有轧花店302家,专营轧花或轧弹兼营,此外,还有专营弹花的弹花店 14 家,一般纺织农家已经没有自备轧车、弹弓的必要了。这就是说,轧弹两道工序已经走出农民家庭而成为社会劳动分工的两个专业部门了。

另一方面,如前所述,织业生产商品化以后,织机的连续工作是需要更多的家庭成员从事织布的准备工序的。因此,织业商品生产的发展,很自然地就自动割断其与纺业的联系。1931 年定县全县共有纺纱农户 28,367 家,织布农户 13,385 家,这里纺织兼营的只有二千余家。这就是说,纺者不织,织者不纺,纺织两道工序又已走出农民家庭而成为社会劳动分工的两个事业部门了。

如果以家庭为单位,用统计数字来说明社会劳动分工的进展情况,则定县所已经到达的情况如下。

**定县某某三村家庭副业调查**

(1932 年)

| 副业类别 | 家　　数 |
|---|---|
| 轧　　花 | 6 |
| 轧花兼纺纱 | 6 |
| 轧花兼纺纱兼织布 | 2 |
| 轧花兼织布 | 3 |
| 纺　　纱 | 286 |
| 纺纱兼织布 | 88 |
| 纺纱兼其他手工业 | 20 |
| 织　　布 | 250 |
| 织布兼其他手工业 | 6 |
| 总　　计 | 667 |

资料来源:严中平:《定县手工棉纺织业之生产制度》,见《社会科学杂志》,第 8 卷第 3 期。

作者注:轧花兼纺纱 6 家中,有一家为弹花兼纺纱。纺纱兼织布 88 家中,有二家又兼其他手工业。

上表667家中，最古老的，轧、弹、纺、织兼营的农家已经完全不见了。轧花兼纺纱又兼织布的只有两家，纺织兼营的也只有88家，最多的则是专营纺纱或专营织布。从家内分工发展为社会分工的现象，在这里表现得极为明显。这还是手织业生产商品化的发展因受洋货竞争而停留在比较低级阶段上的情况。在其他手织区域，例如江苏南通，那儿手织业商品生产的发展比较定县为高，则不独轧、弹、纺、织已经完全分离，并且从准备工序中又分立出做线和上经轴两个工序。做线是因为需要熟练技术而独立，上经轴则是因为改良后的生产工具——大滚筒需要较大的工作场所，和较大的资金，不是每个农民家庭都有力购置的原故。如果更进一步，例如河北高阳，那么就在布匹的整理工序中便又分立出砑光、染色、印花等等独立经营了。

### 3. 从农工业的结合到农工业的分离

“农民工艺中，最小的商品生产，已经开始把工业与农业分离开来，虽然工业者与农业者在这个发展阶段上大半还未分离。”①

中国手织业供给我们体会列宁这个分析的具体资料。当手纺织业主要地是为自给而生产时，手纺织业构成小农经济的组成部分。这时，纺织劳动乃是农间季节的活动，它不至干扰农业劳动，也不至消耗家庭成员中的主要劳动力，纺织收入在农民家庭的全部收入中也不会占有很大的比重。在纺织生产逐步商品化的过程

① 列宁:《俄国资本主义之发展》，页299。

中,本来互相补充协调的农工之间便产生了不可调和的矛盾。既然织业劳动已经由妇女手中转到男子手中,需要体力较强而又受过训练的主要劳动力进行工作;既然只有不间歇地进行织布才能提高生产,增加收入,那么,农业劳动便成为干扰手织生产的活动,工农之间,逐渐变得互不相容了。和农业比较起来,手织业所需要投放的资金较少,而资金的周转速度又较快。因此,当土布市场逐步扩大过程中,手织业对于农民实具有极大的诱惑力,引诱农民逐渐怠忽农业劳动,甚至根本放弃农业经营而专力于手织业。于是工农两业便开始分离了。

关于兼营手织业的农家如何分配农工业劳动时间的问题,我们可以根据南通的资料做若干推测。

南通手织区域的发展历史,远较定县为长远;其商品化生产的发展程度,也较定县为高。据 1933 年的调查,全县计有织户 63,000余家,织机 83,000 架,出产各种土布 300 余万匹。在生产关系方面,63,000余家织户中,绝大多数和定县属于同一类型,即自有原料、生产工具和制成品,而不存在任何形式的雇佣关系。这些织户,绝大多数和农业多少还保持一定的联系。全年中农忙月份就成为手织业的休歇月份,而农闲月份也即成为手织业的繁忙月份。大体手织业以十月、十一月、十二月、一月、三四、四月为最忙,六、七两月织布最少。一般说来,手织业劳动者全年从事织业劳动的时间,最少是 60 天,最多亦不过 180 天。下面表列南通全县土布销量的分月统计,多少反映手织业在各个月份的活动情况。当然销量并不就是产量,所以这个统计所反映出来的,只可当作近似的情况看待。

**南通手织区土布销量分月统计**

| 月份 | 1932 年 | 1933 年 | 1936 年 | 三年平均 | 各月占全年百分比(%) |
|---|---|---|---|---|---|
| 1 | 104,257 | 107,198 | 265,543 | 158,999 | 6.0 |
| 2 | 53,180 | 228,324 | 152,762 | 144,731 | 5.4 |
| 3 | 245,793 | 321,399 | 256,927 | 274,706 | 10.3 |
| 4 | 360,369 | 353,362 | 191,327 | 301,686 | 11.3 |
| 5 | 202,769 | 227,726 | 165,802 | 198,766 | 7.4 |
| 6 | 158,201 | 198,442 | 63,404 | 140,016 | 5.2 |
| 7 | 185,522 | 223,271 | 141,643 | 183,478 | 6.9 |
| 8 | 282,605 | 291,856 | 225,769 | 266,743 | 10.0 |
| 9 | 259,172 | 284,525 | 221,955 | 255,217 | 9.6 |
| 10 | 231,522 | 284,125 | 362,495 | 292,714 | 11.0 |
| 11 | 127,738 | 280,692 | 278,356 | 228,932 | 8.6 |
| 12 | 154,332 | 222,585 | 292,606 | 223,174 | 8.4 |
| 共计 | 2,365,460 | 3,023,505 | 2,618,599 | 2,669,162 | 100.0 |

资料来源:1932、1933 年见蔡正雅:《手工业试查报告》,页 61—62;1936 年作者调查。

这个统计所表现的手织业活动的季节性正和农业活动的季节性相交互错。当农业劳动最为繁忙的 6 月手织业的活动也最少,三年平均,6 月的销量占全年总销量的 5.2%。另一方面,当农业劳动最为清闲的三月、四月和十月份,(南通农作以水稻、棉花为主)手织业的活动也最忙,这几个月平均销量占全年总销量的 10.3%、11.3%、11%。淡月和旺月的相差,竟达 5.2% 与 11.3% 之比。这些数字说明了工业者和农业者尚未分离的实质。但是,同一数字却也正足以说明工业和农业已开始分离,因为就在农事最忙的六、七两月，手织业毕竟并没有完全停止活动。如果我们可以用销量作为手织业生产活动的近似的指标，那么六、七两月的数字说明在83,000余架织机中有5.2%至6.9%的织机并没有因为农忙而停止织布，运用这些织机的生产劳动者，无疑的，是完全脱离农业的专业手织劳动者了。由此可知，在南通织区，农工业的结合是很密切的，但由于商品生产的发展结果，农工业的分离，同样也是很明显的，只不过这种分离还在萌芽阶段，尚未成为普遍现象罢了。

### 4. 商业资本对织户的剥削

纺织两业之分离，其意义之一就是陷织业于依赖市场供给原料的境地，而织业生产之商品化，则又从产品销售方面，将手织者拉到市场上去。所以家庭织业到了商品生产的阶段，首尾两方都已入于商人控制之下了。例如南通，虽有大生纱厂近在咫尺，而棉纱之零买，仍不得不取给于纱号，仅在县城一处，就有纱号一百五十余家之多，又如定县，全县一万三千余家织户每年一百万余匹的土布输出都须经由45家布店之手，为之运销。商人剥削织户的事情便由此发生。

定县布店，不知从何时起，便有每年集议，规定布匹的最高价格的制度。不论供求情形如何，此价一经议定，布商全体遵守，不得违背，这叫做“齐行”。总之，自1892至1931年，四十年来，此风不隳，土布售价永远徘徊于议定价格之下！定县原有土布的公开交易市场——财神庙，那里的规定，非待各布商的收布代表到齐后，不得开始买卖。此种办法，实不啻为布商造成联合阵线，在公定价格之下，一致压抑市价。织户方面，毫无组织，且资金微小，每织成少量布匹，即不能囤积，必须立即脱售，以便买纱，其对于布商这些操纵垄断，是绝无抵抗能力的。

定县织户，在如此有形无形的价格控制之下，其收入至为微小。1923年某村有织工90人，平均每人全年工作1,688小时，以十小时为一工作日计，即得167日。每人以此167日之工作，共收入34元。又有织工386人，平均每人全年工作折得115日，每人收入23元。又一村有织工81人，平均每人全年116个工作日，各得收入12.95元；另662人每人以115个工作日，每年仅得收入10.6元！故每人每十小时工作日最高得二角，最低尚不及一角。①

商人剥削织户之尤甚者，便是换纱制度。这就是纱布兼营的商人，以棉纱代现金，用以购买织户布匹的办法。它的起源或是在手织业初次繁荣期，商人资本的蓄积未足，不能一面囤纱，一面又以现金买布，因而行此变通办法。② 或是在手织业极度衰落期，商人不愿对纱布经营，大量投资，③且在纱价趋落中，商人也好用这方法把纱价上的损失，转嫁给织户。④

我们未知定县曾否实行换纱制度，其于南通第七区，则知其始于1930年，一年后便已成为最普遍的方法，没有一家布店，再用现

① 以上定县资料详张世文前引书各页。

② 譬如高阳，当1915—1920年初次兴盛期，青塔、莘桥、大庄等镇，就有此制发生。参看吴知：前引书，页14—16。

③ 譬如南通第七区，是在1931年布业极度衰落时发生的。

④ 譬如宝坻，1932年的4、5、6、7四个月中每匹手机布之固定工资为0.149元，而16支纱每把价格则自4月之0.373元降为5月之0.355元，6月之0.318元，7月之0.315元。因此，以纱换布，在这四个月中，机户所得实际工资即减低16%，参看南开大学：《政治经济学报》，第4卷第2期。

金买布了。从此,布商是织户的土布买主,同时又必然地是他棉纱的卖主。于是每小包12支纱在换布时的作价总较用现金购买时高出0.2—0.3元,18支则高出0.3—0.5元。而每匹大布在换纱时的作价,又较在南通县城卖现布时要压低0.1—0.2元。在如此抬高纱价与压低布价的双重钳制之下,织户的收入有如下表:

**江苏南通第七区换纱织户之成本及收入**

(1937年)

| 布名 | 长度(呎) | 宽幅(呎) | 用纱(绞) | 原料成本(元) | 换纱(绞) | 另得现金(元) | 布作价(元) | 收入(元) | 每匹须人工日 |
|---|---|---|---|---|---|---|---|---|---|
| 大布 | 50.4 | 1.37 | 4.8 | 2.2400 | 4.0 | 0.500 | 2.3670 | 0.127 | 1.5 |
| 小布 | 21.0 | 0.76 | 1.0 | 0.4667 | 1.0 | 0.060 | 0.5267 | 0.060 | 1.0 |
| 州土 | 25.2 | 0.84 | 1.5 | 0.7000 | 1.6 | 0.075 | 0.8217 | 0.122 | 1.3 |

作者注:表中三种布之经纬纱皆用12支,换纱亦为12支。

上表每匹所须人工,系专指织工而言的,若加入准备、整理工程计算,则每日工资至多也不得超过六分,至织机的折耗、浆料、燃料、润滑油等项开销,还没有计算在成本之内!

换纱而外,还有许多剥削方式。南通布商,都是在公共集市直接向织户收买布匹的,但却收取"匹头钱",即牙佣。第一区所收牙佣为大机布每匹二分,中机布及色大布每匹各一分三厘,套布及土提布每匹各三厘,三二格子布每匹二厘。第七区所收,大布每匹二分六厘,小布每匹五厘,州土每匹六厘。又商人在公开市场收布,例以"国币"为叫价单位。元以下之零角数势必以铜元给付,此又给布商以克扣布价的机会。一般布商对每角折合铜元数,各有其独自的比率,既不与钱市相合,亦不互相一律。又复随时因布种而异。如通城习家井之润余号,每角合铜元二十七枚,东祥记合二十八枚。此指收买大机布及中机布而言。若在小布,则各商合价绝无多至十二枚以上者,如陆玉记及东祥记,皆仅合八枚。在第七区甚至有低至四枚者。(钱市每角合铜元30枚)是即所谓"角尾"。又商人收布,向例先给单据,由织户凭据到本店领取现金。为此,商人又收取单据费铜元一枚,是即所谓"条子钱"。商人所发"条子",各家皆有特殊暗码,其数常常比议定价格为低,织户孤立无援,受欺压也无处申诉,竟至有被逼自尽而死的惨剧。总之,商人成了织户腹中的绦虫,完全是靠织户的膏血养肥的。

### 5. 织户的两极分化

手织业生产商品化的发展,到了一定阶段必然引起织户的分化:一部分织户资力雄厚,除去自己家庭成员而外,还雇佣织工,扩大生产;绝大多数织户,则在同业竞争和商业资本的剥削之下,日益贫困,逐渐沦为出卖劳动力的雇佣劳动者。乡村手织业既然是在和农业相结合的基础之上发展起来的,因而织户的分化自然也就意味着农民的分化。我们无从想像,从事兼并土地的富农和地主,在农业经营上处在剥削农业雇工的一个极端,而在织业经营上却又处在出卖劳动力的另一个极端。事实上,只有富农和地主才有力雇佣织工扩大生产,也只有农工两业都贫困不能自立的人才沦为手织业的雇佣劳动者。我们很难分清是农业的分化引起了织业的分化,还是织业的分化引起了农业的分化。总之,这只是同一过程之两方面的表现。

农民织户的两极分化是一个非常复杂的过程,根据现有资料,我们不可能对这一过程作全面的分析。但是单从手织业这一角度去考察,我们仍然可以看出这种分化的必然性。

前面说过,手织业既然发展到商品生产的阶段,那么就需要连续地进行织业劳动,提高产量,获取更大的收入。织户需要具备怎样的条件才能连续地进行织业生产呢?

为了维持一架织机的连续生产,织户需要具有某种最低数额的资金,这个最低限额就成为织户两极分化的分水岭。

手织业者所需要的资金可以分为固定的和流动的两大类。前者以织机为主,后者以棉纱为主。以1933年南通的情况而论,织造改良土布所用的铁轮织机,每架约值46.3元,其周转时间至少在二十年以上,一时是不能收回的。棉纱在织户手中的存在形态是:(甲)已织成待售的布匹;(乙)已上机待织的经纱;(丙)在准备工序中的纬纱。改良土布每匹长75尺,为了减少上经轴的次数借以节省人力,每次上机待织的经纱应长至十匹左右,约须20支纱2.8小包,值14.6元。这是需要一次付出而待织成布匹形态后才能陆续收回的。在准备工序中的纬纱可以利用出卖布匹所收回的资金陆续添购,因而其储备量可以随售布的频率而伸缩。但是为了维持一架铁轮机的连续生产,普通总须储备纬纱一小包,价值5元左右。由此可知使用铁轮机的织户至少需要拥有资金66元左右才能周转灵便。如果我们把织造改良土布所需要的其他生产资料如经架、络车、浆料、颜料、油料等等计算在内,那么为了维持一架铁轮织机的连续生产,织户所需要准备的资金。恐不下70元之多。

可以理解,南通织户必然会以将近70元的资金数额为界线经历着两极分化的过程。明确说,凡是由于土地较多或其他原因而比较富裕的织户，拥有资金70元时，可以顺利地进行手织业生产活动；拥有资金140元时，如果其他条件——如必要的工作场所等等不发生困难，便可以多备一架织机，雇佣手织工人，进行更大规模的生产。要是我们把生产规模扩大后所可能发生的生产资料方面的节省和劳动生产力的提高放入考虑之内，那么这家织户进行两架织机的生产活动所需要的资金总额可能不须高至140元；而他从两架织机共同生产所获得的收入也可能高于两家独机织户的收入总和。另一方面，由于土地较少或其他原因而筹不足70元资金的织户，或者根本无力备足必要的生产资料而不得不沦为受人剥削的雇佣劳动者；或者只能备置破旧织机，随织随卖，因而在竞争中处于非常不利的境地，最后，也还是沦为受人剥削的雇佣劳动者。总之，织户向富有和贫困、雇佣别人和受别人雇佣的两极分化。

织户向两极分化的过程，随着织业生产商品化的深化而深化。这可从定县和南通两区的具体数字上做些推测。

**定县、南通两区织户平均每家织业收入在其农业与织业收入总数中的地位**

| 全收入净数分组（元） | 定　县(1932) | | 南　通(1937) | |
|---|---|---|---|---|
| | 家数 | 织业收入占全收入百分比(%) | 家数 | 织业收入占全收入百分比(%) |
| 1—49.9 | 4 | 25.2 | 13 | 33.5 |
| 50—99.9 | 53 | 22.5 | 35 | 22.5 |
| 100—149.9 | 65 | 24.2 | 8 | 9.6 |
| 150—199.9 | 61 | 21.8 | 4 | 7.7 |
| 200—249.9 | 22 | 15.1 | 1 | 8.3 |

续表

| 全收入净数分组（元） | 定　县(1932) | | 南　通(1937) | |
|---|---|---|---|---|
| | 家数 | 织业收入占全收入百分比(%) | 家数 | 织业收入占全收入百分比(%) |
| 250—299.9 | 35 | 18.6 | 1 | 34.7 |
| 300—399.9 | 22 | 15.8 | 1 | 40.7 |
| 400—499.9 | 8 | 3.4 | — | — |
| 500—599.9 | 2 | 0.5 | — | — |
| 600—699.9 | 1 | 1.1 | — | — |
| 700—799.9 | — | — | — | — |
| 800—899.9 | 1 | 0.5 | — | — |
| 共　计 | 274 | 17.8 | 63 | 20.7 |

上表透露出不少极有意义的消息来。首先，从总平均数字看，织业收入在织户农织收入总额中的地位，在定县是17.8%，在南通为20.7%。这说明南通织户依赖织业为生的程度较定县为高，也就是说南通织户农织分离的程度比定县为深，这乃是南通织业比定县更为前进的表现。

其次，定县织户织业收入所占农织收入的比重恰恰和农织总收入的大小成反比例。总收入愈少的织户，织业收入的比重愈高；这就反映了，愈是在农业上难以维生的贫苦农民，其依赖织业来维持生计的程度也愈高。但是在总收入较高的农民，织业收入则占不到重要地位，他们几乎根本不去从事织业活动了。在南通，这情况却出现了极大的差异。南通织户。不仅总收入极少的人家，织业收入的比重较高；就在总收入极高的人家，织业收入的比重也较高。具体说，前者的比重是22.5%至33.5%，后者则更高达34.7%至40.7%。同时，收入在100至250元之间的织户，其织业收入所占的比重却都不到10%。总收入是农业和织业收入的总和，总收入的高低，说明织户经济地位的差异。因此，这些数字就透露了南通织户向两极分化的趋势。总收入较低的贫苦织户，扩大织业生产，意味着这些织户在农业上无以维生，必须依赖织业来维持生计；另一方面，总收入较高的上层富裕织户也在扩大织业生产，我们很难想像富裕织户可能依靠自己的劳动力获得农织两业收入都较其他织户为大的结果，很显然，他们已经不是普通织业劳动者，而是剥削织工的雇主了。前面说过，南通手织区在农事最繁忙的季节也还有一部分人继续进行着织业生产，他们乃是完全脱离农业的手织业者。在这里，我们可以推断，那些完全脱离农业的手织业者正是受雇于富裕织户的手织工人。

关于南通富裕织户如何多备织机雇工织布的情况，我们没有找到直接的记载，但这种制度之存在则是毫无疑问的。据我们所知，南通县城和各集镇没有专业的织布工场。1933 年的调查说南通全县计有织户 63,000 余家，而织机却有 83,000 余架。农村织户一般只能备织机一架，这里织机数字超出织户数字就说明某些织户的织机设备超出一架，这就是那些富裕而雇工织布的雇主了。

南通织户的两极分化现象，还有一点值得注意：收入在 100 元以下，必须依赖织业维生的织户在全体 63 家织户中占到 48 家，即 76.2%；而收入在 250 元以上的富裕织户却只有两家，即 3.1%。这说明在两极分化过程中，绝大多数的织户是陷入贫困化的境地的，而能够升入富裕的上层成为剥削织工的雇主者，不过少数中的少数罢了。

列宁在分析俄国工农业的结合、分离与农民的分化时说，“工艺同农业的结合，在农民分化底尖锐化与深刻化过程中起着极其重要的作用：富裕的与殷实的业主开设作坊，从农村无产阶级中间雇佣工人,蓄积资金来进行商业和高利贷的活动。相反地,贫农的代表者提供雇佣工人、为包买主工作的家庭手工业者以及最受商业资本权力压迫的低类家庭手工业主。这样,工艺与农业的结合巩固了和发展了资本主义关系,把资本主义关系从工业传布到农业以及从农业传布到工业。……工业与农业的分离是与农民底分化相联系而进行的,是在乡村两极各种道路上进行的:富裕少数者开设工业作坊,扩大工业作坊,改良农业,雇用农业工人,……在乡村的另一极端,工业之与农业分离是在于:贫农破产而变为雇佣工人(工业的与农业的)。在乡村底这一极端,不是工艺底利益,而是贫穷与破产使他们抛弃土地,不仅抛弃土地,而且也抛弃独立的工艺劳动;工业之与农业分离的过程在这里就是剥削小生产者的过程。"①

列宁的这段分析应该成为研究中国工农业的结合、分离与农民分化的指导原理。尽管我们没有找到足够的资料可以仔细地描写列宁所指出的过程,但是前面的叙述,已足证明中国手织业里工农业的结合、分离和织户的分化过程基本上正是遵循着列宁所指出的道路发展的。应该注意的是,中国富农经济并不发达,农村存在着严重的封建剥削关系,因而工农业的结合、分离和织户的分化过程就更加复杂,在中国,工业与农业的结合固然巩固了和发展了工业上的资本主义生产关系,同时,却未必就把这种关系从工业传布到农业,而是在农业上巩固了和发展了封建主义的生产关系。因为在中国,诚如列宁所分析的那样,工业与农业的分离过程也就是剥削小生产者的过程,这一过程为中国农村制造了大批的贫苦农民。但是中国的富农经济却是不发达的,因而这大批的贫苦农

① 列宁:《俄国资本主义之发展》,页335。

民多半不成为资本主义农业经营下的雇佣劳动者，却成为抬高地租，竞争土地的封建主义的后备佃户了。

## 四　手织业资本主义生产关系的发生

### 1. 资本主义家庭手织业

随着市场的扩大、商业资本的积累和织户的两极分化，手织业里必然会发生资本主义的生产关系。在商业资本的剥削之下，广大的织户群日益贫困，贫困得难以独立维持生产，而商业资本却日益膨胀，拥有充分的力量足以指挥生产。资本主义的生产关系就这样发生了。

从发展历程上说，手织工场乃是手织业发展的最高形式，在这种形式之下，手织业劳动者已经成为剥削手织业生产资料的雇佣劳动者。手织业劳动者在他从独立的小商品生产者沦为手织工场的雇佣劳动者这一过程中，不断地和商业资本家发生多种多样的分歧复杂的联系。当手织业生产资料或制成品已经不复是手织业劳动者的财产而归其他人物掌握时，手织业者就必然成为为别人进行生产的劳动者，他的劳动所得，已经不是自己所生产的全部价值，而是具有受人剥削的工资的性质了。不论这种工资性质的收入采取何种表现形式，例如现金，或手织原料，我们说，这时手织业劳动者已经沦入资本的剥削之下，手织业劳动者和资本之间的关系已经是资本主义的生产关系了。

"商业资本底纯粹形式是在于为了获利地出卖商品而购买同一商品。工业资本底纯粹形式是在于为了以加工的形式出卖商品而购买商品,因而是购买材料等等,与购买制造材料的劳动力。"[①]当商人准备任何一种生产资料,发给织户去加工时,无论是生产工具如织机,或是原材料如棉纱,商业资本都已发展到了最高形式而成为工业资本,商人已经从织户产品的购买人成为织户劳动力的购买人,成为他的雇主了。对于建立了这样关系的商人与织户,我们称之为包买主和工资织户。

包买主可能自己设有加工工场,或是对原料进行初步加工,如染色、上经轴等等,或者对制成品进行整理如漂白、染色、印花、研光等等;也可能是单纯地放出生产资料收回制成品来出卖。前种情况,已经是资本主义工场手工业的组织形式,后一种情况,则是"接近于资本主义工场手工业"[②]的形式。可惜我们所掌握的资料,难以把这两种情况,分别分析。

### (1)包买主和工资织户的发生

以下,我们就根据河北高阳和宝坻的资料对包买主和工资织户的情况做些分析。

高阳原来有自足生产的家庭手织业。光绪末年(二十世纪之初)受输入机纱与铁轮机的刺激,[③]手织业开始发达,高阳土布市场,渐由邻近的涿州、良乡、房山,扩展至北京、南宫、辛集、东光等

① 列宁:《俄国资本主义之发展》,页327。

② 同上书,页359。

③ 吴知:前引书,页11。

地；至1914年后，又向山西的太谷，河南的开封、彰德等处推销。此时纱布贸易，获利极厚，商人阶层乃应运而起。欧战期间，洋布输入突减，高阳布业遂亦进入空前的繁荣期。[①] 1909年顷，高阳曾有一种中间人介于布商与织户之间，从事赊纱收布的工作。[②] 待1915—1920年繁荣期间，这中间人制也随手织业地区之扩大而推行至距高阳30—40里以外的地方去，同时，商人的势力也加厚了。于是450方里内，包括414个村庄的手织区域，便以高阳为中心而建立起来了。到了1933年手织业衰落期间，高阳尚有专营原料（棉纱，人造丝，颜料）的商铺4家，包买主商人90余家，专事贩卖布匹的布庄30家，布店20余家，另机器轧光厂12家，蓝染坊9家，杂色染坊22家，踹坊10余家，[③]包括手织业工作者10余万人的高阳织区，就是这样组成的。

高阳织区在兴盛时曾销纱10万包以上，即在衰落期的1933年尚销纱21,000余包，人造丝2,000箱，大多是从天津运来的。1933年高阳土布输出在1,000万元以上，布商的分支号遍及14省68个城市，凡167家，亦以天津为汇兑中心。高阳纱布商号的资本并不雄厚，例如以1933年的情况而论，高阳55家纱布庄的开办资本，平均每家仅得8,918.18元，公积或未分盈余亦不过4,287.64元。但这些纱布庄却能以此10,000余元的资本额，每家保有现金及存款13,578元，放账7,298元，囤积布匹19,783.18元，囤积原料7,309.67元。其关键在于信用。这55家的纱布庄，平均每家能从

① 吴知：前引书，页10，12，14。

② 《政治经济学报》，第3卷第1期，民国二十三年十月，页66。

③ 吴知：前引书，页31—32。

高阳及邻县银钱贷放业者和乡村富户，取得17，284.73元的定期存款；而在原料和布匹买卖上，则又能累积账款至20，042.58元之多。1933年旧历九月26，28，29三日，各商家开出抵划欠款的“拨条”总额，即在100万元以上。就是这种庞大信用的结果。纱布商资金活动的能力如此庞大，其执行放纱收布，直接指挥织户生产的业务，是毫无困难的。[①]

宝坻本也早就存有自足生产的家庭织业，于光绪末年，接受机纱与铁轮机的刺激，而大大繁荣起来，它的主要市场，随着移民一同开辟到热河去。到1923年最盛时期，聚集于县城周围的织户，凡11，000余家，计产布470余万匹。这都是赖93家纱布商运销出去的，这些纱布商大都是从囤积粮食与贷放资金的钱粮行转变而来的。他们见纱布业有利可图，就转来经营放纱收布的业务。

列宁分析包买主的出现条件有二：一是小生产者的分散性和孤立性，小生产者之间所存在的经济的差异与斗争；二是商业资本所执行的职务底性质，即制成品底出卖与原料底购买。[②] 高阳、宝坻两个手织区的具体情况，充分说明了这个阶段的手织业的分散性与孤立性——高阳织户散布在414个村庄，扩展地区达450方里，所有的织户都是彼此独立，不相统率而又相互竞争排斥的。至于原料的采购、制成品的推销，当然更非商人经营不可。不过从中国具体情况来体会列宁的论断，我们还可以做下列说明。

前面说过，当手织生产商品化发展到一定阶段时，为了维持一架织机顺利地连续生产，织户就必须具备某种最低数额的资金才

① 吴知：前引书，页42，52，53，57，63。

② 列宁：《俄国资本主义之发展》，页320。

有可能。这个数额就成为织户两极分化的分水岭，在南通是70元左右，在高阳约达90至120元。[①] 不难理解，凡是自有资金数量在最低限额以下的织户，只有两条道路：或是抛弃独立经营，沦为雇工；或是设法补足资金。而不到贫困已极，连最微弱的独立经营的希望都已消失干净的时候，甘于纯作雇工的手织业者是很少很少的。因此我们可以说，为包买主工作的织户，乃是织户两极分化过程中，尚未完全脱离生产资料的那些人家，他们是两极分化过程的必然产物。

织户补足资金的办法很多，在织业发展比较低级的地方，曾经流行过贷入现金、赊购原料、[②]租用织机、[③]领机头，[④]等等办法，但在织户两极分化过程已经相当发达的地区，最普遍的莫过于向包买主领纱织布。凡是向包买主领纱织布的手织业者，实质上已经成为受包买主雇佣的劳动者了。为了区别于自备原料自行织布出卖的独立织户起见，我们把这类织户称为工资织户。

---

① 1923年宝坻商人为维持一家织户所需之棉纱资本为79.3元，亦可视为织户自织时所需之资本额，参看《政治经济学报》，第4卷第2期，页295。

② 如南通织户在旧历年初向商人贷一批棉纱，或以现金支付其一半之价格，其后即逐月摊还，至年底清账。其年利率为24%至34%。

③ 如高阳即有一商号名合记者出租织机，在1913年出租之总机数达200架（*Chinese Economic Journal*, Vol. I, No. 7, July, 1927, p. 654；又《大公报》，民国二十四年五月二十九日至六月二日所载《高阳布业调查记》一文）；又光绪三十三年后，直隶冀州的织工传习所曾无代价散机给贫穷织工（孙多森著：《直隶实业汇编》，宣统二年劝业公所印，卷6，《工政》），此当是官家补足织户资本的一个好例。

④ 已上经纱的经轴，称为"机头"，"领机头"即是织户向商人领取已上经纱之经轴及纬纱携回织布，然后缴布换得工资的制度。行此制的商人必自备经轴，招工作浆纱、经纱等工作，增加许多开销，颇为不便。中国惟广西的玉林曾行此制。参看千家驹等编：《广西省经济概况》，页115—116；《中国农村》，第1卷第6期，民国二十三年十一月，页81—83；又第3卷第2期，民国二十五年二月。

**宝坻贩卖商及包买主对每匹手机布所付工资及其所得利润之比较**

（1926 年）

单位:元

| 月份 | 原料价 Ⅰ | 贩卖商所付工资 Ⅱ | 贩卖商成本 Ⅲ | 每匹售价 Ⅳ | 贩卖商利润 Ⅴ = Ⅳ - Ⅲ | 包买主所付工资 Ⅵ | 包买主成本 Ⅶ | 包买主利润 Ⅷ = Ⅳ - Ⅶ | 贩卖商利润率 Ⅸ = Ⅴ/Ⅲ | 包买主投资额 Ⅹ | 包买主利润率 Ⅺ = Ⅷ/Ⅹ | 工资差即利润差 Ⅻ = Ⅷ - Ⅴ = Ⅱ - Ⅳ |
|---|---|---|---|---|---|---|---|---|---|---|---|---|
| 2 | 1. 761 | 0. 360 | 2. 075 | 2. 170 | 0. 095 | 0. 244 | 2. 013 | 0. 157 | 0. 046 | 2. 615 | 0. 060 | 0. 062 |
| 4 | 1. 862 | 0. 398 | 2. 088 | 2. 170 | 0. 082 | 0. 304 | 1. 994 | 0. 176 | 0. 039 | 2. 631 | 0. 068 | 0. 094 |
| 8 | 1. 633 | 0. 346 | 1. 987 | 2. 020 | 0. 033 | 0. 295 | 1. 935 | 0. 084 | 0. 017 | 2. 504 | 0. 034 | 0. 051 |
| 9 | 1. 563 | 0. 384 | 1. 955 | 2. 031 | 0. 076 | 0. 349 | 1. 920 | 0. 111 | 0. 039 | 2. 463 | 0. 045 | 0. 035 |
| 10 | 1. 550 | 0. 365 | 1. 923 | 2. 049 | 0. 126 | 0. 336 | 1. 894 | 0. 155 | 0. 066 | 2. 423 | 0. 084 | 0. 029 |
| 11 | 1. 534 | 0. 361 | 1. 903 | 2. 158 | 0. 255 | 0. 329 | 1. 871 | 0. 287 | 0. 134 | 2. 398 | 0. 120 | 0. 320 |

资料来源:表中Ⅰ—Ⅳ,Ⅵ,Ⅶ各行数字均根据《中国农村》第 1 卷第 8 期 34 页所载数;余均笔者所推算。包买主每匹投资额无统计,按文中所述包买主较贩卖商多投 26% 推算。

我们可以说，独立织户之沦为不独立的工资织户，单纯地就是因为独立织户资金不足，不得不落入包买主的直接控制之下。一个贩卖原料和制成品的商人，乐于向工资织户发放原料，收回制成品，当然不是为的给织户补足生产资金，而是怀有其他目的的。

根据1933年宝坻的调查资料推算，经营放纱收布的包买主每经营土布2,500匹，至少需要资本8,883元。而单纯在市面收买土布出卖的普通商人贩卖同额土布时，只须资本7,040元。[①] 换言之，经营同量贸易，包买主需要比贩卖商多投26%的资本。如果包买主不能从放纱收布的营业上获得比单纯贩卖营业更高的利润，则包买主的放纱收布是一件不可理解的事情了。

包买主和贩卖商在营业上的惟一差别，就在于包买主的放纱收布，这过程就是他比贩卖商获取更高利润的来源所在。今试以上方一表分析这两种商人的利润差别。

由上表可知包买主的利润总是较贩卖商为高的，而这高出的数额也就是他们对织户所给工资的差额。只要包买主能压低工资，经常地把这个差额维持在相当的高度上，他们的利润率即在贩卖商之上。在这里，我们找到了包买主多投资本的真正目的。

织户资金不足，有向商人领取原料的必要，商人放纱收布，可以赚取更高的利润，包买主和工资织户之间的联系，就是这样建立起来的。

**(2)包买主和工资织户的对立关系**

工资织户和包买主之间的关系是两个阶级的对立关系。

按照流行的放纱收布的办法，包买主供应原料，收回制成品，

---

① 《政治经济学报》，第4卷第2期，民国二十五年二月，页293—295。

原料和制成品的所有权都是掌握在包买主手里的。接受包买主放纱的工资织户,对包买主负有在指定时间内按指定的规格织成布匹缴回包买主的义务,包买主对于织户,在收布时给付劳动报酬。

但是接受包买主放纱的手织业劳动者和城市手工工场的织工是有很大差别的。首先,这些手织业劳动者并没有完全剥离生产资料,除去原料而外,他们还对一切必要的生产资料保有所有权。工作场所是他们自己的,织机是他们自己的,一切必要的辅助材料也是他们自己的。因此,包买主对他们所给付的报酬就不单纯是购买他们劳动力的工资,其中还包括工作场所和生产工具的折旧费、材料消耗费等等在内。其次,手织业者的生产劳动是在他自己的家内进行的,事实上,由纱成布,一切准备工序多半都由他的家庭成员来担任,因此,包买主所给付的报酬就不单纯是购买手织业者个人的劳动力,并且连他家庭成员的某些劳动力也一并购买了。

事实上,工资织户所遭受的剥削是比城市手工工场的织工还要残酷得多的。这是因为第一,包买主对织户并不负有连续放纱的义务,普通放纱收布,定期不过 5 天,如果说包买主和织户之间存在着雇佣的契约关系,那么这契约的有效时期就只 5 天。在这样制度之下,包买主有随时扩大或收缩放纱量的自由,织工则每隔 5 天就有完全失业的危险。第二,布匹的规格有定式,但是织工的报酬却没有定数,这是在织工缴布时由包买主临时酌定的。这给予包买主以随意克扣工资的机会,而织工的权利则没有任何保障。

既然工资织户的特征之一就是他们的分散性、孤立性与他们之间所存在的经济的差异与斗争,那么他们对包买主的联合斗争就是很难实现的。因此,在上述雇佣关系之下,工资织户就成为包买主任意摆布的牺牲品了。

不难设想，随着市场情况的变幻，包买主将充分利用他所掌握的，扩大或紧缩放纱、提高或压低工资的权力，来保证他自己的利润。

1929 年开始的世界经济危机，于 1931 年下半年袭击到中国棉纱业。到了 1932 年下半年，中国市场的情势非常险恶，天津市场纱价的变动，幅度增大，一个月内可有数十元的涨落，于是在和天津纱布市场血肉相连的高阳市场上，纱布商人也大都观望起来，不敢进货，加之布销呆滞，存货难以脱手，所以包买主也同时“缩小撒机（即放纱）范围或竟有暂时停止撒机的”①。

宝坻的情况，表现得更为显著。宝坻织区，依 1923 年织业最为繁荣的时期观察，全体商人共 93 家，其中包买主即占 67 家之多。这 67 家包买主共拥有领纱织户 7,650 家，织机 8,180 架。而独立织户仅有 3,207 家，织机 3,207 架。全年织成土布 4,783,000 匹，其中有 3,223,000 匹都是工资织户生产的。②

1924 年以后，宝坻手织业开始衰落，包买主也逐年减少。计 1926 年凡 40 家；1931 年，18 家；至 1933 年仅余 7 家！同时，贩卖商则由 1928 年之 16 家增为 1931 年之 34 家，虽在市场最为恶劣之 1933 年，仍有 28 家。从前 67 家包买主拥有织户 7,620 家，织机 8,180架。1933 年这仅存的 7 家包买主只保留织户 360 家，织机 375 架。并且这 7 家包买主和 28 家贩卖商的全年土布贸易 1,291,000匹中，只有 8.2%（105,000 匹）③是由工资织户生产的。

---

① 吴知：前引书，页 68。

② 《政治经济学报》，4 卷 2 期，页 273，274，290。

③ 吴知：前引书，页 254。

比较1923年工资织户产布占全区产量67%以上,真不啻天壤之别。

当包买主既已囤积原料或放出原料时,他们还可以抬高或压低工资,来适应市场的变化。如果市场有活跃的征兆,他们便抬高工资,刺激生产;一旦市场呆滞,他们便又压低工资,紧缩生产。因此,工资便又成为适应市场保障利润的调节器。市场的变动剧烈,工资的增减幅度也跟着扩大。试看高阳的情况有如下表。

**高阳生产商对每匹10斤白布所付之工资**

(1933年3月)

| 日　期 | 工资(元) | 增减(%) | 日　期 | 工资(元) | 增减(%) |
|---|---|---|---|---|---|
| 4 | 0.75 | —— | 20 | 0.80 | -2.4 |
| 6 | 0.67 | -10.7 | 22 | 0.65 | -18.8 |
| 8 | 0.59 | -11.9 | 23 | 0.74 | +13.8 |
| 15 | 0.72 | +22.2 | 24 | 0.65 | -12.2 |
| 16 | 0.70 | -2.7 | 26 | 0.72 | +10.9 |
| 19 | 0.82 | +17.1 | | | |

资料来源:《中国农村》,1卷3期,69页。

上表指示高阳包买主所付工资,在一二日之内,常有增减至10%以上者。然而,"削低劳动报酬,以维持利润水准,……不仅表现为一种自然状态,而且表现为一种反常状态:一方面,即使劳动报酬削低至不足以维持劳动者最低生活的实际价值时,其资本运用,仍能照旧进行;一方面,商人常借口于货品制造之恶劣而苛扣或竟取消劳动报酬之付与"①。"撒机多少,和工资的优厚或刻薄,则完全看市场商情而定。大概布销旺、得利多的时季,撒机数竭力

① 《中国农村》,1卷8期,页42。

扩张，原料发给充足，工资优厚，验布也不过于挑剔；反之，在布销不利的时候，常不肯充分发给原料，缴布时故意挑剔，以便克扣工资，这又是家常便饭了。”挑剔的结果，“如布匹重量的不足，有水分过多和织工不匀洁等毛病，那就要扣减工资。如缴三匹者算二匹或一匹工资，甚至完全没有工资，谓之“无工”，过坏时，须责令赔偿原料”①。

在包买主如此任意摆弄、尽情剥削的情况下，织工所得到的报酬必然是会压到最低水平以下去的。例如，高阳织区织造八斤半白布一匹，需大小人工3日，成年工每日连膳以4角计，妇女、学徒、童工等每日连膳工资以2角计，则每匹人工成本需即0.97元。浆料、燃料、润滑油、房租、机器折旧，每匹约合0.11元，故织工方面，每匹计花成本1.08元。织工自包买主收得的工资为每匹8角。另赚棉纱6两，约合0.33元，共实收1.13元。是即织工以1.08元的开销，换取1.13元的报酬，每匹可得收入0.05元！② 我们没有资料足以说明成年织工每日连膳工资4角，而妇女、学徒为2角这个数目是否足够维持他们的生活，但这较之任何纺织厂的工资为低，是绝无疑问的。

宝坻的情形，较高阳尤为恶劣。一位调查过宝坻织区的作家写道：“如1929年秋冬间，各种主要饭粮平均价格为每斗1.23元，而同年每个有布机一张之织户全年织布不满350匹，平均每月仅能织26匹，若以同年第三第四两标期（7月至12月）平均工资0.44元计算，则每月工资3.744元，其实际价值约为粮食3斗。”一

① 吴知：前引书，页86，88。

② 同上书，页183—186。

架织机,要每月产布26匹,非有3人同时工作不可。但以每人每月消费食粮2斗计,3斗粮食已不足3人的消费。1930年以后,工资之实际价值益形缩小。以1930年5月之工资0.107元而论,每月每张布机可得工资2.782元。以同时食粮平均每斗价格1.365元计,仅可得食粮2斗。是即无异于以3人的劳动,换取一人的食粮消费!①

但是,历史自有它自己的发展规律。凡在织户的两极分化过程已经高度发达的区域,尽管工资织户的工资收入日益降低,低至于不足维持织户的最低生活,但是,贫困得无力独立经营的织户,仍旧是不得不沦入包买主剥削之下的。

前面说过,织业收入在织户总收入中的比重,在定县为17.8%,在南通为20.7%,据1932年高阳344家织户的调查结果,这个比重在高阳提高到78.9%。这就是说,在高阳,织户基本上已经脱离农业,专赖织业维持生计了。另一方面,高阳也出现和南通类似的情况,那就是:总收入愈低,织业收入在总收入中的地位也愈高,并且这类织户也占全体织户中的绝大多数。② 这就是说,高阳织区的绝大多数织户都是贫困的,舍织业即无以为生的。正是在这个基础上,高阳的包买主才有条件把工资压低到上述那样的程度;也正是在这样条件下,高阳全体织户尽管随销路的呆滞而锐减,可是工资织户在全体织户中的比例却不断上升。1929年后高阳的统计数字就具体地证明了这一点。

---

① 《中国农村》,1卷8期,页42。原文为五人,嫌太多,依其他资料核对,应为三人。

② 吴知:前引书,页136—137。

根据下表，可知高阳织区在1912—1928年间一直是向上发展的，各类织户的织机总数由1,458架增加到29,631架，16年间，织机数提高19倍以上，这当然是一个长久的高度繁荣的时代。可是

**河北高阳手织区历年工资织户及独立织户所用织机数比较**

| 年份 | 工资织户 | | 独立织户 | | 总计 | |
|---|---|---|---|---|---|---|
| | 织机数 | 占总计百分比(%) | 织机数 | 占总计百分比(%) | 织机数 | 增加率(%) |
| 1912 | 503 | 34.5 | 955 | 65.5 | 1,458 | 100.0 |
| 1913 | 980 | 38.3 | 1,576 | 61.7 | 2,556 | 175.3 |
| 1914 | 1,574 | 41.6 | 2,211 | 58.4 | 3,785 | 259.6 |
| 1915 | 2,972 | 51.9 | 2,754 | 48.1 | 5,726 | 392.7 |
| 1916 | 6,290 | 64.5 | 3,461 | 35.5 | 9,751 | 668.8 |
| 1917 | 9,124 | 69.2 | 4,059 | 30.8 | 13,183 | 904.2 |
| 1918 | 11,938 | 74.9 | 4,006 | 25.1 | 15,944 | 1,093.6 |
| 1919 | 14,730 | 77.4 | 4,312 | 22.6 | 19,042 | 1,306.0 |
| 1920 | 17,387 | 79.4 | 4,517 | 20.6 | 21,904 | 1,502.3 |
| 1921 | 19,216 | 80.6 | 4,637 | 19.4 | 23,853 | 1,636.0 |
| 1922 | 19,961 | 80.8 | 4,737 | 19.2 | 24,698 | 1,694.0 |
| 1923 | 21,180 | 81.2 | 4,915 | 18.8 | 26,095 | 1,789.8 |
| 1924 | 21,951 | 83.6 | 4,314 | 16.4 | 26,265 | 1,801.4 |
| 1925 | 22,128 | 82.9 | 4,569 | 17.1 | 26,697 | 1,831.1 |
| 1926 | 24,468 | 83.6 | 4,808 | 16.4 | 29,276 | 2,008.0 |
| 1927 | 23,620 | 82.6 | 4,972 | 17.4 | 28,592 | 1,961.0 |
| 1928 | 23,549 | 79.5 | 6,082 | 20.5 | 29,631 | 2,032.3 |
| 1929 | 23,197 | 79.4 | 6,027 | 20.6 | 29,224 | 2,004.4 |
| 1930 | 21,541 | 81.1 | 5,016 | 18.9 | 26,557 | 1,821.5 |
| 1931 | 19,077 | 83.7 | 3,730 | 16.3 | 22,807 | 1,564.3 |
| 1932 | 14,809 | 87.3 | 2,152 | 12.7 | 16,961 | 1,163.3 |
| 1933 | 6,433 | 88.1 | 872 | 11.9 | 7,305 | 501.0 |

作者注：有少数工资织户兼织卖货者归入工资织户项下。织机数据《政治经济学报》，3卷1期，63页。

就在这高度繁荣的年代里，越来越多的织户贫困得失去自己独立经营手织业的可能，不得不投到包买主的剥削之下去充当工资织户，他们所用织机在织机总数中的比重由 34.5% 提高到 79.5%。1928 年以后，高阳土布销路呆滞，织机总数突然猛烈地跌落下去，5 年内，由 29,631 架减至 7,305 架，这当然是一个严重的危机时代。可是也正在这 5 年里，工资织户所用的织机数由 23,549 架减至 6,433架，其在织机总数中的比重则从 79.5% 提高到 88.1%。繁荣也罢，危机也罢，在商业资本剥削之下的织户只有两条道路可走：日甚一日地忍受包买主的剥削，否则，失业！

## 2. 资本主义工场手织业

马克思列宁主义认为，工场手工业乃是资本主义形式发展过程中，手工业和带有原始资本形式的小商品生产与大机器工业（工厂）之间的中间环节，它是在分工基础上进行协作的组织形式。这种形式的发生，或者是由雇有相当数量工人的作坊逐渐采用分工，从而把资本主义的简单协作提高为资本主义工场手工业协作；或者是由包买主分出某些局部工作交给家庭手工业者去加工，而自己则使用雇佣工人，配合家庭工作建立分工协作的大作坊。[①] 在这里，多数劳动者同时受雇于同一资本家在一个工作场所进行分工协作的生产劳动是决定问题的关键所在。

很不幸的，在我们所找到的资料中，往往缺乏分工协作情形的记载，只很简单地说，雇有工人若干名。这就使我们很难确定那里

① 列宁：《俄国资本主义之发展》，页 342—343。

是进行资本主义简单协作的手工作坊，那里是进行资本主义分工协作的手工工场。依通常情况判断，在棉织业里，大体三五个工人是很难进行分工的，而劳动者多至十人以上时，便很自然地产生分工协作了。

从另一方面说，资本主义手工作坊和资本主义手工工场的发生，都需要具备两个条件，其一是剥离生产资料的手织业劳动者的存在；其二是某种最低限额资本的积累。很清楚的，剥离生产资料的手织业劳动者的存在，乃是手织业者两极分化过程的结果，而最低限额资本的积累，都可能出自许多复杂的来源。

首先，封建政府可能出资经营手工作坊或手工工场。

二十世纪初叶以后，有许多省份曾经运用"公款"创设工艺局，这些工艺局就是手工作坊或手工工场的组织形式，织造土布成为它们最普遍最重要的经营项目。工艺局的最早创立人似乎是袁世凯。光绪二十七年(1901 年)袁世凯做直隶总督，曾经专章奏设工艺局，二十九年首先在天津设局，到了三十三年(1907 年)，直隶全省各府、厅、州、县已设工艺局或工艺所的有 57 处。[①] 后来并且还继续兴办，"极一时之盛"[②]。这些工艺局雇佣工人自四五名至一二百名不等，大多都是经营土布的。推测起来，只有工人四五名的当是作坊性的组织；工人数多至一二百名时，当已进行分工协作而为手工工场的组织了。

袁世凯以后，好些省份都先后仿效，在各县设立同样性质的手工作坊或手工工场，也都把织土布当作主要的营业。据我们所知，

① 《直隶工艺志》，初编卷下，《直隶各属工艺总志》，北洋官报局印。

② 《直隶实业汇编》，卷 6，《直隶全省工业概略》。

山东省就曾于1929年通令各县筹设“平民工厂”,(后改名“民生工厂”),至1933年冬,各县都已具报成立。据1935至1936年的调查,全省“民生工厂”凡107处。其中专业织布或以织布为主要业务者凡98处,共有铁轮织机577架,木机173架。各场中最小者只有机一架,最大者多至26架,普通均在四五架之间,①这中间必然也是存有手工工场的组织类型的。所有这些用“公款”创办的手工作坊或手工工场,管理权都操在县政府官吏或地方绅士手里,成为贪污舞弊的窟穴,多半以亏累倒歇结束其命运,在性质上和资本家经营的作坊与手工工场有所不同,而在全国棉布产量上,也并不占有重要地位。

私人资本创办的手织作坊或手织工场,可以溯源到小商品生产的乡村手织区去,凡是在织户的两极分化已经发展到一定程度的区域,富裕织户、地主、富农、高利贷者,就必然会置备织机,雇佣手织工人来织造土布。例如,南通织区,就有若干富裕织户雇工生产,少者只备织机二三架,多者可至十余架。② 1915—1916年顷,宝坻织区也有少数“小康农家”开设这种手织作坊或手织工场,织机有多至十余架者,各家并定有特殊商标,别于邻家产品。③ 1926年山东潍县的乡村织区也有类似的情况。④ 1926—1929年间高阳富裕织户所开设的这种手织作坊或手工工场曾发展至40家之

① 山东省政府建设厅编:《山东各县民生工厂一览》,上册,民国二十四年十月;下册,民国二十五年三月,数字是我们自己计算的。

② 蔡正雅:《手工业试查报告》。

③ 《政治经济学报》,4卷2期,页297。

④ *Chinese Economic Monthly*, Vol. IV, No. 12, Dec. 1926. p. 538.

多。[①] 此外，高阳还有一种自己向包买主领纱加工的织户，同时却又多备织机雇工织布者，据1932年调查344家织户的结果这类织户就有6家。他们自备织机，少则3架，多则9架，平均每家约有机5架。其所雇工人，少则6人，多则14人，平均每家雇工7人。这6家全年从事织业的收入约有7,314元，其中只有40余元是自织的赚利，[②]其余都是领纱织布的工资。换言之，大都是他们所雇39个雇工身上克扣下来的。譬如，1932年，包买主对每匹头号雁翎绸，亮绸，二号葛和春绸所付的工资为5元，6元，1.8元，4元。这类织户对此四种布所花的成本，（雇工工资在外）估计每匹为0.85元，0.64元，0.34元，0.70元，所以他们每匹可以赚得4.15元，5.36元，1.46元，3.3元。此中所付给他们自己雇工的工资为1.72元，1.96元，0.6元，1.32元。所以雇工只能得赚利的41.5%，36.5%，41.1%和40%。而织户则分得58.5%，63.5%，58.9%，和60%。[③] 商人所给付的大部分，都被织户分去。纵使织户并不直接参加生产劳动，纵使大部分出品都是靠雇工织出来，他们仍然分得包买主所给报酬的大部分，因为，织机是归他们所有的，直接参加生产的劳动者，不过是雇工而已。[④]

城市手织工场的初级形态，可从广西桂林见到实例。“在一厂之内，由户主供给织机，除户主之家人参加工作外，并雇佣工人若

① 吴知：前引书，页25—26。

② 同上书，页136—137。

③ 同上书，页131—132。

④ 高阳这种经营方式，大都为人造丝织业。若纯粹棉织业，于南通可以见到几个例子。又在城市里，也有这样的经营方式，参看方显廷著：《天津织布工业》，页25。

干,从事纺织,工资论件计。……机少者或二三架,机多者达十数架至二十余架。”1933年调查84家结果,机数在二三架者有35家,4架及5架者各11家,6架者9家,8架者5家,大多数都是规模很小的。织工方面,计有97家数字,共得工人485名,内有226人为场主家属,259人为雇工。① 工作人数中,场主家属人数,几与雇工不相上下。

不论乡村或城市,也不论投资人是地主,绅士,或手织业者,只要他经营手工工场,其为小产业资本家是无疑的。只要营业发达,这些人就可能逐步蓄积起资本来,成为使用动力的大工厂主。但中国手工场的发展,除受了几次抵制外货的刺激,曾作短期的繁荣而外,一直都在萎颓不振之中。其规模异常狭小,能进而使用动力机器的,更寥寥无几。依1933年3市12省52城市的调查,2,281家手织工场,仅有织机27,430架,平均每家约得织机12架,②大多数场家,每家只有10架上下的机数。如此小的规模,要多久的时间才能蓄积起必要的资本来装设动力机呢。

许多手织工场,在开创时都是使用木机的,其后即逐渐改用铁轮机。如重庆的吉厚祥布厂,原创于光绪二十六年(1900年),至民八年(1919年)始改用铁轮机。又幼稚染织工厂,原创于光绪三十年(1904年),至民十七年(1928年)改用铁轮机。又民元年(1911年)创立之蜀华与爱新两工场,亦均于民八年(1919年)改用铁轮机。其他如民十二年(1923年)创立之嘉陵,民十三年(1924年)创立之荣森亦均于民十五年(1926年)改用铁轮机。若

① 千家驹等:《广西经济概况》,页137—139。

② 数字据刘大钧著:《中国工业调查报告》(下册)所载资料整理而得。

以所调查之663家而论，则铁轮机与木机之对比，在繁荣时为1,861架与2,294架，但经民二十二年（1933年）以后之衰落，此项对比变为1,038架与903架。[①] 换言之，经一次衰落过程的洗刷，铁轮机之停用为43%，木机之停用则为61%。手织工场也和家庭织业一样，逐步改善其生产工具。

手织工场之杂用动力，也可看到几个例子。例如无锡的丽华织布厂，在民十八年（1929年）八月间，有木质布机152架，同时又有小马达4座，能发动力25匹马力发动织机42座。[②] 又如重庆的三峡染织工厂，民二十三年（1934年）已有铁轮机76架，又装动力机30台。[③] 民二十一年（1932年）杭州广生棉织厂有铁轮机50架，木机50架，人力提花机43架，同时又有动力织机27台；永新织布厂有木机35架，同时又有动力机50台；又振华一家，有铁轮机6架，木机50架，同时又有动力机11台。[④] 又据国民党棉业统制委员会1934年所调查上海、江苏、浙江、安徽、江西、山东、河北、山西八省市小规模染织厂的结果，计415家工场共使电力织布机凡11,208台，同时却又有手织布机11,886台。[⑤] 假使我们记起19世纪初，英国织业动力化的开展，[⑥]或许要把中国手工场的此类现象，认作中国织业动力化的原始形态。自然，在生产制度的分析上，这

① 《重庆之棉织工业》，页247—249，18。

② 无锡县政府、无锡市政筹备处编：《无锡年鉴》第一回，民国十九年印，《工业》，页9。

③ 《重庆之棉织工业》，页247，8。

④ *Chinese Economic Bulletin*, Vol. XX, No. 20, May, 14, 1932, p. 290.

⑤ 《全国棉纺织厂统计资料汇编》，页68。

⑥ A. P. Wadsworth and Mann, op. cit. p. 490; G. C. Allen, *British Industries and Their Organization*, London, 1935, p. 209.

类手工场正是工场手工业进而为工厂工业的中间阶段。但事实上，中国大机器织布工厂大都不是这样演进而来的。而手织工场之能这样实行部分机械化者，也只是极少数。

手织工场在设备上既无特别进步，其较优于家庭织业的惟一所在，只在于分工和协作。可惜我们对这方面的资料实太贫乏，不能作很详细的分析，但从零星的叙述里，也可略窥其一般。

在织户多备二三架织机雇工经营，这种最原始的手工场形态下，家主即有脱离了织布工作的，“其大部时间为主持业务的进行，如获取原料及推销出品等。很少再亲自织布的”①。这种把生产的指导监督工作和直接生产劳动分开，是手工场里才出现的事情。若规模较大，指导监督工作非一人所能胜任，那么便有事务、工务、营业、会计等部门的划分，和文书、庶务、保管、稽查、探买、浆漂、摇纱、织造等管理工作的分配了。② 这样就形成工场里的上层组织。在直接生产劳动方面，若是纯粹织布工场，工人的职务大约可分为浆经、络经、整经、装置、络纬、织造等项。若是规模较大，兼营整染，大率还有洗布、上浆、给湿、轧光、扩幅、揉布、检查、括布、漂染、打包等等的分工。所有这些工作，很少发展成特殊技术，需要长久时期来学习的。特别是织造的准备工作，大多由童工或女子担任。惟在整个工作之进行上，这些职务既由家庭工业中之少数人兼管，进而为工场工业之多人分任，协作也就发生了。于是生产能力之增加，乃是必然的。在家庭里，每架织机至少须三人工作，此在工

① 吴知：前引书，页25。

② 《重庆之棉织工业》，页21。

场手织业，则减为2人，[1]分工协作的利益，是显而易见的。

手织工场里的工人生活，也和工资织户一样，虽工作时间延至10小时乃至12小时以上，其生活总是辗转于半饥饿状态之下的。下面重庆织工的收支状况，可以略示一般。

**重庆106名织工每月实际工资与支出之比较**

（1935年）

| | 最低 | 最高 | 算术平均 | 中点平均 | 众数平均 |
|---|---|---|---|---|---|
| 实际工资 | 1.50 | 26.30 | 7.03 | 6.75 | 5.75 |
| 工人个人支出 | 0.75 | 6.67 | 2.50 | 2.42 | 2.88 |
| 工人家庭支出 | 2.19 | 22.75 | 11.12 | 9.16 | 7.46 |
| 收入占家庭支出之百分比（%） | 68.50 | 116 | 67.70 | 73.60 | 77.00 |

资料来源：《重庆之棉织工业》，页137，143，141。

这里都是铁轮机工，若在木机织工，其每月平均实际工资仅得4.75元（众数平均）。重庆织工家庭，平均每家有4人，其中只有织工一人能工作。这一个能工作的人，实际的工资收入仅当家庭支出的67.7%—77%。由此可见，织工们的生活是多么的贫困呵！

学徒的无偿劳动，是中国手织工场经济上的重要支柱，这是普遍各个工场的事实。依民十四年（1925年）之调查，北京13家手织工场，计有工人536名，同时便有学徒455名。[2] 二十二年（1933年）桂林97家手织工场共有工作者485名，除去226名为场主家属而外，共有工人194人，学徒65人。[3] 当民十五年至二十二年（1926—1933年）重庆织业繁荣时期中，民十八年（1929年）的织业

① 据刘大钧：《中国工业调查报告》（下册）所载资料整理而得。

② *Chinese Economic Monthly*, Vol. Ⅱ, No. 7.

③ 千家驹等：前引书，页118。

工人计4,000余人,其中学徒占20%,至民二十一年(1932年)各场广招学徒,一时学徒占数70%,其后织业衰落,全体工作者尚余2,300余人,学徒数又升至75%以上。① 时无分迟早,地无分南北,手织工场一律雇用很多的学徒。

中国各地的学徒制度,略有不同。普通学徒入场条件,大都须有人介绍,担保,规定在场学艺时间为3年,但亦有延至4年者。在此期间,学徒膳宿由场方供给。若场方认为"品学俱劣,顽不受教",而有中途退出情事,必须追偿膳宿费用。学徒大抵以最初半年或全年,学习各种织布的初步手续,过此则习织布。在织布期间,场方都不给正式工资,仅逢年过节,略与微资作为零用。有些地方,在学徒织布时,规定每月一定产量,不足时,下月补织,只及规定量时,不给工资;若能超过,则按超过数量略与工资,以资奖励。待遇最好的,按月给付工资,然其工资数,亦仅当工人所得工资的一半或三分之一而已。事实上,织布技术并不需要3年的长期学习。学徒时间,定为3年,至少有一半是为场方织布的。即在前半年的学习时期,学徒之大部分时间,也无非供雇主之呼唤驱使,仅能于杂务之暇,偶从雇主工人或师兄辈学习而已。② 这样,学徒云者,实在就是场方榨取无偿劳动的对象罢了。

手织工场凭借学徒来维持,在小场尤较大场为重要。民十八年(1929年),天津327家手织工场中,每家雇用人数在41—50人者,学徒占56.7%;在31—40人者,学徒占64.6%;在21—30人

---

① 《重庆之棉织工业》,页7,97。

② 关于棉织业里的学徒制,可参看 *Chinese Economic Bulletin*, Vol. XXIV, No. 8, Feb. 24, 1934, p. 120(浙江);又 Vol. XXIV, No. 24, June, 16, 1934, p. 278(芜湖);《重庆之棉织工业》,页118;方显廷著:《天津织布工业》,页81—82。

者，学徒占65.7%；在11—20人者，学徒占73.7%；在10人以下者，学徒占75.4%。规模愈小，学徒的比例成数愈大。甚至有55家，只雇用学徒717人，连一名正式工人都没有，平时“小本商人更利用学徒，滥设作坊”[①]，到了布销停滞时，当然就更辞退工人，专以学徒代替工人了。[②]

上述种种，指明手工场之剥削劳动者，并不下于工资生产制下的包买主。但工资织户是散居而无组织的，不论包买主如何缩减放纱，克扣工资，从未闻有罢工事情发生。这在手工场里，就大不相同。多数工人，受雇于同一雇主，且在同一处所工作，这给予他们以团结的机会与训练，所以多数有手工场的地方，都能有工会组织起来。民十八年（1929年）春，重庆某工场，且因开除工人激起罢工，直延长40余日之久。[③] 手织业中，工作者长期地受着悲惨的剥削，至此才有一致抗争的机会，这不能不算是手工场制度的一项重大发展。

① 方显廷：《天津织布工业》，页30，87。

② 《重庆之棉织工业》，页236。

③ 同上书，页117。

# 第八章附录　中国棉纱布总产销量之估计

估计中国棉纱布产销总量，困难甚多。就棉纱言，现有机制品产量统计，不是缺漏不全，就是显有错误。销售量中，多少纯为织布业所用，多少为针织业所用，多少供其他用途，只有估计而无统计。若论手工产纱，则一向为人所忽视，连估计数字也不可得。就棉布言，机制货中仅纱厂附设织厂的出品，尚有统计；专营织布或兼营织整各厂，连织机数也要估计，更无论产布量的统计了。至于手工织布，则连机数也难以估计。又产销既以全国为范围，自不能不计及输出入货品。此二项数字，虽有海关报告的详细记载可查，惟单位不齐，分类常改，结算亦颇不易。舍生产销售以论消费，更是茫无头绪。纵然长期说来，勉强把产、销、消三个数量，当作可以互代；但要把上述缺漏的补足，错误的修正，没有记载的从新估算，单位不齐的使之统一，不仅有标准难定、审核无方等技术上的困难，且最后结果，已成为估计的估计，可靠程度如何，极难确知。

过去曾有不少人试作中国棉纱布总产销量的估计，譬如美国驻华商务参赞奥特尔（Ralph M. Odell）曾估计中国的棉纱布总产量;[①]英国曼彻斯特统计学会艾林格(Barnard Ellinger)曾估中国的棉布总产销量;[②]名记者尤忒莱(Freda Utley)曾估计中国棉布消费量及其机制手制的成份;[③]国民党国定税则委员会叶量曾估计中国花纱布的总产销量;[④]南开大学方显廷曾估计中国纱布总产销量;[⑤]此外如海关税务司,或上海外商也曾有零星的估计发表。[⑥]以上各家的估计,方法都很草率,没有一家值得参考的。

以下所述,是利用我们所能得到的调查、申报、统计、估计各项数字而成的。或有无法查考的项目,不得不依我们的观察,酌定一

---

① 奥特尔氏估计1913年中国纱线产量为200,000,000磅,进口量为358,000,000磅,故总消费量为558,000,000磅;此中动力织机消纱量为15,000,000磅,手织消纱量为543,000,000磅,二者约为3%与97%之比。见R. M. Odell, *Cotton Goods in China*, Washington, 1916, p. 185。

② 据Noel Murray估计1925年中国有纱锭3,461,000枚,产420磅包之纱800,000包至1,000,000包;又,有动力织机23,000台,产每英吋50纬长40磅之布12,000,000匹。Ellinger谓1925年中国输入原棉1,808,000担,输出800,000担,国产7,600,000担,故全国消棉8,600,000担。估计国产布每匹重6磅,长30码,除去耗废不计,则7,600,000担之原棉应产布190,000,000匹。平均每人得12码,另输入品每人可得1.5码,每人共计得13.5码。B. Ellinger, *Lancashire's Declining Trade with China*, pp. 8, 11.

③ F. Utley, *Lancashire and the Far East*, p. 237.

④ 叶量:《中国棉货总产销量之结算》,《财政部国定税则委员会刊》,民国二十三年,上海。

⑤ 方显廷:《中国之棉纺织业》,页275。

⑥ 1904年海关报告册第一部估计1902—1904年平均全国产纱750,000担,进口纱2,489,099担;故两项共为3,240,000担。又1912年关册总论第5—6页称本年进口棉纱为2,298,479担,按本年12月21日《字林西报》载称全国纱厂32家之出产量可抵印度、日本两国纱进口之半数,故全国总消纱量约为3,500,000担。又1912年英文《中国年鉴》页46载,截至1910年底为止,中国计有纱锭903,416枚,布机3,805台,估计年产纱272,000,000磅,布45,600,000码。又1916年英文《中国年鉴》页57载中国国内产纱200,000,000—250,000,000磅,布40,000,000—50,000,000码。

合乎常情的假设。我们的估计,分为四个步骤:一为棉纱总产销量的估计;二为棉布总产销量的估计;三为棉布输出入量的结算;四为棉布总消费量的结算。

## 一 棉纱总产销量的估计

机纱产量,华商纱厂联合会已有十余年的统计报告,这些统计,都是由各厂按表填报的,其内容或包括纱厂的全年产量,或将附设织厂的消用量剔除不计,所以内容殊不齐一,不便引用。棉纱产销量统计的第二个来源是统税局。1932 年后,国民党财政部统税署曾按年编制"统税物品销量统计",对纱厂棉纱出厂量有详细记载。不过这种统计,系将纱量分别成"完税"(销国内),"免税"(销国外),和"移送织厂"三项。按棉纱直接织成品的统税征收方法,系在物品织成后征收,棉纱则免税。所以各纱厂将棉纱移送附设织厂时,因暂不收税,其申报数量,极不准确。国民党财政部驻厂税收人员,也因同一理由,不求此项申报的精确。因此,欲求全部棉纱销售数量,对免税和完税出厂两项,尚可利用统税署的报告;对移送织厂一项,应自织成品从新估算,方合事实。

纱厂附设织厂的制品,计为棉布匹头、棉毯被单及其他棉织品三项。其中匹头可大别为粗布、细布、混合布、杂类布四种。每种布的重量和用纱量,都有很多的等次。我们根据民二十四年度各种磅份的布类结算,计粗布每匹平均得 11.9 磅;细布得 11.1 磅,混合布得 9.6 磅,总计每匹总平均重 11.6 磅。杂类布原无磅份记录,事实上亦相差无多。为便于结算起见,可将匹头总定为匹重 12

磅。查粗细布的设计标准，于 12 磅布每匹用纱约 11.2 磅，这是国民党棉业统制委员会和前社会科学研究所七省华商纱厂两次的调查结果。有了这样的标准，我们对于纱厂附设织厂所产布匹的用纱量，已可估算。至于原报告无法求得平均磅份的棉毯被单一项，我们参考国民党国定税则委员会民国二十二年（1933 年）进口税则草案说明书所载的重量，酌定平均每条用纱两磅。其他棉织品一项，原记载是以公担为单位的，今按棉纱制成织物后加重一层的普通标准，逆推其用纱量。如此，纱厂附设织厂的棉纱消用量，可以算得，更加上纱厂外销的两项统计，便得全国纱厂全年的棉纱总销量。产量，即以销量代之。

用上述方法，根据统税署所报告民年二十三年（1934 年）、民二十四年（1935 年）两年度的平均数结算，计得全国纱厂附设织厂的消纱量为 1,431 千公担。合之纱厂所产完税运销国内的 3,354 千公担，和免税运销国外的 149 千公担，统计全国纱厂的棉纱线总产销量约为 4,934 千公担。这个新估计数字的正确程度，可以用全国纱厂的原棉消费量来审核。据华商纱厂联合会之调查，民二十三年（1934 年）、民二十四年（1935 年）两年度平均全国纱厂消用原棉 5,507 千公担。据我们自己的调查，中国纱厂的废棉率，一般均在 10% 之谱。故，5,507 千公担之原棉应能生产棉纱线 4,956 千公担。这数和我们的估计 4,934 千公担相差极微，可以证明我们的新估计数字准确程度甚高。

据本章所述，中国尚有大量手纺业存在，要论述中国棉纱的总产销量，手纺业产量自当为不可忽略的一项。按手工纺纱之消用外洋棉花者，可谓绝无，故手纺业的产纱量可从中国棉花的消费量分配上求得一个概数。中国的原棉产量，依前中央农业试验所之估计计算，计民二十一年(1932 年)至民二十五年(1936 年)各年度的平均数为 8,257 千公担。若各年度末的纱厂库存和市场囤积量，长期言之，可以前后年互相抵消，则此中除去纱厂消用的 4,445 千公担和输出的 349 千公担(都以民二十一年(1932 年)至民二十五年(1936 年)年度的平均数计)，便剩下原棉 3,463 千公担。这些余棉，主要的用途只有两项：网制棉胎，或作手纺业原料。关于制胎用棉，日本三原估计为每年 300 万至 400 万担；马场估为 230 万担至 315 万担；国民党国定税则委员会估为 200 万担；而叶量则举近年毛货消用之普遍和纱厂所出废花之搀用制胎两个理由，低估制胎用棉为 150 万担。我们多方考虑的结果，认为国人每年消费制胎用棉，至少每人当能达一斤之数。本估计所包括之范围，约有四万万人，故每年应须棉 400 万担，或 2,419 千公担。将此数自余棉 3,463 千公担中减除，应得手纺业用棉 1,044 千公担。手工纺纱，手续简单，从棉花到棉纱只经过制棉条和纺纱两个步骤，故废棉率当较机纺为低，今以 5% 计，则 1,044 千公担之原棉应能纺成土纱约 1,000 千公担。这就是我们对中国手纺业产纱量的估计。这个数字的偏大或偏小，主要关键在于中国原棉产量和制胎用棉两项估计数字的偏小或偏大上。如果我们暂以这样的估计为满足，则中国棉纱线的产量分配有如下表：

**中国棉纱线总生产量之估计**

| 产　　量 | 千　公　担 | 百分比(%) |
|---|---|---|
| 全国机纺产量 | 4,934 | 83 |
| 全国手纺产量 | 1,000 | 17 |
| 全国生产总量 | 5,934 | 100 |

全国棉纱的生产状况既明，今请进而论其消费状况。

依1934、1935两年度的平均数计，中国每年输出机纱约为149千公担，输入约2千公担。将输出入量和全国生产量分别加减，便得全国棉纱线消费总量5,787千公担。棉纱的消费用途，可大别为机制棉布、手制棉布、针织及其他用途三项。机制棉布中纱厂附设织厂的消纱量，在前面已有估计就是1,431千公担。专营织布或兼营织整各动力工厂的消纱量，从来没有统计，也没有估计。我们现在只好依照纱厂附设织厂的消纱量来比例推算。民二十三年（1934年）、民二十四年（1935年）两年度纱厂附设织厂的织机数，平均为48,634台（东北各厂及停工者不计）。这些织机在这两年度平均为织布所消用的棉纱为1,416千公担，每台平均每年消纱29公担有余。另外，据我们估计这两年中，专营织布或兼营织整各厂的织机数约为16,000台。[①] 用上述纱厂附设织厂每台每年消纱量来估计这16,000台的消纱量，应有466千公担之谱。如此，全国动力织机的全年消纱量应为1,883千公担。

针织及杂类用途的消纱量一项，国民党国定税则委员会曾估定为全国总消纱量800万中的100万担，换言之，占全国总消纱量的八分之一。近几年来，针织业的发展颇速，其消纱量当不止100万担，但我们既在总消纱量中加入手纺纱，且总量亦膨胀为5,787千公担，则针织等杂类用纱即仍依八分之一计，结果亦自然提高，

① 据刘大钧1933—1934年全国调查，全国独立织染厂219家的力织数为14,270台；据棉统会1934年之调查，上海等八省市共11,208台；据后者以补正前者，应在刘氏数上更加入286台。又1934年后，武进新增1,300台（《纺织时报》，1149期）；南宁增100台（《广西年鉴》，第2回，页402—9），亦应加入，故共得15,956台。

其数为724千公担。全国总消纱量中,除去动力织机及针织等杂类用纱,所余自然便是手织业消用量,其数为3,180千公担。今列各项估计结果如下:

中国棉纱总消费量之估计

| 消费量 | 千公担 | 百分比(%) |
|---|---|---|
| 机制棉布消用量 | 1,883 | 32 |
| 手制棉布消用量 | 3,180 | 55 |
| 针织杂用消用量 | 724 | 13 |
| 全国总消费量 | 5,787 | 100 |

## 二　棉布总产销量的估计

棉布生产数量,自然直接受棉纱消费数量之决定;所以我们可以根据上述消纱量来估计棉布的生产量。棉纱之用于织造棉布匹头者,计为纱厂附设织厂,专营织布及兼营织整各动力工厂,和手织业三项。纱厂附设织机所产的棉布数量,“统税物品销量统计”里已有记载。不过统税署的统计,以匹为单位,要知长度和面积,还要从新估计。所幸民二十四(1935年)年度统计对粗布、细布、混合布三类各种磅份的匹头的长度,都有详细的记录,我们就根据这项记载结算这年度三类布匹的长度确数,并求得各类布的每匹平均长度,计粗布每匹长39码,细布59码,混合布36码。民二十三(1934年)年度的各类布的长度,就用这个标准去结算。至于原未记载每匹长度的杂类布一项,则用以上三类布的总平均长度41码为标准。这样结算的结果,纱厂附设织机的产布量,在民二十三

(1934 年)年度计长 1,022 百万码,在民二十四(1935 年)年度计长 1,250 百万码,两年度平均得 1,136 百万码。面积方面,税务署统计没有记明每匹的宽度,也需要我们新定标准来估计。按纱厂所产粗、细、平、斜各种布匹,大都以宽 36 吋为设计标准;事实上,超过 36 吋者绝少,而不足 36 吋者却很多。现在根据七省华商纱厂和国民党棉业统制委员会全国华厂的两次调查,酌定各类布的平均宽幅为 35 吋。据此标准以结算纱厂附设织厂的产布面积,计民二十三(1934 年)年度得 994 百万方码,民二十四(1935 年)年度得 1,215 百万方码,两年度平均为 1,105 百万方码。这个估计数的正确程度可以华商纱厂联合会所调查民二十三(1934 年)、民二十四(1935 年)两年的数字来审核。这调查所记民二十三年(1934 年)的全国产布量为 999 百万方码;民二十四年(1935 年)为 1,036 百万方码,两年平均得 1,018 百万方码,和我们的估计数亦相差无几。

专营织布或兼营织整各动力工厂的产布量,可依照纱厂附设织厂的标准来估计。这标准就是各类布的总平均,每匹长 41 码,宽 35 吋,用纱 11.2 磅。用 11.2 磅除上述各厂的用纱量 466 千公担,求得匹数;再分别按匹数结算总长度和总面积,结果得长 377 百万码,面积 366 百万方码。将此数分别和纱厂附设织厂的产量相加,便得全国动力织机的总产量长 1,513 百万码,面积 1,471 百万方码。

全国布产量中,除力织机所产之外,便是手织机所产的。不过,机制棉布的设计标准,不能直接用以估计手制棉布。近年手织机的改良,已使手织业常仿造机制品,但经纬密度,尚能相似,宽幅方面,能超过 30 吋者,为数极少。且就我们所知,全国手织业里,狭幅手织机的势力,几与宽幅者不相上下。狭幅机产品,宽幅大都在15吋以下,不过其经纬密度却较机制品为大。今根据我们在南通手织区的调查结果,更参考各方记载,酌采机制品标准来估计。即每匹长41码,宽35吋。但手织品经纬密度较大,其用纱必较多,今定为12磅。如此,依全国手织业消纱量3,180千公担结算,则全国手织业应产布2,329百万方码。此为面积。手织宽幅及狭幅土布的宽度,一般地可定为平均21吋。从此更推算手织土布的总长度应为3,993百万码。合之上述力机产量,今得全国棉布生产总量如下表。

**中国棉布总产量之估计**

| 产　　量 | 百万码 | 百分比(%) | 百万方码 | 百分比(%) |
|---|---|---|---|---|
| 全国力织机产量 | 1,513 | 27 | 1,471 | 39 |
| 全国手织机产量 | 3,993 | 73 | 2,329 | 61 |
| 全国棉布总产量 | 5,506 | 100 | 3,800 | 100 |

## 三　棉布输出入量的结算

中国海关报告册记载棉布输入时计用担、匹、公尺、价值等数种单位,为了便利比较,须一律结算为码与方码。其标准如下:

(1)以匹计者,按叶量所著《中国棉货总产销量之结算》一书附录所载之每匹长宽度结算。

(2)凡叶氏附录未载之布种,其长宽度依类似之布种结算;如印花棉法绒之长宽一律以染色棉法绒为准。

(3)凡叶氏附录未有记载,亦无类似之布种可资遵循者,参考叶量所著《中国棉纺织品产销志》页77—86所载之长宽度结算。

（4）凡以担计者，以其价值与当年同类布进口量或进口价值之最大者折合成匹数，即以此同类布之长宽度为长宽度结算。

（5）凡以价值计者，亦以之与同类布进口量或值之最大者比例推算。

（6）仿制土布一项，系以担计，叶量氏曾以每担15匹折算，今因之；至其长宽度则按国内通行长度定为40码；原记载云"宽不过24吋"，今即以24吋计。

（7）进口土布一项，依国内土布标准结算。

（8）绉布一项，叶氏《产销志》定为宽28吋，长20码；《结算》定为宽30吋，长20码；关册有宽不过15吋及不过30吋两种，结算时，长用20码，宽用14吋与30吋。

（9）自民二十三年（1934年）起，海关报告及记载单位及分类方法全有更动；故上列标准不能应用；长度即取关册之公尺折合为码，1公尺=1.0936码；宽度取叶量氏民元至民二十之进口总长与总面积求一总平均宽度用之。

（10）民二十三年（1934年）后之以值计者，折算法与前此同。

（11）民二十三年（1934年）后之以公担计者，折算法亦与前此同。

用上述方法结算进口棉布量，结果民二十三年（1934年）为长107百万码，面积91百万方码；民二十四年（1935年）为长101百万码，面积86百万方码。两年平均得长104百万码，面积89百万方码。

输出棉布，关册大都以担计，民二十三年（1934年）以后则为公担，其结算方法如下：

（1）海关所谓土布，与旧时常关所称土布系指狭幅手工织品宽不过一尺三寸而言者不同，海关所谓土布，以行销南洋为多，多有小工场出品，亦即家庭手工业所产之改良布、爱国布等类。今假定输出全为此种织品，则其宽度可定为24吋，长度为40码，每担约合15匹，每公担约合25匹。

（2）中国机制品，依七省华商纱厂调查报告所载，粗布以16磅为中心，细布以12磅为中心。长度方面，不论粗布细布，平纹斜纹，以41码为最普遍；宽幅多为35吋，此与上文估计标准同。

（3）棉帆布，双丝布之长宽无记载可查，今以输入品标准代之。

（4）其他杂项，一律以第（2）项标准结算。

用上述标准结算出口棉布量，结果得民二十三年（1934年）出口机制棉布长30百万码，28百万方码；民二十四年（1935年）长11百万码，10百万方码；又民二十三年（1934年）出口手工制品20百万码，12百万方码；民二十四年（1935年）长12百万码，7百万方码；两年平均，得出口机制棉布21百万码，19百万方码，出口手制棉布16百万码，10百万方码。

另有当声明者，海关统计所包括之月份，与统税署统计所包括之月份，每年相差六个月。这是为避免计算工作的繁杂而未加改正的差误。不过输出入数量均其微小，六个月的差误，影响甚小，可以不顾。

## 四　全国棉布总消费量的估计

假定长期言之，生产、销售、消费三量可以互代，则综合上文结

果,可得全国棉布消费量如下表:

**中国棉布总消费量之估计**

| 消　费　量 | 百万码 | 百分比(%) | 百万方码 | 百分比(%) |
|---|---|---|---|---|
| 全国消费机制棉布量 | 1,596 | 29 | 1,541 | 40 |
| 全国消费手制棉布量 | 3,977 | 71 | 2,319 | 60 |
| 全国棉布总消费量 | 5,573 | 100 | 3,860 | 100 |

以上全部估计,为了材料的限制,未能包括东北四省在内。我们所指区域的全人口数约为四万万人,故平均每人每年消费棉布量约为14码或10方码弱。以长度论,此中手机制品占10码,力机制品仅4码;以面积论,此中手机制品占6方码,力机制品亦仅4方码。国人的实际消费,当因丝、毛、麻、人造丝之搀合棉纱织布,会有相当的提高,但其程度必很有限。又,为了材料的限制,我们未能将国内华厂和外商厂的产量分别计算,实为遗憾。

# 第九章　棉纺工业发展中棉花产销的变化

(1914—1937 年)

## 一　棉花生产的商品化过程

### 1. 棉产商品化的动力

棉纺工业资本主义生产方式的发展，在棉花的生产与消费方面引起了很大的变迁。棉纱的生产，既由分散于千百万手纺车集中到少数纱机，则棉花的消费场所也必须由千百万农家集中到少数纱厂。因此，原则上，棉花若不经过流通过程，便不能到达其次一步的加工步骤；换言之，棉花不先成为商品，便不能成为纺业的原料。所以，在纱厂发展的要求下，棉花的生产目的必须改变，随之也就必然兴起棉花的流通市场。

不过，中国棉花之成为商品，从时期上说，并不是中国纱厂有了急速发展以后的事情，从动力上说，也并不纯是国内纱厂所引起的。只是到了大战以后，这商品化过程才因国内纱厂的发展获得长足的进步。

十九世纪以前，中国已有棉花的流通。那时的现象是：北棉南运与东棉西运；其造因，是地理条件之差异；其方向是从棉产有余的区域走向棉产不足的区域。原则上，棉花不是作为商品生产出来的，而是作为消费以后的剩余来出卖。

历史上最初使中国农民为出卖而种植棉花的动力，是国际棉毛工业的发展。早在十九世纪前半，英国棉纺业革命已将棉花造成为世界的商品，利物浦棉市的变动，直接间接影响及于全世界的植棉事业。1861—1865 年美国内战期间，美国南部各港口被北军所封锁，棉花输出困难，世界市场上的棉花供给大为削减。英国兰开夏为维持其纺机的运转，便不得不以高价向印度和中国来搜罗原料，结果，中国棉花市价遂飞速提高，而棉花输出也随之增加。同时，由于棉价的过份提高，使农民植棉的收益超过其他作物，所以长江下游各地遂发生棉作物排挤其他作物的现象。① 这段事实证明：时至十九世纪后半，国际纺织业发展已借价格为绳索把中国棉花拉上世界商品舞台；中国棉花的生产不仅不能再闭锁在农家自用的小天地里，而且，只要时机成熟，棉田还会侵蚀其他作物耕地的。

美国内战结束后，世界棉市又渐复旧观。华棉虽不为兰开夏棉纺业所重视，却成了毛纺业上好的搀和原料，所以对欧输出并不

① "The unusually high prices first brought about by the war in the United States gave to cotton growth in the province, a stimulus, which is apparently of a permanent character. The sudden and ennormous rise in price in the year 1860... from $9 per bale to $28 per bale.... might well have turned heads of the cultivators, and induced an abondonment of other crops." Returns of Trade and Trade Reports, Pt. Ⅱ, 1869, Ninpo, p. 63；当时棉作排挤其他作物的现象，尚可参看 Returns of Trade and Trade Reports, Pt. Ⅱ. 1865, Shanghai, p. 130；1866, Foochow, p. 25；1867, Ninpo, p. 42；1868, Ninpo, p. 50；etc。

间断。而七十年代以后，印日两国棉纺业革命的进展异常迅速，于是，一面是印、日两国以廉价的棉纱向中国倾倒，另一面是日本对华棉的需求日益繁多，结果，中国市场上棉贵纱贱，许多地方不得不运进棉纱，运出棉花。这种纱花的对流，实即表示中国手纺业的没落与植棉业的商品化。直到1890年为止，这对流作用的进行，纯是由国际的势力所推动的。

1890年中国第一家机纺织工厂开始运转，这就是说，中国境内出现了新的棉花消费方式——集中的消费方式。于是在国际的牵引之外，更加上国内的要求，推动纱花对流，也即推动棉产商品化。

欧战期间及欧战以后，中国棉纱业获得空前的进展，全国纱厂的消棉量自也随而剧增。总计1919—1920年度全国纱厂消棉量仅得260万担之谱，经一次设厂浪潮而至1922—1923年度已达540万担，再至1930—1931年则几达880万担，是即在短短的11个年度以内，纱厂消棉量提升至267%之多。在如此迅速增高的情势之下，输出虽仍维持70—80万担，惟从促进中国棉产商品化的意义上看，国外的势力实已退至无足轻重的地位。如今强烈地要求华棉汇聚的处所，既不是生产不足的甘、陕、川、滇等省，也不是需要殷切的大阪，而是国内消棉最多的上海、无锡、天津，汉口等市了。

然而尽管纱厂的发展对农民提出多么强烈的要求，中国农民并没有把他们所出产的棉花全部变为商品。此可由第八章所引1933年前中央农业试验所的估计证明。农民种植棉花，必须留一部分作为网制棉胎之用，所以棉产商品化的程度自然很难到达100%高数。不过，经七八十年国内外各方势力的激荡，商品化程度还是如此低下，则不纯是上述原因所能解释的。

在技术上，欲求棉纱品质优良，必纺业获有优良的原料。纺机所需优良的棉花品质，要性有七：就是长度整齐，拉力强大，富于捻回，纤维细长，色泽白亮，纯洁不杂，和具有空中组织。中国固有品种的棉花，在整齐、拉力、色泽诸方面都有优良的特性，可是捻回较少，长度不足，且又混杂不洁。就长度论，中国棉花纤维大都在27/32吋以下，所能纺之最细度不过24支。就清洁论，中国棉花搀水搀杂很盛，棉花的色质很受影响，甚至纺机的正常运转，也受妨碍。[①] 所以，中国纱厂有时便舍华棉而取用外棉。

在采算上，欲求棉纱成本的低下，必须纺业获有廉价的原料。而棉花售价之高低，须由生产及运销两项费用决定。今就运销论：在交通工具尚未完备，运销机构重叠复杂而沿途关卡林立、税捐繁重的情形下，棉花要从产地集中到纱厂，必须负担过份的花费。尽管中国农民以最低的售价卖出棉花，纱厂还是不能获得低廉的原料。在上海、天津诸大消棉市场上，华棉就常常因负担过多的运销费用以致抬高市价，终不能与印棉、美棉相竞争。因此，中国纱厂又常舍弃华棉而转用外棉。

中国纱厂的原料需求既仰赖外棉来供给其一部分，于是中国棉花商品化的进展，自亦不能随纱厂消棉量之提高而一并前进。所以全国总消棉量在1920—1921年至1930—1931年十个年度内提高267%，而中国棉花消费量仅提高199%。在同时期内，中国纱厂消费外棉所占总消棉量的比重也由17.9%增高至37.8%！而在棉花的对外贸易上，自1920年起，也就一反前此出超而为与年俱增的入超了。

一方面为棉产商品化之不足，一方面为对外棉进口量之提高，

① 参看《华商纱厂联合会季刊》，6卷2期，页23—25；3卷3期，页10—16。

这实是中国棉花供应上的奇异现象！

## 2. 棉市的形成

随着棉产商品化的进展，国内棉市也逐渐形成。最初，是宁波、上海、天津三个出口市场，其形成时期约在十九世纪的后半乃至二十世纪的前十余年间。1894年前，宁波、上海两地新式轧棉机器之使用，1901年上海外商取缔棉花搀水协会之组织，1911年天津日商电力轧棉厂之建立和同年洋商会天津禁止棉花搀合会之组织，都足为这种生长的指标。

随着纱厂之建立，国内又形成棉花消费市场。这一过程在上海始于1890年，成于大战几年中，在武汉，始于1892年，成于1920年以后；在天津，始于1918年，成于1921年后；在青岛始于1916年，成于1921年后；在无锡，始于1896年，成于1921年后。他如常州、济南、郑州、石家庄等地，也都是大战以后方始兴起的。所有这些棉花消费市场的形成时期，各有早晚，其所到达的程度，也各不相同。直到抗日战事爆发时为止，各地每年的消棉量，大体上海为5,315千市担，青岛为1,608千市担；无锡为636千市担；武汉为507千市担；天津为209千市担。这就是中国五大棉花消费市场。

在上海这一消费市场上，1918年日商所设立之取引所，1920年华商所设立之证券物品交易所，及1921年成立之华商纱布交易所，都将棉花列为主要交易物品之一。这就是说在上海，棉花不仅已成为商品，而且已成为投机市场的赌博对象了。

**中国棉花之供需地域分布**

| 省别 | 1936年纱厂消棉量 | | 1935年棉花生产量 | |
|---|---|---|---|---|
| | 千市担 | 百分比(%) | 千市担 | 百分比(%) |
| 江苏 | 6,984 | 64.6 | 3,731 | 28.9 |
| 浙江 | 143 | 1.3 | 709 | 5.7 |
| 山东 | 1,743 | 16.1 | 1,139 | 8.8 |
| 湖北 | 581 | 5.4 | 1,452 | 11.3 |
| 河北 | 417 | 3.9 | 2,520 | 19.6 |
| 河南 | 358 | 3.3 | 1,124 | 8.7 |
| 山西 | 264 | 2.4 | 555 | 4.3 |
| 湖南 | 154 | 1.4 | 288 | 2.2 |
| 江西 | 97 | 0.9 | 222 | 1.7 |
| 广东 | 42 | 0.4 | 8 | — |
| 陕西 | 30 | 0.3 | 1,133 | 8.8 |
| 共计 | 10,814 | 100.0 | 12,881 | 100.0 |

资料来源:消棉量,据《中国纱厂一览表》;棉产量,据《农情报告》。

农民手中的棉花,不能直接销售于纱厂。所以,随着终点消费市场的形成,必然会有中级转运市场,乃至原始贩卖市场的兴起。农民所赖以直接出售其产品的原始市场,自然是分散在产棉区域的农村或市集里。惟中级转运市场的位置,则除却棉花生产之地域分布状况而外,主要地,尚须视运输条件来决定。现时所有较大的棉花中级市场,都是分布在铁路沿线或沿江口岸的。譬如平汉与长江接运处之汉口,胶济与津浦交叉处之济南,和陇海与平汉交叉处之郑州,就成中国最大的三个棉花转运市场。比较次要的中级市场,如河北之石家庄,山东之张店与周村,山西之榆次与阳曲,河南之陕州与彰德,湖北之老河口与沙市,浙江之宁波与余姚,湖南之津市，江西之九江，安徽之芜湖等等，也都在交通便利之处。

这些中级市场开始形成的时期，早晚不同，其进展速度亦异。其中有若干处所是十九世纪便已存在的市场，只在近几十年益发扩大其转运数量。有若干处所则是大战以后方始兴起的。如阳曲与榆次，起于1917年山西提倡植棉以后；如济南，起于1918年青济之设厂以后；如张店，起于1920年日商在胶济沿线提倡植棉以后；如陕州，起于灵宝、阌乡等县开始大量植棉与陕棉开始东运以后；此中尤以济南，堪称为新兴棉花市场的代表。

济南附近，本不是棉产区域。在1909年前，纵有小本棉花贩自产地向济南贩卖棉花，但其数量微小，在济南连一家专营棉花贸易的商店都是没有的。1909年，有堂邑棉花贩王协三者，为便利各棉花贩计，在济南创设福成信花行，安寓各棉花贩，自此才有了专营棉花行。在1909至1919年间，集中济南市的棉花数量，因大阪棉市的吸收，已有增加，然每年亦不过10万担，棉花行仅五六家。1919年济南鲁丰纱厂，1920年青岛华新纱厂，先后成立，济南市棉花的集散，得有新的刺激，日益增多。至1921年，集散数量已增至50万担，大部运销日本，全市棉花行增至12家。1922年上海申新纱厂来济南收棉花，济南棉花去路益增。1924年棉花行已达20家，全年运销总额增至70万担以上。1926年，军阀张宗昌督鲁时期，战事连年，交通中断，押汇不通，济南棉花市场的生长颇受打击。1929年战事平息后，上海客帮继续来济南收花，中国银行又发起专事放款与棉花行之棉业贷款，故集散数更一跃而至80万担。此后济南棉花市的发展，极为迅速，计1930年集散棉花100万担，至1934年即增至160万担。二十余年的发展，济南已成为中国第二个棉花中级市场了。①

每个中级市场所吸收的棉花来路，各有广狭。其数量大体也是由产区之大小和交通的便否来决定的。譬如汉口，便吸收鄂东、鄂北、鄂中的全部棉花，以及由平汉路来的豫陕晋棉花，由汉水来的陕棉和由洞庭湖、粤汉路来的湘棉，每年集散数量常在150万至200万担之间。此中鄂东举河流域所产，大都先集中馆驿、宋埠、新州、仓子埠等处，然后汇于团风转运汉口；长江两岸所产，则集中于鄂城、樊口、新州、巴河、大冶、黄石港等处，分别运汉。这两区都是利用民船或小型汽船为运输工具的。鄂北东部，涢水流域所产，大都利用马车或汽车集于信阳、广水等处，再由平汉路南下；西部汉水流域则集于老河口、樊城等处，然后顺汉水而下汉口。此路除本区产品而外，若河南郑县、淅川、新野等县所产者，也集于老河口，和陕西渭北所产，随汉水而来者，一并运汉。鄂中方面，水路四达，民船与小型汽船运输极便，较大的小集中地有孝感、岳口、天门、仙桃、沙洋、监利、蔡甸等处。至于鄂西棉花，大都先集于陡湖堤、江口、弥陀寺、藕池口、马口、河溶镇等处，然后齐集沙市，直接运送四川或长江下游各口。盛时每年集散数量亦达20余万担。如此，汉口、沙市两个中级市场，实网罗鄂省棉花的全部及豫、晋、陕、湘之一部。特别是汉口，终成为中国最大的棉花市。②

集中于济南的棉花，以鲁北、鲁西两区产品为主。鲁北津浦路

---

① 金城银行：《山东棉业调查报告》。页111—113。

② 以上参看金城银行总经理汉口调查分部：《湖北之棉花》，页34—38；叶元鼎等：《吾国重要棉市调查记——汉口》，《国际贸易导报》，6卷9期，1934，9，10，页35；鲍幼甲：《湖北省经济概况——棉业》，《汉口商业月报》，1卷7期，1934，7，10，页35；金陵大学农学院农业经济系：《沙市棉花专业调查记》，1934，页1—3。

以东及小清河流域所产者，一路集于孙家镇（邹平县属），一路聚集于齐东，然后均利用小清河民船转运济南。鲁西方面，产量多于鲁北。各县例多先集临清，然后用火车运赴济南。沿卫河各地，也有先用民船运至德州，再装火车运济的，其数量远不及集于临清者之多。鲁省本省产品而外，济南市也吸收冀南、豫北的来货。冀南滏阳河两岸各县如吴桥、南宫、威县、清河、成安、宁津、广平、南皮、晋宁等县出产，用火车或大车运济；豫北彰德、武安、新乡等县出产，则用火车运济南。三省齐集济南市的棉花，除一小部留为本地纱厂消用而外，其余大部循胶济路东去青岛，一小部则循津浦路南下沪锡。此外，小清河流域之一部，滨县、蒲台、利津、广饶、高苑等11县之棉花，则集于张店，年约20余万担，除大部运赴青岛外，尚有少量运济南销售。①

郑州适当陇海、平汉两路交叉处，其所聚棉花，大部由此两路而来。集中郑州的棉花，包括豫、陕、晋三省的产品，以豫省为最多，陕省次之，晋省最少。豫省境内陇海沿线的棉花，分别集中于阌乡、灵宝、陕州、洛阳、巩县等处，然后运郑州。陕西泾渭两流域所产，则先集中于咸阳、渭南、泾阳、三原等处；洛河下流所产者，先集中于朝邑；山西汾河下流所产者，先集中于韩城、荣河等处，最后也大部由陇海路运往郑州。此外黄河以北豫省境棉花，也有一部分集中安阳、新乡等处，由平汉路运郑州，但不若运赴天津者之多。总计三省聚集于郑州的棉花，常达三四十万担，除一小部分留供本

① 以上参见金城银行：《山东棉业调查报告》，页111—117，153—159；叶元鼎等：《吾国重要棉市调查记——济南》，《国际导报》，6卷9期，页33；徐玉辉：《济南棉业调查报告》，《纺织时报》，1257—1264，25，2—3。

地消费外，大都由陇海路东下海州，然后转往上海，其由平汉路运往汉口的，乃是少数。①

十九世纪以来，棉花久已成为世界瞩目的重要商品了。世界市场的震动，无日不通过现代化的集散中心播送到各国去。在这个意义上，中国上述诸大棉市之形成，实有不容忽视的意义。不论形成动力是发自国内的或来自国外的，在棉产商品化的速率不能适应国内纺机之增殖，国家关税毫无壁垒足以阻抑外货之自由进出的情况下，这种庞大的集散市场之形成，即无异于在世界市场与中国农民之间建起敏感善变的神经结来，使中国农民不得不日夕遭受世界市场的簸弄，成为世界原料争夺战中最后牺牲者。

上海、天津诸埠经常地追随纽约、大阪的电讯来决定其标棉市价，已是众所周知的事实。或许有人还怀疑纽约的棉市电讯未必能伸展到中国的乡村里去的。这里，我们且举一例，以明一般。河南省平汉铁路线上的安阳，原是一个很小的棉花市，聚集冀南或豫北的一小部分棉花分运天津、济南、郑州各处。这里，向农民收买棉花的，还是工商兼营的轧户。时至1935年，轧户还得顺从农民的习惯用银元去给付棉花价，可知这实是一个极其落后的角落。可是这个小县城里的行情，是每日由棉业公会收取南京无线电台所广播的上海标花市况更参酌由天津济南所传来的棉花供需情形来决定的。② 中国棉农如何在国际棉花市的动荡中售出他的棉花，

① 以上参看《郑州棉花市场之今昔观》，《中行月刊》，8卷5期，1934，5，页165；狄豫福：《郑州棉市之调查》，《国际贸易导报》，2卷12期，1931，12，10；《郑州棉花市场概况》，《中行月刊》，2卷10期，1931，4，页13。

② 顾裕昌：《安阳县棉业调查》，《国际贸易导报》，7卷10期，1935，10，10，页76。

由此已不难想像了。

## 二 品种改良与棉田的扩张

### 1. 品种的改良

中国机纺业的发展不仅使棉花的消费方式迅速地集中，而且使棉花的消费数量不断地增高；所以，中国的新植棉事业不仅要求农民把自用的棉花变为商品，而且要求农民把旧有的棉田予以扩张。同时，为了技术上的理由，消用棉花的品质需要纯净提高；采算棉花的成本需要降低，于是乃有搀水搀杂之取缔，优良新种之推广，籽棉加工方法之改良与产销机体之改善等等事情发生。总之，为了适应簇新的纺织工业，必须建立簇新的植棉事业。这里，我们只检讨改良品种与扩张棉田两者。

改良棉花品种，不外四个途径：即引进新种，系统选种，杂交育种和人工引变。中国棉种改良始于引进新种，继之以系统选种，结果多少有些成绩可言。

中国之引进新棉种大都限于美国种。1865 年，上海始有美国棉种的输入[①]。这次大约是外商发动的。后二年(1867)，满清政府似乎也曾派人到美国去购求良种。[②] 外商要改良中国棉花品质，自然是为的供给他们以适合的原料；满清政府之所以出此，则是因为

---

① Returns of Trade and Trade Reports, Pt. Ⅱ, 1866, Tientsin, p. 49.

② Returns of Trade and Trade Reports, Pt. Ⅱ, 1867, Tientsin, p. 19.

美国内战既停，中国棉花输出顿减，想改良品质，以增加输出。总之，初次建立新植棉事业的要求，不发自国内纺织业的发展，而发自国外棉花供给的增减。

中日两国棉工业相继崛起后，棉花改进的要求，终于再被提出。棉工业的规模愈大，进展愈速，这个要求也愈为迫切。1892 年张之洞既创立织布局于武昌，随即着手于棉产品种的改良。他的方法，简简单单地就是分发美国棉种要求农民种植。[①] 这种尝试，终因棉种未经驯化而失败。1908 年光绪下了一道谕旨说："近年来纱布进口，日益增多……民间纺织，渐至失业，因由工作之未精，尤因种植之不善。"[②]因此，他谕令农工商部，考查各国棉种及种植成法，并优定奖励章则，颁行各省督抚，广为提倡。这是满清政府感到中国棉种不良，种法不善，不利于国内纺业的发展，而作有计划的改良之始。本着这次清廷的发动，有些省份自觉地实行移植美国棉。不过当时的政府官吏是不会懂得怎样去驯化棉种的，他们于试验一两次失败后，竟至把美国种中国种混合起来播种，结果既不能保持美国种纯净，又不能育出优良新种，完全失败。[③]

1914 年素倡棉铁政策的张謇出任农商总长，北京政府的棉产改进工作，随趋积极。计由他自己及其后继者，所推进的工作约有：本年 4 月农商部发布植棉奖励条例；次年 3 月聘美国籍技师周

---

① 张氏曾数度分发美种，劝令湖北各产棉县份试种，参看《张氏札产棉各州县试种美国棉子》，《札各营县续发美国棉子暨章程种法》，《札各营县再试种美国棉子》，《批云梦县禀体察种棉情形》，《张文襄公公牍稿》，卷 11，24。

② 官颁：《棉业图说》，宣统二年印，卷首。

③ 《贸易统计及报告》，1908，胶州，页 26；1909，胶州，页 30；1910，胶州，页 35；《天津钞关》，页 28；Decennial Reports，1902—11，Tientsin，p. 214；Chiaochow，p. 248。

伯逊(H. Jopson)为植棉顾问;同月,设立第一棉业试验场于正定;4月,设立第二、第三两棉业试验场于南通及武昌;1916年,借袁世凯私田二百亩设北京政府直属模范植棉场于彰德;1918年更设立第四棉业试验场于北京,同年,自美国购入大批脱字(Trice)及郎字(Lone Star)棉种,并公布分给美国棉种及收买美国种棉花细则,次年,即由各省实业厅分给农家种植;又1919年1月,公布棉业整理局章程,12月设立长芦棉垦局;1920年,更自朝鲜购入金氏改良(King's Improved)美国种,分散播种,1922年,又批定设立植物病虫害检查所于上海。① 凡此都是北京政府改进棉花的措施。其特点在于不仅推广美国种,并且企图驯化美国种。其结果是,在推广上,留下了许多退化的美国种棉,在驯化试验上,更毫无成绩可言。

中央政府之外,地方政府也不乏推广美国种,设立试验场的。譬如1904年山东省农工商务局已买过大批美国棉种,分发农民播种;民国初年,湖北省实业厅又曾设立荆州与钟祥两个棉场,分任鄂西与汉水沿江一带的改良推广之责。两省的尝试,都因种籽未经驯化而失败。待至欧战以后,国内需棉大增,品种改良的要求,随之迫切,于是各省逐纷纷设场推广。此风在欧战结束后,尤为盛行。总计1917—1931年间,全国所设试验场不下六七十处,遍布于河北、山东、山西、河南、陕西、江苏、浙江、安徽、湖南、湖北、江西、广西、辽宁等十余省。

总观各省的试验,大都归于失败。当时掌握政权的军阀,并不代表资产阶级利益,把试验场、育种场当作官场经营,我们只看到

---

① 《中国棉产状况》,《工商部上海商品检验局丛刊》,第2期,1930,页54—56;程养和:《中国棉花之粗细问题》,《国际贸易导报》,6卷9期,页105。

毫无科学知识的政客官僚，此去彼来，却看不到科学的育种工作，其失败当然是可以理解的。

直接感觉棉花改进的需要最为迫切的，莫如棉纺织厂商。中央政府和地方政府以上种种努力，在效果上既不能满足厂商的需要，在时速上尤不能适应他们的渴望，于是他们逐自起图谋改进。厂商方面，最早努力于中国棉花改进工作者，是上海外国厂和出口棉商。1910年，上海外国厂和出口棉商既组织上海禁止棉花搀水会，同时，又附设植棉场，企图引种美国棉种。1916年，该会将试验工作，委托金陵大学皮克氏监督进行，结果完全失败。1917年，该会后聘魏莱特（Emil Widlet）在上海试种美国棉及埃及棉，结果认为生长期太短，不适于种植美国棉。

长江下游引种美国棉的失败，驱使厂商们把推广美国种的目标，移向华北，同时，也驱使试验工作，不得不注重于美国种驯化和华种的改进。美国种推广方面，若华商纱厂联合会之以脱字、郎字棉种运豫陕分散（1920年）；石家庄大兴纱厂之散发金氏美国种（1920年）；陕西棉商之以灵宝德字棉[①]输种于关中棉区（1925—1926年）；青岛华兴纱厂之在清平、滨县等处，推广美国种（1924—1925年）；江苏省财政厅与纺织家荣宗敬之捐购爱字（Acala）美国种运豫陕代赈（1927年），都是厂商急图改良品种之最好的说明。[②]

品种试验方面，如穆恕再、穆藕初兄弟之组织中华植棉改良

---

① 德棉亦为美种，原名Delfos。

② 以上看《中国棉产改进统计会议专刊》，《各省报告》，页19；《中行月刊》，10卷6期，页53；《国际贸易导报》，8卷3期，页42—43；6期12卷，页113。

社;如湖北之私立三益棉场,及其后由石蘅青等会同湖北纱厂联合会与武汉大学所组之湖北棉业改良委员会,乃至华商纱厂联合会之设立棉作试验(后委托东南大学农科办理)等等,都是私人努力于棉产改进的好例。但在改良品种上,最有成绩者,莫如南通农科大学、东南大学(中央大学)、金陵大学三个教育机关。

华商纱厂联合会于1919年资助金陵大学600元,举行品种试验。该校遂于同年自美购得纯种8种,分发国内苏、浙、赣、皖、湘、鄂、豫、冀八省26处举行试验。同时,复经各机关之联合,聘美国棉作育种专家顾克(O. F. Cook)与郭仁风(J. B. Griffing)赴各场视察,结果认为最适合于中国种植者惟脱字、爱字两种棉。但沿海地带,气候寒冷及温度过高之区,美国棉每苦不能成熟;即使成熟,亦较本地种易受病害与虫害;且雨泽过多,空气潮湿,美国棉易遭腐烂,所以二氏认为改良中棉,当较引进美国种更有希望。[①] 从此,引进美国种大都限于脱字、爱字两种,而驯化美国种与改良中国棉工作,亦渐上轨道。

本顾克等人的观察结果,此后中国的品种试验工作,渐集中于脱字、爱字美国种驯化与中国棉改良二途。1919年,外商所设之中国纱厂公会与禁止棉花搀水会即委托金陵大学组棉作改良部,聘郭仁风担任技术主任,开始选择中国棉与驯化脱字、爱字美国棉种。三年后,育成百万中国棉一种,纤维细长,可纺纱支达42支。而其生态习性,尤特别宜于江浙沿海一带之风土,是为中国棉应用

① 郭仁风:《中国采种美棉前途之希望》,金陵大学农林科印。

系统育种成功之始。[1] 又,1919 年华商纱厂联合会亦自创棉作试验总场于南京洪武门,聘过探先主持其事。1920 年,普设分场 16 处,亦注重于脱字、爱字单本选种与鸡脚棉改良工作。1921 年,将所有各场移交东南大学农科继续举行各项试验。经四五年的选种,终于育出改良青茎鸡脚棉、改良小白花棉、改良江阴白籽棉、孝感光籽长绒棉四种优良的中国棉品种。青茎鸡脚棉与江阴白籽棉,纤维长度均在 7/8 吋至 1 吋之间。前者衣分达 38% 至 40%,后者亦达 35%—38%。小白花棉纤维长至 1 吋,衣分 38%;至孝感长绒的纤维则长至 1 吋至 1 又 1/8 吋,衣分亦达 33%—55%,已堪和脱字、爱字美国种媲美。四者的成熟期都已提早,可说是长江流域的良种。[2]

南通农科大学方面,因地居棉产中心,邻近大生纱厂,且由纺织厂主持人张謇为校长,故对于棉产改进工作,最先深感其需要,而从事驯育美国种与改良中国棉亦最早。1914 年,通大已有改良鸡脚棉的记录,同年,又从台湾购得美国棉 8 种,遂得举行中美棉比较试验,终证实美国种不适于长江下流之说。同时,又在多种中国棉里,选得最适于南通种植的鸡脚棉一种。此种鸡脚棉,纤维长度达 29/32 吋至 1 吋,衣分达 39% 至 42%;且其成熟之早,抵抗小卷叶虫力量之强,植株之密,与夫纤维色泽之洁白,都非其他中国棉所及。[3] 自从此种育成后,通海等地,即争相种植,几乎成为这一带的惟一品种了。

---

① 陈燕山:《对于我国棉件改进之商榷》,《中华棉产改进会月刊》,1 卷 12 期;陈燕山:《金大育成百万棉之起源经过及希望》,《中国棉产改进统计会议专刊》。

② 王善佺、冯泽芳:《东大农科之改良中棉品种》,《农学杂志》,2 卷 4 期。

③ 谭仲约:《南通农大改良鸡脚棉之经过及今后育种之设计》,《中国棉产改进统计会议专刊》。

此外，山东省立第二棉场（齐东），在驯化美国棉选育中国棉上，亦有相当成绩。该场于1927年开始用纯系选种法选育脱字美国种，经五年的试验，获得脱字36号（Trice 36），最适于山东的气候土质。此各棉纤维长1.1吋，拉力强大，捻曲142转，可供42支纱之原料，且早熟抗害，衣分达32%，甚为当地农民所欢迎。同年，该场又从本地农民田中选出中国棉一种，经五年的选种，即成纯种"齐东细绒"。此棉纤维长7/8吋，衣分达33%，早熟丰产，抗害力甚强，亦成为山东的优良品种。①

作物品种的改良，往往是经过多年的选种培育才能获得结果的。上述那几个有数的试验机关，积一二十年的努力，虽不乏成绩可言，只是要推之于广大的中国棉区，要适应迅速前进的中国棉纺业，自然是力不胜任的。所以一面虽有驯化美国种的不断推广，以及多种改良中国棉的发现，一面仍不得不为了纤维品质优异而大量地引用外棉。1919年后，洋棉进口，又逐年扩大，甚至有年达万万元以上的。

棉作本是一种很容易因风土的不同，而引起既已隐伏的劣性随时复现，因而迅趋退化的作物；同时，这种作物对于自然条件的适应性，又异常狭隘。过去遽以未经驯化的美国种从事推广，固然，很难获得良好的结果；便是使用业已驯化的种子，一旦走出试验场而普遍地推之于各地农田，也很难保持其维持优良特性。② 因此从前自单纯地引种美国棉，进而要求驯化美国棉；后来就又不得

① 金城银行：《山东棉业调查报告》，页17—18。

② "美种采植于中国以后尚有一重要问题，即如何采植于各地是也。据经试验之结果，无论棉稼作或其他作物，在某处能服其水土，收获甚佳，但一经移植他处，相距仅五十英里至一百英里之遥，即不克求与原产地相同效果矣。"郭仁风：《中国采植美棉前途之希望》。

不从单纯地驯化美国棉进而要求地方纯种。

棉纱所要求于棉纤维的优良属性，本是多方面的。过去各试验场在品质上的选种标准，大都只注重棉纤维的长短而忽于纤维的粗细及其捻曲数之多寡。据大生纱厂副厂实用改良鸡脚棉的纺制结果，此种棉纺成近20支纱（19.6支）时，其强力仅得52又84/100磅，比普通标准之有70余磅者，相差甚远。其他改良中国棉，也大都有类似的缺点。[①] 于是改良品种工作，至此又当从新估价，不得不在质量上提出更高的标准。

品种改良问题，固然不是单纯地驯化美国种或提高纤维长度所得解决的，然而同时也并不是单纯地培育地方纯种或改进纤维的各项特性所得解决的。为了保持良种的纯净，俾使农民不必要经常地向试验场来购求棉籽，零星散布于乡村的轧花工作，就必须施以集中管理；为了使优良的棉产获得其应有的售价，借以加速推广良种，棉花市场上鉴定原棉品种的传统习惯，就必须代之以科学的分级标准；同时，为了迅速推广良种，为了使农民种植的良种，便获得良棉，于是种植方法里的各个步骤，乃至棉株生长期间的病害防治等等，都成了试验棉场的重要研究课题。但直到抗日战争爆发的时候为止，这些方面都没有成绩可言。

十九世纪中国固有棉种的品质如何没有科学的记载可考。但中国棉因纤维太短，致被兰开夏纺织家所摒弃，则是事实。[②]

① 参看孙恩麐：《南通大生纺织公司南通学院农科改良江北棉产计划》，《中华棉产改进会月刊》，1卷12期。

② "... it is at least certain that the cotton sent from China to England has been quite as objectionable to the manufacturers there, from the shortness of its staple, as Indian cotton." Trade Reports, 1866, Tientsin, p. 94；事实上不独华北棉产如此，彼时中国各地棉产大都类此。

过去中国棉曾本其纤维之洁白，粗壮，强韧与疏松诸特性而成为上好的羊毛搀合原料，故为欧洲毛纺织家所欢迎；①河北省之西河棉，也因此类特性而在日本欧美获得声誉，有时售价且较细长柔软之美特林(Middling)美国棉为高，但这种种特性，在棉纺家看来，大都不是好的品质。

几十年来，引种美国棉与改良中国棉的工作，在棉产品质之改进上确有进步。但这种进步，是异常迟缓的。

依中华棉业统计会的估计，1934年全国棉田面积的44,971千亩，其中洋棉计22,771千亩，约当50%，同年全国棉产约11,202千担，其中洋棉计5,786千担，约占52%。中国之输种美国棉，自然是选择优良品质的。历次所选美国棉，其纤维长度，大都均在1英吋以上。如果此类美国种能保持其固有品质则全国产量中52%的美国棉，对中国棉花品质之提高，自有极大影响。不幸的是，历次输种的美国棉，大都难免退化。中央棉产改进所曾考查各省美国棉146种，结果纤维长度在1英吋以下者计有66种，约占45%；长度在1—1又3/32吋者，计有40种，约占28%；长度在1又3/32—1又1/8吋者，计有28种，约占19%；其在1又1/8吋以上

① "Cotton from the most of the growing district of Ninpo, and also from certain districts near Shanghai,... possesses many peculiar characteristics which notwithstanding its shortness of fibre, has brought it into demand for export to Europe. The principle characteristics are whiteness, coarseness, wiry fibre and sponginess; its coarseness and wiry fibre making it very valuable for mixing with fine lamb and sheep's wool, the whiteness of cotton so mixed with wool adding lustre and beauty to the manufactured article... The coarse, spongy cotton is also to a large extent, used in manufacturing gun-cotton, cartridges, vestas, and lampwicks, for which it is peculiary adopted." Trade Reports, 1878, Ninpo, pp. 146–147.

者，仅12种，约占8%。[①] 毫无疑问的，多种美国棉，一经输入中国，其长度都已缩减了。

虽然，纤维长度，固是优良品质的首要条件，若粗细，纤维量，也足以左右同长度棉花所纺纱支数的高低。退化美国棉在这两方面，仍是较中国棉为高的。据程养和先生就上海商品检验局棉质检验室及中央棉产改进所棉花分级室所有之标本，逐一考察的结果，[②]中国所种的美国棉之退化，纤维变短，至为明显，但纤维变粗，则未必尽然。长短悬殊之退化美国棉，在粗细上并没有显著的差异。所以美国棉纵使退化，仍然是比中国棉为细的。又中国棉纤维量和美国棉纤维量，绝不相混。譬如百万华棉1吋之长，湖北美种四分之三吋之短，然其纤维量仍有显著的差别。美国棉纵退化，其纤维量依然绝对的较中国棉为轻。如此，长绒美国棉经退化，而与中国棉有同一长度，但其能纺支数依然较中国棉为高。所以说，中国棉产量中，52%的美国种棉对于中国棉产品质之提高，依然是有相当贡献的。

中国棉改良方面，过去虽已育成孝感长绒棉、百万华棉、青茎鸡脚棉等类纯种，但因历史较短，且缺乏大规模的育种场所，良种推广进行异常迟缓。所以改良中国棉对于全国棉产品质之提高，贡献是很小的。就中央棉产改进所所考查各省中国棉157种的结果来说，中国棉纤维长度之在7/8吋以下者，凡36种，占全体的23%；其7/8至1吋之间者，凡108种，占全体的69%；其在1吋至1又3/32吋之间者，凡8种，占5%；其在1又3/32吋至1又1/8吋

① 周幹：《中国棉产自给问题》，《农报》，2卷26期。

② 程养和：《中国棉花之粗细问题》。

之间者，凡 4 种，占 3%；其在 1 又 1/8 吋以上者，只有 1 种，占 0.6%。[①] 如果依一般的习惯，将 1 吋以下之纤维，认作短绒；将 1 又 9/16 吋以上之纤维认作长绒，则中国棉可说是全部属于短绒的。

全国棉种之地理上分布状况，向来没有精确的调查。就历次推广美国种的记载推测，大体河北以脱字棉为最多，金氏棉、郎字棉等占极少数；山东以金氏棉、脱字棉为多；山西杂种脱字棉、金氏棉、郎字棉、爱字棉等；河南、陕西两省杂种德字棉、脱字棉、爱字棉以及其他品种；湖北、江苏、浙江、江西、安徽等省之美国棉品种不明，惟除湖北外，这几省所种美国棉极少。

若依纤维品质分类，大体质地轻松、柔软，精亮而显有丝光。纤维平均长达 1 吋或 1 吋以上之美国种棉，主要产区在河南之灵宝、阌乡、陕州、洛阳、郑州、彰德；河北之东北河、御河两区；山东之滨县高唐，齐东清平；山西之平陆、临汾、曲沃与湖南之常德、沣县等地。纤维长度在 1 吋以下，3/4 吋以上之短绒美棉，市场俗称细绒，如陕西细绒、汉口细绒等，其主要产地在陕西之渭南、三原、长安、泾阳、朝邑；湖北之沙市、宜昌、荆州、襄阳、公安；江苏之东台、盐城、阜宁；安徽之乌江，以及河南、山东、河北、湖南等省的少数地方。

中国棉方面以黑籽棉品质最佳。纤维长度，常在 5/8 吋以上，体质细软，具有乳精色，可与短绒美国种媲美，而较普通白籽中国棉为佳。主要产地在江苏之南通、常阴沙、江阴、靖江、崇明、太仓与安徽之安庆等处。白籽中国棉，纤维长度普通在 13/16 吋左右，色泽乳白，微带丝光，本质稍具柔软状态。主要产地在江苏之江

① 周幹：前引文。

**中国各省棉产品质检验结果**

| 省别 | 种别 | 检验处所 | 长度（吋） | 整齐度（%） | 强度（公分） | 捻度（转） | 纤维量（公丝） | 可纺支数 |
|---|---|---|---|---|---|---|---|---|
| 河北 | 美种 | 1 | 29/32 | 90 | 6 | 115 | —— | 24—32 |
| | 华种 | 4 | 11/16—25/32 | 95—96 | 5—7 | 37—47 | 0.0036－0.0046 | 8—12 |
| 山东 | 美种 | 12 | 15/16 | 88 | 4—5 | 76—116 | 0.0019—0.0023 | 24—42 |
| | 华种 | 6 | 25/32—1 | 88—96 | 5—6 | 43—60 | 0.0031—0.0037 | 10—24 |
| 山西 | 美种 | 6 | 15/16 | 92 | 5 | 80—110 | 0.0021 | 20—32 |
| 河南 | 美种 | 16 | 15/16 | 88 | 5 | 96 | 0.0020 | 24—42 |
| 陕西 | 美种 | 10 | 29/32 | 90 | 4—5 | 94 | 0.0019 | 16—32 |
| 江苏 | 美种 | 4 | 13/16—1 | 89—94 | 5 | 86—96 | 0.0020 | 16—24 |
| | 华种 | 16 | 25/32—13/16 | 94—96 | 6 | 50—80 | 0.0028—0.0036 | 10—20 |
| 浙江 | 美种 | 5 | 15/16 | 88 | 4—5 | 92 | 0.0020 | 16—32 |
| | 华种 | 4 | 3/4—31/32 | 93 | 6—7 | 39—60 | 0.0018—0.0036 | 10—24 |
| 安徽 | 美种 | 3 | 11/16—25/32 | 90 | 5—7 | 79—90 | 0.0021—0.0024 | 10—16 |
| | 华种 | 3 | 11/16—25/32 | 92 | 5—7 | 45—65 | 0.0030—0.0038 | 10—16 |
| 江西 | 美种 | 1 | 13/16 | 94 | 4 | 102 | 0.0020 | 16 |
| | 华种 | 2 | 3/4—25/32 | 95 | 6—7 | 46—49 | 0.0033—0.0034 | 12—14 |
| 湖北 | 美种 | 13 | 13/16 | 93 | 5 | 75—105 | 0.0017—0.0024 | 16—20 |
| | 华种 | 7 | 23/32—7/8 | 91—97 | 5—8 | 43—82 | 0.0033—0.0040 | 10—16 |

作者注：资料辑自《国际贸易导报》，9卷1期，1937，1，15，155—169页。

阴、太仓、嘉定、上海、宝山、川沙、奉贤、南汇、金山等处。中国棉中纤维长度在3/4吋左右，体质粗硬，劣于上述二种者，是为中国棉之劣等。主要产地在浙江之余姚、宁波、萧山、绍兴、上虞；江西之九江；山西之解州；安徽之合肥等地。市场所谓湖北家乡棉亦属此类。此外，纤维更短，体质特别粗硬之最劣等中国棉，纺纱只能达10支左右，然特别适于用作羊毛搀合原料和网制棉胎者，以河北之西河区所产最为著名，其他若河南之安阳；陕西之醴泉、朝邑；山东之商河，威县、临邑；以及湖北东部等处，皆为其主要产地。[①]

全国棉花产量中各种品质的分配如何，向无估计；1932年8月至1934年7月两年中，国民党上海商品检验局曾检验上海市场的国产棉花58万余担，结果纤维长度在27/32吋以下者占73%，在1吋以上者仅占2.1%。中国棉花品质之劣，可以想见了。事实上，

**中国棉产的长度分配**

| 长　度 | 1932年8月至1934年7月检验数（担） | 百分比（%） | 中棉各种长度之产量估计1932—1936年平均（千市担） |
|---|---|---|---|
| 3/4吋以下 | 4,254 | 0.7 | 121 |
| 3/4—25/32吋 | 263,766 | 45.5 | 7,507 |
| 13/16—27/32吋 | 157,270 | 27.1 | 4,475 |
| 7/8—29/32吋 | 90,570 | 15.6 | 2,578 |
| 15/16—31/32吋 | 52,261 | 9.0 | 1,488 |
| 1吋—1吋以上 | 12,121 | 2.1 | 345 |
| 总　计 | 580,422 | 100.0 | 16,514 |

资料来源：检验数据《国际贸易导报》，6卷9期，页120—123；棉产量据《农情报告》。

① 参看《国际贸易导报》，6卷9期，41—43。

中国纱厂之纺制棉纱，在16支以上者多需搀用国产美棉；在20支以上者，多须搀用输入美棉；在32支以上者，大都须以输入美棉为主，国产细绒为辅。几十年来，棉产品质虽有提高，然细支纱原料，仍极度缺乏。

## 2. 棉田的扩张

棉田面积扩张过程，不外循两个途径前进：第一是每个农家的棉田面积与其同季作物面积的比数之提高；第二是向来不植棉花的地区，进行植棉。但不论取何途径，其中心关键，全在植棉经济与其他作物经济的竞争对比一点。要使中国的小农家舍弃其他作物而提高其棉田面积，或者要使素不植棉的农民，从新学习植棉，非待棉作的收益超过其他作物的收益不可。

两种作物收益之精确的比较，是两种作物在市场上所实现的货币数量之多少。假定棉作物和其他作物这种售价的对比，可以实现，那么，棉作物收益之超过其他作物收益，可有两个促成因素：不是棉作物和其他作物比较起来，棉花售价之相对高涨，就是棉作产量之相对的丰富提高。理论上必须如此，事实上也的确如此。据卜克的调查，农民报告棉田面积扩张的首要理由，是高额的售价，其次是丰富的产量。①

比较棉花和其他农产品价格的变动，我们可以取天津的批发物价为例。如果把西河棉花、红小麦、小米和黄豆几种价格作成指数，那么就可以看到，在1913—1936年间，除大战时期情形特殊而

① J. L. Buck, *Land Utilization in China*, p. 218.

外，二十年来棉花的指数变动，总是凌驾其他作物之上的。换言之，在市况一般地升腾时，原棉售价的高涨较之其他作物为速；但当市况一般地下降时，棉花售价的下落又较其他作物为迟。如此，棉花在和其他作物于市场上所实现的货币数量之对比上，二十年来，不断地立于相对提高的地位。不用说，这种售价的相对的提高，终极必然形成棉作收益超过其他作物收益的结果。因此，从价格变动上看，棉作之逐渐排挤其他作物，乃是不可避免的事情。

从产量上观察近二十年里，用全国棉田面积和棉花产量所求得的全国平均的每亩产量，常维持稳定状态。就是各省的数字，也并无显著的增高趋势。但这大都是由于各省区内灾害无常所致。事实上，近二十年里，美国棉的推广，中国棉的改良，已使中国的棉作产量很有提高。由于产量的提高而增加棉作收益，因而促进棉作排挤其他作物的事情，也是在不断地发生的。

价格变动之相对地提高和产量之增加，归结为棉作收益超过其他作物收益，因而促进棉作排挤其他作物，这里可更举事实上的证明如下。

据山东齐东棉作改良场在1929—1933年间的调查，齐东农家施行年一熟之棉作收益和轮栽大豆、小麦、高粱、小米等类作物二年三熟的收益比较，在1930年前，棉作收益高出一倍，其后，也保持三与二或四与三的比例。① 棉作收益之高，至为明显。更据1933年南开大学的调查，河北省西河棉区的每亩纯益，在棉花为4.74元，在小麦为0.65元，在稷、黍和晚谷各为1.68元，1.68元和0.79元，在谷子，高粱和玉米各赔2.40元，2.57元和0.33元，甚至种植

---

① 金城银行：《山东棉业调查报告》，页40—41。

菜蔬，每亩也赔0.40元。[①] 不论农民把小麦、高粱这些作物，怎样轮栽以求二年三熟，其收益绝不能和棉花匹敌，这是极为明显的。齐东、西河如此，其他各地也大都如此。[②]

卜克调查1904—1909年至1929—1933年期间各种作物所占作物面积的比数，结果发现大麦、高粱、小米三种作物，都一致地低降下去，他如小麦、花生也都有减少，同时，棉花一项，却不断地升高。[③] 无疑地，我们可以断言棉作确是已在抢夺杂粮作物的耕种面积了。

虽然，若根据以上所述便率尔断定中国棉田面积在最近几十年里有了何等迅速的扩张，也是不妥的。近二十年棉花价格的变动固然常在其他作物之上，但这种售价的对比，还有许多前提条件，不容忽视。这种对比，在资本主义化的农业经营，本是极其简单明白的事情，可是在经济结构处于普遍落后状态下的中国，则颇难实现。要完成棉作和其他作物所实现的货币数量之比较，首先必须棉作物和其他作物一并投入市场，成为商品方可。这里，一切政治的动乱，捐税的繁简，运输工具的良否，运销机构的好坏都各有其促进或阻挠的作用。尽管棉花在上海或天津市场上的售价，能高出高粱、小麦者百倍，但因这些条件的阻挠，棉花根本不能运

① 黄肇兴：《中国棉花运销合作社组织之研究》，南开大学经济研究所毕业论文，未发表。

② 此项例证甚多，如河北省御河区，参看《工商半月刊》，7卷18期，《调查》，页51；如山东高密、历城，参看《青岛工商季刊》，1卷1期，《调查》，页10，26；又如山东胶州、长山、龙山、高密、青岛等地，参看青岛工商学会棉业试验场《棉业特刊》，《调查》，页1—26；又参看《华北棉花栽培问题》一文，《国际贸易导报》，8卷2期，页31—33。

③ Buck, op. cit., p. 217.

出产地,那种售价的对比不能实现,棉田依然是不能扩张的。

另一方面,近几十年来,棉花商品化的进展,已积有相当的成就,这是我们在前面业已说明的。至于其他作物生产的商品化过程,大都全不及棉产进展之速,也是人所共知的事情。如此棉作物和其他作物收益之实在的比较,也常不能实现。因为不论农民可以用棉花换得多少货币,只要他不能用这些货币去换取其他作物产品,特别是食用作物产品,他也是绝不会放弃其他作物的耕种而专事植棉的。事实上,以小农业经营为支柱的中国农民,如何生产充分的食料作物,才是他的首要问题,像棉花这种现金作物,常是次要的事情。纵使棉作物和其他作物业已充分地商品化,为了更安全地获得充分的食料起见,中国农民总是宁愿自己生产低价的食料作物,而不去生产高价的棉作物以换取食料的。如此,棉作物在每个农家的耕种面积,也就难得提高到害及其他食料作物之栽培面积的程度。所以说,中国经济之一般的落后性,就是阻碍中国棉田面积急速扩张的主要势力。

中国经济一般落后性之阻碍棉田面积的扩张,不仅表现于棉作物和其他作物生产之难于商品化一点上,也不仅表现在土地分配之零细制度上,即在棉作纯为商品生产,食料取给便捷而土地占有形态采取资本主义的企业组织的地方,也是如此。譬如江苏省串场河以东滨海地带,有一片广大的盐土,稍加垦殖,便成优良的棉田。即从作物耐盐性上来考察,也以植棉最为适宜。张謇早在光绪二十七年(1901 年),便已设立一个垦牧公司于南通吕四,专以垦辟盐地、扩广植棉为主要目标。1914 年、1916 两年,其兄张詧也本同一目标在南通三余镇和如皋掘港各设一个公司。此后,直至 1922 年顷,几乎每年都有新公司成立。总计先后成立于南通、如皋、东台、盐城、阜宁等县的垦殖公司，不下四十余家，额定资本达两千余万元，总共占地1,900余万亩。以企业形式言，这些公司都采取资本主义的组织方式；以作物经营言，棉花差不多是这地带的惟一作物；以食料供给言，这是一块邻近产米区的地方，绝不至有食料匮乏之忧；以所占土地言，各公司总数几当全国棉田面积的十分之四；且经三十多年的经营，吸收移垦人民达十万人以上，这里理应成为全国最大的棉产区域。可是事实上，各公司对霸占的土地，并不能全部垦殖，不仅不能随营业之进行而蓄积资本，且连已投资本，也不能全部收回，以致于不得不负债，于是少数情形良好的公司，只能维持现状；其次就中途夭折，不能继续；更次的只具虚名，自始就未曾兴办。

沿海垦荒植棉事业的失败，是中国棉田面积扩张过程中一件很大的不幸事件。在组织上，垦殖公司虽采取资本主义的企业形式，实则公司购得土地后，全部都划为小农场（25或50亩）佃给农民耕种，公司本身并不曾依近代的经营方法去从事农垦。在租佃制度上，公司于出佃土地之初，便强迫农民缴纳每亩2元的押金（俗称订手），永远归其保存，其后，每年所收实物地租，也高达35%至40%。如此，在佃户方面，不仅全部的农业利润都被公司囊括以去，就是自己的生活资料，也常感不足。他们肯移来垦殖，本多是为贫困所逼的。如今处于封建的剥削关系之下经营50亩上下的小农场，依然不能脱离饥饿的威胁。像资本主义国家里，为追求平均利润而佃入土地的农业企业家是没有发生的可能的。在公司方面，大都自始便患着资本不足的贫血病，中途亏损倒闭。其幸能维持的，也因地租之高昂，引起了疯狂的土地占有欲，他们把大部分资本以及收来的押金租金，全都投到土地购买上去。甚至若干公司,徒拥虚名,全赖收取押金来购买土地。日常周转既不得不依赖借贷,而债款负担也随土地之扩张日益加重,最后,常至于负债超过股本,一样地难免于破产。这样,在名义上披着资本主义企业外表,而本质上立脚于封建的剥削关系之上的垦殖公司,虽在1914—1922年间盛极一时,而对于盐土地带最急需的土地改良方策——如灌溉系统的建立等等——却无丝毫成绩可言。而那一片本可垦辟植棉的广大的盐土地带,也就未能地尽其利了。①

中国棉田面积的扩张过程,既受中国一般的社会经济条件所推进或束缚,同时,也受中国自然条件之深刻的影响。我们记得棉花是一种随自然条件的变异而发生很大丰歉差异的作物,近几十年里,随着农民的贫困化,农民对于自然条件的控制力量——对于水旱灾荒的防止和补救力量,日益微薄。自然条件给与中国农民两大块可能扩张棉田的地区,它同时也使这两块地区需要繁重的人工来加以改造。譬如"在山西,因前一年天旱的关系第二年的棉田减少许多,……在江浙一带,……雨量愈多的年份,棉花的收成愈坏,同山西的情形恰是相反"②。可是我们只要翻开华商纱厂联合会棉产统计部所调查的"中国棉产统计",稍一检视,便可知近二十年来中国南北两大棉区里,实无年无灾。大体言之,长江流域多霪雨和风暴为害,黄河流域则多遭旱灾,灾荒的发生,若在棉株长

① 垦区情形参看徐蕴石:《江苏江北棉业概况》,《中华棉业改进会月刊》,2卷11及12期;李积新:《淮南盐垦区之垦植问题》,《地政月刊》,3卷5期;王慕韩:《从农业经营上说明江苏盐垦区土地利用问题》,《中国实业》,1卷11期;杨度春:《沿海棉农经营棉业之成果》,《新农村》,1卷6期;赵伯基:《江苏滨海盐垦区之棉作情形》,《中华棉产改进会月刊》,1卷4及5期。

② 《中国棉产改进统计会议导报》。

成之前，农民大都能耕去棉苗，改种其他作物；若已在开花结实之后，农民就只有忍受一季的歉收。在前一情形，促进本年棉田面积的减少；在后一情形下，则阻止次年棉田面积的扩张。总之，灾害截断中国棉田面积之正常的扩张过程，它使历年棉田面积的增减和每亩产量的多少都有发生剧烈变化的可能。

由于上述社会条件与自然条件的作用，中国棉田面积的扩张过程，进行得异常曲折迂缓。若依据华商纱厂联合会棉产统计部在1918—1930年间的调查，这种过程几于不可察觉。但统计部的调查，缺点甚多，不可据为定论。事实上，这种扩张过程确是在缓缓进行之中的。譬如山东，在本世纪之初，仅东昌府属堂邑、馆陶、高唐、清平向系产棉区域，以及利津、蒲台、恩县、齐东、滨州等处出产少量短绒中棉。[①] 三十年来，经美国种的推广和棉花售价之相对的提高，不独上述旧棉区的种植面积确有扩展，即连益都、乐昌、安邱、高密、沂水、莒县这胶济沿线一带，也已开始植棉，至津浦以西，黄河以南地带，则更成为鲁省重要的产区之一，棉田面积的扩张，至为明显。[②] 譬如山西，在三十年前，仅河东道属各县，稍有棉产，自1917年后，平阳、太谷、文水、定襄、高平等处棉业试验场先后成立，棉田面积即随美国种之推广而日益增加，不仅河东旧区已成为丰富的产地，即向不植棉之冀宁、雁南两区，也已有美满的成绩。[③] 由于棉田面积的扩张，棉田在各种作物栽培面积中的比重亦随而

---

① 官颁：《棉业图说》，卷3，《中国棉业现情考略》。

② 《中国棉产改进统计会议专刊》，《报告》，页12；16；李升伯：《视察华北棉业后之观感》，《纺织周刊》，4卷6期，页167。

③ 《中国棉产改进统计会议专刊》，《报告》，页37—39；《中国棉产统计》，民国八年，页53；民国十九年，页19；民国二十二年，页81—83。

提高。譬如据中华棉产统计会的调查，1933 年河北省吴桥、正定等县，棉田所占耕地面积约 40%，南宫、广宁等县约占 45%，若成安县且高至 80%。[①] 更据 1934 年同一机关在河南省的调查，棉田所占耕地面积，在唐河、安阳为 50%，在陕县为 55%，阌乡 60%，偃师 70%，禹县 70%，灵宝更高至 75%。[②] 若干地方，农民已把棉花列为首要的作物；江浙棉区常有"棉七稻三"之说，河北晋县且有"十亩田，九亩棉"的谚语。在三十年前，这都是难以令人置信的事情。三十年来，棉田面积的扩张，可以确信无疑。

最近六年内，中国棉田面积的变动，有如下表：

中国棉田面积之扩张

| 年份 | 华北区（包括鲁、冀、豫、晋、陕、甘六省） | | 华中区（包括苏、浙、皖、赣、鄂、湘、川七省） | | 华南区（包括闽、粤、黔、滇四省） | | 全国 | |
|---|---|---|---|---|---|---|---|---|
| | 千市亩 | 百分比（%） | 千市亩 | 百分比（%） | 千市亩 | 百分比（%） | 千市亩 | 百分比（%） |
| 1931 | 26,555 | 100.0 | 25,288 | 100.0 | 387 | 100.0 | 52,230 | 100.0 |
| 1932 | 26,385 | 99.4 | 25,483 | 100.8 | 416 | 107.5 | 52,284 | 100.1 |
| 1933 | 28,660 | 107.9 | 26,757 | 105.8 | 473 | 122.2 | 55,890 | 107.0 |
| 1934 | 30,172 | 113.6 | 26,655 | 105.4 | 544 | 140.6 | 57,371 | 109.8 |
| 1935 | 25,056 | 94.4 | 26,622 | 105.3 | 504 | 130.2 | 52,182 | 99.9 |
| 1936 | 33,086 | 124.6 | 28,038 | 110.9 | 491 | 126.9 | 61,615 | 118.0 |

资料来源：1931—1934 年，《农情报告》，3 卷 8 期；1935 年，4 卷 1 期，1936 年 4 卷 12 期。

① 《中国棉产统计》，民国二十二年，页 23，28，26，36，40。

② 《中国棉产统计》，民国二十三年，页 119，116，118，107，108。

全国各年度的棉花产量，常随该年度自然条件的优劣而有显著的差异。但长期说来，全国棉产总量，大体总是随全国棉田面积之增加而提高的。试举最近几年的情形如下：

**中国的棉花产量**

| 年份 | 华北区 | | 华中区 | | 华南区 | | 全　国 | |
|---|---|---|---|---|---|---|---|---|
| | 千市担 | 百分比（%） | 千市担 | 百分比（%） | 千市担 | 百分比（%） | 千市担 | 百分比（%） |
| 1931 | 7,916 | 100.0 | 6,548 | 100.0 | 106 | 100.0 | 14,570 | 100.0 |
| 1932 | 6,946 | 87.8 | 8,100 | 123.7 | 97 | 91.5 | 15,143 | 103.9 |
| 1933 | 7,592 | 95.9 | 8,896 | 135.9 | 107 | 100.9 | 16,595 | 113.9 |
| 1934 | 8,659 | 109.4 | 7,045 | 107.6 | 145 | 136.8 | 15,849 | 108.8 |
| 1935 | 6,491 | 82.0 | 7,696 | 117.5 | 151 | 142.5 | 14,338 | 98.4 |
| 1936 | 11,015 | 139.2 | 9,490 | 144.9 | 134 | 126.4 | 20,639 | 141.7 |

资料来源：同前表棉田面积。

综上所述，可知近几十年中国植棉事业的变迁；生产目的之改变，棉花品质之提高，棉田面积之扩张，凡此种种，都不是我们几十年前的祖先所可梦想得到的，这是中国棉纺业发展资本主义生产方式的后果。

# 附录一　中国纱厂沿革表

(1890—1937 年)

过去讨论中国棉业者,常视各年“创办”纱厂数之多少以卜此业之盛衰,其结果,数十年来设厂最多之年份即在 1914—1920 年间。然纱厂对中国经济发生实际影响时,不在其倡议筹备的“创办”之时,乃在其既已实行“开车”运转之后,本此原则以求各年厂数之多少,结果最多年份应在 1921—1922 年间,此项数字始真足代表中国纱厂业发展之实际状况。

记载各厂开车年月及其变动状况者,有两种较完备的调查:一为华商纱厂联合会所刊印的《中国纱厂一览表》,一为国民党棉业统制委员会发表的《全国棉纺织厂调查报告》(载《棉业月刊》第 1 卷第 4 及第 7 期)。前者出于各厂的通讯报告,1919 年创刊,至 1937 年刊行十六次(1923,1926,1929 各年停刊);后者为 1934 年之实地调查。关于各厂开车年,此二记载,不尽相同,即《一览表》本身亦前后差异。本表所取开车年,以《一览表》为主,遇有《一览表》前后差异者,则以最近之一说为准。然遇到有力旁证,亦常舍《一览表》而取他说。至各厂变动沿革,则以国民党棉统会之《报告》为主,惟据他项资料补充之处甚多。

本表将中外各籍纱厂混合编列,凡属外厂,均在厂名后括弧内注明。因为中外各籍间时有转让、租办情事，不便分列。

本表纪年，以西历为主，其所当满清及民国年数皆附括弧中。惟中外历法，自民国纪元后始归划一，民元以前之中西年月，略有差异：大抵西历岁首恒在中历岁暮，多者差50余日，少者亦20余日，若史事发生之月时较晚，中西纪年恒有一岁之差。本表事迹类多知年而不详月日，故此类差误无法检正。

**1890（光绪十六年）：**

（1）上海：上海机器织布局——1893年被焚

光绪初年，粤人郑观应等所创办。初集资本50万两，不足，由李鸿章加入官本及私股，于本年实行部分开车。是为中国创建大机器纺织工厂之始。计纱锭35,000枚，布机530台。是厂于光绪十九年（1893）九月全部被焚，损失在70万两以上。[①]

**1891（光绪十七年）：**

（2）上海：华新纺织新局——复泰纱厂——恒丰纱厂——恒丰纺织新局——恒丰中记纺织新局

上海道台唐松岩创办，初为官商合办，仅设纱锭7,008枚，1892年增纱锭2,016枚；1894年增布机50台。失败改组称复泰纱厂。又失败，由大股东聂缉规收买，改名恒丰纱厂。1917年再改组称恒丰纺织新局。欧战后添第二厂及布厂，1929年设第三厂。1934年后，每年亏折，至1936年春因积欠浙江兴业银行逾三百万元，无力偿还，停工。同年9月出租与浙江兴业银行与中棉公司接办，改称恒丰中记纺织新局。如有亏损归中棉负责，盈余则提5%归聂氏，

① 详本书第三章。

余归中棉与浙江兴业银行对分。①

**1892(光绪十八年):**

(3)武昌:湖北织布局

厂为张之洞所创,本年完工开车。纱锭30,440枚,1895年增锭10,152枚,布机1,000台。后又增一纱厂。1902年(光绪二十八年)租与某华商承办,以20年为限。或谓光绪季叶又租与汇丰银行某买办所组织之应昌公司承办。1911年鄂督瑞征与应昌解约,纱局先租与张季直所组织之大维公司承办。旋因革命停顿。1913年改租与楚兴公司,1924年改租与楚安公司,1928年改租与开明实业公司,同年又改租与福源公司,1931年改租与民生公司,1933年12月民生改组称民生兴记实业,只租办布局,纱局停,1936年11月又改组称汉口民生纺织公司。②

**1894(光绪二十年):**

(4)上海:华盛纺织总局——又新——集成——三新——申新第九厂

盛宣怀奉李鸿章命会同聂缉规,在上海织布局原地所建。初设纱锭64,556枚,布机750台,资本80万两,官本甚多。盛氏为欲取为己有,于宣统年间改名又新,又改名集成。辛亥后恐被政府查抄,乃聘英人H. C. Marshall为总理,向香港注册,始悬英商牌号。

---

① 国民党棉业统制委员会编:《全国华商棉纺织厂统计资料汇编》页1,历次《一览表》及《苏纺》页1,等均谓此厂开工于1890年,此处据《报告1》,卷1,页513;其他材料据《苏纺》页39;《月刊》,1,4,页585;《时报》,1318,页5063;《中华日报》,民二十五年九月十六日,九月二十一日。

② 纱锭据棉统会调查,布机据《报告1》,卷1,页305;又《张季子九录·专录》,卷7,"张謇订年谱宣统三年五月"条;吴承洛,页116;《月刊》,1,4,页585;龚俊,页137;《一览表》,1924,1928,1931。

1913年12月改名三新。至1931年因亏累太多，乃出售与汇丰银行，几经转手，地基归美商大来轮船公司，机器归申新纺织公司。申新在原址开工二年后，将机器运沪西建厂，称申新第九厂。①

（5）上海：裕源纱厂——内外棉第九工场（日商）

朱鸿度创办，初有纱锭25,000枚，鸿度死，归次子幼鸿；幼鸿另建裕通，裕源遂亏折，后归其兄砚涛。1918年办理失败，售归日商内外棉株式会社，改称内外棉第九工场。②

（6）宁波：通久源纱厂——1917年毁于火

纱锭17,048枚，布机216台。此厂于1911年因浙江省原棉失收停工，次年重开；1916年又因浙江省原棉失收停工，至1917年4月被焚于火，损失约50万元。厂基后出售与和丰纱厂。③

**1895年（光绪二十一年）：**

（7）上海：裕晋纱厂——协隆纺织局——兴泰纱厂——上海纺织株式会社第一厂（日商）

初设纱锭15,000枚。1897年夏改组称协隆纺织局，纱锭增至20,300枚。1901年因积欠道胜银行透支款380,000两被迫拍卖。改组称兴泰纱厂。1902年由以三井物产会社上海支店长山本条太郎为中心之日商买去；至1908年与山本所收买之大纯合并，改称上海纺织公司第一厂。④

---

① 《时报》，782，页663；786，页693；《月刊》，1，4，页584；又本书第三章。

② 《报告1》，卷1，页514；《苏纺》，页42；吴承洛，页110。

③ 龚俊，页51；井村，页4；顾鹤年，页2；《苏纺》，页9；Returns on Trade & Trade Reports，1917，页973；《报告4》，卷2，页65；顾鹤年，页2。

④ 《报告1》，卷1，页514—515；东亚经济调查局，《支那纺绩业の发达にメの将来》，页2；《季刊》，Ⅷ. 1，页13；西川喜一，页72。

（8）上海：大纯纱厂——三泰纱厂——上海纺织第二厂（日商）

初创时纱锭20,392枚。1905年归日商山本条太郎租办，1906年4月归山本收买，改称三泰纱厂。1908年与兴泰合并，改称上海纺织第二厂。归日商时，大纯有纱锭20,392枚，裕晋有纱锭25,480枚。此后日商即积极扩充。计1911年6月增设布厂，即后来的第二布厂；1913年顷一厂有纱锭20,392枚，布机316台，二厂有纱锭25,480枚，布机570台。1914年1月又增一布厂，即后来的第一布厂。同年4月增加资本至200万两。1916年增设第三个纱厂。1920年经改组，又扩充资本至400万两。1922年增设第三布厂，1923年8月又增加资本至600万两。1926年在一二两厂增设布机。1928年1月增设第四纱厂。1931年更增设第五纱厂。1934年更增加资本至1,200万元。①

**1897（光绪二十三年）：**

（9）无锡：业勤纱厂

杨宗濂、杨宗瀚兄弟创办。初开纱锭10,192枚，1903年增2,548枚，1906年增1,092枚。1909年归复成公司租办，1913年归同益公司租办，1916年归福成公司租办，1929年又归复兴公司租办，故存原名。1936年11月归振业公司租办，称振业公司租办业勤纱厂。②

（10）苏州：苏纶纱厂——源记苏纶纱厂——宝通纱厂——苏

---

① 《支那ノ二于サゐ纺织业》，页17；本厂开工年据《报告1》，卷1，页514，改组及合并事据《季刊》，Ⅷ.1，页1，13；增设事据《季刊》，Ⅷ.1，页13及历次《一览表》。

② 本厂开工年据《报告1》，卷1，页545。《苏纺》，页67；《月刊》，1，4，页585；《中行月刊》，Ⅶ.4，页154；《时报》，1322，页5096。

纶纱厂

苏州商务局官办。纱锭18,200枚,1905年增4,368枚。开工之次年即因主办人陆润庠离职,出租与祝承桂等接办。后因办理失败由陆润庠、王驾六等接收为完全商办;又以损耗太巨,由王驾六独资租办,五年间亏折三四十万两;1912年由沪商叶鸿英、吴麟书等租办,加号源记;1915年因内地销路停滞而停工,1916年复工;1917年初停工至3月5日改组复工;1918年租办人解散,后由刘伯森租办,改称宝通纱厂,初获利,继亏折,中途停业数载;1928年1月由沪商严裕棠、李仲斌二人所组之光裕公司收买,复原名苏纶。1930年添纱厂,1931年添布厂,同年将房地、机器等不动产向上海中国银行抵借规元80万两,约期三年,月息七厘,同时允将所出纱布与该行订做往来透支,总额以规元70万两为限,期限三年,月息七厘。1936年由利泰经理朱静安与谢仲乐合组振业公司租办。①

(11)杭州:通益公纱厂——鼎新纱厂——三友实业社杭州制造厂

初开纱锭15,040枚,1903年增5,320枚。1911年停工,至1914年8月改组称鼎新纱厂复工。1917年添布厂,1928年停歇,同年12月出售与三友实业社,改称该社杭州制造厂。②

(12)上海:老公茂纺织局(Laou-Kung-Mow Cotton Spinning and Weaving Co. Ltd)(英商)——公大第二厂(日商)

---

① 此厂开工年据《报告1》,卷1,页545;其他各事据棉统会,页2;《月刊》,1,4,页586;《时报》,754,页429;Returns on Trade & Trade Reports, 1917,页933;《周刊》,1,5,页140;《时报》,1322,页5096。

② 棉统会,页2;井村,页4;《月刊》I,4,页586;龚俊,页51;Returns on Trade & Trade Reports, 1914,p. 822。

本厂于本年4月完工开车。1913年有锭40,096枚。1926年5月售与日商上海绢纺丝织会社,改称公大第二厂。①

(13)上海:怡和纺织局(Ewo Cottoh Spinnig and Weaving Co. Ltd)(英商)——怡和纺织公司(英商)

本厂于本年5月完工开车。纱锭50,000枚,1913年有纱锭72,264枚,布机500台,此厂向由怡和洋行(Jardine Matheson & Co.)经理,1921年与公益、杨树浦两厂合并,称怡和纺织公司,仍归该洋行经理。②

(14)上海:鸿源纺织厂(International Cotton Maunfacturing Co. Ltd.)(美商)——日华第一厂(日商)

初创纱锭40,000枚,归American Trading Company经理,1899年由董事会收回自办。后复转让给英商接办,或谓亦有华商资本。1913年有纱锭48,200枚,布机300台。1918年出售与日华纺绩株式会社,改称日华第一厂。按日华为富士纺绩、日本棉花、伊藤忠商事三会社所组织,此次收买鸿源为日华在华发展之始。鸿源今成为日华一、二两厂;1921年增设第三厂;1923年增设第四厂;1924年日华经管华商华丰纱厂,两年后收买之,即今之第八厂;1925年日华收买宝成一、二两厂,即今之五、六、七厂。③

---

① 《报告1》,卷Ⅰ,页515。Srinivas R. Wagel, *Finance in China*, North-China Daily News & Herald, Shanghai, 1914,页481。龚俊,页145,1937《一览表》谓为1925年出售与日商,此据D. K. Lieu, *Foreign Investment in China*,页76。

② Srinivas R. Wagel, *Finance in China*, North-China Daily News & Herald, Shanghai,1914,页481;开工年据《报告1》,卷Ⅰ,页515;合并事见D. K. Lieu, op. cit.,页79。

③ 《报告Ⅰ》,卷Ⅰ,页515;棉统会,页2;吴承洛,页110;王子建:《日本之棉纺织业》,页15;历次《一览表》。

（15）上海：瑞记棉纱厂（Soy-Chee Spinning Co. Ltd.）（德商）——东方纱厂（The Oriental Cotton Spinning and Weaving Co. Ltd.）（英商）——申新第七厂

初创纱锭40,000枚，初为德商资本，或谓亦有英人投资，归瑞记洋行（Arnhold Karberg & Co.）经理。1913 年有纱锭40,788枚。欧战后并给英商称东方纱厂，由安利洋行（Arnhold Brothers & Co.）经理。1929 年1 月由申新公司收买改称申新第七厂。1935 年因以全部财产向汇丰银行抵押200 万元到期未赎，一度被汇丰拍卖，后经各团体援救收回，仍归申新。①

**1898（光绪二十四年）：**

（16）上海：裕通纱厂——宝丰纱厂——1920 年毁于火

为裕源厂主朱幼鸿所创办，有纱锭18,200枚，初极发达继因管理不善无利。1917 年由刘伯森租办，改名宝丰纱厂。1920 年毁于火。②

（17）武昌：湖北纺纱官局

为张之洞所创办计划中有南北两纱局，本厂即北局，计锭50,064枚。南厂机器后归张謇办成大生纱厂。③

**1899（光绪二十五年）：**

（18）南通：大生纱厂——大生第一纱厂

---

① Srinivas R. Wagel, *Finance in China*, North-China Daily News & Herald, Shanghai 1914, p. 481；龚俊，页140；《时报》，1163，页3833—36；1168，页3876。《苏纺》，页56。

② 棉统会，页2；苏纺，页43；顾鹤年，页2，谓为1921 年被焚，此处据《一览表》。

③ 详正文。

厂为张謇领用张之洞所购官机二万三百余锭所建，自光绪二十一年秋倡办，历时44月始完工，于本年阴历四月十四日正式开车。1904年续领张之洞所购官机二万三百余锭，1907年在崇明设一分厂，后称大生第二厂，本厂遂改称大生第一纱厂。欧战爆发，花贱纱贵，该厂获利极厚，股东官利，曾高至九分。1915年遂又增纱锭20,600枚，并添布厂，设布机400台。同年着手在海门筹设大生第三厂。1921年张氏又筹设南通第四、如皋第五、东台第六、盐城第七、南通第八、吴淞第九各厂。后以战后萧条，仅完成第三、第八两厂。第八厂即今之大生副厂。至大生一厂，曾屡事扩充，然亦屡事改组。1924年后，多由银团贷款监管。1931年二厂所欠中国银行借款划出40万两归一厂偿还，故一厂又将不动产押于中国银行约期二年，月息八厘。至1936年因积欠太巨，息过重，乃由江苏省府担保发行公司债300万元整理。而各厂营运无力，又另向上海银团借款，计一厂400万元，副厂100万元。后一三副各厂实行联合经营，始有转机。①

(19)萧山：通惠公纺织局——通惠公纺织公司

厂为楼景晖所创办，初有纱锭10,192枚，1910年增2,184枚。后改称纺织公司。②

**1905(光绪三十一年)：**

(20)常熟：裕泰纱厂——顺记纺纱公司——利泰第二厂——裕泰纱厂

① 《周刊》，I,34，页917；《时报》，1326，页5127；1336，页5208。《苏纺》，页71—2；《月刊》，I,4，页587；吴承洛，页115；《时报》，727，页213；1326，页5127；1336，页5208。

② 详本书第三章。又棉统会，页2。

朱幼鸿所创办，有纱锭10，192枚。初有他人股本，后归朱氏独资，未获利，乃先后出租与裕丰公司及裕兴公司接办。1911年由裕泰收回自办，1916年增锭后因营业困难而停顿。1917年由洪明度组织顺记公司租办，改名顺记纺纱公司，后又归源记公司租办，1929年1月又改归复顺公司租办，1932年再改归利泰公司租办，改名利泰第二厂，1934年再改租，复原名裕泰。①

**1906（光绪三十二年）：**

（21）太仓：济泰纱厂——太仓纱厂——利泰第一厂——利泰纱厂

蒋伯言所创办。设纱锭12，700枚，开工不及二年，亏折十余万两。1909年租与毅记，1916年租与丰记，1924年租与萃记改名为太仓纱厂。1927年9月由朱静安收买，至1930年改名为利泰纱厂。1932年利泰租办常熟裕泰纱厂称利泰第二厂，此厂遂改称利泰第一厂，1934年裕泰退租此厂复名利泰。②

（22）无锡：振新纱厂

为荣宗敬、荣德生弟兄所发起，另有荣瑞兴、张石君、叶慎斋等人股份。初有纱锭10，192枚，1909年增2，184枚，1913年增17，920枚。1914年将资本由300，000元增至500，000元。旋宗敬、德生与瑞兴不和，经调解后，以宗敬、德生之振新股份归并于瑞兴，以瑞兴茂新面粉厂股份归并于宗敬等。1919—1920年间颇获利，股东红利曾达六分。1926年因无力维持而停顿。1930年由戴文溶主持

① 《苏纺》，页4；《苏纺》，页75；《一览表》；《月刊》，Ⅰ，4，页590。

② 《苏纺》，页4，《苏纺》，页76；《月刊》，Ⅰ，4，页590。

复工。1936 年又停工。1937 年由上海银行接管代办复工。①

(23)宁波:和丰纱厂

顾元琛、戴瑞卿二人创办。初有纱锭21,600枚,1913 年增1,600枚。1911 年因原棉失收停工,次年复开。其后三年颇困难;后因欧战及 1919 年抵制日货之良机,乃有转机。1919 年该厂资本仅 90 万元,净利达1,250,000元。1920 年获利尤多,1921 年仍获利 70 万元。②

**1907(光绪三十三年):**

(24)上海:振华纱厂(Anglo-Chinese Cotton Manufacturing Co.)(中英合资)——利记振华——合记振华

厂为怡和洋行大班凯福及华人吴祥林所发起。设纱锭11,648枚,后凯福退股全由华资接办。1927 年改组,加号利记,1936 年停工,1937 年 1 月由尤菊荪租办,改号合记。缘该厂前曾向垦业银行押借 40 万元,无力偿还乃由垦业出租与尤氏云。③

(25)上海:九成纱厂(中日合资)——日信(日商)——恒昌源——申新第二厂

初为华人某与日本棉花会社合资购某日厂焚后机器所创办,设纱锭9,424枚,开业不久,并归日商,改名日信。1916 年停办,由祝兰舫等购回,改名恒昌源。1917 年由申新承购,改称申新第二

① 棉统会,页 2;《月刊》,Ⅰ,4,页 590;《中行月刊》,Ⅶ,4,页 154—5;《苏纺》,页 68。《时报》,1354,页 5363。

② 8 次至 10 次《一览表》谓成立于本年 1 月;《月刊》,Ⅰ,4,页 591。井村,页 4;顾鹤年,页 3 均同;另 6 次及 7 次《一览表》谓为 1907 年 7 月;11 次至 16 次《一览表》谓为 1905 年 1 月。棉统会,页 2。《报告 4》,卷Ⅱ,页 107。

③ 《苏纺》,页 9,页 44;《时报》,1351,页 5340。

厂。1920 年增建厂房是为南厂,旧厂则称北厂。1937 年因债务关系被中国银行与上海银行所接管。[1]

(26)崇明:大生第二厂

由张謇、恽莘耘、王丹揆、刘聚卿四人分任集股,有大生一厂股份。购山西官机12,000锭及英国新机14,000锭。1916 年添4,200锭,其后又有增添。此厂资本,初仅865,790两,经历次增加,至1934 年计1,980,000元。后受市面不景气影响,停工甚久。1935年11 月以 200 万元最低价招标拍卖,到期无人投标;减至 160 万元再招标,仍无人问津;商请中国交通两行承受,(欠两行 110 余万元)不成,乃再减价至 130 万元招标,又无人投标;最后依法由两行取得所有权。两行以450,000 元将机器售与大隆铁厂作试验之用。[2]

**1908(光绪三十四年):**

(27)上海:同昌纱厂——同昌协记——同昌鹄记——天生

朱志尧沈仰高二人合资创办。设纱锭11,592枚。与同昌油厂有资本关系。1923 年后随纱市荣枯,旋开旋停。1931 年10 月出租与陈子政接办,加号协记。1932 年停工。1936 年底由李鹄成租办,加号鹄记。1937 年初由周浩泉租办,改名天生。[3]

(28)江阴:利用纱厂——厚生——利用

---

① 《苏纺》,页 9,页 45;《月刊》,Ⅰ,4,页 594;《时报》,867,页 1350。

② 《张季子九录·实业录》卷 4,“大生纱厂股东会提议书”;佚名撰:《南通地方自治十九年之历史》。《苏纺》,页 73;《月刊》,Ⅰ,4,页 58。《时报》,1232,页 4367;1263,页 4623;1267,页 4656;1272,页 4695;1273,页 4704;1277,页 4736;1352,页 5351。

③ 棉统会,页 2;《苏纺》,页 46;《月刊》,Ⅰ,4,页 591;《时报》,1360,页 5412。

施子美、严惠人等创办，设纱锭15,040枚。初集资本300,000两，而机器、房屋、地基等项实用达540,000两。次年秋，周转不灵，乃向苏州厚生公司以全厂抵押240,000两，归还开办时不敷之数。厂亦由厚生租办。1915年原股东续招新股，收回自办。六年之间，以720,000两资本，15,792枚纱锭，获利达300余万元。①

**1909(宣统元年)：**

(29)安阳：广益纱厂——豫新——广益

孙家鼐创办。设纱锭22,344枚。1924年停业。1928年该厂债权人同泰源银号将该厂出租与豫新公司接办，租期六年，改名豫新纺纱公司。1934年租期届满，停业。次年4月，由袁毓英等租办，复原名广益。②

**1910(宣统二年)：**

(30)上海：公益纱厂——(中英合资)——公益纱厂(Kung Yik Cotton Spinning and Weaving Co. Ltd.)(英资)

原为祝大椿创办，设纱锭25,676枚，布机300台。后为利用怡和洋行以推广销路，乃让一部分股份与怡和成为中英合资，民国后，全归英商。1921年4月由英商之怡和纱厂、杨树浦纱厂合并经营。③

**1911(宣统三年)：**

(31)上海：内外棉株式会社第三厂(日资)

内外棉株式会社创自日本明治二十年，在日本本国之大阪设

① 棉统会，页3；《苏纺》，页78；《月刊》，I,4，页591。

② 一说1906年开工见《月刊》，I,4；页589。棉统会，页3。《月刊》，I,4，页589；《周刊》，Ⅳ,23，页599。

③ 棉统会，页2。吴承洛，页112；《苏纺》，页58。

第一厂,兵库设第二厂。本年来上海设第三厂。是为内外棉投资中国之始。1913 年设第四厂。此时三厂有纱锭23,040枚,四厂有纱锭33,600枚,1914 年设第五厂,均在上海。1916 年设第六厂于青岛,今改称内外棉青岛支店。1918 年收买华商裕源纱厂,即今之第九厂。同年又在上海设一布厂,称第七厂。1919 年设第八厂于上海,即今之第六厂。同年又在青岛设第十、第十一两厂。1921 年设第十二及第十三两厂于上海,第十二厂今归并第七厂;第十三厂今改称第一厂。同年,并在第九厂设布厂。1923 年设第十四、第十五两厂于上海,第十四厂今为第二厂,第十五厂今为第八厂。1925 年在金州设金州支店第一、第二两厂。1931 年在沪增建第二布厂及染厂。[1]

**1914(民国三年):**

(32)上海:杨树浦纱厂(The Yangtsepoo Cotton Mill Ltd.)(英商)

1898 年英商在香港设香港染织厂(The Hongkong Cotton Spinning Weaving and Dyeing Co.),至 1914 年移设上海,称为杨树浦纱厂。1921 年与怡和、公益两厂合并。[2]

**1915(民国四年):**

(33)上海:德大纱厂——申新第五厂

1925 年 4 月售与申新公司,改称申新第五厂。1937 年因债务关系被中国、上海两银行接管中。[3]

---

① 西川喜一,页 74;《季刊》,Ⅷ,1,页 21—25;历次《一览表》;《时报》,893,页 1556。《支那に于るり织纺业》,页 17。

② 吴承洛,页 113。

③ 《月刊》,Ⅰ,4,页 593。

**1916(民国五年):**

(34)上海:申新纺织无限公司——申新第一厂

荣宗敬创办。初仅购一油厂厂基,装纱锭12,376枚,布机250台。时值欧战,营业极佳。1917年购入恒昌源纱厂。称为申新第二厂,将本公司改称为申新第一厂。1921年在无锡建第三厂,次年在汉口建第四厂,1925年收买上海德大为第五厂,同年租办武进常州纱厂为第六厂,1929年收买上海英商东方纱厂为第七厂,次年在上海建第八厂,1931年常州厂被原主赎回,乃收买上海厚生为第六厂,同年收买上海三新为第九厂。

(35)上海:鸿裕纺织公司——永安第三厂

潮州商人郭子彬、郑培之二人创办。1918年由永安公司收买,改称永安第三厂。①

(36)天津:直隶模范纱厂——恒源纺织有限公司

直隶省官办,1918年与恒源帆布厂合并为恒源纺织有限公司。1937年因债务关系由中国、金城、大陆、中南管理。②

**1917(民国六年):**

(37)无锡:广勤纺织有限公司

杨翰西、周学熙二人创办。初集资本100万元。欧战期中获利极厚,1921年增布机50台。至战后萧条即无利,此后在五卅、济南两惨案的排日高潮获得巨利。1931年资本增至150万元。③

**1918(民国七年):**

① 《月刊》, Ⅰ,4,页594。

② 龚俊,页139。

③ 《月刊》, Ⅰ,4,页593;《中行月刊》,Ⅶ,4,页155。

(38)上海:厚生纱厂——申新第六厂

为薛宝润等所创办。1930年因营业失败停工。至1931年11月售与申新公司改称申新第六厂。①

(39)上海:溥益纺织厂——溥益纺织第一第二厂——新裕纺织第一第二厂

周扶九、徐静仁等创办。初集资本700,000两,值欧战获利极厚,于1921年增资本为400万元,并设第二厂。后经营投机亏折甚巨。1930年停工,1931年1月复工。1932年两厂均由四行准备库及中南、金城两银行以债权收买。1934年因亏折停工。1935年由金城、中南两银行增股改组,改称新裕纺织第一、第二厂。1937年2月改由诚孚信托公司管理。②

(40)天津:裕元纱厂——公大第六厂(日商)

为王郅隆等所创办,此厂本成立于1917年,时实收资本200万元。1920年3月增160万元,1921年4月增80万元,1922年4月增70万元,1923年增460,350元,结果票面额成为5,560,350元。该厂开车后适值纱业鼎盛时代,五年间(1918—1922)盈利6,047,000余元。其中除滚存折旧、公积少许外,提取股利,分派花红,或转账发给股东股票者达500余万元,1922年时,固定资本已达8,257,271元,而资本仅收足5,100,000元。故当时定期借款及透支达630余万元。因此负担利息过高,影响营业。1923年后即捉襟见肘,年有亏折。1926年由债权团接管,除1929年略有盈余

---

① 《月刊》,I,4,页596;《时报》,842,页1142。

② 《苏纺》,页50;《月刊》,I,4,页595;《时报》,861,页1361;863,页1316;1159,页3803。

外,余均亏累。1933年商得债权人同意,收回自管,又亏折。至1935年欠日商大仓洋行债日金330余万元,欠金城、盐业、中南三行270余万元。合计中日债务有担保及无担保者共达5,706,000余元。故不得已而停工清理。至1936年乃拍卖与大仓洋行归日商钟纺经营,改称公大第六厂。①

(41)天津:华新纱厂——公大第七厂(日商)

周学熙、杨味云、林虎候等创办。初有资本200万元,纱锭25,000枚,1919年赢利达150万元。1936年售与日商公大,改称公大第七厂。②

(42)上海:日华纺绩公司

本公司由富士纺绩、日本棉花及伊藤忠商事三家出资,经和田丰治与喜多又藏发起组成。本年收买鸿源纱厂,今改称日华纺绩第一、第二厂。1921年7月增设第三厂,1923年增设第四厂,1924年经管华商华丰纱厂,至1926年收买之,即今之第八厂,1925年又收买宝成一、二两厂,即今之五、六、七厂。③

**1919(民国八年):**

(43)青岛:华新纱厂——青岛华新纱厂

周学熙、王其康等创办。1931年改组称青岛华新纱厂。④

(44)济南:鲁丰纱厂——成通纱厂北厂——成大纱厂

---

① 《津纺》,页5;《时报》,1170,页3881;1252,页4538;1291,页4848;《周刊》,Ⅴ.22—23,页561。

② 《月刊》,Ⅰ,4,页595;《报告4》,卷Ⅰ,页156—157;《时报》,1301,页4928;1308,页4983;《中行月刊》,13卷3期,页94。

③ 《季刊》,Ⅷ.1,页2—3;王子建:《日本之棉纺织业》,页15;历次《一览表》。

④ 《月刊》,Ⅰ,4,页599;《时报》,875,页417;或谓1920年开,《报告4》,卷Ⅱ,页222。

潘复、王占元、靳云鹏诸人创办。1936 年拖欠民生银行 670,000元,山东省府乃派成通纱厂总经理苗杏村接收,作为租办,改名成通北厂。1937 年 4 月苗杏村以850,000元收购,改名成大纱厂。①

(45)芜湖:裕中第一纱厂——裕中纺织公司——中一纱厂

芜湖商人创办。1931 年 12 月由沈海涛等租办,改称裕中盈记纺织公司。1935 年清算。1937 年拍卖,无人投标,后由中一银公司租办,改称中一纱厂。②

(46)武陟:城兴纱厂——巨兴廷记

当地布商鲁连城独资创办。邻近孟县小染织厂甚多,为销纱之所。鲁氏业布商,往来津沪,略知纺纱梗概,乃由上海购得旧纺锭4,000枚设厂。自为业主,妻掌庶务,子司工务,招族人为职工,有花则开工,无花即停业。1919—1928 年盈利 10 余万元。后因军队勒捐 20 万元愤而关闭。旋租与复兴接办,数月即停。1932 年 9 月出租与开封商会会长杜秀升,次年开工。改名巨兴廷记。③

**1920(民国九年):**

(47)天津:恒源纺织有限公司——诚孚信托公司管理恒源纺织厂

1916 年章瑞廷、曹建亭等创办恒源帆布有限公司,初仅集资 10 万元,适值欧战,获利颇丰,为谋自给,乃创设纱厂。1918 年河北实业厅将直隶模范纱厂推与恒源合并,资本遂增至 400 万元,至 1920

① 《月刊》,I. 4,页 594;《时报》,1265,页 4639;1267,页 4656;1301,页 4928;1375,页 5534;1379,页 5564。

② 《报告 4》,卷Ⅱ,页 351;《月刊》,I. 4,页 595;1937 年《一览表》。

③ 《月刊》,I. 4,页 597。

年完工开业。改称恒源纺织有限公司。1922—1926年间年有盈余，1927—1930年间因战事影响颇亏折。1931年后曾积欠中国、中南、金城、盐业四银行债款200万元，无力偿还。1934年停工。1935年7月由四行合并租与诚孚信托公司接管营业。①

(48)上海：大丰纺织公司——大丰庆记

陆维镛、曹廉生、俞雪堂、吴麟书诸人创办。开工不久适值战后萧条，亏折甚大。至1923年售与商人徐庆云，加号庆记。②

(49)上海：统益纺织公司第一、第二厂

纱业巨子吴麟书创办。第一厂专纺细纱，第二厂专纺粗纱。1927年纱业不振，乃托英商庚兴洋行管理。1935年曾募集优先股一次。③

(50)汉口：汉口第一纱厂

李紫云等创办。开工后获利极厚，1923年以纯益金及利息增设南厂与布厂，将旧厂称为北厂。旋因金价升涨，所欠外商机价随涨，损失甚巨。后乃频年亏折。1927年停工。1929年由第一债权人沙逊洋行，第二债权人浙江兴业银行租与安利洋行接办。开工第一年盈20余万元，其后四年均亏。1935年7月又停工。1936年10月由汉口商会主席黄文植另组复兴实业公司承租再行开工。④

(51)郑州：豫丰纱厂

---

① 《津纺》，页5；《月刊》，I.4，页599；《报告4》，卷1，页156；《时报》，1222，页4288；1229，页4343；《周刊》，V.22—23，页563。

② 《月刊》，I.4，页596；《时报》，1206，页4170。

③ 同上。

④ 《月刊》，I.4，页598；《时报》，754，页429；755，页437；1001，页2461；1196，页4090；1311，页5007；1322，页5096；《中央日报》，6，14，1935。

穆藕初等创办。后由慎昌洋行租办，1934年3月由中国银行贷款收回自办。①

(52)上海：宝成第一、第二厂——喜和第一、第二厂（日商）——日华第五、六、七厂（日商）

刘伯森创办，尚有第三厂在天津。1922年后，形势日趋不利，常赖借债渡日。计先后向日商东亚兴业株式会社借款530万元，均以一、二两厂为抵押；1925年2月到期未还，即被日商拍卖；买主乃日华纱厂；归日华后即改为喜和第一、第二两厂。1931年后，改称日华第五、第六、第七厂。②

(53)宝坻：利生纱厂——新集纱厂——宝记纱厂

开工后曾由华北公司租办。1921年改称新集纱厂，1929年停工，1930年改称宝记纱厂，1932年后停工，或谓已焚毁。③

**1921（民国十年）：**

(54)上海：纬通纺织公司——纬通合记

潮州商人陈玉亭创办。1930年陈以投机失败致牵累该厂营业。至1931年1月宣告清算。1931年11月租与郭顺等承办，改称纬通合记。④

(55)上海：恒大纱厂——恒大隆记——恒大新记

穆抒斋创办。1928年10月由陈子馨、何允梅、荣宗敬、李升伯等租办，改名恒大隆记。1930年9月由陈等收买，另行改组，改名

① 《月刊》，Ⅰ.7，页1110；《周刊》，Ⅳ.12，页334。

② 吴承洛，页112。

③ 历次《一览表》；《月刊》，Ⅰ.4，页1125。

④ 《月刊》，Ⅰ.7，页1113；《时报》，768，页551；833，页1070；853，页1232；861，页1301；《周刊》，Ⅰ.1，页27；Ⅰ.28，页744。

恒大新记。1933年停工,次年续招新股,扩充开工。①

(56)上海:大中华纱厂——永安第二厂

聂云台创办,不及一年即停业。1924年售与永安公司,改名永安第二厂。1930年增设一厂,后改名永安第四厂。②

(57)上海:鸿章纺织染厂

1917—1918年间鸿裕纱厂股东及职员创鸿章布厂,置手织机数十台。后由鸿裕纱厂厂主郭、郑二人扩充之,增加织机,另建染厂。1921年增加股本,始设纱厂。③

(58)上海:振泰纱厂

徐葆三、王启宇二人创办,各大股东均为洋布业中之富有资产者,如陈星记、万源永等洋布号。此厂历年扩充,营业颇好。又此厂与达丰染织厂同隶一家云。④

(59)上海:永豫纱厂——永豫和记——鼎鑫纱厂

棉花商许松春创办。1927年出售与浙江绅士吕公望,加号和记。时值抵制日货,获利极丰,乃大加扩充。卒以扩充太大,无力周转,至于闭歇。计欠浙江实业及中国两银行债款150余万两,已超过该厂实际资产额。1933年曾两次拍卖均无人投标。1934年3月两行与上海阜丰面粉厂合作接管,改为鼎鑫纱厂。⑤

(60)上海:崇信纱厂(中英合资)——(英资? 中印合资?)

---

① 《月刊》,I.7,页1108;《时报》,707,页53;727,页213;《周刊》,Ⅳ.9,页262。

② 《季刊》,Ⅲ.2,《月刊》,I.7,页1113。

③ 《月刊》,I.7,页1114。

④ 《月刊》,I.7,页1113。

⑤ 《月刊》,I.7,页1115;《时报》,982,页2310;1023,页2644;1032,页2716;1034,页2733;《周刊》,Ⅳ.7,页216。

崇德纱号主人邵声涛创办，邵股占1/3，英商（印商？）庚兴洋行主人皮地太股占1/3，胡筠庵、边瑞馨、聂信等人占股1/3。至1932年已全归皮地太所有。亦有谓邵、胡诸人仍有股份者。[①]

（61）上海：民生纱厂

徐采丞、史量才、王少鲁诸氏所组织。专纺废花，申新、溥益、厚生各纱厂均有股。1931年添织、染、整各部，后又添毛织、染色、整理各部。1934年因金融紧缩，资本短绌停工。1937年4月由徐采丞另组新生实业公司承租开业。[②]

（62）上海：华丰纺织公司——日华第八厂（日商）

聂云台、王儒堂、李国钦等创办。1924年1月归日华接管，1926年被日华收买为日华第八厂。[③]

（63）上海：大康纱厂（日商）

此为日本国内大日本纺绩株式会社所投资。本年7月上海厂开工，至10月青岛厂又完工开车。[④]

（64）上海：丰田纱厂（日商）

本厂为日本丰田纺绩会社投资。于本年10月完工开车。1935年4月在青岛添设一厂，称丰田纺织厂青岛工厂。

（65）青岛：富士纱厂（日商）

本厂为日本富士瓦斯纺绩会社投资。

（66）无锡：申新纺织公司第三厂

荣宗敬创办。1919年已组成，纱机受欧战影响迟到，至本年始

---

① 《月刊》，Ⅰ.7，页1107；《时报》，939，页1925。

② 《月刊》，Ⅰ.7，页1116；《时报》，1180，页3962；1372，页5508。

③ 《季刊》，Ⅲ.1，或谓1925年由日商接管，见《银行周报》，438，页14。

④ 1937年《一览表》。

完工开车。1922 年建布厂,1928 年后颇有扩充。①

(67)无锡:庆丰纺织公司——庆丰漂染整理公司

唐保谦、蔡兼三等创办。1903 年添一新厂为第二厂,将旧厂改为第一厂。又另设布厂。1934 年扩充漂染印花厂。②

(68)无锡:豫康纱厂

为无锡金融家方寿颐,沪商薛醴泉、贝润生,及无锡纱商李砚臣、华孟英、华干臣等人创办。开办以来,屡有扩充。③

(69)武进:常州纺织公司——申新第六厂——民丰纱厂

江上达创办。定购机器时,值欧战初了,造本颇巨。迨完工开车,纱市已坏。勉力支持,至 1923 年停工。1925 年由债权人租与申新公司,改名租办常州纱厂申新第六厂。共租办 6 年之久。1931 年 9 月又由江上达赎回自办,并改组,更名民丰纱厂。④

(70)武进:大纶纱厂——大纶久记——大成纺织染公司——大成第一厂

蒋盘发、刘伯清诸人创办。开车未久,纱市败坏,连年亏损甚巨,后经改组亦未能发达。1925 年由顾吉生租办,改名大纶久记纺织公司。1930 年春由刘国钧收购,改名大成纺织染公司。同年 3 月合并本邑之广益染织厂,乃将大纶改称为大成第一厂,广益为第二厂。⑤

---

① 《月刊》,Ⅰ.4,页 597。

② 《月刊》,Ⅰ.7,页 1116;《时报》,914,页 1727;《中行月刊》,Ⅶ.4,页 155—156。

③ 《月刊》,Ⅰ.7,页 1116;《中行月刊》,Ⅶ.4,页 155。

④ 《月刊》,Ⅰ.7,页 1109;《时报》,815,页 926;875,页 1417;752,页 413;764,页 521。

⑤ 《月刊》,Ⅰ.4,页 597。

（71）海门：大生纱厂第三厂

张謇创办。1937 年因债务委托中南、金城两行合组之扬子纺织公司经营中。

（72）天津：北洋商业第一纱厂——北洋新记——北洋公记——诚孚信托公司管理北洋商业第一纱厂

黄献忱、范竹斋二人创办。其股份多来自纱号与银行。1930 年 11 月由新记公司租办，加号新记。1934 年 5 月由章瑞廷单独出资租办，改号公记。1936 年 4 月租期届满经股东会决议破产，曾拟售与东洋纺绩会社及大日本纺绩会社，不成。同年五月经债权人中国、交通、金城、大陆四行合组诚孚信托公司接管。①

（73）天津、裕大纱厂

王克敏等创办。资本额定为 300 万元，仅收足 134 万元，即开始建厂，工程方半，款已用尽，乃向日商东拓公司先后借债 180 万元。于本年 3 月完工开车。开工后亏损甚巨，以厂房机器向盐业、懋业等七银行抵借 100 万元，又借东拓 50 万元，以资周转，终无起色。1925 年归东拓营业，订期 20 年。1926 年 10 月又让渡与日商伊藤忠洋行及李淮生所组之大福公司营业。1932 年 10 月大福经营期满，东拓无意经营，仍归大福。此厂已无异为日资所办。②

（74）长沙：经华纱厂——湖南第一纱厂——湖南第一纺织厂

吴作霖借公款 60 万元于 1912 年创办。实际用于建厂购机者仅 15 万元。汤芗铭督湘时，收为省有。典守迭易，成效毫无。至

① 《津纺》，页 6；《月刊》，I. 7，页 1116；《时报》，1276，页 4728；1278，页 4744，1284，页 4792；1287，页 4816；《新闻报》，6，9，1936。

② 《津纺》，页 7；《月刊》，I，页 1112。

本年始完工开车。1921年3月至1925年间招商承办名为华实公司。1927年改为公办。更名湖南第一纱厂。1931年更名湖南第一纺织厂。同年扩充纱锭并建布厂。①

(75)上海:东华纱厂(日商)——上海东华第一纱厂(日商)——隆茂纱厂——仁德纱厂——苏纶织厂上海分厂

此厂为日本棉花伊藤忠商事两会社与华商合办。1922年添一新厂,为第二厂,旧厂则改称上海东华第一纱织。1929年第一厂出售于华商,改称隆茂纱厂。1932年隆茂经理杨习贤投机失败,隆茂亦被累停业。1933年由光裕公司购进,更名为仁德纱厂。1935年改为苏纶纺织厂上海分厂。②

**1922(民国十一年):**

(76)上海:经纬纱厂——经纬明记——美丰纺织厂

无锡陆培之创办,专纺废棉。初创即因镑价升涨受甚大损失。1928年停闭。次年6月由徐克明所组织之合记公司租办,1931年4月归徐氏收买,加号明记。1933年底停业。1937年4月由蔡声白租办,更名美丰。③

(77)崇明:大通纺织公司

杜少如、姚锡舟、鲁经海诸人创办。诸人均沪商。④

(78)武进:广新纺织厂

1924、1925两年停工,1929年归并于苏纶纱厂。⑤

---

① 或谓本厂为1920年开工。《月刊》,I.4,页592;《时报》,939,页1926。

② 《季刊》,Ⅷ.1,页29;《月刊》,I.7,页1120。

③ 《月刊》,I.7,页1108;《时报》,1352,页5351;《纺织世界》,I.13。

④ 《月刊》,I.7,页1109,本所调查。

⑤ 龚俊,页265;《一览表》。

(79)天津:宝成纱厂——宝成第三纺织公司——天津纱厂(日商)

刘伯森等创办。1923年秋因机价未能清偿,乃归慎昌洋行经理。1931年9月另组大同公司,向中国、浙江兴业、上海三银行借款偿还慎昌欠款,收回经营。1935年停工。1936年厂主无力清偿债务,由债权人举行拍卖,结果被日商东洋拓殖会社及大阪伊藤忠商事会社合组之天津纺绩公司购去。1937年改称天津纱厂。①

(80)唐山:华新纱厂唐山厂——唐山华新纺织公司——唐山华新(中日合资)

周学熙、杨味云、林虎候诸人创办。后改名而厂主未易。1932年后(详细年份不详)有东洋纺系、裕丰投资300万元,名为合办,实已成为日资工厂。②

(81)石家庄:大兴纱厂

鄂商徐荣廷创办。徐氏先租办湖北官纱局,适值欧战获利极丰,乃以余利创此厂及武昌裕华纱厂。此厂初有资本300万元,1929年增至450万元。1922—1931年间获利近1,000万元。③

(82)武昌:裕华纺织公司

鄂商徐荣廷创办。一说又有上海纱商股份。④

(83)武昌:震寰纺织公司——大成第三厂

---

① 《月刊》,Ⅰ.7,页1112;《时报》,847,页1185;1302,页4936;1360,页5412。

② 樋口弘:《日本对支投资の研究》,页169,509。

③ 《月刊》,Ⅰ.7,页118;《中行月刊》,Ⅷ.4,页135。

④ 《季刊》,Ⅴ.1,页43。

1933 年停工清算。1936 年秋由大成租办,改称大成第三厂。①

(84)汉口:申新第四厂

荣宗敬创办。1927 年遭兵灾;1931 年遭水灾;1932 年遭火灾;1934 年始恢复并扩充。②

(85)汲县:华新纱厂卫辉厂——卫辉华新纱厂

周学熙、徐世昌、田中玉、陈光远诸人创办。

(86)上海:公大纱厂(日商)

公大为日本国内钟渊纺绩会社投资。1906 年,钟渊来上海创立上海制造绢丝公司,今称上海绢丝第一工厂,是为钟渊染指于中国纺织业之始。1920 年上海绢丝开始创建棉纺厂,至本年 7 月始有一部开车。1925 年 5 月收买英商老公茂纱厂,改造后于 12 月开工,称为公大第二厂。1923 年添青岛一厂,今称公大第五厂,1936 年收买天津裕元、华新两厂为第六、第七厂。③

(87)上海:同兴纺织公司(日商)

此为日本纺织界谷口房藏等所组织。第一厂于本年 1 月开始运转,上海第二厂则开工于 1924 年 5 月。1935 年在青岛又设一厂,称为同兴纺织株式会社青岛工厂。④

(88)上海:裕丰纱厂(日商)

此为日本东洋纺绩会社所投资,本年 8 月开车运转。1932 年

① 《月刊》,Ⅰ.7,页 1118;《时报》,1001,页 2461;1222,页 4288;1308,页 4983。
② 《月刊》,Ⅰ.7,页 1117;《时报》,974,页 2244。
③ 《季刊》,Ⅷ.1,页 7—9;《一览表》。
④ 《季刊》,Ⅷ.1,页 11;《一览表》。

增建布厂。1937年添设天津纱厂一处。[①]

(89)青岛:隆兴纱厂(日商)

本厂为日清纺绩会社所投资,于本年4月开车。[②]

**1923(民国十二年):**

(90)上海:永安纺织公司——永安第一纺织公司

侨商永安公司创办。1924年收买大中华,本厂改称第一厂,大中华为第二厂。1928年收买鸿裕为第三厂。1930年增设一厂为第四厂。

(91)沈阳:奉天纺织厂——辽宁纺织厂——奉天纺织厂

本年7月开车。1928年改称辽宁纺织厂,1932年复名奉天。

(92)青岛:宝来纱厂(日商):

本厂为长崎纺绩株式会社所分设。本年11月完工开车。

(93)青岛:钟渊纱厂(日商)

上海制造绢丝株式会社青岛支店所设,共有五厂,于本年4月完工。

**1924(民国十三年):**

(94)南通:大生纱厂第八厂——大生第一纺织厂公司副厂

张謇创办。开工后即出租与永丰公司,1927年由大生收回自办,改称副厂。

(95)武进:利民纺织厂——通成纺织公司

杨翼之、黄溯初、池宗墨诸人创办,本年二月开车,秋间即宣告

① 《季刊》,Ⅷ.1,页17;《时报》,919,页1764。

② 1937年《一览表》。

破产拍卖。归通成公司购去,改名通成纺织公司。通成接办后,历年亏折,1930 年停工。1932 年由池宗墨约同常州祥记花号姚莲之组织久记公司,将通成接收,改组后再行开工。①

(96)榆次:晋华纺织公司

徐一清、王世毅等创办。本年正月开工。1934 年接收同一股东之祁县益晋织染公司,合成晋华纺织公司。②

(97)汉口:泰安纺绩株式会社(日商)

本厂为日本棉花会社所投资。本年 9 月完工开车。

(98)辽阳:满洲纺绩株式会社(日商)

本厂为满铁及富士瓦斯所投资,本年 5 月完工开车。

**1925(民国十四年):**

(99)大连:福新纺纱厂(日商)

本厂一名满洲福纺株式会社,为满铁财阀与富士瓦斯所投资。本年 6 月完工开车。

**1926(民国十五年):**

(100)九江:久兴纺织公司——利中纺织公司

初为陶家瑶等人所合有,开办后,连年亏折。1934 年由上海银行垫款包办。1935 年改称利中纺织公司。③

**1927(民国十六年):**

(101)新绛:大益成纱厂

赵作肃、薛士选、鲁锡爵等创办。

---

① 《月刊》,I.7,页 1118;《周刊》,Ⅳ.12,页 334。

② 《月刊》,I.7,页 1111;《周刊》,Ⅳ.35,页 814。

③ 《月刊》,I.7,页 1110;《时报》,1233,页 4375。

**1928（民国十七年）：**

（102）迪化：阜民纱厂

杨增新、马福祥两人创办，资本 20 万元，仅有纱锭1,200枚，布机 30 台，为国内纺厂之最小者，但年有赢余。①

**1929（民国十八年）：**

（103）上海：协丰纱厂——协丰益记——大同

陈章鸿、张云春、陈校章诸人创办。1930 年改组，加号益记。1937 年出售，由严庆祥、李震之合购，改名大同。②

（104）上海：宝兴纱厂

陈畔莘、王启宇、余荷三等创办。全部机器均为英国旧货。

（105）武进：福大纺织公司

常州广新归并于苏纶后，由棉花商戈莲生发起，在广新原址购内外棉旧机三千余锭建福大纺织公司，1932 年遭火灾后迄未恢复开工。1935 年将所余机器售与大成。③

**1930（民国十九年）：**

（106）上海：勤丰纺织厂

顾近毅创办，专纺废棉。

（107）上海：申新第八厂

属申新系统。

**1931（民国二十年）：**

（108）无锡：丽新纺织漂染整理公司

---

① 本厂开工年不详，此据《月刊》，I. 7，页 1120 谓为 1928 年创办者。

② 一说 1930 年开工，误。此据 9 次《一览表》，《上海机制工业》，页 145。《月刊》，I. 7，页 1121；《时报》，800，页 808；1352；页 5351。

③ 龚俊，页 265；《月刊》，I. 7，页 1125；《时报》，866，页 1342；1178，页 3939。

此厂前身为丽新布厂，系唐骧廷、程敬堂等于1920年所创办。1928年兼营漂染整理，本年购上海创而未开之济生纱厂纱锭乃增纱厂。①

(109)新绛：雍裕纺织公司

王骧、史邦庆、吴达中、李芳斋等创办。

(110)沙市：沙市纺织公司

万丰花号股东李玉山及杨冠常等创办。

**1932(民国二十一年)：**

(111)天津：达生制线厂

(112)太原：晋生纺织染工厂

徐一清、王世毅诸人创办。起初专事织布，本年增加纺纱。

(113)沈阳：营口纺织公司

**1933(民国二十二年)：**

(114)上海：上海纺织印染公司

棉布商华丰号主人章荣初创办时在1929年春，起初专事织染整理。机器由和歌山织机会社承造，工作由30名日人监管；染料由三井供给，棉布由东洋棉花及日本棉花两会社供给，实不啻一仇货制造机关。东北事变后，获利极厚。至本年乃添纺部。1935年由债权中汇、中国、上海、金城、大陆、交通诸银行合组汇业银团接收管理。②

(115)崇明：富安纺织公司

王月揆、杜少如等创办。

---

① 《月刊》，I.7，页1124；《时报》，845，页1167；《中行月刊》，Ⅶ.4，页156。

② 《月刊》，I.7，页1125；《时报》，735，页277；1230，页4355。

(116)济南:成通纺织公司

苗杏村、苗海南诸人创办。

**1934(民国二十三年):**

(117)济南:仁丰纺织公司

穆伯仁、崔景三诸人创办。原有资本90万元,1936年中国银行又加入100万元。[1]

**1935(民国二十四年):**

(118)嘉定(江苏):嘉丰纺织整染公司

(119)西安:大兴纺织公司第二厂——大华织纺公司

(120)上海:纶昌纱厂(英商)

(121)广州:广东纺织厂棉纺织部

**1937(民国二十六年):**

(122)昆明:云南纺织厂

云南经济委员会与中国银行创办,资本80万元。[2]

## 中国纱厂沿革表脚注资料简称索引

《一览表》　华商纱厂联合会编:《中国纱厂一览表》;

《月刊》　棉业统制委员会编:《棉业月刊》;

《棉统会》　棉业统制委员会编:《全国棉纺织厂统计资料汇编》;

《季刊》　华商纱厂联合会编:《华商纱厂联合会季刊》;

---

① 《月刊》,I.7,页1125;《时报》,1379,页5564。

② 《时报》,1357,页5389;1358,页5397。

《周刊》　纺织周刊社编:《纺织周刊》;

《时报》　纺织时报社编:《纺织时报》;

《报告》　Chinese Maritime Customs: Decennial Reports;《报告 1:1882—1891》;《报告 2:1892—1901》;《报告 3:1902—1911》;《报告 4:1912—1921》;

《苏纺》　葛渊如:《江苏省纺织业状况》(内编);

《津纺》　天津市社会局编:《天津纺织调查报告》;

井　村　井村薰雄著,周培兰译:《中国之纺织业及其出品》;

龚　俊　龚俊著:《中国新工业发展史大纲》;

吴承洛　吴承洛著:《今世中国实业通志》,下卷;

顾鹤年　顾鹤年著:《中国棉工业史略》(载《国际贸易导报》,1 卷 1 期);

西川喜一　西川喜一著:《棉工业上上棉丝棉布》。

# 附录二 统计资料

**表1 全国纱厂已开车的机器设备**

（1890—1913年）

| 年份 | 华商 | | 日商 | | 英商 | | 共计 | |
|---|---|---|---|---|---|---|---|---|
| | 纺机锭数 | 织机台数 | 纺机锭数 | 织机台数 | 纺机锭数 | 织机台数 | 纺机锭数 | 织机台数 |
| 1890 | 35,000 | 530 | — | — | — | — | 35,000 | 530 |
| 1891 | 42,008 | 530 | — | — | — | — | 42,008 | 530 |
| 1892 | 74,464 | 1,530 | — | — | — | — | 74,464 | 1,530 |
| 1893 | 74,464 | 1,530 | — | — | — | — | 74,464 | 1,530 |
| 1894 | 129,020 | 1,800 | — | — | — | — | 129,020 | 1,800 |
| 1895 | 174,564 | 1,800 | — | — | — | — | 174,564 | 1,800 |
| 1896 | 174,564 | 1,800 | — | — | — | — | 174,564 | 1,800 |
| 1897 | 240,344 | 2,016 | — | — | 80,548 | — | 404,892 | 2,016 |
| 1898 | 312,220 | 2,016 | — | — | 80,548 | — | 472,768 | 2,016 |
| 1899 | 342,762 | 2,016 | — | — | 80,548 | — | 493,310 | 2,016 |
| 1900 | 342,762 | 2,016 | — | — | 80,548 | — | 493,310 | 2,016 |
| 1901 | 342,762 | 2,016 | — | — | 80,548 | — | 493,310 | 2,016 |
| 1902 | 318,850 | 2,016 | 23,912 | — | 80,548 | — | 503,310 | 2,016 |
| 1903 | 326,718 | 2,016 | 23,912 | — | 80,548 | — | 511,178 | 2,016 |
| 1904 | 347,068 | 2,016 | 23,912 | — | 80,548 | — | 531,528 | 2,016 |
| 1905 | 361,628 | 2,016 | 23,912 | — | 80,548 | — | 546,088 | 2,016 |

续表

| 年份 | 华商 | | 日商 | | 英商 | | 共计 | |
|---|---|---|---|---|---|---|---|---|
| | 纺机锭数 | 织机台数 | 纺机锭数 | 织机台数 | 纺机锭数 | 织机台数 | 纺机锭数 | 织机台数 |
| 1906 | 386,820 | 2,016 | 44,304 | — | 80,548 | — | 591,672 | 2,016 |
| 1907 | 423,356 | 2,016 | 49,016 | — | 86,372 | — | 638,744 | 2,016 |
| 1908 | 445,276 | 2,016 | 55,296 | — | 86,372 | — | 666,944 | 2,016 |
| 1909 | 475,628 | 2,016 | 55,296 | — | 80,548 | — | 691,472 | 2,016 |
| 1910 | 503,488 | 2,316 | 55,296 | — | 80,548 | — | 719,332 | 2,316 |
| 1911 | 503,488 | 2,316 | 78,336 | — | 80,548 | — | 742,372 | 2,316 |
| 1912 | 505,388 | 2,316 | 78,336 | — | 80,548 | — | 744,272 | 2,316 |
| 1913 | 499,232 | 2,016 | 111,936 | 886 | 138,036 | 800 | 838,192 | 3,702 |

资料来源:详附录“中国纺厂沿革表”,又参考本书第五章。

作者注:(1)凡中外合资者,其设备一半计入华商,一半计入外商,惟1910年开车之公益纱厂,初开时外资甚少,其设备全计入华商项下,1913年卖归英商时,始计入英商项下。

(2)1897—1912年德、美籍二纱厂钞锭各四万枚,已加合计数内,1913年德籍有锭40,788枚,美籍有锭48,200枚,布机300台,亦已加合计数内。

**表 2　全国纱厂已开车的机器设备[1]**

（1918—1936 年）

| 年份 | 纱锭 | | | | 线锭 | | | | 布机 | | | |
|---|---|---|---|---|---|---|---|---|---|---|---|---|
| | 华商 | 日商 | 英商 | 共计 | 华商 | 日商 | 英商 | 共计 | 华商 | 日商 | 英商 | 共计 |
| 1918 | 647,570 | 240,904 | 245,954 | 1,134,428 | — | — | — | — | 3,502 | 1,636 | 1,100 | 6,238 |
| 1919 | 658,748 | 332,922 | 244,088(2) | 1,235,758(5) | 16,436 | — | 2,100 | 18,536 | 2,650 | 1,486 | 2,353 | 6,489 |
| 1920 | 842,894 | ? | ? | ? | 14,000 | — | ? | ? | 4,310(3) | ? | ? | ? |
| 1921 | 1,248,282 | ? | ? | ? | 58,272 | — | ? | ? | 5,825(3) | ? | ? | ? |
| 1922 | 1,506,634(4) | 621,828(2) | 257,866 | 2,386,328(5) | 38,072 | — | — | 38,072 | 6,767(2)(3) | 2,986 | 2,800 | 12,553(5) |
| 1924 | 1,750,498(4) | 932,728(2) | 250,516(2) | 2,933,742(5) | 33,048 | — | — | 33,048 | 9,481 | 3,929 | 2,863 | 16,273 |
| 1925 | 1,866,232(4) | 1,268,176(2) | 205,320 | 3,339,728(5) | 41,272 | 58,744 | — | 100,016 | 11,121 | 7,205 | 2,348 | 20,674 |
| 1927 | 2,018,588 | 1,291,974 | 205,320 | 3,515,882(5) | 65,470 | 77,632 | — | 143,102 | 12,109 | 9,625 | 2,348 | 24,082 |
| 1928 | 2,059,088 | 1,397,272 | 153,320 | 3,609,680 | 68,352 | 117,544 | — | 185,896 | 13,117(2) | 10,801 | 1,900 | 25,818(5) |
| 1929 | 2,146,152 | 1,462,160 | 153,320 | 3,761,632 | 68,920 | 185,484(2) | — | 254,404(5) | 15,205 | 11,467 | 1,900 | 28,572 |
| 1930 | 2,345,074 | 1,587,776 | 169,228 | 4,102,078 | 70,420 | 233,504 | — | 303,924 | 15,718 | 13,554 | 2,480 | 31,572 |
| 1931 | 2,453,304 | 1,715,792 | 170,610 | 4,339,706 | 113,338 | 232,236 | — | 345,574 | 17,629 | 15,983 | 2,691 | 36,303 |
| 1932 | 2,625,413 | 1,790,748 | 183,196 | 4,599,357 | 135,860 | 272,700 | — | 408,560 | 19,081 | 17,592 | 2,891 | 39,564 |

续表

| 年份 | 纱锭 | | | | 线锭 | | | | 布机 | | | |
|---|---|---|---|---|---|---|---|---|---|---|---|---|
| | 华商 | 日商 | 英商 | 共计 | 华商 | 日商 | 英商 | 共计 | 华商 | 日商 | 英商 | 共计 |
| 1933 | 2,742,754 | 1,803,484 | 184,908 | 4,731,146 | 143,042 | 294,692 | 2,720 | 440,454 | 20,926 | 19,017 | 2,891 | 42,834 |
| 1934 | 2,807,391 | 1,946,532 | 184,908 | 4,938,831 | 144,045 | 296,092 | 2,720 | 442,857 | 22,567 | 21,606 | 2,891 | 47,064 |
| 1935 | 2,850,745 | 1,944,504 | 227,148 | 5,022,397 | 157,734 | 340,356 | 6,360 | 504,450 | 24,861 | 23,127 | 4,021 | 52,009 |
| 1936 | 2,746,392 | 2,135,068 | 221,336 | 5,102,796 | 173,316 | 350,284 | 8,670 | 532,270 | 25,503 | 28,915 | 4,021 | 58,439 |

作者注：(1)本表根据华商纱厂联合会历年发表之《中国纱厂一览表》编成，所有新添及未开锭子、织机均未计入。

(2)各厂细数相加而得与原表总数不符。

(3)纱锭尚未运转之厂，布机亦未计入。

(4)根据各厂细数相加而得，包括纺废纱之厂，与原表总数不符。

(5)根据各表各数相加而得，与原表总计数不符。

**表 3　各部口岸直接进口各国(地区)棉纱量(1)华南与华中**

(1913—1932 年)　　单位:担

| 年份 | 华南 | | | | 华中 | | | |
|---|---|---|---|---|---|---|---|---|
| | 日本 | 印度 | 香港 | 总计 | 日本 | 印度 | 香港 | 总计 |
| 1913 | 3 | 36,907 | 634,912 | 671,822 | 769,967 | 619,433 | 39,555 | 1,428,955 |
| 1914 | 210 | 30,518 | 627,851 | 685,579 | 797,727 | 489,005 | 50,130 | 1,336,862 |
| 1915 | 79 | 37,811 | 639,993 | 677,883 | 793,439 | 546,817 | 49,923 | 1,390,179 |
| 1916 | 407 | 32,499 | 520,949 | 553,855 | 623,741 | 491,005 | 93,346 | 1,208,092 |
| 1917 | 142 | 36,925 | 456,570 | 493,637 | 492,703 | 515,691 | 46,169 | 1,054,563 |
| 1918 | 465 | 33,656 | 349,694 | 383,815 | 306,271 | 94,023 | 24,206 | 424,500 |
| 1919 | 884 | 39,150 | 443,725 | 483,759 | 166,923 | 395,333 | 26,680 | 588,936 |
| 1920 | 609 | 31,268 | 363,285 | 395,162 | 254,971 | 292,063 | 11,940 | 558,974 |
| 1921 | 1,519 | 33,582 | 313,987 | 349,088 | 164,251 | 150,083 | 7,640 | 321,974 |
| 1922 | 1,101 | 36,695 | 297,709 | 335,505 | 199,236 | 31,308 | 8,655 | 239,199 |
| 1923 | 26 | 31,809 | 287,009 | 318,844 | 108,663 | 7,228 | 5,202 | 121,093 |
| 1924 | 3 | 26,753 | 202,812 | 229,568 | 108,460 | 1,767 | 24 | 110,251 |
| 1925 | 2,492 | 36,668 | 162,095 | 201,255 | 170,093 | 1,080 | 3,113 | 174,286 |
| 1926 | 10,707 | 22,965 | 175,292 | 208,964 | 106,313 | 1,260 | 1,069 | 108,642 |
| 1927 | 250 | 30,149 | 141,554 | 171,953 | 33,390 | 1,161 | 340 | 34,891 |
| 1928 | 2 | 25,840 | 163,293 | 189,135 | 18,402 | 675 | 35 | 19,112 |
| 1929 | 18 | 27,262 | 129,819 | 157,099 | 21,597 | 60 | — | 21,657 |
| 1930 | 9 | 21,095 | 84,589 | 105,693 | 16,640 | 105 | — | 16,745 |
| 1931 | 283 | 17,250 | 2,550 | 20,083 | 2,001 | 269 | 48 | 2,318 |
| 1932 | 33 | 19,145 | 1,466 | 20,644 | — | — | — | — |

资料来源:中国科学院经济研究所藏抄件。

**表 4　各部口岸直接进口各国(地区)棉纱量(2)华北与东北**

(1913—1932 年)　　单位:担

| 年度 | 华北 | | | | 东北 | | | |
|---|---|---|---|---|---|---|---|---|
| | 日本 | 印度 | 香港 | 总计 | 日本 | 印度 | 香港 | 总计 |
| 1913 | 413,028 | 69 | 9,113 | 422,210 | 89,985 | 240 | 5,064 | 95,289 |
| 1914 | 293,269 | 622 | 750 | 294,641 | 151,622 | — | 4,530 | 156,152 |
| 1915 | 436,111 | — | 2,119 | 438,230 | 114,045 | — | 5,601 | 119,646 |
| 1916 | 537,293 | — | 4,497 | 541,790 | 131,154 | — | 9,453 | 140,607 |
| 1917 | 415,359 | — | 7,119 | 422,478 | 145,457 | — | 5,130 | 150,587 |
| 1918 | 279,721 | — | 600 | 280,321 | 92,485 | — | 2,313 | 94,798 |
| 1919 | 233,491 | 975 | 2,102 | 236,568 | 94,099 | — | 1,395 | 95,494 |
| 1920 | 213,400 | 6,327 | 310 | 220,037 | 115,085 | — | 1,005 | 116,090 |
| 1921 | 244,094 | — | 140 | 244,234 | 177,538 | — | 3,276 | 180,814 |
| 1922 | 315,840 | — | — | 315,840 | 180,986 | — | 896 | 181,882 |
| 1923 | 186,676 | — | — | 186,676 | 126,819 | — | 75 | 126,894 |
| 1924 | 105,347 | — | — | 105,347 | 92,505 | — | 90 | 92,595 |
| 1925 | 127,843 | — | — | 127,843 | 122,701 | — | 2,163 | 124,864 |
| 1926 | 61,148 | — | 30 | 61,178 | 62,923 | — | — | 62,923 |
| 1927 | 33,991 | — | 95 | 34,086 | 40,607 | — | — | 40,607 |
| 1928 | 13,348 | — | 18 | 13,366 | 56,862 | — | — | 56,862 |
| 1929 | 8,349 | — | 21 | 8,370 | 44,730 | — | — | 44,730 |
| 1930 | 2,978 | — | — | 2,978 | 35,604 | — | — | 35,604 |
| 1931 | 145 | — | — | 145 | 16,385 | — | — | 16,385 |
| 1932 | 3,538 | — | — | 3,538 | 15,359 | — | — | 15,359 |

资料来源:中国科学院经济研究所藏抄件。

### 表 5　华南各关直接进口各国(地区)棉布价值

(1913—1935 年)　　单位:海关两

| 年份 | 日本 | 英国 | 香港 | 美国 | 其他 | 总计 |
|---|---|---|---|---|---|---|
| 1913 | 91,056 | 357 | 28,808,902 | — | 4,234,172 | 33,134,487 |
| 1914 | 167,408 | — | 26,922,161 | — | 4,411,636 | 31,501,205 |
| 1915 | 422,700 | — | 23,576,267 | — | 3,187,917 | 27,186,884 |
| 1916 | 523,364 | — | 7,954,676 | — | 363,125 | 8,841,165 |
| 1917 | 774,822 | — | 8,539,896 | — | 399,539 | 9,714,257 |
| 1918 | 703,130 | — | 8,446,010 | — | 439,272 | 9,588,412 |
| 1919 | 435,689 | — | 8,304,569 | — | 486,006 | 9,226,264 |
| 1920 | 630,442 | 405 | 9,227,094 | — | 442,127 | 10,300,068 |
| 1921 | 748,741 | — | 12,774,448 | — | 384,396 | 13,907,585 |
| 1922 | 745,562 | 6,737 | 13,648,046 | — | 367,157 | 14,767,502 |
| 1923 | 319,143 | 39,894 | 13,766,601 | 2,006 | 290,593 | 14,418,237 |
| 1924 | 799,069 | — | 15,643,332 | — | 486,869 | 16,929,270 |
| 1925 | 2,201,203 | — | 9,979,363 | — | 731,966 | 12,912,532 |
| 1926 | 6,461,177 | 66,578 | 7,495,593 | 7,076 | 1,090,308 | 15,120,732 |
| 1927 | 2,535,054 | 420 | 13,254,685 | — | 951,430 | 16,741,589 |
| 1928 | 2,036,014 | 687 | 11,520,798 | — | 970,331 | 14,527,830 |
| 1929 | 2,937,772 | — | 12,085,523 | 1,687 | 673,704 | 15,698,686 |
| 1930 | 3,138,470 | 31,693 | 14,429,554 | 4,588 | 680,220 | 18,284,525 |
| 1931 | 4,568,094 | 703,014 | 10,866,933 | 7,438 | 535,956 | 16,681,435 |
| 1932 | 828,952 | 6,026,066 | 352,254 | 90,774 | 613,380 | 7,911,426 |
| 1933 | 86,264 | 3,396,137 | 221,516 | 73,415 | 282,121 | 4,059,453 |
| 1934 | 148,280 | 780,216 | 9,510 | 17,924 | 68,379 | 1,024,309 |
| 1935 | 364,239 | 541,474 | 5,244 | 30,246 | 54,067 | 995,270 |

资料来源:中国科学院经济研究所藏抄件。

作者注:华南数字 1915 年缺号列 5 本色市布与号列 10 斜纹布。

**表6　华中各关直接进口各国(地区)棉布价值**

(1913—1935年)　　单位:海关两

| 年份 | 日本 | 英国 | 香港 | 美国 | 其他 | 总计 |
|---|---|---|---|---|---|---|
| 1913 | 22,930,149 | 57,350,637 | 1,265,458 | 8,924,811 | 21,464,318 | 111,935,373 |
| 1914 | 24,867,510 | 59,262,102 | 2,239,974 | 4,821,002 | 16,719,334 | 107,909,922 |
| 1915 | 24,540,915 | 32,419,929 | 1,603,404 | 2,619,814 | 14,529,446 | 75,713,508 |
| 1916 | 9,315,397 | 30,476,263 | 304,451 | 1,737,026 | 877,876 | 42,711,013 |
| 1917 | 19,933,733 | 29,511,515 | 1,396,867 | 397,303 | 308,517 | 51,547,935 |
| 1918 | 20,520,002 | 29,690,605 | 550,012 | 601,408 | 228,686 | 51,590,713 |
| 1919 | 28,475,214 | 34,131,393 | 2,941,418 | 1,704,147 | 3,165,442 | 70,417,614 |
| 1920 | 28,196,592 | 66,970,874 | 315,624 | 2,006,944 | 5,021,619 | 102,511,653 |
| 1921 | 25,874,512 | 59,503,492 | 1,264,956 | 2,920,731 | 1,303,585 | 90,867,276 |
| 1922 | 26,776,164 | 59,489,461 | 847,449 | 2,117,246 | 1,960,019 | 91,190,339 |
| 1923 | 29,482,013 | 44,744,026 | 554,705 | 192,376 | 848,289 | 75,821,408 |
| 1924 | 41,184,055 | 53,340,180 | 308,566 | 90,224 | 1,640,049 | 96,563,074 |
| 1925 | 44,372,351 | 35,332,904 | 401,272 | 1,036,034 | 1,294,134 | 82,436,695 |
| 1926 | 53,853,953 | 39,213,139 | 729,798 | 281,048 | 1,442,964 | 95,520,902 |
| 1927 | 36,949,155 | 21,893,296 | 125,178 | 259,143 | 1,112,462 | 60,339,234 |
| 1928 | 54,050,638 | 35,288,052 | 372,601 | 238,928 | 1,675,039 | 91,625,258 |
| 1929 | 55,717,850 | 36,661,309 | 151,208 | 390,686 | 3,624,260 | 96,545,313 |
| 1930 | 43,720,838 | 17,493,174 | 133,053 | 98,438 | 1,265,625 | 62,711,128 |
| 1931 | 39,142,116 | 15,025,538 | 104,623 | 240,881 | 2,995,108 | 57,508,266 |
| 1932 | 6,853,856 | 15,665,377 | 66,442 | 268,532 | 1,178,306 | 24,032,513 |
| 1933 | 7,521,419 | 9,130,667 | 15,084 | 249,776 | 1,864,746 | 18,781,692 |
| 1934 | 3,454,919 | 5,322,513 | 13,176 | 55,994 | 329,410 | 9,176,012 |
| 1935 | 3,142,694 | 2,686,943 | 2,545 | 47,997 | 163,817 | 6,043,996 |

资料来源:中国科学院经济研究所藏抄件。

作者注:华中数字1915年缺号列5本色市布与号列10斜纹布。

**表7 华北各关直接进口各国(地区)棉布价值**

(1913—1935年) 单位:海关两

| 年份 | 日本 | 英国 | 香港 | 美国 | 其他 | 总数 |
|---|---|---|---|---|---|---|
| 1913 | 18,535,645 | 3,109,149 | 258,486 | — | 237,700 | 22,140,980 |
| 1914 | 16,220,073 | 3,834,710 | 27,326 | 37,554 | 242,032 | 20,361,695 |
| 1915 | 16,310,310 | 1,214,900 | 58,477 | 62,831 | 33,613 | 17,680,131 |
| 1916 | 7,668,908 | 621,701 | 2,413 | 273 | 34,744 | 8,328,039 |
| 1917 | 14,319,624 | 634,810 | 17,060 | 15,789 | 1,943 | 14,989,226 |
| 1918 | 12,535,696 | 933,751 | 64,348 | — | 159 | 13,533,954 |
| 1919 | 18,748,196 | 846,667 | 18,986 | 37,376 | 32,266 | 19,683,491 |
| 1920 | 14,288,262 | 4,418,931 | 38 | 26,575 | 192,380 | 18,926,186 |
| 1921 | 11,046,033 | 1,462,714 | 5,757 | 1,784 | 69,298 | 12,585,586 |
| 1922 | 13,533,039 | 748,223 | 18,710 | — | 41,065 | 14,341,037 |
| 1923 | 12,662,261 | 392,533 | 1,464 | 1,835 | 51,660 | 13,109,753 |
| 1924 | 14,826,398 | 858,801 | 406 | 2,038 | 46,495 | 15,734,138 |
| 1925 | 19,041,456 | 504,380 | 224 | 1,221 | 49,122 | 19,596,403 |
| 1926 | 18,322,855 | 709,478 | 4,680 | 1,354 | 401,591 | 19,439,958 |
| 1927 | 18,962,899 | 309,088 | 4,881 | 2,168 | 170,879 | 19,449,915 |
| 1928 | 19,303,060 | 946,951 | 1,890 | 3,463 | 288,694 | 20,544,058 |
| 1929 | 16,161,975 | 1,321,731 | 1,586 | 35,057 | 1,607,196 | 19,127,545 |
| 1930 | 21,993,770 | 402,614 | 3,144 | 4,480 | 355,037 | 22,759,045 |
| 1931 | 22,662,168 | 792,211 | 11,361 | 3,968 | 1,040,104 | 24,509,812 |
| 1932 | 30,418,190 | 1,243,100 | 73,604 | 22,371 | 876,749 | 32,634,014 |
| 1933 | 13,732,255 | 278,433 | 665 | 19,964 | 565,805 | 14,597,104 |
| 1934 | 6,166,668 | 361,132 | 558 | 11,423 | 498,043 | 7,037,824 |
| 1935 | 6,394,908 | 173,458 | 432 | 13,836 | 118,614 | 6,701,248 |

资料来源:中国科学院经济研究所藏抄件。

作者注:华北数字1915年缺号列5本色市布及号列10斜纹布。

**表 8　东北各关直接进口各国(地区)棉布价值**

(1913—1932 年)　　单位:海关两

| 年份 | 日本 | 英国 | 香港 | 美国 | 其他 | 总数 |
|---|---|---|---|---|---|---|
| 1913 | 13,471,821 | 886,951 | 155,328 | 7,888 | 4,237,020 | 18,759,008 |
| 1914 | 15,809,532 | 652,782 | 124,898 | — | 3,789,837 | 20,377,049 |
| 1915 | 12,312,075 | 355,162 | 172,577 | — | 938,759 | 13,778,573 |
| 1916 | 11,069,126 | 119,173 | 1,764 | — | 968,477 | 12,158,540 |
| 1917 | 16,306,497 | 314,890 | 7,230 | — | 455,996 | 17,084,613 |
| 1918 | 20,272,899 | 256,455 | 13,247 | 23,823 | 1,151,307 | 21,717,731 |
| 1919 | 35,946,225 | 221,538 | 3,449 | 126,694 | 1,891,542 | 38,189,448 |
| 1920 | 32,234,797 | 279,333 | — | 55,511 | 2,003,815 | 34,573,456 |
| 1921 | 22,652,722 | 184,168 | 28,473 | 7,807 | 1,502,151 | 24,375,321 |
| 1922 | 28,059,055 | 186,172 | 16,258 | 30,017 | 1,513,504 | 29,805,006 |
| 1923 | 25,204,839 | 275,209 | 1,661 | 57,976 | 1,898,814 | 27,438,499 |
| 1924 | 21,747,998 | 277,286 | 13 | 43,516 | 1,883,545 | 23,952,358 |
| 1925 | 33,480,387 | 242,395 | 16,223 | 63,577 | 2,455,970 | 36,258,552 |
| 1926 | 36,421,230 | 394,655 | — | 50,708 | 4,056,425 | 40,923,018 |
| 1927 | 33,631,776 | 244,282 | — | 49,170 | 4,822,902 | 38,738,130 |
| 1928 | 37,675,793 | 285,969 | 5,379 | 50,665 | 5,062,357 | 43,080,163 |
| 1929 | 38,341,387 | 260,548 | — | 11,386 | 3,024,066 | 41,637,387 |
| 1930 | 30,198,664 | 183,277 | — | 9,461 | 3,043,981 | 33,435,383 |
| 1931 | 13,552,796 | 113,042 | — | 5,077 | 866,891 | 14,537,806 |
| 1932 | 7,187,039 | 97,549 | 2,368 | 11,440 | 379,554 | 7,677,950 |

资料来源:中国科学院经济研究所藏抄件。

作者注:东北数字 1915 年缺号列 5 本色市布与号列 10 斜纹布。

## 表 9　上海华商纱布交易所客帮成交现货棉纱量

(1930—1936 年)　　单位:包

| 地名＼年份 | 1930 | 1931 | 1932 | 1933 | 1934 | 1935 | 1936 |
|---|---|---|---|---|---|---|---|
| 牛庄 | 19,263 | 2,255 | — | — | — | — | — |
| 安东 | 856 | — | — | — | — | — | — |
| 秦皇岛 | 3,564 | 1,300 | — | — | — | — | — |
| 烟台 | 1,797 | — | — | — | — | — | — |
| 天津 | 34,752 | 39,575 | 2,652 | 330 | 28,802 | 13,653 | 36,045 |
| 青岛 | 23,600 | 9,100 | 165 | — | 60 | 10 | — |
| 济南 | 2,955 | 325 | 50 | — | 528 | 696 | 215 |
| 高阳 | 3,705 | 2,514 | 420 | 117 | — | 15 | — |
| 威海卫 | — | 900 | 600 | 390 | 842 | 1,015 | 455 |
| 河南 | — | — | — | — | 12,873 | 23,769 | 2,975 |
| 北帮 | — | 8,400 | 3,593 | 1,215 | 10,725 | 2,127 | 410 |
| 华北共计 | 90,492 | 64,369 | 7,480 | 2,052 | 53,830 | 41,285 | 40,100 |
| 内地(江浙) | 56,966 | 71,554 | 34,151 | 45,902 | 74,455 | 54,968 | 115,813 |
| 镇江 | 4,577 | 2,485 | 1,186 | 1,225 | 1,478 | 117 | 180 |
| 南京 | — | — | 317 | 909 | 1,548 | 1,473 | 1,793 |
| 宁波 | 3,987 | 2,921 | 5,039 | 3,301 | 3,151 | 1,240 | 990 |
| 温州 | — | — | 798 | 133 | 238 | 55 | 20 |
| 徐州 | 20,818 | 3,637 | 2,214 | 400 | 1,233 | 5,211 (徐州、海州合计) | 2,884 |
| 海州 | — | — | 100 | 45 | 1,530 | | 382 |
| 安庆 | 1,769 | — | 1,533 | 912 | 888 | 585 | 980 |
| 芦州 | 7,032 | 1,045 | 5,116 | 2,274 | 3,246 | 425 | 870 |
| 芜湖 | 7,590 | 625 | 1,491 | 3,037 | 3,242 | 2,084 | 5,781 |
| 大通 | — | — | 322 | 117 | 76 | 75 | 45 |
| 华东共计 | 102,739 | 82,267 | 52,267 | 58,255 | 91,085 | 66,233 | 129,738 |

续表

| 年份<br>地名 | 1930 | 1931 | 1932 | 1933 | 1934 | 1935 | 1936 |
|---|---|---|---|---|---|---|---|
| 汉　口 | 14,401 | 17,344 | 3,030 | 3,445 | 645 | 2,989 | 3,575 |
| 四　川 | 103,802 | 72,959 | 62,120 | 42,937 | 24,993 | 35,995 | 34,673 |
| 长　沙 | 12,617 | 12,252 | 23,305 | 11,072 | 13,290 | 22,015 | 31,060 |
| 江　西 | 11,462 | 13,258 | 9,671 | 3,186 | 6,374 | 9,094 | 4,672 |
| 华中共计 | 142,282 | 115,813 | 98,126 | 60,640 | 45,302 | 70,093 | 73,980 |
| 广　东 | 102,420 | 58,762 | 97,357 | 47,175 | 64,881 | 75,918 | 60,793 |
| 汕　头 | 26,613 | 21,612 | 32,510 | 18,094 | 17,186 | 8,678 | 6,400 |
| 厦　门 | 3,983 | 1,269 | 1,895 | 3,280 | 1,195 | 1,083 | 510 |
| 福　州 | 3,344 | 1,051 | 1,686 | 1,261 | 1,027 | 413 | 263 |
| 云　南 | 24,065 | 20,258 | 30,168 | 19,777 | 26,572 | 26,883 | 21,714 |
| 华南共计 | 160,429 | 102,952 | 163,616 | 89,587 | 110,861 | 112,975 | 89,680 |
| 全国总计 | 495,942 | 365,401 | 321,489 | 210,534 | 301,078 | 290,586 | 333,498 |

资料来源:各期《纺织时报》。

**表 10　全国纱厂棉纱线销售量**

(1932—1935 年)　　单位:公担

| 年　度 | 华　商 | 日　商 | 英　商 | 全　体 |
|---|---|---|---|---|
| 1932—1933 | 2,875,556 | 1,183,948 | 100,976 | 4,160,480 |
| 1933—1934 | 2,835,194 | 1,272,327 | 56,600 | 4,164,121 |
| 1934—1935 | 2,802,848 | 1,182,517 | 50,726 | 4,036,091 |
| 1935—1936 | 2,623,654 | 1,294,785 | 53,099 | 3,971,539 |

## 表 11　全国纱厂棉纱线销售量

（1932—1935 年）　　　　单位：包，每包 420 磅

| 年　度 | 华　商 | 日　商 | 英　商 | 全　体 |
|---|---|---|---|---|
| 1932—1933 | 1,523,877 | 627,423 | 53,511 | 2,204,812 |
| 1933—1934 | 1,502,487 | 674,259 | 29,995 | 2,206,742 |
| 1934—1935 | 1,485,346 | 626,665 | 26,882 | 2,138,893 |
| 1935—1936 | 1,390,383 | 686,161 | 28,139 | 2,104,684 |

资料来源：国民党财政部税务署：《统税物品销量统计》；1932—1933 年原资料缺冀晋察绥区销量，此处已据经济研究所抄件加入；又所缺仅天津恒源一家在 1933 年 1—5 月之数字，又纱厂附设织厂之用纱未在内。

## 表 12　全国纱厂产纱量之两种估计

（1931—1936 年）

| 按《中国纱厂一览表》所载用花量估计 | | | | | | | 按华商纱厂联合会向万国纺联会所报告之数字估计 | |
|---|---|---|---|---|---|---|---|---|
| | 用花量单位（担） | | | | 用花量（公担） | 出纱量（公担） | 用花量（公担） | 出纱量（公担） |
| 年份 | 华商 | 日商 | 英商 | 全体 | 全体 | 全体 | | |
| 1931 | 5,428,796 | 3,189,044 | 330,000 | 8,947,840 | 5,408,970 | 4,868,166 | 5,357,604 | 4,821,844 |
| 1932 | 5,807,894 | 2,348,711 | 320,803 | 8,477,408 | 5,124,593 | 4,612,134 | 5,421,641 | 4,879,477 |
| 1933 | 5,748,647 | 2,920,430 | 286,663 | 8,995,767 | 5,413,761 | 4,872,385 | 5,500,229 | 4,950,206 |
| 1934 | 5,613,704 | 3,082,929 | 196,000 | 8,892,633 | 5,375,600 | 4,838,038 | 5,660,016 | 5,099,414 |
| 1935 | 5,219,753 | 3,405,408 | 143,000 | 8,768,161 | 5,300,353 | 4,770,318 | 5,347,869 | 4,813,082 |
| 1936 | 5,213,878 | 3,633,359 | 221,823 | 9,069,060 | 5,482,247 | 4,934,022 | 5,552,779 | 4,997,501 |

作者注：据《中国纱厂一览表》数字估计者不包括东北各厂在内；纺织会数内容不详，大约亦不包括东北各厂在内，自用花量估计产纱量按废棉率 10% 折算。

**表 13　各籍纱厂附设织机产布统计**

（1932—1935 年）　　单位：千码

| 年度 | 类别 | 华商 | 日商 | 英商 | 全体 |
|---|---|---|---|---|---|
| 1932 | 粗　布 | 276,840 | 346,320 | 70,102 | 693,263 |
| | 细　布 | 10,335 | 82,520 | 136 | 92,992 |
| | 混合布：含细纱 50% 以下者 | 18,943 | 1,942 | 9,160 | 30,045 |
| | 混合布：含细纱 50%—60% 者 | 5,956 | 53,861 | — | 59,817 |
| | 混合布：含细纱 60% 以上者 | 1 | 233 | — | 234 |
| | 其他杂类布 | 75 | 14 | — | 89 |
| | 共　计 | 312,151 | 484,890 | 97,398 | 876,441 |
| 1933 | 粗　布 | 305,896 | 410,787 | 57,172 | 773,856 |
| | 细　布 | 26,037 | 85,294 | 334 | 111,666 |
| | 混合布：含细纱 50% 以下者 | 13,089 | 1,069 | 7,874 | 22,032 |
| | 混合布：含细纱 50%—60% 者 | 10,085 | 60,266 | — | 70,351 |
| | 混合布：含细纱 60% 以上者 | 563 | 6,465 | — | 7,029 |
| | 其他杂类布 | 224 | 813 | — | 1,037 |
| | 共　计 | 355,896 | 564,695 | 65,381 | 985,973 |
| 1934 | 粗　布 | 309,037 | 436,935 | 51,918 | 797,891 |
| | 细　布 | 25,145 | 96,456 | 1,321 | 122,922 |
| | 混合布：含细纱 50% 以下者 | 10,741 | 1,576 | 6,179 | 18,496 |
| | 混合布：含细纱 50%—60% 者 | 12,724 | 55,417 | 25 | 68,166 |
| | 混合布：含细纱 60% 以上者 | 186 | 13,387 | 16 | 13,589 |
| | 其他杂类布 | 308 | 910 | 57 | 1,276 |
| | 共　计 | 358,142 | 604,681 | 59,517 | 1,022,341 |
| 1935 | 粗　布 | 310,106 | 603,797 | 54,404 | 968,308 |
| | 细　布 | 34,775 | 110,344 | 16,481 | 161,601 |
| | 混合布：含细纱 50% 以下者 | 9,991 | 787 | 3,742 | 14,520 |
| | 混合布：含细纱 50%—60% 者 | 22,208 | 64,560 | 999 | 87,767 |
| | 混合布：含细纱 60% 以上者 | 141 | 14,693 | 1,194 | 16,028 |
| | 其他杂类布 | 250 | 1,461 | 21 | 1,733 |
| | 共　计 | 377,472 | 795,643 | 76,842 | 1,249,958 |

资料来源：国民党财政部税务署：《统税物品销量统计》，民国二十一年至二十四年各年度。

作者注：原料单位为尺今折成码，折合方法见第八章附录。

## 表 14 全国纱厂棉纱线出厂量

（1932 年度） 单位:公担

| 支别分组 | 华 商 | 日 商 | 英 商 | 合 计 |
|---|---|---|---|---|
| 10 支及以下 | 632,853.881 | 13,694.964 | 5,423.169 | 651,972.014 |
| 超过 10 支—13 支 | 176,790.794 | 4,109.290 | — | 180,900.084 |
| 超过 13 支—17 支 | 979,170.528 | 338,003.777 | 4,226.826 | 1,321,401.131 |
| 超过 17 支—23 支 | 846,256.054 | 385,407.549 | 89,292.307 | 1,320,955.910 |
| 超过 23 支—35 支 | 141,016.734 | 146,840.049 | 2,033.831 | 289,890.614 |
| 超过 35 支—42 支 | 93,971.213 | 274,993.326 | — | 368,964.539 |
| 超过 42 支 | 4,579.436 | 20,895.679 | — | 25,475.115 |
| 未详 | 917.359 | 3.774 | — | 921.133 |
| 总 计 | 2,875,555.999* | 1,183,948.408 | 100,976.133 | 4,160,480.540 |

作者注:本表及以下三表均根据国民党财政部统税署编:《统税物品销量统计》及经济研究所抄件。

* 缺天津恒源纱厂 1933 年 1 月至 5 月数字。

## 表 15 全国纱厂棉纱线出厂量

（1933 年度） 单位:公担

| 支别分组 | 华 商 | 日 商 | 英 商 | 合 计 |
|---|---|---|---|---|
| 10 支及以下 | 581,349.030 | 23,252.972 | 4,885.333 | 609,487.335 |
| 超过 10 支—13 支 | 179,771.161 | 6,462.320 | — | 186,233.481 |
| 超过 13 支—17 支 | 1,010,896.684 | 324,810.104 | 660.437 | 1,336,367.225 |
| 超过 17 支—23 支 | 778,157.703 | 411,731.038 | 49,149.583 | 1,239,038.324 |
| 超过 23 支—35 支 | 145,501.867 | 173,090.097 | 1,055.280 | 319,647.244 |
| 超过 35 支—42 支 | 102,393.777 | 311,265.856 | 849.284 | 414,508.917 |
| 超过 42 支 | 8,334.385 | 21,626.400 | — | 29,960.785 |
| 未详 | 28,790.000 | 87.948 | — | 28,877.948 |
| 总 计 | 2,835,194.607 | 1,272,326.735 | 56,599.917 | 4,164,121.259 |

**表 16　全国纱厂棉纱线出厂量**

（1934 年度）　　单位：公担

| 支别分组 | 华　商 | 日　商 | 英　商 | 总　计 |
|---|---|---|---|---|
| 10 支及以下 | 644,603.155 | 12,292.929 | 5,058.781 | 661,954.865 |
| 超过 10 支—13 支 | 165,704.876 | 7,013.612 | — | 172,718.488 |
| 超过 13 支—17 支 | 1,032,406.559 | 292,799.223 | 283.035 | 1,325,488.817 |
| 超过 17 支—23 支 | 726,157.840 | 393,328.801 | 41,645.531 | 1,161,132.172 |
| 超过 23 支—35 支 | 151,227.934 | 169,623.286 | 2,445.741 | 323,296.961 |
| 超过 35 支—42 支 | 74,874.511 | 265,657.784 | 1,293.383 | 341,825.678 |
| 超过 42 支 | 7,851.109 | 41,742.866 | — | 49,593.975 |
| 未详 | 22.226 | 58.482 | — | 80.708 |
| 总　计 | 2,802,848.210 | 1,182,516.983 | 50,726.471 | 4,036,091.664 |

**表 17　全国纱厂棉纱线出厂量**

（1935 年度）　　单位：公担

| 支别分组 | 华　商 | 日　商 | 英　商 | 总　计 |
|---|---|---|---|---|
| 10 支及以下 | 563,403.793 | 12,338.159 | 5,626.737 | 581,368.689 |
| 超过 10 支—13 支 | 144,346.919 | 6,922.094 | 30.399 | 151,299.412 |
| 超过 13 支—17 支 | 855,098.320 | 257,444.617 | — | 1,112,542.937 |
| 超过 17 支—23 支 | 831,540.720 | 472,832.322 | 32,511.229 | 1,336,884.271 |
| 超过 23 支—35 支 | 147,665.009 | 217,178.296 | 10,025.750 | 374,869.055 |
| 超过 35 支—42 支 | 73,775.585 | 277,716.301 | 4,904.925 | 356,396.811 |
| 超过 42 支 | 7,727.610 | 50,339.914 | — | 58,067.524 |
| 未详 | 96.400 | 13.208 | — | 109.608 |
| 总　计 | 2,623,654.356 | 1,294,784.911 | 53,099.040 | 3,971,538.307 |

**表 18　各类棉布历年平均进口税率**

（1926—1936 年）

| 年份 | 本色棉布 | | | 漂白或染色棉布 | | |
|---|---|---|---|---|---|---|
| | 进口值 | 税收额 | 税率（%） | 进口值 | 税收额 | 税率（%） |
| 1926 | 43,621,469 | 2,268,172.1 | 5.20 | 92,102,760 | 4,512,552.0 | 4.90 |
| 1927 | 28,717,021 | 1,523,395.9 | 5.30 | 68,509,605 | 3,446,069.5 | 5.03 |
| 1928 | 31,183,792 | 1,604,805.4 | 5.15 | 92,985,411 | 4,795,704.3 | 5.16 |
| 1929 | 27,127,964 | 2,079,472.4 | 7.67 | 100,422,720 | 8,810,689.2 | 8.77 |
| 1930 | 22,510,039 | 1,644,214.9 | 7.30 | 69,159,128 | 5,825,712.6 | 8.42 |
| 1931 | 10,804,427 | 1,693,640.2 | 15.68 | 62,821,482 | 10,445,797.0 | 16.63 |
| 1932 | 7,418,806 | 1,256,143.5 | 16.93 | 35,680,454 | 6,824,626.4 | 19.13 |
| 1933 | 1,520,136 | 435,924.0 | 28.68 | 15,688,398 | 6,022,491.3 | 38.39 |
| 1934 | 969,725 | 276,766.7 | 28.54 | 8,167,242 | 2,951,299.7 | 36.14 |
| 1935 | 1,123,951 | 300,912.4 | 26.77 | 6,831,259 | 2,530,454.7 | 37.04 |
| 1936 | 1,297,437 | 326,851.9 | 25.19 | 3,050,823 | 956,733.6 | 31.36 |

| 年份 | 印花棉布 | | | 杂类棉布 | | |
|---|---|---|---|---|---|---|
| | 进口值 | 税收额 | 税率（%） | 进口值 | 税收额 | 税率（%） |
| 1926 | 23,333,866 | 1,058,978.7 | 4.54 | 8,885,875 | 450,871.1 | 5.07 |
| 1927 | 22,623,981 | 1,040,319.8 | 4.60 | 8,974,081 | 454,063.6 | 5.06 |
| 1928 | 29,387,060 | 1,380,370.8 | 4.70 | 10,435,537 | 524,340.6 | 5.02 |
| 1929 | 26,427,225 | 2,597,343.9 | 9.83 | 10,965,582 | 936,069.0 | 8.54 |
| 1930 | 25,574,863 | 2,265,086.1 | 8.86 | 12,472,057 | 1,096,821.8 | 8.79 |
| 1931 | 21,368,315 | 3,616,443.9 | 16.92 | 12,323,884 | 1,563,614.5 | 12.69 |
| 1932 | 12,041,479 | 2,550,170.8 | 21.18 | 6,488,208 | 773,938.1 | 11.93 |
| 1933 | 9,302,678 | 3,900,391.3 | 41.93 | 3,311,757 | 1,372,643.3 | 41.45 |
| 1934 | 3,088,799 | 1,491,649.5 | 48.29 | 1,405,761 | 450,917.5 | 32.08 |
| 1935 | 2,190,288 | 844,871.7 | 38.57 | 1,311,165 | 352,081.0 | 26.85 |
| 1936 | 415,312 | 135,320.7 | 32.58 | 577,919 | 150,386.6 | 26.02 |

资料来源：中国科学院经济研究所抄件。

作者注：进口值及税收额两栏数字在 1926—1931 年以关两为单位，在 1932—1936 年以关金为单位。

### 表 19　中国净进口棉布量之折算

（1912—1936 年）

| 年份 | 本色（千码） | 漂白（千码） | 染色（千码） | 印花（千码） | 杂类（千码） | 合计（千码） | 合计（千方码） |
|---|---|---|---|---|---|---|---|
| 1912 | 414,183 | 180,514 | 139,301 | 32,562 | 61,726 | 828,285 | 763,525 |
| 1913 | 596,453 | 200,720 | 185,547 | 42,407 | 84,284 | 1,109,411 | 1,016,543 |
| 1914 | 612,518 | 199,740 | 180,656 | 48,320 | 24,202 | 1,065,436 | 974,708 |
| 1915 | 513,911 | 144,480 | 126,867 | 15,425 | 14,145 | 814,829 | 724,487 |
| 1916 | 393,680 | 171,076 | 120,340 | 19,940 | 20,880 | 725,907 | 641,191 |
| 1917 | 492,780 | 142,564 | 144,584 | 47,798 | 31,246 | 858,971 | 748,534 |
| 1918 | 391,223 | 108,357 | 132,501 | 27,651 | 16,628 | 676,360 | 585,701 |
| 1919 | 485,037 | 181,350 | 162,571 | 55,034 | 22,272 | 906,063 | 816,083 |
| 1920 | 464,845 | 185,360 | 194,912 | 54,520 | 17,277 | 916,915 | 802,050 |
| 1921 | 377,696 | 100,693 | 159,200 | 28,317 | 22,609 | 688,515 | 603,123 |
| 1922 | 417,226 | 162,412 | 206,354 | 45,719 | 17,582 | 831,711 | 746,460 |
| 1923 | 316,670 | 104,925 | 214,523 | 48,607 | 17,482 | 702,206 | 612,452 |
| 1924 | 281,886 | 193,874 | 247,269 | 77,262 | 18,007 | 818,298 | 722,330 |
| 1925 | 314,507 | 141,543 | 273,661 | 93,202 | 20,681 | 843,593 | 725,451 |
| 1926 | 313,266 | 151,419 | 318,295 | 134,954 | 24,005 | 941,938 | 805,883 |
| 1927 | 214,443 | 112,470 | 253,298 | 127,893 | 25,839 | 733,943 | 618,178 |
| 1928 | 234,027 | 182,560 | 325,841 | 173,819 | 27,768 | 944,015 | 808,696 |
| 1929 | 200,539 | 176,540 | 360,333 | 162,716 | 37,980 | 938,108 | 792,503 |
| 1930 | 157,034 | 119,300 | 256,589 | 143,901 | 35,911 | 712,736 | 598,908 |
| 1931 | 55,189 | 84,005 | 197,718 | 98,104 | 24,169 | 459,186 | 390,018 |
| 1932 | 60,110 | 74,010 | 151,383 | 93,164 | 41,598 | 420,264 | 356,618 |
| 1932* | 59,039* | 247,408*（漂白、染色合计） | | 84,026* | 29,569* | 420,042* | 356,196* |
| 1933 | 11,372 | 121,084 | | 70,058 | 17,402 | 219,917 | 186,489 |
| 1934 | 9,520 | 57,670 | | 31,972 | 7,979 | 107,140 | 90,855 |
| 1935 | 12,122 | 55,328 | | 27,744 | 5,738 | 100,931 | 85,590 |
| 1936 | 20,093 | 21,408 | | 3,196 | 3,322 | 48,019 | 40,720 |

作者注：* 以上为叶量氏之折算，见《纺织时报》，第 1345—1350 期；1936，1，1；以下为作者之折算，方法详见第八章附录。

## 表20　中国棉布净输出量之折算

（1932—1936年）

| 年份 | 帆布、双丝布 | 细、粗斜纹布 | 土　布 | 市布、粗布 | 其　他 | 合　计 | |
|---|---|---|---|---|---|---|---|
| 1932 | 126,229 | 7,400,690 | 12,492,000 | 47,689,490 | 5,239,974 | 73,248,383 | （单位：码） |
| 1933 | 257,144 | 9,852,336 | 30,945,000 | 57,137,233 | 6,547,698 | 104,739,411 | |
| 1934 | 96,884 | 5,261,520 | 20,237,021 | 17,977,566 | 6,450,502 | 50,113,493 | |
| 1935 | 71,714 | 1,840,455 | 11,488,022 | 7,015,142 | 2,098,993 | 22,514,326 | |
| 1936 | 99,376 | 1,036,113 | 16,349,790 | 28,799,011 | 4,198,639 | 50,480,929 | |
| 1932 | 98,206 | 6,414,675 | 6,246,000 | 47,689,490 | 4,364,898 | 64,813,269 | （单位：方码） |
| 1933 | 200,058 | 8,206,996 | 15,472,500 | 57,137,233 | 5,454,232 | 86,471,019 | |
| 1934 | 75,376 | 4,382,846 | 10,118,511 | 17,977,566 | 5,448,238 | 38,002,537 | |
| 1935 | 55,749 | 1,533,099 | 5,744,011 | 7,015,142 | 1,748,461 | 16,096,507 | |
| 1936 | 77,315 | 863,082 | 8,174,895 | 28,799,011 | 3,497,466 | 21,409,769 | |

作者注：折算方法见第八章附录；又折算方码时所采用之平均宽度，帆布、双丝布为28吋，粗、细斜纹布为30吋；土布为18吋；市布、粗布为36吋，其他布为30吋。

## 表21　华北七种农作物批发物价指数

（1913—1936年）

| 年份 | 西河花 | 红小麦 | 玉米 | 高粱 | 小米 | 黄豆 | 黑豆 |
|---|---|---|---|---|---|---|---|
| 1913 | 100.0 | 100.0 | 100.0 | 100.0 | 100.0 | 100.0 | 100.0 |
| 1914 | 77.3 | 103.3 | 89.0 | 96.1 | 88.5 | 102.9 | 96.9 |
| 1915 | 79.0 | 104.3 | 95.2 | 97.1 | 88.8 | 94.1 | 99.8 |
| 1916 | 81.7 | 104.9 | 107.4 | 109.7 | 90.9 | 89.6 | 100.2 |
| 1917 | 118.6 | 103.4 | 108.2 | 110.2 | 104.7 | 112.9 | 119.5 |
| 1918 | 136.5 | 98.4 | 103.4 | 102.9 | 96.8 | 103.6 | 104.7 |
| 1919 | 130.8 | 97.5 | 87.1 | 88.8 | 85.2 | 91.3 | 87.5 |
| 1920 | 136.0 | 133.7 | 135.2 | 142.6 | 116.2 | 121.7 | 123.0 |
| 1921 | 138.0 | 138.3 | 128.1 | 128.7 | 117.7 | 117.2 | 132.8 |
| 1922 | 140.5 | 141.4 | 107.0 | 116.6 | 102.6 | 130.7 | 131.6 |
| 1923 | 191.6 | 148.9 | 110.1 | 120.0 | 112.4 | 141.8 | 140.6 |

续表

| 年份 | 西河花 | 红小麦 | 玉米 | 高粱 | 小米 | 黄豆 | 黑豆 |
|---|---|---|---|---|---|---|---|
| 1924 | 222.3 | 143.5 | 130.2 | 135.8 | 124.5 | 142.3 | 142.5 |
| 1925 | 194.8 | 167.2 | 161.8 | 159.1 | 148.6 | 161.6 | 175.1 |
| 1926 | 168.3 | 151.1 | 144.7 | 157.4 | 156.3 | 157.2 | 158.5 |
| 1927 | 178.5 | 166.5 | 160.3 | 151.6 | 159.1 | 146.0 | 149.1 |
| 1928 | 174.9 | 172.6 | 153.8 | 149.9 | 151.4 | 162.5 | 167.6 |
| 1929 | 186.7 | 186.9 | 153.8 | 172.8 | 157.1 | 174.4 | 172.5 |
| 1930 | 181.3 | 183.6 | 157.2 | 170.3 | 155.3 | 182.0 | 197.5 |
| 1931 | 186.4 | 159.6 | 129.1 | 132.4 | 131.4 | 157.1 | 168.4 |
| 1932 | 148.6 | 148.0 | 120.9 | 125.6 | 126.0 | 133.3 | 140.2 |
| 1933 | 148.4 | 122.3 | 102.3 | 107.1 | 105.1 | 118.5 | 114.4 |
| 1934 | 152.9 | 110.7 | 99.6 | 99.3 | 92.5 | 94.7 | 90.6 |
| 1935 | 142.2 | 139.2 | 131.0 | 140.9 | 131.1 | 119.5 | 124.6 |
| 1936 | 171.0 | 171.8 | 160.1 | 160.1 | 152.0 | 174.7 | 169.8 |

资料来源:南开大学编:《南开指数年刊》,民国二十五年份。

公式:简单算术平均。

# 严中平先生学术年表*

**1909 年(宣统元年)**

7 月 1 日,出生于江苏省涟水县一乡村教师家庭。

**1923—1925 年**

就读于江苏省立第六师范学校(淮阴)。

**1925—1928 年**

就读于江苏省立淮安中学。

**1928—1931 年**

就读于江苏省立南京中学。

**1931 年**

考入中央大学(即今南京大学前身)英语系。

---

* 本年表由陈争平编写,参考了经君健编《严中平文集》(中国社会科学出版社 1996 年版)、宓汝成等编《中国近代经济史研究综述》(天津教育出版社 1989 年版)有关内容,并得到中国社会科学院经济所人事处的帮助,在此一并致谢。

**1932 年**

考入清华大学法学院经济系。

**1936 年**

进入中央研究院社会研究所为研究生，承担“太平洋国际关系学会”委托进行的关于中国棉纺织工业问题研究工作。

在 3 月 24 日《文汇报 · 中国农村双周刊》发表陈翰笙《产业资本与中国农民》书评。

**1937 年**

完成江苏南通手工织布业的调查。

在（天津）《益世报 · 农村周刊》第 154、156 期发表论文《山东潍县的乡村棉织业》。

在《社会科学杂志》第 8 卷第 3 期发表论文《定县手工棉纺织业之生产制度》。

秋，日本侵略军进攻上海、苏南，先生随社会科学研究所西迁。

**1938 年**

任中央研究院社会研究所助理研究员。

**1939 年**

在《新经济半月刊》第 1 卷第 11 期发表论文《抗战前夜中国棉衣料供给状况》。

在《今日评论》第 2 卷第 2 期发表论文《中国经济建设的目标》。

在《中国社会经济史集刊》第 6 卷第 2 期发表论文《各国在华

棉货市场之开辟及其争夺》。

**1942 年**

写成一部 30 万字的专著，题为《中国棉业之发展（1289—1937）》，是年该专著获第一届“杨铨纪念奖金”。

在《经济建设季刊》第 1 卷第 2 期发表论文《中国棉工业革命的发动》。

**1943 年**

专著《中国棉业之发展（1289—1937）》由商务印书馆出版。

在《经济建设季刊》第 2 卷第 1 期发表论文《论江宁条约与中外通商》。

**1947 年**

秋，接受“英国文化委员会”的资助赴英进修。先后在曼彻斯特大学、伦敦大学非洲和远东学院、不列颠博物院、伦敦档案馆和剑桥大学专门收集鸦片战争史的档案资料，准备撰写有关专著。

在《社会科学杂志》第 4 卷第 1 期发表彭泽益《太平天国革命思潮》书评。

在《社会科学杂志》第 4 卷第 1 期发表徐梗生《中外合办煤铁矿业史话》书评。

**1948 年**

专著《清代云南铜政考》由中华书局出版。（后于 1957 年重印。）

**1950 年**

回国。任中国科学院社会研究所研究员（此时中央研究院已由中央人民政府接管，改组为中国科学院）。

**1951 年**

在5月29日《新华日报》上发表《小刀会上海起义新史料》（译怡和洋行档案史料）。

在《进步日报·史学周刊》第30期发表《太平天国侍王李世贤部宁波攻守纪实》（译怡和洋行档案史料）。

在《进步日报·史学周刊》第36期发表《戈登论李鸿章苏州杀降动机书并跋》（译英国外交部档案史料）。

在《进步日报·史学周刊》第37期发表论文《"浮动地狱"里的滔天罪行》。

**1952 年**

在《历史教学》1952年第4、5期发表论文《1861年北京政变前后中英反革命的勾结》。

在《新建设》9月号发表论文《太平天国初期英国的侵华政策》。

在《进步日报·史学周刊》第76期发表论文《五口通商时代疯狂残害中国人民的英美"领事"和"商人"》。

**1953 年**

任经济研究所（由社会研究所改组而成）中国近代经济史研究

组组长。

根据英文本把马克思的《俄国与中国》、《长江的开放》两篇文章译为中文；又和汪敬虞合译了马克思的《划艇亚罗号事件》、《毒面包案》、《巴麦尊内阁的失败》和《英国的政策》等文，载于1953年的《新建设》杂志。（《俄国与中国》、《划艇亚罗号事件》、《毒面包案》、《巴麦尊内阁的失败》和《英国的政策》等后被收入1957年人民出版社出版的《马克思恩格斯论中国》一书。）

在3月14日《光明日报》发表论文《马克思是中国人民的伟大朋友》。

同年出任经济研究所副所长，仍兼中国近代经济史研究组组长职。

组织经济所同仁编辑《中国近代经济史参考资料丛刊》，经数年努力，先后出版了中国近代工业、农业、手工业、外贸、铁路、外债和航运等资料书。

**1955年**

《中国棉业之发展》修订再版，改书名为《中国棉纺织史稿》，由科学出版社出版。1961年，高教部把这本书列为高等院校政治经济学专业的指定参考书。1963年这本书重印。1966年，日本学者依田熹家将它译为日文在东京出版，书名改为《中国近代产业发达史》。

《中国近代经济史统计资料选辑》（合编）由科学出版社出版。

在《经济研究》第1、2期发表论文《英国资产阶级纺织利益集团与两次鸦片战争史料》。

**1956 年**

所译马克思的《东印度公司的特许状》、《东印度的改革》(一、二)、《印度的管理》和《英国、印度的土著贵族和公侯》等文章,被收入中央民族学院研究部编的《马克思恩格斯关于殖民地及民族问题的论著》一书。

在《经济研究》第 4 期发表《编辑中国近代经济史参考资料工作的初步总结》一文。

在 7 月 17 日《人民日报》上发表《中国近代史研究上的一个薄弱环节》一文。

在《科学通报》发表《努力开展中国近代经济史资料的整理、编纂工作》一文。

**1958 年**

在《近代史资料》第 4 期发表《英国鸦片贩子策划鸦片战争的幕后活动》(译英国外交部、怡和洋行等项档案史料)。

**1961 年**

在《新建设》第 1 期发表《关于中国近代经济史研究工作的几点意见》一文。

**1962 年**

在《红旗》第 12 期发表《关于选择研究题目》一文。

**1963 年**

在《红旗》第 19 期发表论文《关于发现问题和分析研究》一文。

**1964 年**

与东德科学院院士库钦斯基（Jürgen Kuczinski）合作写成的 *Die Lage der Arbeiter in der Baumwollindustrie Shanghais*（《上海棉纺织工人状况》）一书在柏林出版（此书无中文版）。

**1977 年**

在《历史研究》第 1 期发表论文《殖民主义海盗哥伦布》。

**1978 年**

中国社会科学院经济所设中国经济史研究室，严先生以副所长兼任该室主任，兼中国社会科学院研究生院经济系主任。

论文《规律性判断研究和价值性研究》完稿。

**1979 年**

在《世界历史》第 4 期发表论文《关于哥伦布其人答朱寰同志》。

经济研究所决定由中国经济史研究室部分同志编写专著《中国近代经济史（1840—1894）》，由严先生任主编。

**1980 年**

应日本学术振兴会的邀请，作为中国社会科学院学术代表团成员访问日本。

10 月，作为中国代表团团长组织并主持了在北京召开的“自宋到 1900 年中国社会经济史”中美学术讨论会。

**1982 年**

被中国社会科学院经济研究所聘为顾问。

在《历史研究》第 3 期发表论文《论麦哲伦》。

**1983 年**

被中国社会科学院研究生院聘为博士生导师。

写成《和青年谈科研方法的几个问题》,发给研究生参考。

**1984 年**

《老殖民主义史话选》由北京出版社出版。

**1985 年**

在《红旗》第 6 期发表论文《历史出科学》。

**1986 年**

在《中国经济史研究》第 1 期发表论文《试论中国买办资产阶级的发生》。

《科学研究方法十讲》由人民出版社出版。

**1987 年**

发起组织中国经济史学会,并被推选为中国经济史学会首任会长。

在《中国经济史研究》第 1 期发表《在中国经济史学会成立大会上的开幕词》。

**1989 年**

主编的《中国近代经济史(1840—1894)》由人民出版社出版。1991 年,该书荣获第四届“孙冶方经济科学奖”。

**1990 年**

在《中国经济史研究》第 4 期发表《关于中国近代经济史中心线索问题的通讯》(附:汪敬虞致严中平)。

**1991 年**

在《经济研究》第 4 期发表论文《关于洋务派兴办新式民用企业评价问题》。

1 月 24 日逝世,享年 82 岁。

# 严中平对中国经济史研究的贡献

经君健

严中平先生，曾用笔名晦明，汉族人。1909年7月生，1991年1月24日逝世，享年82岁。

严先生成长在江苏省涟水县一位农村小学教员的家庭里。他少年时就读于江苏省立第六师范学校（淮阴）、省立淮安中学及省立南京中学。1931年考入中央大学（即今南京大学前身）英语系，次年考入清华大学法学院经济系。1936—1938年在中央研究院社会研究所（南京）为研究生；1938—1942年任助理研究员、副研究员。1947年秋，他接受"英国文化委员会"的资助赴英进修；1950年回国。此时中央研究院已由中央人民政府接管，改为中国科学院，他到该院社会研究所任研究员。1953年，该所改为经济研究所，他被任命为中国近代经济史研究组组长；同年出任副所长，兼组长。1978年，经济所设中国经济史研究室，他兼该室主任，1978—1982年，兼中国社会科学院研究生院经济系主任。1982年后被聘为经济研究所顾问。1983年被聘为博士生导师。

新中国成立后，严先生历任第三、第四、第五届北京市人大代表，第三届全国人大代表，第五、第六届全国政协委员，政协文史资料研究委员会经济组副组长。他还担任经济学团体联合会顾问、中国历史学会理事、中国经济史学会会长等职。

严先生于1980年应日本学术振兴会的邀请作为中国社会科学

院学术代表团成员之一访问日本。1980 年 10 月，他作为中国代表团团长组织并主持了在北京召开的“自宋到 1900 年中国社会经济史”中美学术讨论会。

一

严先生早年通过阅读进步作家的作品，如郭译《政治经济学批判》、河上肇著《马克思主义政治经济学基础教程》、卢那卡斯基的《艺术论》等，已接触了马克思主义的某些理论著作。他为了掌握有关社会发展基础的知识和理论而考入清华大学经济系。课余更加努力自学，终于在《资本论》等著作中发现了所要寻找的真理，相信经济是社会发展的基础的观点。从此钻研经济史，在毕生的研究实践中坚持运用历史唯物主义解释中国历史。

二十世纪五十年代前叶，马克思主义经典作家关于中国问题的论著的中译本并不很多。严先生在阅读的过程中，同时做了笔译。他于 1953 年，根据英文本把马克思有关中国近代史的《俄国与中国》、《长江的开放》两篇文章译为中文；又和汪敬虞先生合译了马克思的《划艇亚罗号事件》、《毒面包案》、《巴麦尊内阁的失败》和《英国的政策》等文，载于 1953 年的《新建设》杂志。（均被收入 1957 年版的《马克思恩格斯论中国》一书。）1956 年，他又翻译了马克思的《东印度公司的特许状》、《东印度的改革》（一、二）、《印度的管理》和《英国、印度的土著贵族和公侯》等文章，收入中央民族学院研究部编的《马克思恩格斯关于殖民地及民族问题的论著》一书。其后，每当新的一卷《马克思恩格斯全集》或《列宁全集》的中译本出版，他必从头到尾认真阅读，加写自拟标题，然后汇抄成主题索引，既为自己查阅便利，也提供给同事们参考利用。

严先生谆谆教导青年坚持以马克思主义的立场、观点、方法去研究中国历史问题。他认为，从抽象的理论原则出发，运用逻辑推理的方法得出实际问题的具体结论，是教条主义风气，它定使科学研究走上邪路。他反对捡拾零星材料去填充理论的框架，而坚持充分占有材料，对中外历史的发展过程进行深刻的对比研究，以达到合乎历史实际的结论。通过对文献的研读后他认为，由于马克思、列宁不懂中文，难以充分掌握中国资料，所以他们关于中国历史问题的结论并非都是正确的。他曾指出经典著作中不符合中国历史实际的多个具体事例。他主张，既要坚持马克思主义的理论原则，又要根据中国的历史实际发展马克思主义，这个任务主要应该由中国青年去完成。

## 二

严先生从事科学研究工作是从1936年开始的，其后坚持了55个寒暑。他最早研究的课题是中国棉纺织业的历史。

20世纪30年代后半期，英美诸国棉业萧条已久，远东市场日货泛滥，中国正处于严重的经济恐慌之中，棉业衰败尤甚。1936年，中央研究院社会科学研究所接受“太平洋国际关系学会”的委托进行关于中国棉纺织工业问题的研究项目，并决定由该所研究棉业的著名专家王子建先生和进所不久的严中平合作承担。由于中国棉纺织业尚有大量手工业存在,所以课题设计中有关于手工棉纺的一章。为此,1937年春,严先生到江苏南通做手织业调查,8月初完成。调查工作结束时,日寇的侵略战火已烧到了上海,设于南京的中研院社会科学研究所节节西移,全所研究工作基本停顿。严先生已不再有进行调查的机会,只能在可能的条件下陆续钻研文字资料了。其间,研究所迁湖南长沙,再经全州转广西阳朔,于1938年9月抵达昆明后,工作方能继续。此时,我国的纱厂、棉田多已毁于侵略者的炮火,或沦入敌人手中,原来的研究计划已失去意义。又因王先生另有他任,此项目研究改由严先生独立承担。他修订了原定对棉纺织业进行横断面研究的计划,改为通过考察这一行业的发展过程去研究中国资本主义发生的历史,为此必须彻底重写所有已经写成的章节。1940年9月,研究所再次奉命迁徙,到达四川李庄。严先生在战火威胁之下,西迁奔波之中,加之当时健康欠佳,勉力支持,最终完成了一部30万字的专著,题为《中国棉业之发展(1289—1937)》(卷首副标题为"中国资本主义发生过程之个案分析")。这是严先生研究中国资本主义发展史的第一部著作。

严先生的这部书稿于1942年获得第一届"杨铨纪念奖金"。该稿先后曾印三次。1943年9月,由商务印书馆初版于重庆,名为《中国棉业之发展(1289—1937)——中国资本主义发生过程之个案分析》,收入《国立中央研究院社会科学研究所丛刊》(第19种)。1955年9月,由科学出版社再版于北京,书名改称《中国棉纺织史稿》;1961年,高教部把这本书列为高等院校政治经济学专业的指定参考书,科学出版社于1963年12月重印。此外,日本学者依田熹家于1966年将其译为日文在东京出版,书名为《中国近代产业发达史》。

这本书分为八章。第一章为"导言"。第二章写鸦片战争前五百余年(1289—1840年)的棉纺织业;第三章谈自鸦片战争开始到1890年五十年间手工棉纺织业的解体;第四章至第七章是本书的主体部分,探讨近代中国大机器棉纺织业中资本主义的发生以及其与国际商品、投资市场的关系问题。把1890—1937年间分为四个时段:1890—1895年,1895—1913年,1913—1931年,1931—1937年。第八章谈手工棉纺织业生产关系的蜕变(1914—1937年)及资本主义生产关系的发生问题。第九章主要讨论棉花生产的商品化问题(1914—1937年)。

第二次印行时做了修改。作者在"改版说明"中告诉读者:"改版保存初版的轮廓和主要论点,补充一些史料,书后添加两个附录。在文字方面,除去第一章,第六章第一、二、三节,第八章附录和第九章改动较少外,其他大都是经过改写的。"

这本书除利用了大量奏稿文书外,《明万历会计录》、清同治光绪间多种海关报告册、社会科学研究所从海关抄存的一次大战后我国各海关对各国直接贸易的统计数据等,都是当时难得的资料。书中许多经过考订的翔实史料以及细致加工的大量统计资料,直到六七十年后的今天仍然具有重要的参考价值。1943年的重庆出版条件欠佳,稿中两个对读者颇有参考价值的附录:"中国纱厂沿革表(1890—1937年)"及21个统计资料,在初版中未能刊出。1955年的版本弥补了这个遗憾。

严先生在撰写这本书的过程中，还没有机会看到毛泽东关于中国近代社会性质和中国近代资本主义的论述，但是他经过独立分析，得出了在旧中国资本主义不可能顺利发展的结论。该书得到学界的广泛认同，也引起了当时延安理论工作者的重视。

严先生此书于二十世纪四十年代写成于重庆，五十年代修改于北京。两个版本虽然没有根本性的变动，但时代烙印还是很明显的。1963 年 12 月重印 1955 年版时，有一重要改动：把原来的第一章“导言”删除了。并且在“重印说明”声称，旧稿重印“只能起到资料索引的作用”，要读者“对书中的观点经常保持马克思主义的警惕、批判态度”。这类谦词恐怕是在那批斗岁月中无奈采取的自我保护措施吧。

1958 年，严先生应东德科学院院士库钦斯基（Jürgen Kuczinski）的邀请，合作写成《上海棉纺织工人状况》（*Die Lage der Arbeiter in der Baumwollindustrie Shanghais*）一书，于 1964 年在柏林出版（此书无中文版）。这项工作实际上是他关于棉纺织史研究的发展和继续。

严先生认为，研究中国近代产业的发展，既要研究中国大机器工业发生的特点，又要研究封建社会原有手工业的发展轨迹。因此，他在《中国棉业之发展》专著完成后，又选择了中国手工矿业中的一个重要部门即云南铜矿进行专题研究，内容涉及清代二百余年间滇铜开采的兴衰始末、组织形式、生产技术、运输、采买、铜价、厂欠，以及有关的制钱鼓铸等问题，写成《清代云南铜政考》一书。书中证明云南铜矿业的生产组织尚非工场手工业。这本书于 1948 年出版，1957 年重印。

## 三

严先生为中国经济史学科的发展做出了重要贡献。首先是在学术界强调经济史科学的重要性,组织经济史学科的研究力量。在50年代,他在《人民日报》(1956年7月17日)上发表《中国近代史研究上的一个薄弱环节》一文,指出经济史研究的落后状态将阻碍其他史学研究的前进。其后,他又在各种会议上多次呼吁史学工作者重视中国经济史的研究。他还积极参加领导1956年全国12年科学规划关于经济史研究及资料规划的制定工作,为这一新兴学科以后的发展做出了带头人的贡献。

到了上世纪80年代,经济史研究工作虽也取得一定的成绩,但总体状况还是比较冷清的,尚远远不能适应历史科学全面发展的需要。严先生认为,经济史研究的薄弱拖住了通史和其他专门史、断代史研究的后腿。史学界已经注意到这个问题,可惜措施还不够有力,发展比较缓慢。所以,他不断大声疾呼,为了促进历史科学的繁荣昌盛,大力加强经济史研究仍然是迫切的任务。他认为,队伍太小是经济史研究难以迅速前进的一大障碍,应该努力采取有效措施培养这方面的人才。当时高校尚未开设经济史专业,争取政治经济学或历史学专业的一部分学生转而研究经济史是最主要的出路。另一可以挖掘的潜力则在于从事通史、断代史研究的同志加强经济史的研究。

严先生对经济史学科的另一贡献是提倡扎实谨严的科研作风,组织大规模的资料编辑工作。他一向反对轻视资料的倾向,指出那种以为收集和整理资料是资料员所干的“下手活”的看法是极端错误的。他非常蔑视教条主义的空论学风;特别强调,只有把自己的研究建立在大量坚实可靠的资料的基础上才有可能写出掷地有声的文章。这是谨严学风的最起码条件。为此,他提出在积累大量资料的基础上进行专题研究,在专题研究基础上进行综合研究的工作程序。这种研究程序,已成为他所领导的研究集体的共同财富和传统学风。针对50年代初期中国经济史研究缺乏资料的状况,他组织经济所的同志先编了一本《中国近代经济史统计资料选辑》,接着编辑一套《中国近代经济史参考资料丛刊》。经过数年努力,先后出版了中国近代工业、农业、手工业、外贸、铁路、外债和航运等资料。这套资料多数尚未编到1949年,财政、金融、商业、少数民族经济等重要资料也尚付阙如;50年代后期和60年代的政治形势变化和发展,使得经济所此项工作无法继续下去了。不过这套资料丛刊仅已出版的各种就已经为中国近代经济史学的教学和科研提供了比较系统的基本资料,同时它也提倡了重视资料的踏实谨严的学风,对推动中国近代经济史的教学与研究起了重要作用,达到了预期的目的,因而得到了国内外学术界的好评。为编辑这套丛刊,严先生付出了大量的劳动。1956年,他对这项工作进行了总结,在《经济研究》杂志发表了《编辑中国近代经济史参考资料工作的初步总结》一文。这篇文章,为后人编辑经济史资料提供了丰富而具体的经验。

此外,严先生于60年代初吁请哲学社会科学学部,并具体安排派我去成都,与四川大学历史系徐中舒先生联系并推动整理编辑清代“巴县档案”的工作;请章有义先生赴陕西三原县建议整理长盛和商店账册资料;组织经济所收藏安徽屯溪资料;并积极参与中国近代经济史资料丛刊编辑委员会的领导工作等等。总之,他对经济史资料编辑工作的推动是不遗余力的。

## 四

20个世纪60—70年代的浩劫终于过去了,1979年,经济研究所决定由近代经济史组的部分同志编写《中国近代经济史(1840—1894)》专著,由严先生任主编。

通过对中国近代经济史的研究,严先生认为,帝国主义侵略中国的历史就是中国近代史的论断是完全正确的。正是帝国主义的侵略造成了中国近代史上两次政治大倒退。首先是鸦片战争以后,帝国主义把一个独立的中国变为一个不完全独立的半殖民地的中国,对中国进行间接政治统治;其次是辛亥革命以后,帝国主义的操纵把一个统一的国家变成为军阀割据的混乱天下。帝国主义的侵略,归根结底,为的是从经济上榨取中国人民的血汗。他强调从事经济史的研究需要时刻记住:政治暴力也是一种经济力量。中国经济是在这两次政治大倒退的形势之下发展变化着的,经济现象不可能单纯用经济规律得到充分说明。

根据这一总的线索,严先生把1840—1894年这段经济史,以70年代初叶为界,分为两大阶段。前一段落的突出特点是,西方入侵者凭借条约的权利、政治声势和炮舰威力对中国人民进行赤裸裸的暴力掠夺。这种暴力掠夺具有为所欲为的随意性和伤天害理的残酷性。帝国主义对中国进行了一百多年的半殖民地性间接政治统治,其经济侵略无不具有暴力掠夺性。但随着帝国主义经济力量的增长，侵略方式更多地采取经济手段。在19世纪70—90年代，帝国主义是通过掠夺中国进出口商品市场的领导地位进行的。为此，他们把势力深入到交通运输、保险、仓库、商品购销和金融周转等各个方面，培养了一个买办资产阶级，形成一套买办资本商业高利贷剥削网，形成一整套控制商品流通渠道的完整体系。条条渠道都通到通商口岸去由他们操纵领导。到了甲午战争以后，帝国主义对中国的经济侵略进入资本输出阶段，他们的势力就在继续掌握中国进出口商品市场领导地位的同时，更深入到中国的生产和财政领域，全面地控制中国的经济命脉了。严先生的这些论点，是从大量的历史事实中抽象出来的，具体地体现在他主编的《中国近代经济史（1840—1894）》一书中。

《中国近代经济史（1840—1894）》这本1700余页、130万字的巨著，于1989年由人民出版社出版了。1991年，该书荣获第四届"孙冶方经济科学奖"。这部著作被评价"是解放以后40年来我国最重要的社会科学著作之一，代表了已有中国近代经济史研究的最高成就。这部巨著从50年代初即着手进行，历时近40年，是几代经济史学专家学者的劳动成果。这部著作的突出特点和优点是：一、马克思主义与中国历史实际相结合。作者运用马克思主义的立场、观点、方法，分析我国鸦片战争以来半封建半殖民地的经济发展史，依据对史实的分析，得出自己的论断，在一些问题上，不拘泥于已有的论断。如对鸦片战争的原因、性质，中国买办资产阶级的形成和构成，帝国主义侵略、农民起义对近代中国经济发展的作用，以及中国资本主义和资产阶级产生和发展等方面，都有自己的创见。二、中国经济与世界经济相结合。旧中国社会经济性质的演变和世界经济的发展、变化紧密相关。该书用相当篇幅分析了旧中国所处的国际环境,用史实深刻揭露了帝国主义侵略、帝国主义与中国封建统治势力相勾结对中国经济发展的破坏作用。该书既是一本科学著作,又是一本进行爱国主义教育的好教材。三、史论结合,实事求是。全书在掌握大量第一手材料的基础上,经过精心筛选,取材精练,论述清晰,和其他一些经济史著作相比,这方面比较突出。四、全书结构严谨、分析细腻,文字流畅。”(刘国光在第四届“孙冶方经济科学奖励基金”发奖会上的讲话。)严先生主编的这部著作,标志着我国关于中国近代经济史的研究进入了一个新的阶段。

## 五

严先生应《红旗》杂志的约稿,曾就如何选择研究题目和如何分析研究两个问题,写成论文,分别发表于 1962 年及 1963 年的该杂志上。

在《关于选择研究题目》一文中,他强调,青年社会科学工作者选择什么题目进行研究,要根据客观的研究对象和个人的主观条件去确定。他把选题的原则归结为“从大处着眼”和“从小处着手”两点。从大处着眼,即从事物的普遍联系着眼去选择研究课题;从小处着手,即先个别后一般,先局部后全体,先断代后通代,先具体后抽象,随主观研究能力的不断提高而循序渐进。在《关于发现问题和分析研究》一文中,他强调追踪历史的依次发展阶段,从事物的历史联系去探索事物的逻辑联系,同时又强调分阶段地总结写作的必要性。

1979年，严先生为中国社会科学院研究生院经济系中国经济史专业的研究生讲课，系统地探讨了社会科学的研究方法问题。1983年，他把这些问题写成《和青年谈科研方法的几个问题》，发给研究生参考；1984年定稿为《科学研究方法十讲》，送交出版。这本书除包括上述如何选择研究题目和如何分析研究两个问题外，还结合马克思主义的理论原则和中国的历史实际，分别论述了核校前人论据、积累文献资料、理论联系实际、科学研究学风等等问题，并提出了自己的看法。他特别强调要扩大视野。他认为，研究近代经济史的人必须对外国经济史有一定了解，不能就中国论中国；必须对古代史有一定了解，不能就近代论近代；必须对政治史有一定了解，不能就经济论经济；必须重视理论上的提高，不能就事论事。是谓不能四“就”。严先生指出，对于科学研究的专业工作者来说，其主要任务是提高，因此，科研工作者必须立三“新”，即提出新的问题、新的观点、新的资料；所写文章至少要占其一，否则就称不上是科学研究成果。科研工作者只有破四“就”、立三“新”，才能有所成就。在《科学研究方法十讲》中，严先生总结了50年来从事这一学科研究的经验，并提高到认识论上来进行分析，其参考价值显然已经远远超出了中国近代经济史研究的范围。

## 六

严中平先生在鸦片战争史和老殖民主义史方面曾下过很大工夫。

严先生于英国进修期间，先后在曼彻斯特大学、伦敦大学非洲和远东学院、不列颠博物院、伦敦档案馆和剑桥大学专门收集鸦片战争史的档案资料，准备撰写专著。后因服从组织安排，转向中国近代经济史的研究和组织工作。利用这批资料他仅发表了《太平天国初期英国的侵华政策》（《新建设》1952 年 9 月号）、《英国资产阶级纺织利益集团与两次鸦片战争史料》（《经济研究》1955 年第 1、2 期）、《英国鸦片贩子策划鸦片战争的幕后活动》（《近代史资料》1958 年第 4 期）、《1861 年北京政变前后中英反革命的勾结》（《历史教学》1952 年第 4、5 期）等数篇文章。至于严先生在英国所收集的关于鸦片战争的大量第一手珍贵资料，则一直未能充分利用。晚年，他非常想培养一位助手，或者招收一名博士研究生，利用这批资料写出高水平的鸦片战争史专著。在他逝世前不久还曾提及此事，希望物色到合适的人选。能利用这批资料的合适人选并不是易得的，何况当时的人事制度决定了此事远不是有了合适人选就能解决的。他最终带着永远的遗憾离开了我们。他宁愿放弃个人极感兴趣的研究题目而坚决服从组织分配的工作，表明他是无条件地把国家和集体的利益放在个人利益之上的。我们由此看到了严先生对国家、对经济史事业无私奉献的一颗赤诚的心。他的行动应该成为我们后代科学工作者的表率。同时，这批资料不能变为有分量的学术著作，当然也是学术上的损失。

上世纪六七十年代浩劫时期，严先生被扣上“反动学术权威”的帽子，1969 年以花甲之年被发往河南息县干校淘粪浇园，进行“改造”。1972 年回京后，所内研究秩序仍不正常，长期不能正常开展科研工作。严先生自幸“留有余生，尚能执笔”，但“又以中国历史，儒法多事为惧，所以选择老殖民主义这个已为人所共忿的历史陈迹，揭露其海盗罪行”，于是不辞辛苦地往来于北京图书馆和中国科学院图书馆，阅读了大量的第一手资料。根据这些资料，他写出了西班牙美洲殖民帝国、菲律宾殖民帝国和葡萄牙东方殖民帝国的早期征服史。在这些研究中，严先生得出的结论是，被征服的国家或地区之所以被征服，虽有先进战胜落后的因素，但在很大程度上是因为那时的内部出现了叛徒、内奸、分裂主义和投降主义的结果。历史证明，凡是有了正确的领导，团结对敌，坚持反侵略斗争的地方，即使以棍棒和弓箭对抗加农炮、火绳枪，也能保持独立长达数百年之久。这是一条值得牢牢记住的血的历史教训。

严先生对老殖民主义持全盘否定的态度。他认为，老殖民主义对美、亚、非三洲土著居民的杀戮和迫害，致死无辜以千万计，罪行累累，令人发指。对这种滔天罪行，不应作丝毫肯定。他的这一观点引起世界史学界个别同志的反对。他们认为，应该看到殖民主义给亚、非、拉人民同时也带来了资本主义新事物，做出了“新贡献”，不应全盘否定。严先生则认为，这些只能像马克思评价英国人在印度的作为那样，称之为“历史的不自觉的工具”，不能歌颂其为“新贡献”，否则便站到殖民主义者的立场上去了。严先生把已经写完的老殖民主义史部分集为一书，题为《老殖民主义史话选》，1984年由北京出版社出版了。他原计划继续写荷兰及英国的老殖民主义史，后因“四人帮”被粉碎，研究所的工作开始恢复正常，他暂时放弃这项计划，又回到中国近代经济史的研究和组织工作中去了。

## 七

严先生一生的学术研究活动，为我们树立了史论结合的典范。半个世纪以来，他不遗余力地为推动中国经济史学的发展而呼吁，为培养人才而努力工作。他的研究实践和科研组织工作开创了中国经济史研究的新阶段，为中国经济史学的发展做出了重要的贡献。他不愧为中国马克思主义经济史学的奠基人之一，在国内外学术界享有崇高的威望。

严先生在治学方面乐于助人，诲人不倦。凡他的同事或学生写了文章请他指教时，他都非常认真地批阅，在最短的时间内提出从理论到修辞的各种问题、意见和修改建议，其中既有原则的指导，也有具体的帮助，十分严格，绝无客套。经济所经济史组许多同志的作品都曾包含了严先生的心血。尽管严先生在许多他人作品中曾经花费很多精力，但从来不准署上他的名字。他这种严格要求和热情助人的精神感人至深。他在国外进修期间节衣缩食购买的许多外文学术书籍，回国后全部慨赠经济所图书馆；他在国外辛勤收集的史料，也提供研究组的同仁利用。在这些方面，严先生是公而无私的表率。

严先生一生洁身自好，对自己要求十分严格。他在担任公职中一向不徇私情，并敢于仗义执言。他对同志则以诚相待。同事中有家庭经济负担较重者，往往得到他的关心与帮助。他工作极为勤奋，而生活则十分俭朴。他不慕名利，也从不搞特殊化。他刚正耿直，疾恶如仇；对趋炎附势之徒甚为蔑视，对某些人的不正之风深恶痛绝。

严中平先生不愧为全心全意为人民、为科学而献身的中国优秀知识分子的代表之一,他是我们学习的好榜样。

1991 年 12 月 19 日稿,2011 年 10 月 29 日改